자원봉사 문화와 제도

The Culture and Institutions of Volunteering

자원봉사 문화와 제도

주성수 지음

초판 1쇄 인쇄 2013년 5월 7일 **초판 1쇄 발행** 2013년 5월 14일
발행인 임덕호 **발행처** 한양대학교출판부
주소 133-791 서울 성동구 왕십리로 222 **전화** 02)2220-1432~4 **팩스** 02)2220-1435
홈페이지 www.press.hanyang.ac.kr **전자우편** presshy@hanyang.ac.kr
출판등록 제4-7호(1972년 2월 29일) **인쇄처** 미르P&P

ISBN 978-89-7218-424-9 93300

자원봉사
문화와
제도

주성수 지음

한양대학교출판부

“이 논문(저서)은 2010년도 정부재원(교육과학기술부 인문사회연구역량강화사업비)으로 한국연구재단의 지원을 받아 연구되었음(NRF-327-2010-1-B00003)”

"자원봉사 문화와 제도는 건실한가?"

작년에 「자원봉사 진흥을 위한 제2차 국가기본계획」 수립 연구 책임을 맡으면서, 우리의 자원봉사 문화와 제도에 대한 연구를 심화시킬 수 있는 좋은 기회를 갖게 되었다. 2013-17년에 적용되는 국가기본계획의 비전과 정책방안들을 마련하기 위해, 자원봉사의 현황에 대한 다양한 자료들을 분석해보고, 또 전문가들의 델파이조사 의견들을 두루 검토해보니, 우리의 자원봉사 '문화'와 '참여'가 국가기본계획의 최우선 과제가 될 수밖에 없다는 현실을 직시할 수 있었다.

자원봉사 참여가 감소되는 듯한 정체 현상이 2006년부터 지속되고 있고, 중고생의 참여만 높고 다른 연령층의 참여는 늘지 않고 있다는 것이 현실이다. 또 스펙 쌓기, 마일리지 등 인센티브 확산, 정부 전산망 사업의 중복, 학력이나 연령에 의한 참여의 제한 등, 우리의 자원봉사 문화와 제도를 둘러싼 심각한 문제들이 적지 않았다. 이에 대한 대응방안들이 올해부터 시행되는 제2차 국가기본계획에 담기게 된 것은 자연스런 과정이었다. 자원봉사의 비전도 "참여와 나눔, 지속가능한 미래"로 설정해, 우선적으로 자원봉사 문화의 질적 개선과 참여 확대를 가장 시급한 제일의 정책영역으로 삼았다.

이 책은 교육과학부의 지원을 받아 '자원봉사 제도' 연구에 집중하다, 이후 제도를 둘러싼 자원봉사 문화에도 연구 범위를 넓혀, 개인의 참여부터 제도 발전에 이르는 다차원 주제를 담은 '자원봉사 문화와 제도'를 책명으로 결정되었다. 먼저 시민사회의 동향뿐 아니라 정부의 정책, 기업의 참여, 중고교와 대학 교육기관과 자원봉사단체의 역할 등 다방면에 걸친 문화와 제도적 특성을 파악하는데 연구의 초점을 맞추었다. 동시에 OECD 등의 글로벌 스탠다드에 비추어 우리의 자원봉사는 어느 정도 건실한 문화와 제도를 갖추고 있는지를 비교분석하는데 연구의 초점이 맞춰져 있다. 그럼에도 자원봉사 문화와 제도의 정착 방안들에 대한 해답을 제시하는데 미흡하다고 보며, 앞으로도 지속적인 연구가 필요하다는 말을 남기고 싶다.

이 책의 연구를 지원해준 2010년 교육과학부(한국연구재단)와 2012년 행정안전부(민간협력과)에, 그리고 제2차 국가기본계획 수립에 함께 땀 흘렸던 동료 연구진에 감사드리고, 또 사랑하는 아내와 딸과 아들의 든든한 정서적 지지에도 감사하고 싶다.

2013년 5월

저자 주성수

✱ 차례

표 목차

그림 목차

제1부
자원봉사 문화

I. 자원봉사문화: 참여와 제도

자원봉사는 개인의 참여활동이며 제도적 산물이다. 자원봉사는 개인적 참여와 사회적 제도를 통해 이뤄지는 자발적 활동으로, 개인의 참여에서 시작되어 사적 관계망을 통해 또는 사회적 제도를 통해 이뤄진다. 따라서 자원봉사문화에 대한 이해는 미시적 차원의 자원봉사자 개인의 성향과 배경에서 출발해서 거시적 차원의 사회제도 일반에 대한 분석을 필요로 한다. 누가, 왜, 어떻게 참여해서 어떤 활동을 하는지, 아래에서는 먼저 개인 차원의 참여에 대한 이해로부터 사회제도 일반에 관한 이해로 관심의 초점을 옮겨간다.

1. 자원봉사의 참여

자원봉사는 누가, 왜, 어떻게 참여하는가? 다양한 개인적 동기들이 있는데, 이런 개인 차원의 요인들뿐 아니라 가족이나 친구 등 주변의 일차적인 관계망을 통한 참여도 중요하다. 나아가 보다 거시적으로는 개인이 활동하는 단체(학교, 직장, 시민사회단체 등)의 참여활동, 거주하는 지역 공동체의 환경, 사회경제적 분위기와 나눔문화의 배경, 국내외의 사회경제적 상황 등이 개인의 자원봉사문화와 개인의 참여에 영향을 미치는 요인들이라 볼 수 있다.

1) 미시적/거시적 요인들

자원봉사는 단체를 통한 집단적 행동이지만, 참여의 시작은 개인의 사적 동기에서 비롯된다. 따라서 자원봉사자의 개인적 동기나 특성에 대한 이해가 선행되어야 한다. 다음으로 자원봉사자와 사적 관계를 유지하는 가족이나 친구 또는 동료들과의 관계와 네트워크는 개인의 동기(motivation)를 자원봉사 참여로 이행되도록 영향을 미치는 중요한 계기(trigger)로 작용한다고 볼 수 있다. 그러나 이 정도의 계기만으로 실제로 모든 참여가 이뤄지는 것은 아니다. 나아가 개인이 가지고 있는 다양한 자원들(resources)과 단체나 지역사회 등이 제공하는 기회(opportunity)가 적절히 잘 결합될 때 성공적인 참여가 이뤄진다고 볼 수 있다(Verba et al. 1995: 3-4). 개인이 갖고 있는 자원(교육, 소득, 건강 등)에 따라서 어떤 개인은 참여하고 어떤 개인은 참여하지 않으며, 또 개인별로 소속된 단체나 지역사회의 특성에 따라 자원봉사활동의 여건이 마련되고 기회가 주어진다.

이처럼 자원봉사의 참여는 〈그림 1-1〉과 같이 복합적인 작용으로 이뤄진다. 개인에게 일차적으로 친밀한 관계를 유지하는 가족이나 친구 또는 동료와의 관계로 구성되는 일차적인 사적 관계망은 자원봉사활동이 이뤄지는 가장 중요한 경로로 알려지고 있다. 사적 관계망을 떠나 공적 관계로 점차 이동하면, 개인이 소속되어 활동하는 다양한 단체의 활동이 자원봉사 참여에 직접적인 영향을 미친다고 볼 수 있다. 다음 이차적으로 개인이 거주하는 지역사회의 공동체 또한 중요한 영향을 미치는 배경으로 파악할 수 있다. 거주지의 분위기, 행사, 문화 등 공동체성에 따라 자원봉사 참여의 조건이 부여되고 기회가 제공된다고 볼 수 있다. 마지막으로 보다 넓게는 사회 전체의 분위기, 장기적인 추세, 경제의 동향, 정부 정책의 영향, 나눔문화 등은 자원봉사 참여에 직간접적으로 영향을 미치는 환경요인들이다. 광범위한 차원에서 살펴보면, 많은 자원봉사자가 활동하는 영국이나 미국과 달리 이탈리아, 한국, 일본에서 자원봉사 참여율이 상대적으로 낮은 이유는 무엇인지, 이는 거시적인 역사와

〈그림 1-1〉 자원봉사 참여에 미치는 주요요인들

문화 차원의 '사회적 기원'에서 비롯된 것으로 이해해 볼 수 있다 (Anheier and Salamon 2001; 주성수 2012).

또 미시적, 거시적 요인들로 구분해보면, 자원봉사자 개인의 특성과 일차적 관계망은 자원봉사 참여와 관련된 미시적(micro) 요인들이라 볼 수 있다. 또 개인이 소속해 활동하는 단체들과 지역사회 그리고 사회, 경제, 국가, 글로벌 동향은 자원봉사 참여에 영향을 미치는 거시적(macro) 요인들이라 볼 수 있다. 자원봉사 문화에 대한 이해의 출발은 개인 차원의 미시적 요인들과 시각, 그리고 집단 차원의 거시적 요인들과 시각에 대한 구분에서 시작해볼 수 있다. 자원봉사의 참여에 미치는 요인들이 미시적, 거시적 요인들로 구분될 수 있듯이, 자원봉사 문화를 이해하고 분석하는 시각 또한 미시적 시각과 거시적 시각으로 구분해 볼 수 있다. 다음 II장에서는 미시적 시각으로 자원봉사자 개인의 입장에서의 사회적, 정치적, 경제적 동기, 그리고 거시적 시각으로 공동체나 사회 차원에서의 자원봉사 문화의 사회적, 정치적, 경제적 기능과 가치 등을 살펴본다.

2) 참여의 동기/계기/자원/기회

(1) 동기

먼저 자원봉사자 개인의 참여 동기는 다양하다. 일반적으로 이웃돕기 등의 이타주의, 사교 등의 대인관계, 사회적 대의나 신념의 실천, 특정 목적을 추구하는 영향력 행사, 경력 등의 개인적 혜택, 소속감 등이 주요 동기들로 꼽힌다. 이러한 개인적 동기들은 일차적으로 가족과 친구, 동료 관계가 중요한 것으로 조사되고 있고, 또 단체참여 활동과 거주지 지역사회의 문화도 관련된 주요 요인들이다. 특히 논의의 초점이 되는 것은 자원봉사자의 동기가 이웃돕기 등의 이타주의 성격보다는 경력쌓기 등의 도구주의(instrumentalism) 성격으로 변화되고 있는지에 관한 것이다. 자원봉사활동이 전통적인 이타주의 성격에서 포스트모던(postmodern) 도구주의 성격으로 변화하는 추세에 있다는 자료들이 많이 제시되어 있다.

(2) 계기

자원봉사는 동기만으로 직접 참여로 이어지는 것은 아니다. 다양한 동기를 가진 개인들에게 참여로 유도하는 충분한 계기가 주어질 때 참여의 행동으로 이어진다고 볼 수 있다. 주요 계기로는 미시적 차원에서는 개인적으로 경험한 강한 충동을 들 수 있는데, 특정 정책에 대한 분노나 저항, 어떤 위협에 대한 대응, 지역의 심각한 문제해결 등 정서적 대응이 있고, 또 주거지 이사, 퇴직 등 개인적 신상변화를 꼽을 수 있다. 또 거시적 차원에서는 재난, 누군가로부터의 요청 등 외부로부터의 영향을 꼽을 수 있다. 이처럼 다양한 계기들이 개인들에게 다양하게 제시되면서 자원봉사의 참여 또는 불참의 결과로 나타난다고 볼 수 있다.

(3) 자원

이상과 같은 동기와 계기만으로는 충분하지 않다. 개인적으로 자원봉사를 하고자 하는 동기가 충분하고 명백한 계기가 발생한다 해도, 일부는 참여로 대다수는 불참으로 의사결정이 갈리게 된다. 충분한 동기를 갖고 강한 계기가 주어진 개인의 선택은 또 개인별로 가지고 있는 자원(resources) 또는 필요로 하는 자원에 대한 접근수단이 충분하지 않으면 참여로 이어지지 않는다. 여기에서 '자원'이란 개인이 가지고 있는 a) 시간, 금전, 건강 등 실천적 자원, b) 지식, 기술, 경험 등의 학습된 자원, c) 자원봉사에 대한 관심, 확신, 효능감(efficacy) 등의 정서적 자원이 있다. 이 같은 미시적 차원의 자원과 구분되는 거시적 차원의 자원들로는 친구나 동료들과의 관계, 단체활동의 지지 등 다양한 자원들이 있다.

(4) 기회

이상과 같은 자원봉사에 대한 동기와 계기와 자원을 가진 개인에게 마지막으로 결정적인 영향을 미치는 요인은 기회(opportunity)이다. 주로 개인이나 일차적 사적 관계망의 영향 등 미시적 차원보다는 단체나 지역사회나 정부나 시민사회의 조직화된 조직들의 참여 촉진 요인들이 중요하다고 볼 수 있다. 지역사회, 정부, 시민사회, 기업, 학교 등이 자원봉사활동을 촉진시키는 여건을 마련해주고 기회를 제공해주는 역할이 중요하다. 지역사회의 자원봉사센터들이 은퇴자 프로그램을 마련해 집중적으로 모집홍보 활동을 하거나, 기업들이 퇴직자들의 사회활동을 지원하는 방안으로 사내에 은퇴자 자원봉사 프로그램을 운영하거나, 정부가 은퇴자봉사단을 조직해 운영한다든지 하는 방안들은 퇴직자들의 자원봉사 참여를 촉진시키는 중요한 기회를 제공해준다. 또 대학이나 기업의 구성원들이 집단적으로 봉사활동에 참여하는 기회가 늘어나면서 자원봉사가 활성화되는 추세에 있다.

〈그림 1-2〉 자원봉사 참여의 방정식

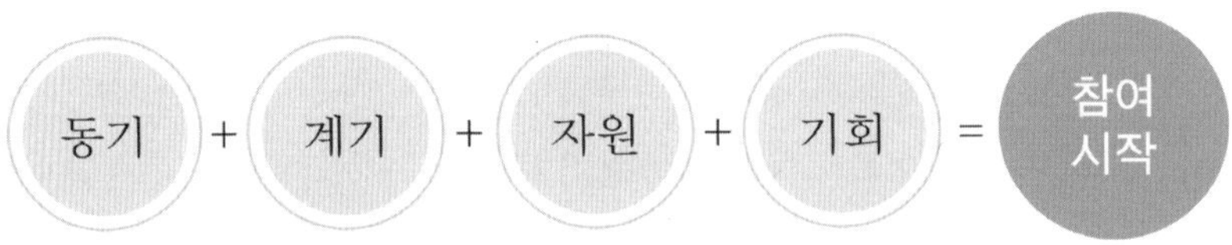

이상과 같은 동기-계기-자원-기회에 따라 〈그림 1-2〉처럼 자원봉사의 참여가 이뤄진다고 볼 수 있다(NCVO 2011: 50). 또 이런 시각에서 보면, 자원봉사의 불참은 동기나 계기가 부족했거나 자원이나 기회가 마련되지 않은 결과로 볼 수 있다. 이 네 가지 다른 단계에서 어느 것이 더 중요한 참여의 요인이 되는지는 세밀한 분석이 필요하며, 개인의 특성에 따라, 문화와 전통에 따라 커다란 차이가 있을 것이다. 또 자원봉사 참여를 시작해 활동중인 개인이 활동을 지속하거나 중단하는 경우는 참여의 시작과는 다른 차원에서 생각해볼 수 있다. 뒤에서 살펴보겠지만, 참여의 지속이나 중단은 자원봉사 활동중에 개인이 경험하는 긍정적 경험이나 부정적 경험과 밀접히 관련된다고 볼 수 있다. 자신의 기대에 대한 충족/미충족 경험이나 즐거움/괴로움, 자신감/부담감 등 다양한 경험들이 있을 수 있다. 또한 이 같은 긍정적 또는 부정적 경험 이외에도 자원의 충분

/불충분 때문에도 활동의 지속/중단으로 나뉘게 된다고 볼 수 있다. 여러 자원유형 가운데 경험을 통한 자신감이나 효능감과 같은 정서적 자원이 주요요인이 될 수도 있다. 나아가 〈그림 1-3〉에서 볼 수 있듯이 자원봉사활동의 중단은 부정적 경험이나 또는 자원의 결여 문제뿐 아니라 개인적인 신상변화가 주요요인이 될 수 있다. 이사, 입원, 결혼(이혼) 등 다양한 신상의 변화가 있을 수 있다.

〈그림 1-3〉 자원봉사 활동의 지속 또는 중단

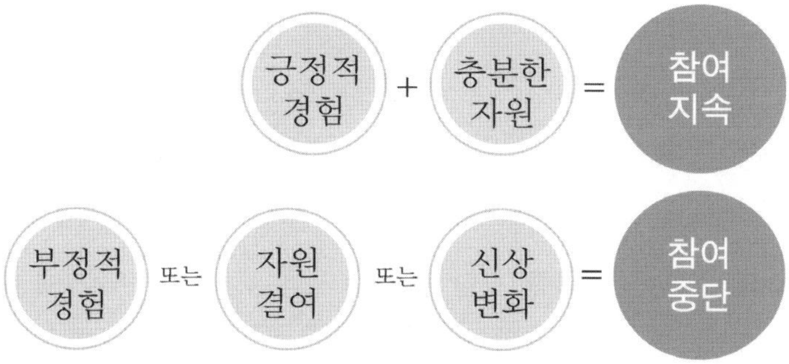

2. 자원봉사의 제도

자원봉사의 참여에 영향을 미치는 요인들 중 미시적 요인들보다는 거시적 요인들에 초점을 맞추는 시각이 '제도적' 시각이다. 제도(institution)는 일반적으로 "개인들의 행위를 통제하는 사회적 질서와 협력의 구조와 메커니즘"으로 정의된다. 제도는 이와 동시에 개인적인 생활과 의도를 초월하는 사회적 목표와 항상성(permanence), 또는 협동적인 인간행위를 관리하는 규칙의 마련과 집행으로 이해되고 있다. 제도는 또한 무엇이 수행되어야 하고 무엇이 정당한 것으로 간주되는가에 대한 생각과 시각, 즉 가치의 측면을 포함하며, 이

점에서 제도는 "기본적인 규범에 관련된 인정된 역할과 이 역할을 담당하는 사람들에게 적합한 행위를 정의하는 일련의 규칙이나 관습으로 이루어진 안정된 사회적 실천의 집합"으로 정의되기도 한다(Jonsson 2007). 이처럼 제도는 인간의 상호작용을 형성하고 행동을 위한 구조와 지침을 제공함으로써 개인과 국가 모두에게 중대한 영향을 미친다.

1) 참여, 조직, 가치, 영향, 환경

제도적 시각은 시민사회 연구에 많이 활용되고 있어, 시민사회의 기초가 되는 자원봉사 연구에도 잘 적용될 수 있다. 세계 시민사회 연대조직인 시비쿠스(www.civicus.org)의 시민사회지표(Civil Society Index) 국제연구가 제시하는 제도적 시각을 참고하면, 제도는 "시민사회조직의 활동을 위한 판단의 기준과 환경 및 구조를 제공하고 시민사회조직과 다른 사회관계를 매개하며 시민사회의 구성과 활동방향을 포괄하는 총체"로 정의된다(Heinrich and Fioramonti 2008: 249). 시민사회지표 연구는 자원봉사의 특성과 발전과정과 방향을 보다 실증적으로 이해하는 데 도움을 주는 지표들을 제시한다.

이상과 같은 개념정의에 비추어 자원봉사의 제도를 구체적으로 살펴보면, 자원봉사의 제도는 참여, 조직, 가치, 영향, 환경으로, 각기 다음과 같은 주요 내용들로 구성된다(주성수 2010).

a) 참여(participation): 시민 개인들이 자원봉사에 어느 정도 참여하며, 누가 얼마나 많은 참여의 역할을 하는지를 이해하기 위해, 성별, 연령별, 직업별, 교육과 소득수준별, 출신배경별 이해와 분석을 필요로 한다. 자원봉사 참여의 동기는 무엇이며, 자원봉사자에 참

여하지 않는 비참여자의 동기, 자원봉사활동에 장애가 되는 요인, 소외층의 참여 기회 등에 관한 실증적 분석도 필요하다. 특히 자원봉사자의 참여는 누구의 요청에 의해, 어느 단체참여를 통해 이뤄지는지를 분석할 필요가 있다.

b) 조직(organization): 자원봉사자의 모집과 홍보, 선발과 배치, 관리와 감독을 조직화하는 자원봉사조직들의 다양한 유형과 역할에 대한 이해를 위해, 공공조직과 민간조직, 다양한 시민사회조직들의 현황에 대한 분석이 필요하다. 시민사회조직, 자원봉사센터, 복지시설뿐 아니라 기업, 학교, 정부조직 등 다양한 자원봉사조직들을 구성하는 인적 자원, 재정, 프로그램 등은 자원봉사활동에 상당한 영향을 미치는 인프라이며 제도적 장치들이라 볼 수 있다.

c) 가치(values): 자원봉사에 참여하는 시민 개인들은 어떤 개인적 보람과 혜택을 얻고 있고, 자원봉사자를 활용하는 시민사회조직들은 어떤 사회적 가치를 추구하는가? 개인적 차원에서 얻어지는 경험과 기술, 건강 측면의 인적자본(human capital)뿐 아니라 타인과의 관계, 유대, 신뢰로 얻어지는 사회자본(social capital)의 생산으로 사회통합의 가치와 시민사회의 발전에 기여한다고 볼 수 있다. 또한 빈곤층이나 소외층을 위한 다양한 연대와 주창활동, 또 폭넓은 시민참여 활동이 되는 양성평등, 소비자권익, 환경보호, 인권, 민주주의 등 소중한 사회정치적 가치들을 추구하는 활동이 자원봉사라고 볼 수 있다.

d) 영향(impact): 자원봉사활동은 보다 실증적으로 사회와 경제에

어떤 영향을 미치는지 알기 위해 자원봉사의 사회적, 문화적, 경제적 가치에 대한 이해와 분석이 필요하다. 특히 정부정책에 대해서는 교육, 노동, 복지 등 다양한 정책영역에 영향을 미치면서 정부정책을 보완하는 역할뿐 아니라 정부가 수행하기 어렵거나 정부정책의 비효율성 때문에 시민참여로서 자원봉사로 보완하는 경우도 많다.

e) 환경(environment): 자원봉사가 작용하는 환경적 요인들을 다양한 변수들로 구분해보면, 먼저 사회환경의 요인들로는 고령화 등의 인구동태, 경제위기와 실업확대 등의 경제 요인, 인터넷과 SNS 등의 테크놀러지의 발전을 꼽을 수 있다. 또 정부의 자원봉사 관련 정책이나 시민사회의 단체활동, 기업의 사회적 공헌, 기부 등의 나눔문화의 변화, 국제 자원봉사운동, 세계화, 다문화 동향 등도 주요 환경에 해당된다.

2) 자원봉사 문화와 제도의 발전

이상과 같은 시민사회지표 연구가 제시하는 제도적 시각을 자원봉사 연구에 적용시켜, 자원봉사 문화와 제도의 발전 요인들을 제시해보면 〈그림 1-4〉와 같다. 자원봉사 제도들은 개인의 자원봉사 활동에 중대한 영향을 미치는 사회적 질서와 협력의 구조와 메커니즘, 또는 "기본적인 규범에 관련된 인정된 역할과 이 역할을 담당하는 사람들에게 적합한 행위를 정의하는 일련의 규칙이나 관습으로 이루어진 안정된 사회적 실천의 집합"이라 볼 수 있다. 이 제도들은 미시적 차원에서는 개인이 자원봉사활동을 시작하거나, 지속 또는 중단에 중요한 영향을 미치며, 거시적 차원에서는 개인들의

〈그림 1-4〉 자원봉사 문화와 제도 발전에 영향을 미치는 요인들

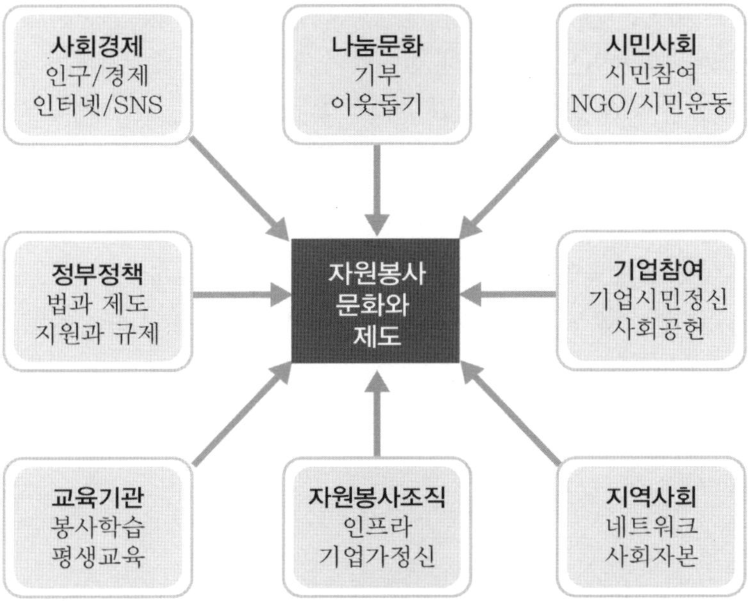

집합적 활동의 활성화, 안정화를 촉진, 진흥시키는 역할을 하며 지역사회나 국가 차원에서 추구하는 사회문제의 해결, 갈등해소, 신뢰와 유대의 증대 등 집합적 목표를 지향한다고 볼 수 있다.

(1) 사회환경

사회환경에는 개인과 집단의 자원봉사활동에 직접적인 영향을 미치는 사회규범이나 행위를 규정하는 사회/경제/문화적 제도들이 있다. 인구동향, 노동시장, 경제, 테크놀러지가 일차적으로 중요한 사회환경이라 볼 수 있다.

a) 인구동향. 고령화의 급진전은 은퇴자의 자원봉사 참여확대를

기대할 수 있지만 동시에 저출산으로 인한 청소년층의 자원봉사 저하라는 동전의 양면을 보여준다. 많은 국가들에서 베이비부머의 퇴직이 본격화되면서 자원봉사 참여율이 높아지며 이들의 재능 기부도 늘면서 자원봉사가 새로운 중흥기를 맞을 것으로 기대할 수 있지만(VC 2010: 3), 한국 등 일부 국가들에서는 일차적으로 생계문제에 직면한 베이비부머들이 자원봉사에 많이 참여할지는 불투명하다. 먹고사는 문제에만 매달리는 사람들이 더 많게 될지, 아니면 일자리를 찾기 위한 사회경험으로의 참여가 될지, 분석이 필요하다. 또 네덜란드 등지에서는 정부의 퇴직연령의 연장 정책으로 노후 자원봉사 참여율이 심각한 영향을 받게 될 것이라는 예측도 등장하고 있다(CEV 2011).

b) 경제. 경제상황은 자원봉사에 직접적인 영향을 미친다. 경제위기의 상황에서는 경제사정이 어려운 사람들이 더 많아지므로 자원봉사활동이 더 많을 것으로 기대되지만, 자원봉사활동은 줄어드는 게 현실이라고 볼 수 있다. 경제가 악화되면 개인이나 기업의 기부가 줄어들고, 정부의 지원금도 줄어들기 때문에 이에 크게 의존하는 시민사회의 역할도 위축될 수 있다(VC 2010: 4). 그러나 경제 악화로 일자리 찾기가 더 어려워지면서 경력쌓기의 조건으로 자원봉사를 활용하는 사람들이 늘 수도 있다.

c) 테크놀러지. 인터넷, SNS의 확대로 사회 주요 이슈들에 대한 정보와 관심이 늘면서, 자발적인 자생조직들(self-organization)의 등장도 폭증한다. 특히 젊은층의 소통과 참여 방식이 인터넷과 SNS으로 변화되면서 전통적인 오프라인 조직의 역할보다 더 빠르고, 더 쉽

게 자원봉사활동에 참여하게 되었다. 더불어 정기보다 비정기, 일시적, 일회성의 자원봉사도 늘면서, 자원봉사의 새로운 변화를 일으키고 있다.

(2) 나눔문화

자원봉사는 나눔문화의 일부이다. 나눔은 일상에서 쉽게 볼 수 있는 현금이나 현물을 모금하는 기관들을 통한 또는 도움이 필요한 사람들에게 직접 제공하는 기부(giving)와 이웃돕기(helping) 활동이며, 또 소중한 시간으로 자원봉사(volunteering)를 하거나 지역사회나 단체에 참여(participating)하는 활동이다. 일반적으로 기부, 자원봉사, 이웃돕기는 밀접한 관련성을 갖고 있어, 자원봉사자가 기부자이며 이웃돕기 실천자인 경우가 많다. 따라서 자원봉사의 활성화는 전반적으로 사회적 나눔문화의 발전에 많은 영향을 받는다. 나눔문화는 물질기부, 시간봉사, 이웃돕기, 단체참여 활동이 시민들의 일상생활의 일부가 되는 문화라고 볼 수 있다(주성수 2012). 나눔은 기부, 자원봉사, 이웃돕기 이상의 사회문화적 의미를 가진 개념이다. 나눔은 사람들 사이의 호혜적이며 친사회적인 '관계적' 개념으로, 사람들 사이의 일상적인 대화와 만남의 친교부터 서로에 대한 이해와 관심의 나눔, 정서적 지지를 위한 신뢰와 협력의 나눔, 생활의 지혜와 재능의 나눔, 공동의 목적을 달성하기 위한 연대의 나눔, 사회적 불의나 불평등에 맞서 행동하는 참여의 나눔이 나눔문화의 밑거름이라 볼 수 있다.

(3) 시민사회

시민사회는 자원봉사가 이뤄지는 일차적인 활동의 장으로, 일반적으로 시민사회단체들의 역할에 따라 자원봉사 참여가 좌우된다고 볼 수 있다. 개인들이 시민사회단체 회원으로 참여해 단체가 활성화되면서 자원봉사도 활성화된다는 수요측 시각도 있고, 다른 한편으로는 시민사회단체들이 단체활동의 활성화와 자원봉사 프로그램 확대로 자원봉사자를 많이 활용함으로써 자원봉사가 활성화된다는 공급측 시각도 있다. 시민사회가 발달한 서구의 경험에 비추어 보면, 시민사회에 대한 정부의 지원이나 기업의 공조 등 또 다른 공급측 요인들도 자원봉사의 활성화에 중요한 배경이 된다.

자원봉사는 시민참여의 한 형태이다. 시민참여란 능동적인 시민의 자발적인 활동을 의미하며, 자원봉사, 기부, 이웃돕기 등의 나눔의 활동이 대표적이다. OECD(2011)는 기부(giving), 자원봉사(volunteering), 타인돕기(helping)를 친사회적 행태(pro-socail behavior) 지표로 개발해 OECD 국가간의 다양한 비교분석을 제시해준다. 이 같은 친사회적 행태 지표는 경제개발 수준이 높은 국가에서, 그리고 국가의 사회복지비 지출이 많은 복지국가에서 더 높은, 정비례 관계를 보여준다. 시민참여 유형으로는 다양한 시민사회단체의 회원활동, 투표참여, 공청회나 토론회 참여 등이 있다. 뒤에서 살펴보겠지만, 일반적으로 시민참여에 활동적인 사람들이 자원봉사활동에 많이 참여하는 경향이 있고, 또 자원봉사자들이 다른 다양한 시민참여활동을 하는 것으로 알려지고 있다.

(4) 정부정책

정부는 노동시장정책, 복지정책 등을 통해 자원봉사에 직접적, 간접적 영향을 미치고 있다. 한국처럼 자원봉사활동 관련 법을 제정하고, 자원봉사단체들에 대한 보조금을 지급하며, 지역의 자원봉사센터들을 지원하는 적극적인 역할을 하는 국가들이 적지 않다. 또 2001년 세계 자원봉사자의 해를 계기로, 또 2011년 유럽자원봉사의 해를 계기로 국제적으로도 정부는 자원봉사의 진흥에 재정과 행정 지원을 하는 적극적인 진흥자 역할을 하는 것이 글로벌 스탠다드가 되고 있다(UNV 2010, 2011; GHK 2010). 그럼에도 정부 개입이 지나치면 시민사회의 자율성을 침해할 수 있다는 경계심도 제기되고 있다.

(5) 기업참여

기업의 사회봉사활동(community service) 또한 글로벌 동향이 되면서, 기업은 중요한 자원봉사제도로 부각되고 있다. 기업의 임직원은 시민이며 기업은 영리활동 이외에도 임직원 자원봉사 등 기업시민정신(corporate citizenship)을 실천하도록 요청받고 있는 것이 시대적 동향이다. 실제로 한국과 미국 등 주요국의 기업들은 평판과 이미지 제고나 비즈니스 전략 차원에서 지역사회나 지구촌 문제해결에 적극적으로 동참하는 기업시민정신을 실천하고 있으며, 임직원 사회봉사는 가장 보편적인 기업시민정신 활동이 되고 있다. 많은 국가들에서 자원봉사활동이 직장을 통해 조직적으로 이뤄지는 것을 보면, 기업의 역할은 중요하다. 그럼에도 임직원들은 이런 단체 참여의 분위기에서 자발적 참여보다 비자발적인 압력이나 요청으로 참여해, 자원봉사보다 사회봉사가 되고 있다는 비판도 일고 있다.

(6) 교육기관

자원봉사는 청소년 교육뿐 아니라 성인의 평생교육에도 중요한 자리를 차지하고 있다. 한국, 미국 등 많은 국가에서 초중고교부터 대학에 이르는 전 교육과정에 자원봉사 교육이 진행되고 있는 것처럼, 교육기관은 중요한 자원봉사 제도이다. 교육 분야에서 일고 있는 논의의 초점은 개인의 자유의지에 기초하는 자원봉사를 교육의 목적으로 강제할 수 있는지에 관한 것이다. 미국, 한국, 캐나다 등지에서는 학생들이 진학의 목적으로 또는 취업의 목적으로 자원봉사를 필수 교과로 이수해야 하는 문제가 제기되어, 심각한 논란을 일으키고 있다. 자원봉사가 아니라 의무적 '사회봉사'가 되고 있다는 것이다. 서구의 경우, 청년실업이 확대되면서 자원봉사가 일종의 인턴이나 비정규직 일자리로 시장임금보다 훨씬 낮은 수준의 임금을 받는 일종의 '유급봉사자'(paid volunteer) 사례도 적지 않다.

(7) 자원조직

자원봉사를 활성화시키는 일차적인 조직들이 지역의 자원조직들이다. 자원봉사자를 모집하고 알선하는 공급기관들이 있고, 자원봉사자를 공급받아 필요한 사업이나 프로그램에 활용하는 수요기관들이 있다. 또 자원봉사센터 등의 중개기관들이 수요처와 공급처를 중개하는 중요한 역할을 하며, 자원봉사관리자 등 전문인력을 교육, 양성하는 교육훈련기관, 프로그램을 개발하고 평가하는 기관, 대학이나 연구소 등의 연구기관들도 자원봉사의 활성화에 기여하는 제도들이다. 자원조직들은 비영리조직이기 때문에 재정적 기초가 취약해, 정부나 기업으로부터 재정 지원을 받아 활동하므로, 자율성 문제가 제기되고 있다.

(8) 지역사회

지역사회는 개인들의 생활과 밀접한 생활공간으로, 자원봉사가 쉽고, 즐겁게 이뤄질 수 있기 때문에 주요 자원봉사제도로 꼽게 된다. 지역사회는 개인에게 자원봉사활동을 기회와 여건을 제공해주며, 이런 기회와 여건이 마련된 지역사회에서 자원봉사활동이 활성화되고 있다는 것은 익히 잘 알려진 사실이다. 개인들은 지역사회에서 생활하는 구성원으로서 지역사회 문제해결에 동참하는 의무를 가진다는 공동체주의(communitarian) 시각도 있다. 지역사회는 구성원인 개인들의 참여와 협조 여부에 따라 구성원 모두에게 혜택을 주는 삶의 공동체가 될 수 있는지, 그렇지 못한지가 가늠될 수 있다고 볼 수 있다. 지역사회에 참여하는 개인들의 참여는 일반적으로 자원봉사가 보편적인 기준이 되며, 자원봉사자의 활동에 따라 지역사회 구성원들 사이의 유대와 협력 등 사회자본의 생산이 결정된다고 볼 수 있다.

II. 자원봉사에 대한 시각

자원봉사는 본질적으로 어떤 활동인가 또는 참여인가? 개인들은 어떤 동기에서 어떤 목적으로 자원봉사에 참여하는가? 앞에서 살펴보았듯이 자원봉사활동에 참여하는 개인에게 중요한 동기, 계기, 자원, 기회는 무엇인가? 학계와 관련 기관들은 서로 다른 시각을 제공할 뿐 아니라 문화권에 따라서도 시각의 차이는 두드러지게 나타난다. 또 최근 정부의 개입이 확대되면서 공공기관의 정책 입장에 따라 다양한 시각들이 제시되고 있다. 특히 새로운 포스트모던 시대의 자원봉사는 이전의 자원봉사와 뚜렷하게 다른 특징들을 보여준다.

1. 포스트모던 시각

먼저 자원봉사의 변화에 초점을 맞춰보면, 급진적인 세계화, IT 혁명, 인구의 고령화와 다문화사회 등의 시대적 흐름에 따라 자원봉사문화는 많은 변화를 겪고 있다고 볼 수 있다. 전통적인 자원봉사문화가 새로운 시대의 자원봉사문화, 즉 포스트모던(postmodern) 자원봉사문화로 패러다임 이동(paradigm shift)이 진행중이라는 시각이 제시되고 있다.

1) 자원봉사의 변화 동향

사회와 경제의 변화 속도만큼 자원봉사문화의 변화 또한 급진적이라 볼 수 있다. 자원봉사의 변화를 설명하는 시각들은 먼저 주요 사회경제적 동향에 따라 자원봉사가 어떻게 변화되고 있으며 또 미래의 동향은 어떠한지에 초점을 맞춘다. 이에 대해서는 아래의 연구결과들을 참고해볼 수 있다.

(1) 자원봉사의 지구화

지구화(globalization) 시대의 흐름에 따라 자원봉사도 지구화되고 있다. 글로벌 차원에서 자원봉사의 지구화 동향의 배경을 살펴볼 만하다. UN 자원봉사단인 UNV(www.unv.org)에 따르면, 2001년 세계 자원봉사자의 해 이후 8년간 자원봉사 법을 도입하거나 새로운 자원봉사정책을 시행한 국가들은 70개국 이상으로 조사되었다. 한국을 비롯한 호주, 뉴질랜드, 필리핀, 폴란드, 헝가리, 라트비아, 마케도니아, 크로아티아, 또 남미의 니카라과, 아르헨티나, 브라질, 우루과이, 볼리비아뿐 아니라 십여 국가에서 자원봉사활동을 진흥하는 새로운 법률이 제정되었고, 또 이들과 일부 아랍권 국가들에서도 정부 정책들이 새로 도입되어 추진되어 왔다(UNV 2010).

자원봉사는 이제 많은 국가들이 법과 제도를 도입해 자원봉사정책을 추진하는 글로벌 동향으로 발전하고 있다. UNV(2010: 12-13)는 이런 변화를 이끈 국가 리더십의 정치적 의지가 가장 중요하다고 평가한다. 또 이런 정치적 의지에 직접적인 영향을 미친 주요 동력으로는 첫째, 자원봉사의 '경제적' 가치에 대한 새로운 인식이 중요하다고 본다. 최근 국제노동기구(ILO 2011), EU(EP 2008: EC 2011) 등의 국제기구들이 자원봉사의 경제적 가치 측정 방안 등이 널리 소개되면서 많은 국가들이 자원봉사의 경제적 가치를 인정하고 자원봉사를 사회발전의 동력으로 활용하는 법과 제도를 도입하고 있다.

둘째는 자원봉사가 재해의 복구와 예방에 효율적인 처방이 된다는 전략적 접근이다. 중국의 자원봉사법 시행은 2008년 쓰촨 대지진으로 정치지도자들과 학계, 지역사회로부터 법률 제정의 요청으로 이뤄졌다. 또 2001년 지진 발생으로 엘살바도르의 자원봉사법이 도입되었고, 2005년 카시미르의 지진이 발생한 파키스탄에서는 자원봉사자들의 참여의 물결을 잘 활용하고 관리하지 못하는 문제로 이어지면서 정부의 자원봉사법의 제정을 압박하였다. 미국의 경우, 2001년 9·11 대재앙 직후 많은 자원봉사자들이 몰려와서 자원봉사가 크게 활성화되며 국가봉사단(CNCS)의 역할을 확대하였다. 그럼에도 자원봉사의 참여는 얼마가지 않아 일상의 수준으로 돌아가고 말았다. 이렇게 된 것은 시민들의 참여의식만 높아졌을 뿐, 자원봉사활동 프로그램의 미비 등 자원봉사 조직의 문제 때문에 시민들의 지속적인 참여를 이끌어내지 못 했다는 것이다(Skocpol 2003: 251-3). 1995년 일본 고베 지진 당시 많은 사람들이 위기에 처한 이웃과 공동체를 구하기 위해 자원봉사자로 참여해 왔지만, 그 상황이 끝나면서 자원봉사자들이 이탈한 것은 냉정한 현실이 되었다(Nakata 1996). 어렵게 발걸음을 해 참여한 자원봉사자들을 제대로 관리하지 못한 문제가 심각하다는 것을 알 수 있다. 이후 미국과 일본에서는 재해를 대비하는 자원봉사자 활용 프로그램들이 개발되고 정부 차원의 자원봉사정책들이 시행되어 왔다.

셋째는 2001년 '세계 자원봉사자의 해'와 같은 글로벌 차원의 자원봉사운동의 영향이다. 유럽의 일부 국가들뿐 아니라 레바논, 니카라과 등지에서도 자원봉사법의 도입과 정책의 시행이 추진되었다. 유럽에서는 2001년 '세계 자원봉사자의 해' 시행으로 오스트리아, 스페인, 이탈리아, 포르투갈 등의 유럽 대륙 국가들뿐 아니라 동구의 폴란드, 헝가리, 라트비아, 리투아니아 등지에서 새로운 자원봉사법의 도입과 정책 추진의 효과가 일어났다는 것으로, 이에 관해서는 유럽자원봉사센터(www.cev.be)의 각국 자료를 참고해볼 수 있다. 또 유럽은 2011년을 '유럽자원봉사의 해'로 정해 자원봉사문화의 유럽화 정책을 추진하면서, 정부들의 적극적인 자원봉사 진흥 정책들이 추진될 수 있었다(EC 2011).

끝으로, 국내 시민사회의 성장 또한 위의 수요 요인들에 못지않은 중요한 공급 요인으로 작용하였다. 각국마다 시민사회단체들의 조직화가 급진전되면서 자원봉사자의 활용과 참여가 크게 늘었고, 이들의 지속적인 요청과 압력에 의해 국가 차원의 법과 제도의 도입이 이뤄지는 변화가 있었다. 중국의 자원봉사법의 도입에는 쓰촨 대지진의 영향도 있지만, 베이징 올림픽 게임의 행사, 그리고 국내 주요 단체들의 정치적 영향력도 크게 작용한 것으로 알려지고 있다. 또 아르헨티나의 경제위기 이후 다양한 시민사회단체들의 참여 활동이 늘면서 자원봉사법과 정책의 시행도 뒤따르는 변화가 일어났다. 최근 수십 년간 급성장해 온 한국의 시민사회는 특히 과거 정부주도의 새마을운동 등의 국민 자원봉사운동을 시민사회 주도의 자율적인 자원봉사운동으로 바꿔놓은 대표적인 사례가 된다.

(2) 자원봉사의 변화 요인들

이처럼 자원봉사에 영향을 미치는 변화의 요인들은 다양하다. 자원봉사 연구자 데커(Dekker 2007)는 자원봉사의 급진적인 변화의 동향을 개인화, 비공식화, IT 혁명, 강화, 국제화로 설명한다(van den Bos and Arnhem 2008: 5).

a) 개인화(individualization): 자원봉사가 집단행동에서 개인의 관심으로 변화되며, 개인적 관여와 선택의 표현수단으로 발전하는 동향이 있다.

b) 비공식성(informality): 사회적 유대가 느슨해지며, 네트워크 조직들이 확대되며, 권위 관계는 균등화되며, 아래로부터의 민주의의를 표현하는 참여로 변화하고 있다.

c) IT(information technology): IT 혁명으로 커뮤니케이션과 상호작용의 다양한 변화가 일어나고 있다.

d) 강화(intensifying): 자원봉사에 대한 인식이 보다 사적 관심으로 바뀌면서 이런 개인적 관심에 따라 자원봉사의 다양성과 변화가 증대한다.

e) 국제화(internationalization): 세계화, 다문화 사회의 도래, 국제사회 참여 등 자원봉사의 국제화 추세가 늘고 있다.

유럽자원봉사센터 또한 자원봉사의 변화는 두드러진 추세라 파악하며, 그 변화의 추세를 다음 몇 가지로 분석한다(CEV 2011: 10-12). 첫째는 다양성에 대한 인정의 보편화이다. 다양한 형태의 자원봉사 활동이 확대되면서 자원봉사자들 또한 다양한 기술을 습득하는데, 이러한 다양한 경험을 인정하는 변화가 일어나면서 사람들이 자신들의 노력을 투자하는 방법을 개선하고 있다. 둘째는 인터넷과 SNS의 확대로 자원봉사의 참여와 연계가 용이해졌고 많은 정보가 공유되며 자원봉사의 질적 향상에도 기여하고 있다는 것이다. 셋째는 탈물질주의와 탈권위주의에 기초하는 포스트모더니즘의 강력한 동향으로, 삶의 의미에 대한 관심이 높아졌고, 공동체 활동의 참여가 늘어난 추세이다. 넷째는 정기적 활동보다 비정기적, 장기 활동보다 단기 활동을 선호하는 자원봉사가 증대하는 추세이다.

또 캐나다 자원봉사협회(Volunteer Canada 2010)의 보고서는 자원봉사의 변화를 이끄는 주요 동향을 a) 사회환경(인구동태, 노동시장, 경제, 테크놀러지), b) 공공정책, c) 비영리부문(시민사회), d) 자원봉사 자원관리(전문조직의 역할), e) 기업의 지역사회 공헌, f) 지역사회의 자원봉사활동 등으로 꼽는다. 사회환경 측면에서는 인구의 고령화, IT 혁명과 SNS 확대, 다문화 사회 등은 자원봉사가 전통적인 자원봉사와는 두드러지게 다른 변화를 이끄는 주요요인들로 파악되고 있다.

2) 자원봉사의 미래 전망

이상과 같은 주요 동향들과 다른 인구동태적 동향들을 분석한 또 다른 보고서(CEV 2007)를 종합해보면, 아래와 같이 자원봉사의 변화 추세와 미래 동향을 정리해 볼 수 있다. 먼저 소득과 교육 수준의 향상으로 자원봉사가 점차 확대될 것으로 내다보이지만, 다른 요인들을 고려해보면 자원봉사의 성장 전망은 그리 밝지는 않다. 경제와 IT 혁명과 인구의 고령화와 다문화사회 등의 거시적 변화 요인들뿐 아니라 자원봉사의 전문화 등 다양한 요인들을 고려해보면 자원봉사의 미래가 지속적으로 활성화될 것으로 예측하기는 쉽지 않다.

(1) 소득수준의 향상

포스트모던 시대는 물질적 풍요를 누리며 삶의 질과 공동체에 대한 관심이 높아지면서 자원봉사활동도 더불어 활성화된다. 따라서 소득수준의 향상은 일차적인 조건이 된다. 사람들의 생계와 관련된 물질적 자본의 축적이 이뤄질 때, 사람들은 타인들과의 선의적 관계 유지를 위한 나눔활동에 참여할 수 있는 여유를 갖게 된다. 경험적 자료를 보면, 개인의 경제적 소득이 더 높은(낮은) 사람들이 자원봉사에 참여할 가능성이 높은(낮은) 경향이 있다. 또 국가 차원에서도 경제수준이 높은(낮은) 국가에서 자원봉사 참여율이 높다(낮다)는 것이 경험적 분석으로 확인되고 있다.

(2) 교육수준의 향상

교육수준의 향상으로 자원봉사가 확대되는 추세는 글로벌 동향이다. 개인 차원에서 교육 수준이 높을수록 자원봉사 참여율이 높아지는 것은 일반적인 동향이다. 국가 차원에서도 대학 이상의 고학력자가 많은 사회에서 자원봉사 참여수준이 더 높게 나타난다. 한편 고교 이상의 고등교육과 평생교육이 보편화되면서 교육 수준에 따른 참여율의 차이는 점차 줄어들 것으로 볼 수 있다.

(3) 경제위기와 실업의 확대

경제위기와 실업의 확대 동향은 자원봉사활동을 위축시키는 주요요인이 된다. 유럽의 경우, 2011년 "유럽 자원봉사의 해"를 맞이해 자원봉사에 대한 새로운 인식이 확산되고 정부와 기업 등에서 추진한 자원봉사 활성화 정책과 프로그램이 확대되면서 자원봉사는 지속적인 성장세를 보여주지만, 경제위기에 많은 영향을 받는 국가들에서는 자원봉사 참여가 정체된 상태에 있다(GHK 2010: 236). 발칸반도, 남유럽 국가들에서 자원봉사 참여는 정체된 상태에 있다. 한국의 자원봉사 또한 경제위기 기간에 정체된 것은 우연이라기보다 경제침체와 어느 정도 관련된 것으로 볼 수 있다. 경제침체기에는 사람들이 남과 이웃보다도 자신의 취업, 가계수입 등에 더 많이 신경을 쓰며 자원봉사에 참여할 마음의 여유를 갖지 못한다.

미국의 공식 자원봉사 참여율은 2003-5년 매년 28.8% 수준을 유지해오다 경제위기 기간인 2008-2010년에는 26.3% 수준으로 감소하였다. 그럼에도 미국의 시민사회조직들은 자체 재정적 어려움을 경험하면서 직원이 감축, 신규 직원 채용의 보류 등의 자체 구조조정으로 긴축재정을 추진하면서 동시에 이를 보충하기 위한 방안으로 자원봉사자들을 더욱 많이 활용해왔다. 미국 국가지역사회봉사단(www.nationalservice.gov)의 조사에 따르면, 시민사회조직의 40% 가량이 경제위기로 "매우 심각" 또는 "심각"한 타격을 받아, 이 같은 재정적 위기를 극복하기 위해 90% 가량이 자원봉사자 활용 수준을 유지하거나 확대하였다(Salamon and Spencer 2009). 자원봉사자의 활동시간이 늘었다는 조직(39.2%)이 줄었다는 조직(6.4%)보다 훨씬 많았고, 또 자원봉사자 수의 증가(36.9%)가 감소(5.3%)를 훨씬 능가했으며, 자원봉사자의 기여도 증가(34.2%)가 감소(8.9%)를 크게 앞섰다. 경제위기 상황에서는 자원봉사활동의 수요가 늘어나고, 또 재정압박에 직면한 시민사회조직들은 자원봉사자의 기여에 더욱 의존한다는 것이 미국의 사례에서 제시되고 있다.

(4) IT 혁명

인터넷과 SNS의 확대 등 IT 혁명으로 자원봉사활동이 확대될 것으로 기대할 수 있다. 자원봉사는 언제 어디에서 어떻게 할 수 있는지, 많은 정보가 제공되고, 가까운 가족과 친구 및 동료들의 요청으로 어렵지 않게 자원봉사에 참여할 수 있는 다양한 기회가 제공되고 있다. 이런 장점들에도 불구하고, IT 혁명은 자원봉사에 새로운 문제를 야기할 수 있다. 온라인 자원봉사가 확대됨에 따라 디지털 디바이드로 컴퓨터 접속을 하지 못하는 소외층을 더욱 배제하는 결과를 초래할 수 있다. 또 자원봉사활동이 온라인으로 확대됨에 따라 대면 관계가 줄면서 인간관계가 소원해지는 활동으로 변화될 것이며, 그럼으로써 대면 접촉을 통한 사회자본의 생산이 줄어들며 자원봉사의 의미가 퇴색될 수 있다.

온라인 자원봉사활동은 특히 지속적인 봉사활동보다는 단기적, 일회성 봉사활동의 성향을 갖고 있다. UN 자원봉사단(UNV 2011a: 28)에 따르면 세계적으로 온라인 자원봉사자 70% 이상이 일주일에 1-5시간 활동하는 자원봉사를 선택했고, 또 절반가량이 12주 이하의 활동기간을 선택했다. 온라인 자원봉사의 전형적인 형태는 장거리에서 수행하는 활동으로, 장애인 등 운송수단을 갖고 있지 않은 사람들의 참여를 촉진할 수 있는 장점이 있다. 사회활동에 장애를 갖고 있는 장애인 등 소외층의 사회활동을 지원하는 활동이 될 수 있기 때문에 이들의 욕구와 생활 상황에 적합한 자원봉사 프로그램을 개발하는 것이 중요하다. 또 트위터, 페이스북 등의 SNS 사이트들은 많은 사람들을 쉽게 자원봉사에 참여할 수 있는 정보와 다양한 기회를 제공해준다. 그럼에도 이런 SNS를 통한 클릭티비즘(clicktivism)이 보다 의미있는 사회행동이나 주창활동으로 이어지는 데는 한계가 있다(앞글: 28). 클릭 활동에 익숙한 SNS 사용자들의 관심을 확대시킬 수는 있지만, 이들의 시민사회 참여활동의 계기로 발전되는 데는 한계가 있다는 지적이다.

(5) 자원봉사의 전문화

또 자원섹터의 전문화 동향은 동전의 양면을 보여준다. 자원봉사조직 근무자의 전문화는 자원봉사의 활성화에 기여할 것이지만, 자원봉사자의 역할에 대한 전문적 활동을 요청함으로써 이런 역량을 갖고 있지 않은 자원봉사자들에게는 부담이 될 수 있다(GHK 2010: 230). 자원봉사자들 사이에서 전문활동자와 단순노동자로 차별화되는 문제도 야기될 수 있다. 이 때문에 자원봉사자의 유지나 새로운 자원봉사자 충원에도 어려운 환경이 조성될 수 있다.

(6) 기부와 자원봉사

기부는 물질집약적인 활동이지만, 자원봉사는 시간집약적인 활동이다. 그런데 한국 등지에서는 기부는 점차 증가세를, 자원봉사는 감소세 또는 정체 추세를 보여준다(통계청 2011; 주성수 외 2012). 퇴직자를 제외하면 학생이나 직장인들은 시간에 쫓겨 자원봉사활동에 많은 시간을 투입하지 못해 참여가 낮아지는 경향이 있다. 캐나다나 일본 등지에서는 자원봉사활동 대신에 기부를 선호한다는 여론조사 결과를 참고해보면(Statistics Canada 2012; JFA 2011), 기부의 활성화는 자원봉사의 활성화로 이어진다고 보기는 어렵다. 한국에서도 2002년과 2011년 기부와 자원봉사 자료를 분석해보면, 기부나 자원봉사에 참여하지 않은 20세 이상 성인은 100명 중 43명에서 32명으로 11명(11%) 줄었는데, 기부와 자원봉사 모두에 참여한 사람도 6명 늘었지만, 기부만 참여하고 자원봉사에 참여하지 않은 사람도 6명 늘었다(볼런티어21, 2002, 2011).

(7) 시장화와 세속화

그밖에 다른 주요 요인들을 참고해보면, 자원봉사의 미래가 밝다고만은 볼 수 없다. 전반적으로 자원봉사문화의 확산에 기여할 것으로 예측되는 요인들은 교육수준의 향상, 포스트모더니즘의 확대, 시민운동과 시민참여 확대 등 세 가지 정도에 지나지 않는다.

반면에 〈표 2-1〉의 마지막 세 가지, 레포츠 영역의 시장화, 세속화, 개인 자유시간의 축소 등으로 자원봉사활동이 축소될 수 있다. 그 밖에 다른 많은 요인들은 한편으로는 자원봉사의 확대에, 다른 한편으로는 자원봉사의 축소에 영향을 미치게 될 것으로 내다보인다.

〈표 2-1〉 자원봉사문화의 변화 추세와 미래 동향

미래 동향	주요 요인	주요 요인별 일반적 특징 (예시)
확대	소득수준 향상	고소득자의 자원봉사 참여가 높고 경제수준이 높은 사회에서 자원봉사 참여율이 높다.
확대	교육수준 향상	고학력자의 자원봉사 참여가 높기 때문에 교육수준의 향상은 자원봉사의 확대로 나타남.
축소/확대	경제위기와 실업 확대	임금활동이 더 많아지면서 자원봉사가 위축될 수도 있지만, 일자리 탐색, 경력쌓기 동기에서 자원봉사 참여가 늘 수도 있다
축소	정부 노동 및 복지정책	정부가 실업대책으로 추진하는 사회적 일자리 사업이 확대되면서 실업자, 퇴직자들이 자원봉사보다 이런 사회적 일자리를 선택하며 자원봉사가 위축. 또 노인이나 장애인 돌봄 서비스가 사회 서비스로 확대 되면서 자원봉사자의 돌봄 서비스 역할의 상대적 축소.
확대	포스트모더니즘 확대	물질적 풍요의 확대로 삶의 질과 공동체에 대한 관심이 증대하면서 자원봉사가 확대되는 추세
확대	시민운동과 시민참여 확대	포스트모더니즘과 밀접히 관련해서 다양한 소비자운동, 환경운동 등이 확대되면서 시민참여가 자원봉사로 증대하는 동향.
확대/정체	고령사회	인구의 고령화로 노인들의 사회참여 활동의 욕구가 강해지며 자원봉사도 더불어 증대할 수 있지만, 이에 대한 퇴직연령의 증가로 참여 확대 추세가 둔화될 수도 있음.
정체/확대	다문화사회	다문화가정의 확대로 자원봉사가 확대되는 추세는 거의 없지만, 점차 많은 다문화가정들이 늘어나면 이들을 위한 자원봉사뿐 아니라 다문화가정의 사회참여 활동으로 자원봉사가 확대될 가능성이 있음
확대/축소	인터넷과 SNS 확대	오프라인 접촉을 통한 자원봉사활동은 감소하고, 온라인을 통한 다양한 느슨한 형태로 자원봉사가 이뤄지며, 비정기, 단기, 일회성 자원봉사의 특성이 지배적임. 인터넷과 SNS에 많은 시간을 소비하며 오프라인 활동이 줄고 자원봉사활동도 위축될 수 있음.

확대/축소	전문화	다양한 욕구 충족에 효과적, 효율적인 영향을 미치고 있지만, 전문기술 위주의 도구적 접근, 관료화, 참여자의 거리감으로 인한 정체감 쇠퇴 등 부정적인 측면도 있음.
확대/축소	정치화	단순 자원봉사보다는 이슈 주창자, 시민의 민주주의 교육보다는 고학력자 위주의 조직활동이 되며 정치와 정책에 대한 영향력 확대
확대/축소	이슈의 대중성	현재의 주요 이슈들에 대한 관심과 참여로 자원봉사가 확대될 수 있지만, 관심 밖의 영역에서는 오히려 자원봉사활동이 감소될 수 있음.
확대/축소	개인화	조직의 필요보다는 자원봉사자의 욕구에 의존하는 맞춤형 자원봉사로 변화하면서 자원봉사활동의 확대 또는 축소로 변화할지 불투명함.
축소	기부의 활성화	시간집약적인 자원봉사보다는 물질집약적인 기부를 선호하는 경향으로 자원봉사 참여는 축소되는 추세
축소	레포츠 영역의 시장화	자원봉사의 주요 활동영역인 레포츠에 전문 상업화의 영향으로 레포츠 활동 자원봉사 활동의 위축 추세
축소	세속화	종교인구의 감소로 자원봉사의 주요 요청기관인 종교기관의 영향력 상실로 인한 자원봉사의 감소추세
축소	자유시간 축소	생애 주기에서 가장 바쁜 시기(20–50대)에는 개인의 자유시간이 줄고 있기 때문에 시간집약적 자원봉사보다는 자본집약적 기부활동이 더 증가하는 추세

3) 포스트모던 자원봉사문화

이상과 같은 자원봉사의 변화 동향은 포스트모던 시각에서 살펴볼 수 있다. 포스트모던 시대는 전통과 권위주의로부터의 이탈, 물질적 풍요보다는 삶의 질 중시의 특징을 보여주며, 자원봉사 또한 전통적인 자원봉사의 대상과 활동 영역에서 점차 이탈해 새로운 개인적 선호에 적합한 활동으로 이동하는 동향을 보여준다.

따라서 새로운 포스트모던 자원봉사문화의 동향에 주목해볼 만하다. 〈표 2-2〉에서 볼 수 있듯이, 전통적 자원봉사문화가 '전통적 문화' 위주로 정체성을 발견하고, 자원봉사조직과 활동 분야와 대상을 선택했다고 하면, 새로운 포스트모던 자원봉사문화는 개인적 관심에 기초한 개인화 특성을 갖고, 인터넷의 특성처럼 느슨한 네트워크를 통해 이슈화된 분야를 활동의 장으로 선택하는 특성이 있다. 특히 전통적 모델과 포스트모던의 두드러진 차이점은 전자가 정기적이고 장기적인 활동시간에 기초하는 시간주도적(time-driven) 활동에 기초했다면, 후자는 단기적이고 비정기적이지만 활동내용에 기초하는 대의주도적(cause-driven) 활동에 기초하는 차이가 있다(Evans and Saxton 2005: 41).

2. 사회/정치/경제적 시각

자원봉사에 대한 시각에서 보다 일반적인 구분은 사회적, 정치적, 경제적 시각이라 볼 수 있다. 최근 주류 시각으로 부각되는 경제적 시각은 자원봉사를 '무보수 노동'(unpaid work)으로 보며 자원봉

〈표 2-2〉 포스트모던 자원봉사문화의 특징

	전통적 자원봉사문화	포스트모던 자원봉사문화
문화	전통적 문화 규범과 일체감	개인화
조직선택	전통적 문화 정체성 충성심 대의적 리더십	개인적 관심 약한 연대관계 분권화된 구조, 느슨한 네트워크
분야선택	전통적 문화 정체성 포용과 배제	이슈로 드러난 분야 글로벌 / 지역적 연계
활동선택	전통적 문화 정체성 조직의 필요 이상주의	개인적 선호와 조직의 필요 사이의 균형 실용주의
기간과 강도	장기간 정기적(무한적) 무조건적	단기간, 일회성 비정기적(분명한 기간) 조건적
수혜자 관계	일방적 이타주의	쌍방적 상호성

자료: Hustinx 2001; Rochester 2006: 8.

〈표 2-3〉 자원봉사에 대한 사회, 정치, 경제적 시각 비교

차원	사회적 시각	정치적 시각	경제적 시각
개인	여가 경험	이념 시민권	이해 인센티브
공동체	사회자본 웰빙과 삶의 질	참여, 인권 사회통합	노동력 부가가치

사의 경제적 의미를 새롭게 제시한다. 경제적 시각은 전통적으로 '신중한 여가'(serious leisure)로 보는 사회적 시각, 그리고 시민들의 참여(civic engagement)와 행동(activism)으로 보는 정치적 시각과 뚜렷하게 구분되는 시각이다.

이 같은 경제적 시각과 사회/정치적 시각들을 개인 차원과 공동체 차원으로 구분해 볼 수 있다. 참여하는 개인에게는 어떤 경제적, 사회적, 정치적 의미가 있는지, 그리고 지역사회나 국가 등 공동체에 대해서는 어떤 경제적, 사회적, 정치적 가치와 영향력을 갖고 있는지를 구분해 〈표 2-3〉과 같이 분석해 볼 수 있다. 자원봉사자 개인 차원에서는 자원봉사에 참여한 동기나 기대가 여가와 경험에 의한 것인지, 아니면 특정 이념이나 시민행동의 목적에 있는지, 아니면 경력이나 인센티브를 위한 것인지를 구분해볼 수 있다. 또 거시적인 공동체 차원에서는 공동체 구성원들 사이의 유대와 협력, 신뢰 등의 사회자본이나 사회적 통합의 활동인지, 또는 인권과 정의를 주창하고 시민의 권익을 옹호하는 정치적 활동인지, 아니면 경제적으로 부족한 노동력을 보충하거나 비용절감 등의 부가가치를 생산하는 경제적 활동인지가 비교대상이 된다.

1) 사회적 시각: 개인 여가와 공동체의 사회자본

자원봉사에 대한 '사회적' 시각은 전통적 시각을 대표한다. 전통적으로 확고한 이론적 뒷받침이 되어온 사회적 시각은 개인 차원에서는 자원봉사를 여가의 경험으로 간주한다. 자원봉사에 참여하는 개인들의 다양한 참여의 동기에서 확인되고 있듯이, 개인들은 소중한 시간을 자신의 경험, 관심을 추구하기 위한 '여가 경험'으로 간주한다. 이 같은 '여가 경험' 추구적인 자원봉사 활동의 사례로는 공연장에서 입장권 관리를 맡는 봉사활동과 같은 일시적 활동 또는 단기간 창의적인 스포츠나 문화행사 활동을 하는 프로젝트 유형의 자원봉사가 있다(Stebbins 2004: 7). 이런 유형의 '여가 경험' 자원봉사는 전통적인 의무, 자선, 동정심에 기초한 동기들과는 다른 포스트모던 자원봉사 유형으로, 주로 청년층의 자원봉사 동기로 부각되고 있다. 이들에게는 자원봉사가 '무보수 노동'이라기보다는 '여가의 경험'이라는 시각이 지배적이라고 볼 수 있다.

자원봉사는 단순한 여가와 다르기 때문에 '일(work)'이라 볼 수 있다. 그럼에도 자발적인 일이기 때문에 임금 노동과는 다르다. 자원봉사가 여가와 다른 점은 '제3자' 기준으로, 자원봉사활동의 일부는 이 활동을 하는 자원봉사자가 다른 사람을 고용해서 그 일을 대신해 달라고 할 수 없기 때문에 시장성이 없는 활동이다(Anheier and Salamon 2001: 4; OECD 2011). 또 내가 봉사활동을 하는 환자나 장애인을 대신 방문해달라고 누구를 고용할 수 있는가? 조직의 회원으로서의 활동과 자원봉사자로서의 활동을 어떻게 구분할 수 있는가? 전통적으로 적십자사는 회원활동과 자원봉사활동을 구분하지 않고 있듯이 많은 정당들과 사회운동조직들도 회원활동과 자원봉사활동을 구분하지 않는다. 그래서 정확한 자원봉사활동을 구분하기 위해 일부 통계조사에서는 주관적 판단을 배제하기 위해 구체적인 실례를 들어 그런 활동을 했는지를 조사한다. 세계적인 자원봉사 통계를 조사하는 국제노동기구(ILO 2011)의 조사 또한 이런 구체적인 범위의 활동을 자원봉사로 인정하는 표준안을 제시한다. 표준안에는 공적, 사적활동이 대부분 포함되는데, 심지어는 헌혈이나 장기기증도 포함된다.

'여가 경험'의 시각에서 보면, 자원봉사는 다분히 개인 차원에 머물게 된다. 사회변화와 사회정의를 위한 집단적인 시민행동의 영역까지 확대되지는 않는다. 따라서 사회정의나 공익을 위해 자원봉사가 필요하다는 시각보다는 개인의 경험이나 선호를 실천하기 위한 도구로 자원봉사가 필요하다는 시각이 지배적이다. 실제로 자원봉사자의 참여 동기에서도 사회적 변화나 정의, 또는 도덕적 의무나 사명 등의 동기보다는 자기개발, 경험과 지식의 습득, 사람들과의 사교 등 개인적 욕구와 선호가 강하게 표현된다. 이 같은 개인의 욕구나 선호에 접근해 자원봉사자를 충원하는 새로운 전략으로 자원봉사를 즐겁게 하자는 취지의 볼런테인먼트(voluntainment)가 개인의 여가 경험으로 즐거운 자원봉사를 독려하는 운동으로 확대해가고 있다. 실제로 2011년 유럽 27개국 조사에서 자원봉사활동에 참여하지 않은 사람들의 불참 이유가 "시간이 없어서"(50%) 다음으로 "관심이 없어서"(25%)로 나올 정도로 볼런테인먼트의 중요성이 확인되고 있다(Eurobarometer 2012). 또 자원봉사기관들은 자원봉사가 개인의 사교활동을 통해 건강 유지에 도움이 되고 신체, 정신적 질병을 예방하는 데 효과가 있다는 점을 홍보하면서 자원봉사자 모집에 활용한다(CNCS 2007; EP 2008).

이상의 개인 차원을 떠나 집합적인 공동체 차원으로 관심을 바꿔보면, 자원봉사는 공동체 구성원의 유대와 협력, 신뢰 등 사회자본을 생산하는 중요한 활동으로 간주된다. 자원봉사는 공동체 건설이나 마을만들기 시민운동에서 핵심요소로 간주되고 있다. 유럽의회(EP 2008: 5)는 "자원봉사자는... 사회적 유대와 결속, 참여를 진흥하는 대행자(agents)이며, 이런 가치들을 매일 실천에 옮기는 손들(hands)"이라고 강조한다. 또 유럽의회는 자원봉사는 "지역개발에 시민들이 직접 참여하는 형태로 시민사회와 민주주의의 진흥에 중요한 역할"을 하기 때문에 국가, 지방 차원에서 자원봉사 진흥정책을 적극 활용할 것을 결의하며, 특히 지방정부들이 추진하는 지역공동체 사업들의 성패는 자원봉사의 활용에 달려 있다고 설명한다. 유럽자원봉사센터(CEV)도 홈페이지(www.cev.be)에서 "자원봉사는 사회적 포용과 통합의 수단으로, 신뢰와 연대의 결속, 그리고 사회자본을 생산해 사회적 단합에 기여하며, 분리된 사회에서는 강력한 조정과 재건의 원천"이며, "다양한 능력과 다양한 배경의 사람들이 긍정적 변화에 기여할 수 있는 방법 중의 하나"로 중시한다. 또 자원봉사는 "사회적 이슈들을 해결하는 방안들을 모색하는 데 중요한 역할"을 하며, "사회에서 일어나는 여러 욕구들을 파악, 대변, 호응하는 혁신적인 행동들을 개발하는 핵심적 역할", 그리고 "서비스의 양과 질의 개선에 도움을 주며 새로운 서비스 개발에 창의적 역할"을 한다고 설명한다.

2) 정치적 시각: 시민참여와 주창활동

한편 시민사회, 시민운동, 사회운동 관련 연구자들에게 자원봉사는 시민의 참여와 행동이라는 시각이 지배적이다. 자원봉사를 '무보수 노동'으로 보는 '비영리' 시각과는 다른 '시민사회' 시각이라 구분해볼 수 있다(Lyons et al. 1998). 사회적 변화를 요구하는 주창활동

(advocacy), 환경운동, 소비자운동, 여성운동, 동물보호, 인권과 평화운동 등 무수한 시민참여 활동이 자원봉사자의 참여와 행동으로 가능해지고 있다는 것이다. 여기에 참여하는 자원봉사자의 동기는 사회적 변화를 위해, 사회정의를 위해, 사회적 배제에 맞서기 위해 등 주로 정치적 목표에 있다는 것을 알 수 있다. 나아가 정치적 시각은 시민참여 자원봉사운동이 "관료화와 중앙집중화 문제들에 대응할 뿐 아니라 정부지출의 감소나 재정적자에 대한 보충 등 다양한 심각한 문제들에 대처하는 데 도움이 될 수 있다."는 낙관론을 제시한다(Roy and Ziemek 2002: 3).

자원봉사는 포스트모던 사회와 더불어 성장한다. 서구에서는 1970년대 이후 포스트모던 사회의 '조용한 혁명'으로 탈물질, 탈권위주의 가치관이 정착하면서, 자원봉사가 탈물질의 삶의 질 추구를 위한 시민행동, 시민참여로 이어지는 시대적 흐름으로 정착되었다. 시민사회단체(NGO)들을 통한 자원봉사활동이 크게 활성화되면서, 시민사회는 자원봉사로 부활하는 새로운 시대를 맞이하게 되었다.

시민행동의 자원봉사도 지속적인 성장세를 보여준다. 시민행동 자원봉사는 주로 자신이 소속된 시민사회조직의 회원으로서의 활동을 하고, 이 조직들은 공유된 욕구들을 충족시키고 공동의 문제를 해결하는 사람들의 공조적 활동으로 조직화된 것으로 간주한다. 시민들은 자신들이 참여하는 조직의 시민운동을 지원하는 자원봉사자로 서명운동, 피켓팅, 농성, 시위 등 직접행동에 참여하는 경우가 일반적이다(UNV 2011b). 국제자원봉사협회(IAVE 2003)는 '보편적 자원봉사 선언문'에서 "자원봉사는 시민사회의 주춧돌"이라 보며, "자원봉사는 모든 사람을 위한 평화, 자유, 기회, 안전 및 정의를 추구하는 인류의 가장 숭고한 염원을 실천한다"는 사회적 대의

(cause)를 강조한다. 따라서 보다 광의적인 시민사회 시각에서 보면, 자원봉사는 비강제적, 무보수 활동이며, 동시에 공익적으로 사회전체 또는 특정 조직을 위해, 그리고 "조직화된 배경"에서 이뤄지는 활동이라고 정의할 수 있다(Dekker 2002). 유엔자원봉사단(UNV 2008: 5)은 자원봉사의 사회적 행동을 중시하는 시각에서, 자원봉사를 a) 상호 지원이나 자조활동, b) 자선적 또는 타인에 대한 서비스 활동, c) 시민참여, d) 주창 또는 캠페인 활동으로 구분한다.

'시민참여'의 시각은 실제로 서구 시민들의 정치참여와 사회참여 활동 자료들에서도 확인되고 있다. 자원봉사 인구가 많은 국가의 시민들은 정치참여와 사회참여에 적극적인 시민들로 확인되고 있다. 정당이나 정치적 단체, 제3세계 개발 또는 인권, 환경이나 생태계 보전, 평화운동, 동물의 권리, 노동조합, 전문단체 등의 정치참여가 높은 '적극적 시민사회'의 국가들(아이슬란드, 네덜란드, 덴마크, 노르웨이, 스웨덴 등)이 그렇지 않은 '소극적 시민사회'의 국가들(이탈리아, 스페인, 포르투갈 등)보다 훨씬 더 많은 자원봉사 인구를 갖고 있고 또 시민사회단체의 회원활동이 많다(제VIII장 참조). 이 두 유형의 중간에 영국, 독일, 프랑스, 벨기에, 오스트리아 등이 위치해 있다(Dekker et al. 1998; De Hart and Dekker 1999; 주성수 2005).

시민참여로서의 자원봉사는 '활성적 시민권'(active citizenship)의 개념에서 그 의의를 찾아볼 수 있다. 유럽연합의 유럽이사회(EC 2011: 2)는 '활성적 시민권'의 확대를 추진했던 2011년 "유럽 자원봉사자의 해"의 의미를 다음과 같이 설명한다. "자원봉사는 인적자본과 사회자본의 창조물이다. 자원봉사는 통합과 고용으로 가는 경로이며, 사회통합을 개선시키는 핵심 요소이다. 무엇보다도 자원봉사는 유럽이 기초하고 있는 정의, 연대, 포용 그리고 시민권의 기본적인 가치들을 행동으로 실행하게 만든다."

3) 경제적 시각: 개인 경력과 공동체 부가가치

경제적 시각은 이제 주류의 시각으로 부각되고 있다. 자원봉사에 대한 다양한 시각들 가운데 국제노동기구(ILO)와 국제비영리단체분류(ICNPO)가 글로벌 스탠다드를 주도하고 있다. 경제적 시각은 자원봉사를 '무보수 노동'으로 간주해, 자원봉사를 '자원 노동'(volunteer work)이라는 개념정의를 제시한다. '일' 또는 '노동'에 초점을 맞추므로 경제적 시각이다. 이 시각은 자원봉사의 경제적 가치를 중시하는 학자들과 국제기관들이 최근 자원봉사의 경제적 부가가치를 통계로 수치화하기 시작하면서 주류의 시각을 형성하고 있다.

자원봉사의 경제적 가치가 중시되는 이유들은 몇 가지로 정리해 볼 수 있다. 첫째는 자원봉사는 많은 국가에서 그 규모가 상당할 정도로 증가하며 또 실제로 경제적 가치를 생산하고 있기 때문이다. 자원봉사자는 국가 인력의 상당 부분을 차지하며, 경제적 가치를 생산한다. 국제비영리분류(ICNPO) 연구진의 36개국 비교연구에 따르면, 자원봉사자 1억 3,200만 명은 풀타임 노동자의 수로 환산하면 2,020만 명에 해당되며, 이는 전체 풀타임 노동자의 44%, 성인 인구의 12%를 차지하는 엄청난 규모이다(Salamon et al. 2004: 16). 캐나다의 자원봉사자는 농업과 자동차제조업보다 더 많은 국내총생산(GDP)을 산출한다.

일반적으로 '시간의 가치' 계산방법은 두 가지 접근법에 기초한다(OECD 2011: 24). 첫째는 기회비용(opportunity cost) 접근으로, 가계원이 무급의 노동을 하지 않을 경우 노동시장에 구매하는 급여로 가계생산의 시간 비용을 계산하는 방식이다. 가계생산에 시간을 투자한 가계원의 소득이 상실된 것으로 가정한 것이다. 가계 생산은 일반적으로 높은 기술이나 전문성을 요구하지 않기 때문에 기회비용을 높게 계산하는 문제가 있다. 또 가계생산은 일반적으로 시장경쟁력이 낮은 실직자, 은퇴자, 주부 등에 의해 이뤄지기 때문에 기회비용 산정치가 과장될 수 있다. 이들이 제공하는 무급의 노동 가치를 시장에서 경쟁력을 가진 임금직의 임금의 가치로 동일시하기는 어려울 것이다. 두 번째는 대체비용(replacement cost) 접근법이다. 가계생산을 사람을 고용해서 대신 하도록 하는 경우, 전문직인가 일반직인가에 따라 비용 계산이 달라질 수 있다. 집안의 하수도 고장 수리를 하는 전문적인 일을 가계원이 수행한 경우 더 많은 시간이 들고 일도 서툴기 때문에 효율성이 낮아 비용계산이 과대 산정될 가능성이 높다. 기회비용 계산법은 전국 평균 시간당 임금을 계산하는 경우가 일반적이며, 대체비용 계산법은 비공식 활동의 시간당 임금을 계산하는 경우이므로, 전자가 후자보다 훨씬 더 높은 비용으로 계산되는 경향이 있다.

자원봉사와 가사노동을 포함하는 '무급 노동시간'이 국내총생산(GDP)에서 차지하는 비중은 OECD에서는 1/3 수준이 넘는다. '무급 노동시간'이란 하루 24시간 중에서 수면시간과 '일과 학습'(paid work and study) 활동시간을 제외한 모든 '무급 노동시간'을 의미하는데, 그 경제적 가치는 한국의 경우 대체비용 수치에서는 GDP의 19%(그림 2-1)와 기회비용 가치로는 46%(그림 2-2)로 두 배 이상 차이가 있다(OECD 2011).

자원봉사의 경제적 가치는 수치로써 파악되고 있는 만큼, 이제는 정책 실행으로 점차 진행되는 뚜렷한 동향을 보여준다. 그간 학계(Salamon et al. 2004, 2007)뿐 아니라 유엔(UN 2003)과 국제노동기구(ILO

〈그림 2-1〉 무급 노동시간의 대체비용 가치: GDP 비중(%)

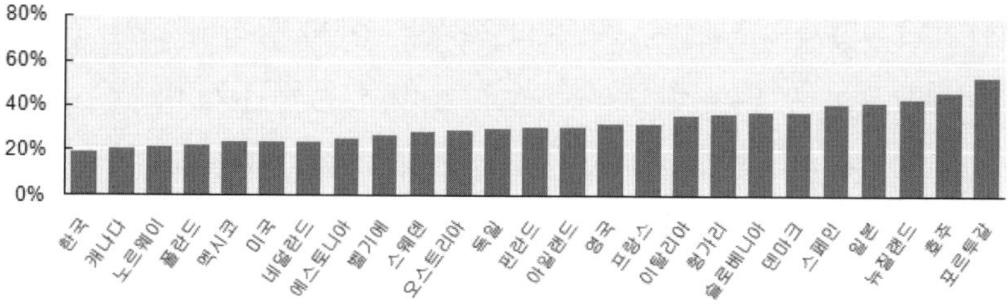

〈그림 2-2〉 무급 노동시간의 기회비용 가치: GDP 비중(%)

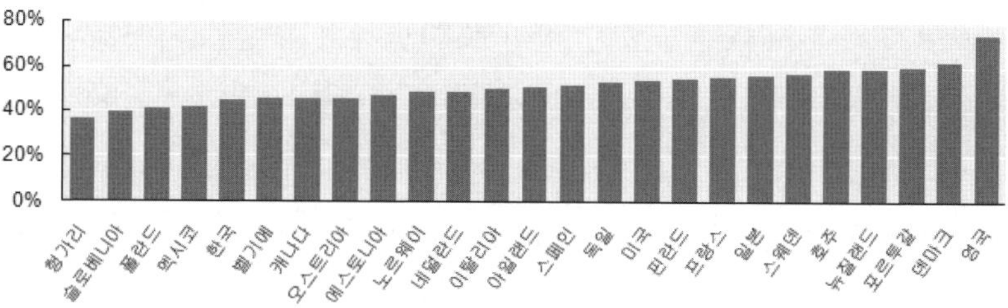

2008, 2011) 등 국제기관들과 일부 국가들의 통계청 등 공식기관들이 국가 차원의 자원봉사 규모(인구, 남녀, 연령별 등 인구학적 자료)를 측정해 왔다. 학계를 대표하는 연구진은 1996년에 ICNPO 연구방법을 개발해 13개국 ICNPO 자료를 각국 단행본 및 비교연구서로 소개했고(Salamon and Anheier 1996), 이어 1999년에는 22개국(Salamon et al. 1999), 2004년에는 한국을 포함한 36개국으로 ICNPO 비교연구서를 소개하였다(Salamon et al. 2004). 이런 학계의 연구에 유엔(UN 2003)이 동참해 국가계정(National Account) 체계에서 자원봉사를 포함한 비영리조직(NPI: NonProfit Institution) 현황 통계를 포함하도록 추진해, 여기에 일부 유럽 국가들이 참여해왔고, ICNPO 연구진은 2007년에 UN의 NPI 조사방법에 의한 28개국 사례를 발표하였다(Salamon et al. 2007). 먼저 8개국(호주, 벨기에, 캐나다, 체코, 프랑스, 일본, 뉴질랜드, 미국)의 정부 통계청은 공식 '국가계정'에 자원봉사를 포함한 NPI 통계를 포함시켰고, 또

한국 등 20개국도 같은 계획을 발표하였다.[1)]

또 자원봉사의 '무보수 노동'의 가치는 이제 공식적으로 국제노동기구(ILO)의 노동통계로 등록되고 있다. ILO는 2008년 존스홉킨스 대학과의 협약을 통해 국제노동통계에 자원봉사활동(참여자, 활동유형, 활동조직, 활동시간)을 측정하는 국제표준안을 개발해, 각국의 협조를 기대하며 국제표준화 사업을 추진하고 있다. ILO는 자원노동의 측정으로 얻어지는 주요 장점들을 몇 가지로 소개한다(ILO 2008: 7). a) 비공식 노동시장의 주요 요소인 자원봉사의 규모를 측정해서, 그 과정에서 다른 부분들의 일부를 어떻게 측정할 것인지에 대한 단서를 제공해줄 것이며, b) 기존의 노동 통계에서 보여주지 않는 실제적인 노동력의 상당 부분을 보여줄 것이고, c) 자원 노동에 특히 의존하는 비영리조직(NPI)의 경제적 효과를 보여줄 것이며, d) 자원봉사 활동을 진흥하는 공적 및 사적 개입의 성과를 측정할 수 있고, e) 자원봉사를 포함한 비영리기관(NPI)의 경제적 역할 측정을 추진하는 UN의 NPI 국가통계 수립에 도움을 줄 것이다.

자원봉사에 대한 경제적 시각은 자원봉사에 대한 인식의 변화를 요청한다. 자원봉사는 동정과 의존의 관계가 아니며, 자원봉사는 기본적으로 교환관계이지 희생관계는 아니라는 시각이다. 많은 조사에서 나타나듯이, 자원봉사 활동에 참여하는 사람들은 공동체에 유용한 어떤 일을 하기 위해서 뿐만 아니라 자신의 개인적 만족을 위해서도 활동한다. 자원봉사는 그 활동을 통해 봉사자나 수혜자

---

1) 20국은 한국을 포함해 가나, 인도, 이스라엘, 이탈리아, 케냐, 키르기즈 공화국, 말리, 모로코, 니제리아, 노르웨이, 페루, 필리핀, 슬로바키아, 남아프리카공화국, 우간다, 베트남, 아르헨티나, 브라질, 카메룬이다. 유럽연합(EU)의 경우, 2008년 ILO와 존스홉킨스 대학의 국제표준안을 지지하며, 실행하는 방안을 모색하기 위해 EU의 공식 통계청(Eurostat)과 협의해, 총회를 통해 "유럽의 경제지도에 자원봉사를 포함"시키는 결의를 하였다(CEV 2009).

모두 어떠한 이득을 얻는 교환관계로 강조되어야 한다는 것이다. 이런 이해를 통해서만이 자원봉사는 기존의 중산층 이미지를 벗어나 사회의 다양한 계층과 영역으로 확장될 수 있다(Gaskin and Smith 1997: 112).

자원봉사의 부가가치를 인정하는 추세도 주목할 만하다. 자원봉사자에 대한 적절한 보상 또는 인정의 차원에서 인센티브를 제공하는 일이 점차 확대되고 있다. 한국의 시도, 시군구의 자원봉사센터 상당수가 자원봉사활동 시간을 마일리지로 적립시켜 그에 상응한 혜택(공공시설이나 주차장의 무료 이용, 가맹 마트점의 상품 할인 등)을 주고 있다. 학생들의 자원봉사활동 또한 좋은 성적, 입학 등의 대가를 바라는 인센티브 활동으로 볼 수 있듯이, 자원봉사는 일부 사람들에게는 뭔가 나에게 도움이 되는 활동이라는 인식이 자리하고 있다. 미국 등지에서 많은 노인들이 자원봉사활동을 지속하고 있는 복합적인 이유들 가운데 '자신의 건강유지'라는 중요한 이해가 결부되어 있다는 것을 참고해볼 만하다.

자원봉사의 경제적 부가가치를 인정하는 견해가 이제는 주류의 지배적인 시각이 되고 있지만, 그럼에도 이런 경제적 시각이 미치는 부정적인 영향에 대한 경계의 시각도 설득력을 보여준다. 무엇보다도 먼저 물질적 혜택보다 정신적 보람을 중시하는 자원봉사의 기본정신에 배치된다. 또 자원봉사를 값싸게 서비스를 제공하기 위한 실용주의적 도구로 보는 시각이 확대되고 있다는 것이다. 유럽에서는 복지국가의 책임을 자원봉사활동으로 대신하도록 하는 유혹도 있고, 실제로 일부 정치인들은 그런 그릇된 시각을 갖고 있다(CEV 2007: 47-49). 보편적 복지국가를 대표하는 덴마크에서도 1960년대부터 자원봉사를 복지국가 체제를 보충하는 전략으로 활용해왔고, 이후 영국, 네덜란드, 벨기에, 독일, 스웨덴, 노르웨이 등지에서도 자원봉사가 공공 서비스를 대신하거나 새로운 사회문제들을 해결하기 위한 대안으로 활용했으며, 후발 복지국가인 이탈리아도 뒤를 따르는 추세이다(CEV 2006).

또 다른 문제로 자원봉사활동의 위축 우려가 제기되고 있다. 자원봉사활동을 수치화, 공식화시키는 일은 궁극적으로 정신적 보람을 위해 활동하는 수많은 자원봉사자들의 사기를 저하시키고 자존심에 상처를 줄 수 있으며, 또 자원봉사자의 이탈이나 새로운 자원봉사자 참여에 장애가 될 수도 있다는 것이다. 유럽자원봉사센터(CEV 2011)는 〈자원봉사의 미래〉 보고서에서, 자원봉사의 경제적 인센티브 중시 동향은 무보수 원칙에 기초하는 자원봉사의 정신을 심각하게 위협하므로, 각별히 경계할 필요가 있다는 의견을 제시한다. 보고서는 다음 네 가지를 예시한다. 첫째는 사회적으로 강제성을 가진 자원봉사활동의 문제인데, 일례로 캐나다에서는 졸업의무, 자격시험 준비 등 '의무적' 사회봉사(mandatory community service)를 순수 자원봉사활동으로 보기 어렵다는 의견도 제시되어 있다(VC 2010). 둘째는 자원봉사 인센티브 제도의 문제로, 청년에게 경력쌓기, 취업기회 확대 등, 주로 개인적 이득에 초점을 맞추게 되면 참여를 높일 수 있지만, 공익성 추구 정신에 위협이 될 수 있다는 지적이다. 셋째는 "조정화된 자원봉사활동"(steered volunteering)으로, 기업이나 공공기관에서 자원봉사활동의 활성화를 위해 개인들에게 암묵적으로 자원봉사를 강제하는 의도도 경계해야 한다는 것이다. 넷째, 경제위기와 금융위기로 실업이 증가해, 자원봉사의 기회라고 볼 수 있지만 위기가 될 수 있어, 임금직 노동으로 이뤄지는 작업을 자원봉사자로 대체하려는 의도는 자원봉사의 가치에 심각한 위협이 된다는 지적이다.

4) 자원봉사자의 사회/정치/경제적 동기

이상의 사회, 정치, 경제적 시각들은 개인의 자원봉사 참여의 동기에도 잘 드러나 있다. 일부 유용한 자료를 살펴보면, 유럽과 한국의 자원봉사자들의 참여의 동기에는 사회적, 정치적, 경제적 동기들이 혼합되어 있다는 것을 엿볼 수 있다.

또 실제로 유럽 시민들의 자원봉사활동은 사회적 동기들이 지배적이지만, 정치적, 경제적 동기들도 자원봉사활동 참여의 주요 배경이 된다는 것을 주목해볼 수 있다. 유럽의 청소년들과 중년층에

〈표 2-4〉 자원봉사의 참여 동기: OECD 12개국 성별/연령별 비교

	남성	여성	15-29세	30-49세	50세 이상
〈사회적 동기〉					
개인적 만족	33.8%	35.1%	35.0%	32.9%	36.7%
사교로 사람을 만나려고	48.3	46.9	54.8	46.0	45.1
지역사회에 기여하려고	56.1	59.3	50.6	59.4	60.0
어려운 사람에 동정감	49.1	62.7	45.6	53.3	64.7
도움을 갚을 기회	44.2	49.3	39.3	47.6	50.2
도덕, 의무감	56.0	56.0	47.1	54.7	62.9
종교적 신념	29.0	39.3	26.3	28.1	46.5
원치 않지만 거절 못해서	11.3	10.9	7.4	10.4	14.7
〈정치적 동기〉					
고통받는 사람과 일체감	40.9	52.2	38.0	42.3	56.7
빈곤/취약층 연대의식	39.0	49.7	38.0	40.0	53.0
불이익층을 돕기 위해	45.2	57.4	44.4	47.7	59.1
사회정치적 변화를 위해	33.7	33.8	30.7	36.5	32.5
〈경제적 동기〉					
새 기술과 경험을 익히려	53.7	54.8	67.5	56.0	43.7
의미있는 일을 하는 기회	44.3	47.9	48.8	40.8	50.3

참고: 미국, 영국, 캐나다, 스웨덴, 노르웨이, 덴마크, 핀란드, 프랑스, 독일, 네덜란드, 스위스, 이탈리아 등 12개국.

자료: Barker 1993: 27-8; Gaskin 1997: 43.

게는 "새 기술과 경험을 익히려"는 동기가 강하게 드러나 있고, 50세 이상 장년층에게는 어려운 사람에 대한 동정감이나 도덕, 의무감이 강한 동기가 되고 있다.

한편 한국에서 조사된 볼런티어21의 자료에서도 사회적 동기가 지배적인 현상을 주목해볼 수 있는 가운데, 정치적, 경제적 동기들도 주요 동기들이라는 것을 엿볼 수 있다. 2002년에 비교해 2008년에 정치적, 경제적 요인들이 두드러지게 확대된 추세도 엿보인다. "가진 자의 의무"와 "다양한 경험의 기회"가 그것이다.

〈표 2-5〉 한국 자원봉사자의 참여동기

	2002	2008
〈사회적 동기〉		
의미있는 여가	35.2%	36.4%
친구/동료 요청	33.2	32.7
부모/친척 권유	34.0	7.3
종교적 신념	25.9	24.4
사회 도덕성	24.7	20.4
사회적 의무와 책임	29.1	21.9
〈정치적 동기〉		
사회 환원	27.1	27.9
많이 가진 자의 의무	31.2	34.2
사회문제 해결	27.5	26.4
〈경제적 동기〉		
다양한 경험의 기회	25.5	34.9
고용주 장려	5.7	12.7
자기개발에 도움	6.9	11.8

참고: 개인 설문의 복수응답률. 자료: 볼런티어21, 2008.

III. 자원봉사의 의미

자원봉사란 무엇인가? 자원봉사에 대한 개념정의는 단순하지 않다. 지금은 국제표준안이 제시되어 자원봉사의 의미가 보편화되고 있지만, 자원봉사의 오랜 역사적 전통을 가진 북유럽에서도 공식적인 자원봉사의 개념정의는 존재하지 않는다. 자원봉사에 대해 많은 국가들과 사람들이 동의할 수 있는 보편적인 개념정의의 노력은 지금도 진행중이다.

국제자원봉사협회(IAVE 2003) 등의 개념정의에 따라 최근 UN이나 국제노동기구(ILO 2011) 등이 국제표준의 개념정의를 도입하고 있지만 아직 각국이 그 개념정의와 조사방법에 따라 자원봉사 실태를 조사하고 있는 것은 아니다. 자원봉사 통계는 일반적으로 자원봉사자가 주관적으로 판단하는 결과를 통계로 처리하기 때문에, 국가의 전통과 관습에 따라 적지 않은 차이가 있다. 그러나 국제노동기구(ILO 2008, 2011)의 글로벌 스탠다드 제안은 새로운 자원봉사의 개념을 제시해 문화권과 국가 차원의 차이를 좁히는 국제적 공조노력을 반영하고 있다.

1. 자원봉사의 개념

자원봉사의 개념정의가 국제적으로 통일되지 않은 상태에 있다. 일부 국가들은 자원봉사조직을 통한 '공식' 자원봉사활동만을 중시하지만, 국제노동기구(ILO 2011)의 새로운 국제적 표준안은 자신의 가족이나 친지를 제외한 타인을 돕는 '비공식' 활동도 자원봉사활동으로 간주한다. 이 책에서 소개되는 자원봉사 관련 통계들도 이 같은 공식/비공식 등 몇 가지 구분에 따라 세심히 살펴볼 필요가 있다.

1) 공식 활동과 비공식 활동

먼저 참고할 개념정의로는 공식적(formal) 자원봉사와 비공식적(informal) 자원봉사이다. 프랑스에서는 법에 의해 공식적 자원봉사 활동만을 인정하는 전통을 갖고 있다. 1901년에 도입된 비영리 결사체법은 지금도 시민사회 관련법으로 존속되고 있는데, 법에 의하면 자원봉사활동은 시민사회의 결사체에서 조직적으로 이뤄지는 활동이며, 또 이 결사체들은 자원봉사자들에 의해 운영되어야 한다며 규정하고 있다(볼런티어21 2002: 146). 프랑스어 베네볼라(benevolat)와 볼롱따리아(voluntariat)는 모두 자원봉사활동을 지칭하는데, 베네볼라는 규칙적으로 일주일에 몇 시간씩을 할애하는 시간제 봉사활동을, 그리고 볼롱따리아는 전일제 봉사활동을 의미한다(앞글: 145).

미국, 캐나다, 영국에서도 공식, 비공식 자원봉사로 엄밀히 구분한다. 캐나다의 경우, "중개기관을 거치지 않고 개인들이 서로 돕는 일"을 '비공식' 자원봉사로 정의하고 있는데, 1997년 전국 조사에서는 15세 이상 캐나다 인구의 71%가 비공식 자원봉사활동을 한 것으로 조사되었다(Chappell 1999: 3). 미국에서는 '공식적' 자원봉사란 자원봉사의 "시간과 활동이 보다 구조화되어 조직을 통해 이뤄지는" 지속적인 활동이며, '비공식적' 자원봉사는 "친구, 가족, 이웃 등 개인이나 조직을 사정에 따라 돕는 활동"으로 구분된다(Independent Sector 2001: 2). 미국의 자원봉사 참여인구가 역사상 최고의 기록을 세운 1998년에 전체 자원봉사자 가운데 '공식적' 봉사활동이 56%를 차지하고, '비공식적' 활동이 7.4%, 그리고 공식적 및 비공식적 활동 모두를 수행한 봉사자가 36.6%를 기록하였다. 비공식적 활동을 한 봉사자들의 활동을 보면, 그 중 58%는 친구, 친지, 이웃 등을 위한 요리, 쇼핑, 보살핌, 운전, 심부름 등 직접 서비스 활동을 했고, 17%는 직접 방문, 위로 등의 활동을 한 것으로 나타났다(앞글: 5).

'공식적' 봉사활동만을 집계하는 미국 노동통계국(USBLS 2011)은 자원봉사자는 "조직을 통해, 또는 조직을 위해 무보수 활동을 하는 사람"이라고 정의한다. 이 조사에 따르면 공식적 자원봉사 참여율은 2003-4-5년 모두 28.8%에서 2006년(26.7%) → 2008년(26.8%) → 2010년(26.4%)로 다소 감소되는 동향을 보여준다. 여기에다 사적으로 수행한 '비공식' 자원봉사활동이 2010년 8.1%로 조사되었다. 영국 정부(UKCO 2008; CLG 2010)의 공식 통계도 '공식' 자원봉사활동과 '비공식' 자원봉사활동을 엄밀히 구분한다. '공식' 자원봉사활동은 "다른 사람들이나 환경을 위해 단체, 클럽, 조직을 통해 무보수 도움을 제공하는 활동"이라 정의하며, 그렇지 않은 활동을 '비공식' 또는 사적 자원봉사활동이라 구분한다. 이런 구분에 의해 2008-9년의 통계에 따르면, 공식 자원봉사자는 26%, 비공식 자원봉사자는 이보다 더 많은 35%로 전체 61%로 집계되었다.

2) 정기 활동과 비정기 활동

일반적으로 월 1회 이상 활동자를 정기 자원봉사자로 간주한다. 영국의 자원봉사 인구 61%는 월 1회 이상 꾸준히 활동한 '정기적' 자원봉사활동만을 집계한 것으로 그렇지 않은 '비정기' 자원봉사활동은 제외한 것이다. '정기적' 자원봉사 인구 61%에는 '공식' 자원봉사 인구(26%)와 '비공식' 자원봉사 인구(35%)로 구분된다. '비정기'

활동은 '부정기' 활동과 '일회성' 활동으로 구분되는데, '일회성' 활동은 1년간 한 차례 활동으로 그친 경우이며, '부정기' 활동은 월 1회 이상은 아니지만 연간 두 차례 이상의 활동이다.

영국에서 전체 '공식' 자원봉사자는 2008년 59%로 조사되었지만, 이 중 '정기적' 활동만을 포함하는 정기적 공식 자원봉사자는 39%로, 둘의 차이가 20% 정도로 크다는 것을 알 수 있다. 또 '정기' 자원봉사활동 가운데 '비공식' 활동으로는 ① 자문 제공(45%)을 비롯해, ② 타인과 연락관계(37%), ③ 수송, 에스코트(36%), ④ 재산/애완동물 지킴(33%), ⑤ 쇼핑, 연금수령(31%), ⑥ 아이/아동 돌봄(30%), ⑦ 편지, 문서작성(25%), ⑧ 요리, 청소, 세탁(21%), ⑨ 장식, 집수리(17%) 등 친지나 이웃을 위한 사적 도움 관계가 많다.

한국의 경우, 1개월간 참여 자원봉사자를 지난 1년간 자원봉사 참여자와 비교하면, 후자 중 59.5%가 1개월간 자원봉사자였음을 알 수 있다. 자원봉사자 절반 이상이 비교적 정기적으로 자원봉사활동을 하고 있는 것이다. 2005년의 52.3%에 비해 많이 늘어난 수치이며, 1999년도 및 2002년도의 57.1% 보다도 약간 올라간 비율로 나타나 그 동안의 조사 중 정기적으로 하는 봉사자가 가장 많이 나왔다. 그런데 전체 응답자 중 정기봉사자의 비율은 1999년 8%부터 2008년까지 11.9%까지 늘었지만, 2011년에는 7.4%로 크게 위축된 것을 알 수 있다(그림 3-1, 볼런티어21, 2011).

3) 경제 활동과 비경제 활동

나아가, 자원봉사 개념정의는 전통적인 비경제적 시각과 최근의 경제적 시각으로 구분해 살펴볼 수 있다. 전통적인 사회적 시각을 대표하는 UN 자원봉사단(UNV 1999)은 자원봉사를 "개인들이 자신들

〈그림 3-1〉 한국인 정기 봉사자와 비정기 봉사자 참여율

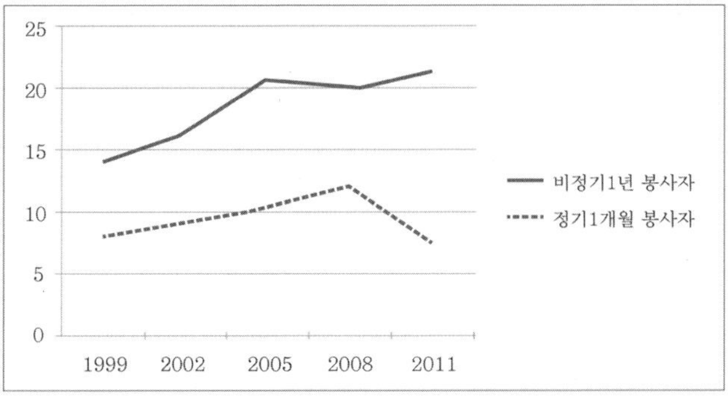

의 이웃과 사회의 안녕을 위해 기여하는 비영리, 무보수, 비상근 활동"이라고 정의한다. 또 올림픽 게임에서 자원봉사 활동이 활성화되면서, 1992년 바르셀로나 올림픽 게임의 공식 보고서는 최초로 자원봉사 개념정의를 제시하는데, "자원봉사자는 올림픽 게임의 한 조직으로서 최선을 다하여 협력하며 이타적 활동을 하는 사람으로서 어떠한 보상이나 보수를 받지 않으며 업무를 수행하는 사람을 말한다"(Moreno et al. 1999).

또 1990년에 채택된 '세계자원봉사자선언'은 자원봉사에 대해 다음과 같이 넓은 의미로 정의한다. ① 개인이 자발적으로 결정하고 선택하는 것, ② 적극적으로 시민의 권리를 행사하고 지역사회와 관계를 맺는 것, ③ 인간이 갖고 있는 잠재력이나 삶의 질, 인간 상호간의 연대감을 드높이는 것, ④ 조직적 형태를 지니면서 개인 또는 집단으로 하는 활동, ⑤ 현재 직면하고 있는 커다란 도전, 즉 더욱 선하고 평화로운 세계의 창조를 위한 응답, ⑥ 경제생활의 활성화에 공헌하고 직업이나 새로운 전문가를 창출하는 것 등이다.

이상과 대조적인 경제적 시각의 개념정의가 지금은 국제표준안으로 제시되고 있다. 국제노동기구는 '자원노동'(volunteer work)의 개념

을 제시한다. 국제노동기구는 자원봉사활동의 측정방안을 미국의 존스홉킨스 대학 연구소와 공동조사를 추진해, 향후 ILO 공식 통계에 포함할 계획이다. 국제노동기구(ILO 2008, 2011)는 자원봉사활동은 "자원봉사자 자신의 가계나 친지가 아닌 타인의 이익을 위해 법적 강제에 의하지 않고 금전적 지급이나 보상이 없는 노동(work)"이라 정의한다.

ILO의 개념정의는 다음과 같이 몇 가지 특징들이 있다.

첫째, 자원봉사는 자원봉사자가 아닌 타인에게 경제적 가치를 가진 '노동'이어야 한다. 자신의 즐거움을 위한 악기연주는 '노동'이 아니므로 자원봉사에 해당되지 않는다.

둘째, 자원봉사로 이뤄지는 '노동'은 무보수 노동이어야 한다. 활동에 필요한 경비를 환 급받거나 시장가격에 훨씬 못 미치는 사례금을 받은 '노동'이라고 자원봉사가 아니라고 볼 수는 없다. 그러나 낮은 수준의 임금에 해당되는 현물(in-kind) 보상을 받은 '노동'은 자원봉사로 간주하기 어려울 것이다.

셋째, 자원봉사자 또는 가족이 자원봉사 '노동'을 통해 어떤 수혜를 받는 경우, 그 '노동'은 반드시 타인에게도 혜택이 되어야만 자원봉사로 간주할 수 있다.

넷째, 자원봉사 '노동'은 비강제적이고 비의무적이어야 한다. 상당한 선택의 여지가 주어 질 때만이 자원봉사가 성립된다. 법원의 명령에 의한 무보수의 '사회봉사' 노동, 군복무에 대한 대체 복무, 졸업 필수가 되는 무보수 인턴십 등은 자원봉사로 볼 수 없다.

끝으로, 공식적 조직이나 단체를 통한 '공식' 자원봉사 노동, 또는 그렇지 않은 '비공식' 자원봉사 노동 모두가 자원봉사 일에 해당된다. 자원봉사 '노동'의 개념정의에서 제도 적 배경이 개념정의의 일부가 되지 않으므로 공식, 비공식 구분은 의미가 없다.

실제로 개인 차원에서도 자원봉사활동은 경제적 활동으로서의 중요성을 더 높여가고 있다. 자원봉사활동은 직장을 갖지 않은 사람들의 직업탐색이나 경력쌓기를 위한 도구적 활동으로 점차 늘고 있다. 한국에서 전업주부와 학생 신분을 제외한 무직자의 자원봉사 참여율은 2005년 21.3% → 2008년 20.6% → 2011년 25.8%로 증가해 일반 자원봉사자 비율(21.4%)보다 훨씬 더 높다. 영국에서도 구직활동을 하는 실업자가 자원봉사에 참여하는 비율은 2007년 조사에서는 일반인 참여율(59%)보다 약간 낮은 57%에 달한다. 또 캐나다의 경우, 캐나다의 1997년 2000년에 조사된 자료에서 실제로 자원봉사활동에 참여하는 동기가 취업의 가능성을 높이기 위한 것이라는 응답이 15-24세에서는 55%에 달하며, 25-44세에서는 20%와 45-64세에서도 10% 이상으로 조사되었다(VC 2010: 19). 또 실제로 자원봉사활동이 취업에 도움이 되었다는 응답도 15-24세에서는 25%, 25-44세와 45-64세에서도 10% 안팎인 것으로 나타났다. 캐나다의 실업자 자원봉사 참여율은 1997년과 2000년에는 30%에 못미치는 비율로 저조한 편이지만, 2004년과 2007년 조사에서는 40%에 달하는 수준으로 높아졌다(앞글: 23). 미국의 경우 실업자의 자원봉사 참여율도 2006-2010년 기간에 일반 참여율(26%)보다 약간 낮은 23%를 유지해왔다(USBLS 2011).

4) 자원봉사와 사회봉사

자원봉사(volunteering)와 사회봉사(community service)는 엄밀히 구분할 필요가 있다. 자원봉사는 개인이 자유의지에 의해 자발적으로 선택해서 이뤄지는 활동이지만, 학교나 기업 등에서는 집단적으로 이뤄지는 경우가 많다. 한국에서도 대학이나 기업의 집단적인 자원봉사 활동을 "대학의 사회봉사", "기업의 사회봉사"라 표현하는 것이 현실이다. 일부 지차제 공직자들의 "공무원 사회봉사"도 점차 늘고 있다. 인터넷에 "사회봉사"를 검색해 보면, 한국대학사회봉사협의회, 한양대 사회봉사단, 삼성사회봉사단, 한국전력사회봉사단, 기독교사회봉사 등 다양한 명칭이 있다.

사회봉사는 자원봉사와 달리 공익추구적이며 사회적 책임을 수행하는 정부, 기업, 대학 등의 기관들에 의해 특정 목표 달성을 위해 집합적으로 기획되어 결정되고 수행되는 봉사활동이다. 미국과 캐나다 등지에서는 사회봉사를 주요 사회기관들이 구성원들의 자원봉사활동을 촉진하고 장려하기 위해 마련한 제도적 프로그램으로 이해되고 있다. 미국의 경우 연방정부가 1960년대부터 다양한 국가 및 지역사회봉사 프로그램을 제시해왔다. 1990년의 법의 명칭은 "1990년 국가 및 지역사회봉사법"으로, 국가의 재정으로 a) 학생들의 봉사학습 프로그램, b) 대학 사회봉사 프로그램, c) 청년 사회봉사단을 지원하기 위한 법과 제도적 방안을 마련하였다. 이어 1992년에는 국가지역사회봉사단(NCCC)를 조직해, 냉전 시대 이후 군인력을 지역사회봉사에 활용하는 방안을 제시했으며, 1993년에는 "국가 및 지역사회봉사 법"을 통해, 주요 국가봉사단 사업을 하나의 통합된 조직(국가지역사회봉사단: CNCS)으로 일원화시켰다. 이에 따라 지금의 노인봉사단(Senior Corps), 청년봉사단(AmeriCorps), 봉사학습(Learn and Serve America), 해외봉사단(Peace Corps) 등이 안정적인 정부재정 지원과 준정부조직인 CNCS의 운영에 의해 개인 자원봉사자들이 일정한 보수(활동비 또는 장학금 등)를 받으며 국가와 지역사회 봉사활동을 수행한다.

한편 학생봉사활동의 자발성에 관한 다양한 논의들을 참고해볼 만하다. 캐나다 자원봉사협회(Volunteer Canada 2010)의 조사결과를 보면, 15-24세의 청소년(일반인) 자원봉사 참여율은 2000년 29%(27%) →

2004년 55%(45%) → 2007년 58%(46%)로 대폭 증가했는데, 이는 주로 청소년 사회봉사를 자원봉사로 포함한 결과라는 분석이다. 캐나다에서 의무적 사회봉사활동은 1990년대 중반 이전에도 있었지만, 그 이후로 확대된 추세에 있다. 가장 많은 의무적 사회봉사활동은 고교생의 사회봉사활동이다(앞글: 123). 캐나다 청소년(15-24세)의 자원봉사 참여율은 1987년 18%에 지나지 않았지만, 1990년대 중반 이후부터 고교 의무의 사회봉사가 확대되면서 1997년 33%로, 2004년 55%로 급성장하였다. 한국도 이와 유사한 동향을 보여준다. 통계청의 자료를 보면, 15-19세 자원봉사 참여율은 1990년대 중반 학생기록부의 자원봉사활동 기록이 제도화되면서 1999년 33.4%에서 2006년 59.5%, 2009년 79.8%로 급성장하였다. 또 한국 대학들의 자원봉사 학점제가 도입된 1990년대 중반 이후 20대의 대학생의 참여율은 1999년 9.4%에서 2009년 13.9%로 증가했다.

캐나다에서 자원봉사활동의 자발성을 의무 또는 강제성으로 변화시킨 제도로 학교가 우선적으로 꼽힌다. 캐나다의 조사에서 '의무적 사회봉사'는 "학교, 고용주, 정부"의 규제로 수행되는 사회봉사인데, 국가적으로 의무 자원봉사자를 만드는 제도로 학교가 66%, 조직이 20%, 기타 정부 등이 14%로 조사되었다(앞글: 126). 청소년 자원봉사자 중 15-19세 청소년의 16%, 20-24세의 7%가 의무적 봉사활동을 한 것으로 조사되었다.

그러나 캐나다의 조사에 따르면, 자원봉사자는 수적으로 급증했지만, 이들의 활동시간은 반비례로 줄어들며, 자원봉사활동의 질적 문제가 제기되기도 한다. 특히 대학 등 교육기관의 역할이 중요하다는 증거는 풀타임 학생 신분의 청소년이 그렇지 않은 청소년에 비해 자원봉사에 더 많이 참여하고 있다는 사실이다. 캐나다의 조사에서 자원봉사자와 비자원봉사자 중에서 풀타임 학생 비율은 각기 68%와 50%로 두드러진 차이를 보였다(앞글: 126). 또 종교기관의 역할 또한 청소년에게 미치는 영향이 적지 않다고 볼 수 있다. 종교활동을 하는 청소년이 자원봉사활동에 더 많이 참여한다.

또 청소년에게는 자원봉사가 취업을 위한 중요한 도구라는 인식이 강하다. 캐나다의 조사에서 15-24세 청소년 78%는 자원봉사가 취업에 도움이 되는 주요 경로로 인식하고, 실제로 그들의 55%가 자원봉사로 취업의 가능성을 높일 수 있다고 생각하는데, 그 비율은 25세 이상에서는 16%에 지나지 않았다는 점에서 두드러진 차이가 있다. 이 같은 취업 중심의 도구주의 인식은 그만큼 청년의 취업이 심각한 사회문제가 되고 있는 현실과 밀접히 관련된 것으로 볼 수 있다. 캐나다의 1997년 2000년에 조사된 자료에서 실제로 자원봉사활동에 참여하는 동기가 취업의 가능성을 높이기 위한 것이라는 응답이 15-24세에서는 55%에 달하며, 25-44세에서는 20%와 45-64세에서도 10% 이상으로 조사되었다. 또 실제로 자원봉사활동이 취업에 도움이 되었다는 응답도 15-24세에서는 25%, 25-44세와 45-64세에서도 10% 안팎인 것으로 나타났다. 청소년 자원봉사의 동기에서도 "봉사활동을 하는 조직의 대의에 대한 신념"(90%)과 "기술과 경험을 활용하기 위해"(86%)라는 동기가 중요한 것으로 조사되었다(앞글: 135).

한국에서도 '사회봉사'로 참여하는 청소년 봉사활동이 한국인 전체의 참여율에서 차지하는 비중은 대단하다. 통계청의 자료를 보면, 15-19세 청소년 참여율은 최근 70% 이상을 차지해, 다른 모든 연령층에서는 참여율이 오히려 감소하는, 심각한 편중 현상을 주목해 볼 만하다. 10대를 제외한 모든 연령층의 참여율은 10년 전과 크게

〈그림 3-2〉 청소년 사회봉사와 일반 자원봉사 참여율: 1999-2011

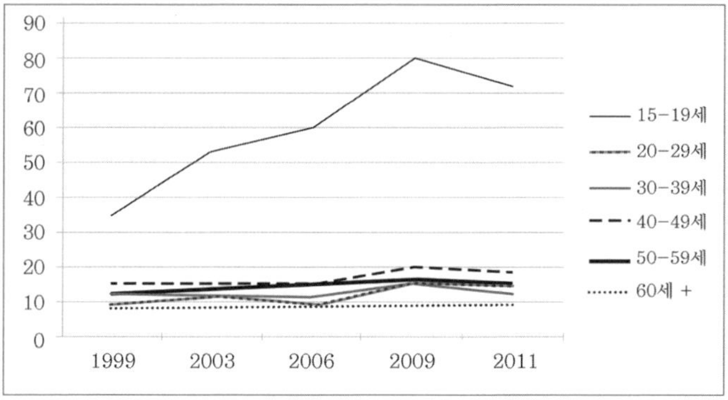

다르지 않으며, 지난 10년의 참여율 증가는 주로 10대 참여율의 폭증이 주도한 것으로 볼 수 있다.

5) 자원봉사의 개념정의

그렇다면 자원봉사의 개념은 어떻게 정의되고 있는가? 아래에서는 대표적인 자원봉사 개념정의를 참고할 수 있다. 먼저 국제자원봉사협의회(IAVE 2003)는 '자아실현'과 '공동체'에 초점을 맞춰 다음과 같이 강조한다. a) 공동체의 보살핌과 돌봄의 인간적 가치들이 유지되고 강화되며, b) 개인들은 공동체의 구성원으로서 권리와 의무를 행사하며 전 생애를 통해 배우고 성장하면서 완전한 인간적 잠재력을 실현하고, c) 우리를 구분하는 차이들을 극복하는 유대가 형성되어 건강하고 지속가능한 공동체에서 생활하면서 공유된 도전들에 창의적인 해결방안을 함께 제시하고 공동의 운명을 유지하는 방법이 자원봉사 정신이다.

유럽연합의 공식적인 입장을 제시하는 유럽이사회(EC 2011: 2)에 따르면, "자원봉사는 공식적이건 비공식적이건 모든 유형의 자발적인 활동으로 정의된다"면서, 자원봉사의 원칙을 세 가지로 제시한다. a) 자원봉사자 개인의 선택과 동기에 따른 자유의지의 활동이며, b) 금전적 이익을 추구하지 않는 무보수 활동이며, 또한 c) 개인들과 협회들이 인간적, 사회적, 환경적 욕구와 관심을 파악하고 제시하는 방식이라는 공익적 활동이다. 한편 유럽 국가들의 법을 분석한 연구에 따르면, 법에 자원봉사의 개념을 소개하는 경우는 극히 드물다(GHK 2010). 연구에 따르면, 많은 국가들의 법이나 정책에서 제시된 자원봉사는 a) 개인의 자유의지에 의해, b) 비영리, 비정부조직을 기반으로, c) 전문적 성격을 갖지 아니하며, d) 무보수의 활동으로, e) 공동체 또는 제3자의 혜택을 위해 수행된다.

영국에서는 공식적으로 다음 네 가지 기준을 제시한다(Volunteering England 2011: 7).

a) 선택: 자원봉사는 개인의 자유로운 선택이어야 하고,
b) 다양성: 자원봉사는 누구나 참여하는 개방적인 것이어야 하며,
c) 상호호혜: 자원봉사는 자원봉사자와 자원봉사자가 활동하는 조직 모두에게 혜택을 주어야 하며,
d) 인정: 자원봉사자의 기여에 대해 인정해야 한다.

한편 한국의 자원봉사활동기본법 제3조1항에 따르면, "자원봉사활동이라 함은 개인 또는 단체가 지역사회·국가 및 인류사회를 위하여 대가없이 자발적으로 시간과 노력을 제공하는 행위를 말한다." 또 제2조2항에서는 "자원봉사활동은 무보수성·자발성·공익성·비영리성·비정파성·비종파성의 원칙 아래 수행될 수 있도록 하여야 한다."고 명시하고 있다.

그밖에 다른 주요 기관들의 주요 개념정의들로는 아래를 참고해 볼 만하다.

a) 유엔봉사단(UNV 2011a): 자원봉사는 "자유의지, 무상의 동기, 타인에 대한혜택, 세 가지 기준"에 의해 정의될 수 있다.
b) 유럽연합(European Union 2009): 자원봉사는 "개인 스스로의 자유로운 의지, 선택 및 동기에서 금전적 이득에 대한 관심 없이 추구되는 모든 형태의 공식, 비공식, 무공식 봉사활동"을 지칭
c) 미국 노동통계청(U.S. Bureau of Labor Statistics 2011): 자원봉사자는 "조직을 통하거나 조직을 위한 무보수 자원봉사 활동을 수행한 사람"이라 정의
d) 영국 총리실(UK Cabinet Office 2009): 자원봉사활동은 "친지가 아닌 타인이나 단체에게 도움이 되는 또는 환경 개선에 도움이 되는 어떤 일을 시간을 내서 무보수로 행한 활동"이라 정의

2. 자원봉사의 정신

자원봉사활동의 철학적 기초는 무엇인가? 자원봉사활동은 기본적으로 어떤 활동이어야 하는가? 이에 대한 시민들의 인식은 국가간에 광범위한 차이를 보여준다. 어떤 나라에서는 헌혈을 자원봉사활동으로 보기도 하고, 또 어떤 나라에서는 정당이나 노동조합에 가입하여 활동하는 것도 자원봉사로 간주하기도 한다(Smith 1999). 국제표준안을 제시하는 국제노동기구(ILO 2011)의 국제표준안에는 헌혈, 정당, 노조활동 등 어떤 활동이든 자발적인 무보수 활동이면 자원봉사로 간주되고 있다. 이렇듯 자원봉사는 각기 다른 환경의 설정을 바탕으로 다른 내용과 형태로 수행되는 것이다. 또 자원봉사는 각 지역의 문화, 역사, 정치, 종교에 큰 영향을 받게 된다. 어느

나라에서는 자원봉사활동으로 분류되는 일이 다른 나라에서는 저임금 강제노동으로 치부되는 경우가 있는 것도 사실이다.

자원봉사에 대한 이해가 다양하고 광범위하지만 그래도 무엇이 자원봉사를 이루는가에 대한 핵심적인 성격규정은 가능하다. 그리고 실제로 자원봉사를 규정해야 할 필요성도 있다. 자원봉사의 일반적인 요소 또는 정신에 대한 이해를 공유하지 않고서는 자원봉사라는 용어가 의미를 상실한 채 자원봉사를 시키려는 정부의 장황한 시책만 드러내는 말잔치가 되어 버릴 수도 있다. 그것이 담고 있는 다양한 내용을 다 설명하도록 자원봉사에 대해서 이론적으로나 현실적으로 적합한 정의를 내린다는 것은 불가능한 일인지 모르지만, 국가나 문화 사이의 두드러진 차이를 인정하면서도 명확한 경계를 짓는 가운데 자원봉사에 대한 개략적인 개념의 틀을 잡을 수 있다.

1) 무보수성

첫째는 보상(reward)에 관한 특성이다. 순수하게 이타적인 행동만이 자원봉사라고 정의할 수 있는가? 이에 대한 의문을 가질 수 있다. 현실은 이러한 순수한 이타심은 있을 수 없으며, 모든 자원봉사는 교환과 상호작용이 기본요소가 되어야 한다고 주장하는 학자들도 있다. '합리적 이기주의'라는 용어가 나온 것도 이해할 만하다. 어떤 방법에서든 자원봉사자에게 약간의 보상이 뒤따르도록 해야 한다는 견해도 나오고 있다. 자원봉사를 통해 경력을 쌓고 진로를 개척하거나 사람들을 사귀는 대인관계의 기술을 익히는 등 '도구적' 동기에 대해서는 확고한 이론적 근거들이 적지 않다(제V장). 자원봉사 활동을 통해 훈련을 시켜주거나 자격을 인정받도록 해주는 등의 보상을 해주거나 물질적으로 비용을 대신 지급해준다든지 사례금을 지급하는 방법도 있을 수 있다.

그러나 무엇보다도 자원봉사자와 직업 고용자를 구분하는 핵심적 원칙은 바로 자원봉사는 금전적인 이득을 위주로 하는 활동이 되어서는 안 된다는 것이다. 또 어떠한 금전적인 보상도 자원봉사를 통해 이루어지는 일보다 더 중요한 가치를 지닐 수 없다. 2002년 월드컵 축구대회 기간에 참여한 무수한 자원봉사자들은 어떤 보수도 받지 않았다. 다만 자신을 자원봉사자로 인정해주는 신분 카드의 발급, 모자부터 상하의 복장과 신발까지 자원봉사자 유니폼을 지급받은 것으로 만족하였다.

그러나 이미 일부 물질 또는 금전의 지원이 이뤄지고 있고, 또 자원봉사자의 인식에서도 이런 물질적 지원은 당연한 것이거나 필요한 것으로 인정되고 있다. 자원봉사활동의 물질적 인센티브가 일반화된 것으로 볼 수 있다. 자원봉사활동에 필요한 활동비 등의 직접성 경비에 대한 지원 이상으로, 자원봉사자에게 지원되는 생일선물이나 크리스마스 선물, 무료 극장표 제공 등 그 형태는 다양하다(Rochester 2006: 6). 일부 자원봉사자들은 이런 물질적 인센티브에 대해 불만을 갖고 있고, 또 물질적 인센티브가 자원봉사자 모집에 도움이 되거나 기존 봉사자의 봉사활동의 지속성에 도움이 되지는 않는다고 본다(Ellis 2005; Locke et al, 2003). 미국의 사례를 분석한 엘리스(Ellis 2003)는 대학생의 봉사활동의 대가로 지불되는 등록금이나 학점 등의 인센티브 또한 대중적 지지를 받지 못하고 있다고 주장한다. 또 자원봉사자의 임시적 고용으로 정규직 고용을 회피하는 심각한 고용 관행의 문제도 있다. 다른 연구자들은 자원봉사의 무급성에 대해, 완전 무급부터 저임금에 이르는 분포를 이룬다며, 자원봉사의 개념은 자원봉사자에 대한 상대적 비용과 상대적 혜택에 따라 정의

될 수 있다고 본다. "자원봉사자에게 혜택보다 비용이 크면 클수록 자원봉사 활동은 더 순수해지며 또 자원봉사자는 더 진정성이 있는 자원봉사자가 된다"(Cnaan 1996: 375).

자원봉사의 무보수 노동과 임금 노동은 엄밀히 구분될 수 있는가? 그렇다고 볼 수 있지만, 이 둘 사이에는 일부 회색지대가 존재한다. 예를 들면 비영리조직에서 이사 활동을 하는 사람이 조직의 구성원으로 활동하는지, 자원봉사자인지를 구분하기 어려울 수 있다. 이사로서 보수를 받지는 않지만 활동비를 정기적으로 지원받거나, 현물 보상을 받는 경우도 있다. 또 일부 유럽 국가에서는 무보수 도제의 신분과 유사하게 자원봉사를 특정 기술이나 경험을 쌓는 수단으로 참여하는 사람들도 있다. 일부 자원봉사자는 이런 애매한 신분을 유지하며 노동시장의 결함 때문에 시장임금보다 낮은 저임금을 받고 일하는 경우도 있다. 실업이 장기화되고 구조화되고 있는 프랑스나 스페인 등지에서 일부 사례들이 있고, 거의 모든 개발도상국에서도 이런 사례들은 일반화되어 있다(Anheier and Salamon 2001: 7-8).

따라서 정확한 자원봉사의 개념을 파악하기 위해 몇 가지 차원을 고려할 필요가 있다(앞글: 8; ILO 2011). 첫째는 시간 차원으로 풀타임 활동과 파트타임 활동을 구분하는 것이며, 둘째는 경제적 차원으로 임금직 활동과 무보수 활동을 구분하는 것이며, 셋째는 사회적 차원으로 공식적 노동환경과 비공식적 노동환경을 구분하는 것이다. 전통적인 서구의 자원봉사 개념에는 '무보수, 공식적, 파트타임 활동'만이 해당되며, 많은 개발도상국에서는 비공식적, 약간의 보수를 받는 파트타임 활동이 일반적이다. 그런데 여성과 노인의 노동시장 참여가 증대한 서구에서도 여성과 노인 등 일부 인구층에서는 전통적인 ‘무보수, 공식, 파트타임’ 활동으로서 자원봉사가 점차 불확실해지고 있다.

그렇다면 자원봉사자의 업무와 고용직원의 업무는 어떻게 구분될 수 있는가? 뒤에서 살펴보겠지만 유럽에서는 자원봉사가 보수를 받고 일하는 고용 직원의 일자리를 위협한다는 이유에서 노동조합 등이 자원봉사를 부정적으로 보고 있다. 미국 촛불재단(POLF 2002)은 다음과 같은 업무는 자원봉사자가 고용 직원의 업무를 대신하는 게 아니라 보충해주는 중요한 봉사활동이라고 소개한다. 첫째는 고용 직원의 특별한 기술을 필요로 하지 않는 일로 직원이 현재 맡고 있는 일을 도와주거나 고용 직원의 특수 기술을 필요로 하는 서비스를 증대시키는 데 필요한 보조적인 일이다. 예를 들면, 아동복지사가 약속 장소에 자원봉사자가 아동을 데려다주도록 요청하는 경우이다. 둘째는 고용 직원이 갖고 있지 않은 특수 기술이 필요한 일이다. 노인복지 서비스 센터가 노인들을 위해 회계와 세무 업무를 지원하는 자원봉사자를 요청하는 경우이다. 셋째는 자원봉사자가 하지 않으면 이뤄질 수 없는 일이다. 아동이나 청소년의 정서적 지원을 하는 멘토(mentor) 활동이 그 예가 된다. 넷째는 매일 하는 것은 아니지만 매주 또는 매월 정기적으로 완수해야 하는 일이다. 예를 들면, 자원봉사자가 후원기관의 조직 또는 프로그램 데이터베이스를 정리하는 작업을 도와주는 경우이다. 다섯째는 사무실 밖에서 또는 업무시간 이외에 이뤄질 수 있는 일이다. 자원봉사자는 뉴스레터, 우편업무 등을 처리하는 활동을 하는 경우이다. 마지막은 보조적인 참여가 필요한 일로, 자원봉사자가 프로그램 평가 작업의 행정과 분석에 참여하는 경우이다.

2) 자발성

두 번째 요소는 자발성이다. 자원봉사와 강요는 결코 양립할 수 없다. 그렇기 때문에 비자발적인 노동은 자원봉사로 인정할 수 없다. 그럼에도 앞에서 '보상'에 대해 살펴보았듯이 이곳에도 회색지대가 존재한다. 학생들의 자원봉사를 고무시키기 위해 자원봉사를 강요하는 학교나 교육기관을 어떻게 보아야 할 것인지, 미국에서는 실제로 학생 봉사활동을 강요한다는 논란이 일면서 법정에까지 가서 판결을 받는 일도 있었다. 미국의 고교생들은 좋은 대학에 가기 위해서는 반드시 봉사활동을 해야 하는 것으로 알고 실천하며, 대학생들은 대학원에 진학하거나 좋은 직장을 갖기 위해서도 봉사활동에 참여한다. 최근 취업이 어려워지면서 봉사활동으로 남과 차별화해서 취업을 하려는 대학생들이 늘고 있고, 일부 은행들이 선발한 신입사원 중 대부분은 봉사활동을 열심히 한 학생들인 것으로 나타나기도 했다.

또 의무적인 군복무를 강제하는 사회에서 군인들이 제공하는 재난복구 작업 등 사회서비스는 자원봉사로 보기 어려울 것이다. 특히 사회봉사명령에 의해 봉사활동에 투입되는 사람들은 분명 자원봉사자로 볼 수는 없다. 자발적으로 하는 게 아니라 강제적 벌로써 하는 일이기 때문이다. 한국의 사회봉사명령은 법원이 집행유예를 선고한 범법자들에게 일정 기간 사회복지시설 등에서 봉사하도록 명령하는 제도로, 집행유예 선고 때 최고 500시간까지 사회봉사명령을 부과할 수 있도록 하고 있다. 사회봉사명령을 받은 사람들은 음주, 무면허 운전 등 교통법규 위반자가 가장 많았고, 폭력 사범과 사기 및 횡령 사범이 뒤를 이었다. 이들은 주로 사회복지시설에서 봉사명령을 수행하지만, 자발성이 없기 때문에 형식적으로 한다는 비난을 받아왔다.

그럼에도 전체적으로 보아 어떠한 자원봉사 활동이든 순수한 자발성만을 기대하기는 어렵다. 자원봉사의 동기에는 언제나 이런 자발성에 사회적인 의무감도 함께 복합적으로 내재되어 있다는 결론을 내릴 수 있다(제V장 참조). 그러나 사회봉사명령 등 명백히 정부에 의해 강제되거나 동원된 경우는 자원봉사로 인정하지 않는다. 자원봉사는 자발성을 가진 시민들이 정부로부터 자율적인 비정부, 비영리 시민사회단체(NGO)들에 참여해서 민주적 시민사회를 건설해가는 시민운동이다.

3) 이타성

세 번째는 누구를 대상으로 하는 활동인가 하는 문제이다. 단순한 자발적 여가활동과 자원봉사를 구분하기 위해서는 이 일을 통해 자원봉사자와 더불어 혜택을 누리는 사람이 있는가 하는 문제를 검토해보는 것이 중요하다. 그러나 어디까지를 혜택을 받는 사람에 넣을 것인가 하는 문제도 그리 쉽지는 않으며, 이는 아직도 활발한 논의가 진행중인 부분이다. 일부는 자원봉사자와 아무런 사적인 관련이 없는 사람만을 수혜자로 봐야 한다고 주장하기도 하고, 또 다른 일부는 자원봉사자의 이웃 심지어 친구나 친척까지도 포함시킬 수 있다고 주장하기도 한다.

또 여전히 자조(self-help)나 상조(mutual aid)를 포함시키는 사람도 있다. 만성질환을 앓고 있는 사람들이 서로 도우며 병고를 극복하는 자조의 활동, 생활협동조합을 조직해서 양질의 농산물을 공동으로 구매하며 조합원들에게 서로 도움을 주는 상조도 자원봉사의 한 유형으로 보는 대단히 광의적인 시각이다. '자조'는 활동에 참여함으로써 '서비스 개선' 이익이라는 동기를 갖게 된다(Brudney 1990). 이런 이익이 주민협의회나 주간탁아조합과 같은 자조활동에 강력한 동기부여가 된다. 빈민에게 양질의 서비스를 제공한다면 스스로 지역사회 문제에 관여하며 이 문제의 해결을 위해 노력할 것이다. 서비스 개선이 이들의 자조활동을 이끌어내는 동기부여가 되는 것이다.

자원봉사는 자조와는 대조적으로, 기본적으로 다른 사람들을 돕는 것을 목적으로 한다. 자원봉사는 시간을 투자하여 사회적, 심리적, 개인적 발전의 이익을 얻기도 하지만, 대부분의 사람들은 공익적, 이타적 이유로 자원봉사활동을 한다. 그들의 행동은 다른 사람을 도우려는 것으로, 부수적인 이익에는 제한을 두지 않는 친사회적인 행동으로 정의된다.

이런 여러 가지 해석을 수용하여 포괄적인 개념정의를 내려본다면, 자원봉사자 직계 가족이나 친구들을 넘어서서 추상적인 개념인 자원봉사자가 소속된 지역사회 생활환경에 있는 수혜집단이나 수혜자가 있어야 한다. 또 자조나 상조는 포함시키면서 부양가족을 돌보는 일은 제외시킬 수 있다.

4) 공익성

네 번째로는 조직의 설립에 관한 문제이다. 자원봉사는 공식적이고 영리를 추구하지 않는 자발적인 단체를 통해 이뤄져야 한다고 볼 수 있다. 공식적, 비영리, 비정부, 자율적인 단체를 일반적으로 시민사회단체, 자원조직(voluntary organization), 비영리단체(NPO), 또는 NGO로 규정한다(주성수 2004: II장).

그럼에도 공공분야나 기업분야의 활동을 포함한 조직과 단체들에 의해서도 자원봉사 활동이 이뤄지고 있는 것도 현실이다. 자원봉사는 활동의 주체가 정부나 비정부 영역, 영리나 비영리 영역 모두에서 진행되는 일반적인 동향이지만, 활동의 대상은 정부나 기업이 아닌 비정부, 비영리, 시민사회에 있다고 볼 수 있다. 사실 대부분의 자원봉사활동은 정부나 기업 영역이 아닌 시민사회 영역에서 진행되고 있다(제VIII장 참조).

사적인 활동이 아닌 공식적인 조직을 통한 활동만을 정부의 공식적인 자원봉사 통계로 하는 경우도 있지만, 비공식적이고 비조직적인 활동도 자원봉사에 포함된다는 좀 더 관대한 시각도 있다. 후자는 이웃을 일대일로 도와주는 활동이라든가 쓰레기를 줍는 일까지도 공익의 정신이 있는 활동이라면 자원봉사로 볼 수 있다는 주장을 제기한다. 자원봉사를 공익을 추구하는 활동으로 한정할 필요가 있는가? 일부는 자원봉사를 공공재화의 생산이나 공공 혜택의 제공에 필요한 활동으로 간주해(Dekker and Halman 2003), 여가활동 등 사익추구적 활동을 배제하려 한다. 회원제 중심의 사교단체들이나 자조모임 등에서 이뤄지는 자원봉사활동은 불특정 다수의 공익보다는 특정 회원들의 혜택을 위한 것이므로 자원봉사활동으로 보기 어렵다는 주장이다. 그러나 다른 일부는 이런 회원제 조직에서의 여가활동 또한 회원들과 조직 전체에 대한 혜택을 제공하기 때문에 넓은 의미에서 공공 혜택을 제공하는 자원봉사활동으로 볼 수 있다고 본다(Rochester 2006: 7).

이런 의견을 종합해볼 때, '공익성'의 기준에서 공식적인(단체를 통한), 비공식적인(개인 대 개인의) 자원봉사활동과 공공기관, 기업분야의 활동 모두를 자원봉사에 포함시킬 수 있다. 공공분야 자원봉사는 공동생산(coproduction)의 이론이 등장할 정도로 중시되고 있고(IX장 참조), 기업들도 임직원이 참여하는 봉사활동을 하지 않은 기업이 없을 정도로 활성화되어 있다(제X장 참조). 자원봉사활동에서 '공익'의 개념은 사회복지에 대한 기여나 사회적 기여로 이해되기도 한다. 올림픽 자원봉사를 분석한 유럽의 연구자들(Moreno et al. 1999)은 자원봉사의 특성을 자발성, 이타성, 사회적 기여 세 가지로 꼽으면서, 사회적 기여를 "어떠한 방법으로든 사회에 기여하며 사회적으로 유용한" 활동이라고 기술한다.

그럼에도 '공익'이 무엇인가에 대해 의견일치가 되지 않고 심각한 논란이 일어나는 경우도 적지 않다. '공익'이란 무엇인가? 몇 가지 유형으로 제시해볼 수 있다. 첫째, '삶의 질' 문제처럼 개인들 모두가 공통적으로 필요로 하는 '개인적 이해'가 될 수 있다. 가장 일반적인 공익의 개념이다. 국방, 보건위생, 식품안전 등이 기본적인 공익에 해당된다. 둘째, 공동체를 위한 개인적 목표가 될 수도 있다. 개인들은 깨끗한 공기와 조용한 환경을 바라면서 자기 집 앞에서 쓰레기를 태울 수 있는 자유와 시끄러운 음악을 즐길 수 있는 자유를 희망한다. 자녀에게 좋은 환경의 학교를 만들어주고 싶지만 세금을 더 내는 데는 인색하기 마련이다. 전자가 사익 추구적인 개인 중심의 소극적 공익이라면 후자가 공동체 전체를 위한 적극적 공익이라 볼 수 있다.

또 다른 두 가지 유형들도 있다. 셋째, 다수결 원칙에 따라 다수 시민이 원하는 정책 또는 프로그램이 공익을 대표한다고 볼 수 있다. 그럼에도 오늘의 다수가 내일 소수로 바뀔 수 있다는 점에서 이런 공익은 '지속가능성'을 갖지 않을 수 있다. 끝으로, 공동체 자체의 유지와 존속을 위한 공익이 있다. 공동체의 존속을 위한 질서 유지, 갈등조정, 외부의 침해에 대한 내부 구성원의 보호 등이 있다, 그럼에도 핵무기를 보유하는 것이 공동체 안정을 위해 필요한

가, 그렇지 않은가 하는 문제처럼 적지 않은 심각한 논란이 일어날 수 있다. 핵무기를 보유해야 안정을 유지할 수 있다는 측과 핵무기를 보유하면 외부 위협을 자초해서 인류를 위협한다는 측이 팽팽하게 맞설 수 있다. 양측 모두가 공익을 내세우고 있다.

자원봉사활동의 공익성과 관련된 이슈들은 다음 몇 가지로 정리될 수 있다. 첫째, 이데올로기 논쟁이 되는 봉사활동이 있다. 낙태 찬반과 같은 사회문제에 봉사활동을 하는 경우이다. 이처럼 낙태, 배아복제 등 심각한 갈등을 야기하는 사회적 이슈들은 종교적 신념과 이념 논쟁에서 비롯된 것이다. 둘째는 정치적 자원봉사의 문제이다. 특정 정당이나 후보를 지지하는 봉사활동은 공익 활동이지만 일부의 시각에서는 이를 정치적 활동으로 부정시하는 문제가 있다. 그럼에도 정치분야 봉사활동은 자원봉사가 공익성을 지향하기 위한 소중한 영역이다. 돈 안 드는 깨끗한 정치문화를 만드는 일에 자원봉사활동이 필요한 것이다. 서구 자원봉사자들은 정치 관련 모금 및 홍보 활동에도 많이 참여한다. 셋째, 정부의 공공업무에 참여해서 도움을 주는 공익 봉사활동은 상근 공직자의 일자리를 대체시키며 공직자의 업무를 외부에 공개하는 문제가 있다는 주장도 있다. 자원봉사는 근무자 인력을 대체해서 비용을 절감하려는 일에 (그 일이 공익의 일이라도) 참여하지 않는 것이 바람직하다. 유럽에서도 자원봉사가 상근 일자리를 대체하는 게 아닌가 하는 의구심을 가진 사람들이 적지 않다.

5) 지속성

마지막은 자원봉사활동 기간에 관한 문제이다. 일회 또는 몇 차례에 그친 활동을 자원봉사로 볼 수 있는가? 사실 미국 등 많은 국가의 여론조사에서는 일 년에 일회만 봉사한 사람도 자신이 주관적으로 판단해서 자원봉사를 한 것으로 생각하면 자원봉사자가 된다. 이와는 대조적으로 연간 3회 이상 또는 10시간 이상, 일정 수준을 요구하거나 지속적이지 않은 활동에 대해서는 자원봉사활동에서 제외시킬 수도 있다.

일반적으로 지속적인 활동 정도를 대부분의 자원봉사 활동으로 측정하는 것이 옳다. 그렇지만 높은 수준의 봉사활동 수행에서부터 간헐적인 봉사활동에 이르기까지 각기 다른 범위의 활동을 대체적으로 다 수용하고 있는 실정이다. 설문조사 방식에 의존하는 각국의 자원봉사 통계는 일반적으로 개인의 주관적 판단에 의존한다. "지난 일 년간 자원봉사활동을 한 적이 있습니까?"라고 묻게 되면, 개인들은 "한 적이 있다." 또는 "한 적이 없다."고 답변하고, 이를 집계해서 자원봉사자 통계로 발표한다.

지속성의 원칙은 '정기적' 자원봉사를 '비정기적' 자원봉사로부터 구별하는 특징이다. 영국 정부(UKCO 2008)는 공식적으로 한 달에 한 번 이상 활동하는 자원봉사자를 '정기' 자원봉사자로 간주해 자원봉사인구를 조사한다. 한국에서도 볼런티어21과 한국갤럽이 공동으로 3년마다 조사하는 "기부와 자원봉사 현황" 조사에서도 한 달 1회 이상 봉사자를 정기 자원봉사자로 간주해, 1년 단위의 일반 자원봉사자와 구분해 조사하고 있다.

3. 자원봉사의 조사: ILO 국제표준안

그간 UN(2003), 국제노동기구(ILO 2011) 등 국제사회는 정확한 자원봉사 통계를 수집하기 위한 자원봉사 개념과 조사에 다양하게 접근해왔다. 국가마다 자원봉사 참여 수치가 심각한 차이를 보여, 자원봉사정책 추진에 혼란을 야기하기 때문이다. 이에 최근 국제노동기구가 주도해 각국 정부와 학계의 의견을 수렴해 자원봉사조사 국제표준안이 제시되었다.

1) 자원봉사 조사결과 비교

각국의 자원봉사 참여도는 자원봉사의 개념정의에 따라 크게 달라질 수 있다. 단체를 통한 공식적인 활동만을 인정할 것인지, 개인 대 개인의 사적인 비공식적 활동도 포함할 것인지에 따라, 그간 조사된 통계치는 심각한 참여도의 차이를 보여준다. 대표적으로 주요국 조사결과를 참고해보면 〈표 3-1〉과 같다.

국내조사와 유로바로미터 조사뿐 아니라 가장 최근에 조사된 갤럽 인터내셔날의 조사결과를 보면 심각한 차이를 발견할 수 있다. 미국도 국제 갤럽조사와 국내조사 차이가 16%이며, 한국도 갤럽조사와 국내 통계청 조사가 10% 가량 차이를 보여준다. 〈표 3-2〉에서 가장 심한 사례들은 스웨덴, 덴마크, 영국이다. 스웨덴의 경우, 앞의 세 조사에서 모두 최상(40% 이상)으로 조사되었지만, 갤럽의 2011년 조사에는 하위(11%)로 나타났다. 덴마크는 국내조사에서 상위, 유로바로미터 두 조사에서는 최상위, 그리고 갤럽 조사에서는 중위에 있다. 영국 또한 두 조사에서 최상으로 조사되었지만 다른 두 조사에서는 중간 수준에 머물렀다. 각국과 국제기관들이 조사한 결과를 신뢰하기 어려울 정도로 심각한 차이가 있다는 것을 알 수 있다. 국내조사에서는 공식, 비공식 구분없이 조사한 차이가 있지만, 유로바로미터와 갤럽 조사는 모두 조직을 통한 공식적 자원봉사활동만을 집계한 것이다. 이런 결과는 부분적으로는 자원봉사조사의 국

〈표 3-1〉 주요국 자원봉사 수준 비교

	국내 조사	유로 바로미터 2006	유로 바로미터 2011	갤럽 2011
최상 40% 이상	오스트리아, 네덜란드, 영국, 스웨덴,	오스트리아, 독일, 아일랜드, 룩셈부르크, 네덜란드, 스웨덴, 덴마크, 핀란드,	오스트리아, 네덜란드, 영국, 독일, 스웨덴, 핀란드, 덴마크	미국(43%)
상위 30-39%	덴마크, 핀란드, 독일 `	벨기에, 체코, 프랑스, 이탈리아, 슬로바키아, 슬로베니아	아일랜드, 룩셈브루그, 슬로바키아, 슬로베니아	아일랜드, 노르웨이, 핀란드, 네덜란드, 슬로베니아
중간 20-29%	프랑스 미국(27%)	영국	벨기에, 프랑스, 영국, 에스토니아, 이탈리아	영국, 벨기에, 오스트리아, 독일, 프랑스, 덴마크, 한국(27%)
하위 10-19%	벨기에, 아일랜드, 체코, 폴란드, 스페인, 포르투갈, 슬로바키아, 슬로베니아, 한국(17.6%)	그리스, 헝가리, 폴란드, 포르투갈, 스페인	스페인, 체코, 헝가리, 폴란드, 루마니아, 라트비아, 불가리아	스웨덴, 이탈리아 헝가리, 폴란드, 포르투갈, 스페인
최하 10%이하	그리스, 이탈리아		그리스, 포르투갈	그리스

자료: GHK 2010: 65; CAF 2011; Eurobarometer 2012; 미국 국내(USBLS 2011); 한국 통계청(2011).

제적 표준안이 부재한 문제로 볼 수 있다. 한국의 경우는 2011년 같은 해 조사한 갤럽 조사는 27%(15세 이상), 통계청 17.6%(15세 이상), 볼런티어21/한국갤럽 21.4%(20세 이상)로 10% 가량 큰 차이가 있다는 것을 알 수 있다.

2) 국제표준안의 발전배경

각국과 학계의 자원봉사 개념정의를 고려한 결과, 국제노동기구(ILO 2011)는 자원봉사 통계조사를 위한 보편적인 개념정의를 제시한다. 자원봉사는 "무보수 비강제적 노동으로, 개인들이 조직을 통하거나 자신의 가계 이외의 타인을 위해 직접적으로 수행되는 활동에 무보수로 제공되는 시간"이라고 정의한다. '시간'에 초점을 맞춰 자원봉사의 경제적 가치를 중시하는 시각이다. 자원봉사의 범위가 조직을 통한 '공식적' 활동만을 자원봉사의 범주에 포함시킨 것으로 더 확장시켜 자기 가족이 아닌 이웃돕기도 포함시킨 것이 특징적이다. 또 국가 차원의 조사에서 '정기' 활동을 중시하는 지난 4주간의 활동뿐 아니라 연간 조사인 경우, 지난 1년간의 활동도 포함했으며, 조사대상은 15세 이상으로 확장하였다.

이처럼 국제 표준안은 경제적 시각으로 수렴되고 있다. 최근 자원봉사에 대한 다양한 시각들 가운데 국제노동기구와 국제비영리단체분류(ICNPO)가 글로벌 스탠다드를 주도하는 경제적 시각이 주류를 형성하고 있다. 경제적 시각은 자원봉사를 '무보수 노동'으로 간주해, 자원봉사의 개념을 '자원노동'(volunteer work)으로 정의한다. '일' 또는 '노동'에 초점을 맞추므로 경제적 시각이라 볼 수 있다. 이 시각은 자원봉사의 경제적 가치를 중시하는 학자들과 국제기관들이 최근 자원봉사의 경제적 부가가치를 통계로 수치화하기 시작하면서 주류의 시각을 형성하고 있다.

경제적 시각이 주류로 자리하게 된 배경은 무엇인가? 그 배경은 자원봉사의 경제적 가치에 대한 인식이 확대되고, 그 가치에 대한 계량적 접근법이 개발되어 높은 설득력을 얻고 있기 때문이다. 따라서 다음 몇 가지 이유에서 국제비영리분류(ICNPO) 연구진(Salamom et al. 2004), UN(2003), 국제노동기구(ILO 2011) 등이 국가의 주요 통계에 자원봉사 규모(인구, 남녀, 연령별 등 인구학적 자료)를 측정하고 있다.

자원봉사가 경제적 가치를 생산하며 국가 경제에 상당한 비중을 차지하고 있다는 인식에서 최근 통계 당국들이 자원봉사의 경제적 가치 측정에 착수하였다.

a) UN(2003)은 자원봉사를 포함하는 비영리기관(NPI: Non-Profit Institutions)의 통계를 국가통계에 포함시킬 것을 각국에 통보해, UN의 국가통계에 수록할 계획을 발표하였다.

b) 자원봉사는 무급노동의 한 형태로, 정책결정층이 자원봉사에 관심을 집중하는 것은 주요 경제적 활동 유형이며 경제적 혜택에 있다.

c) 자원봉사는 가사노동과 달리 경제의 생산 영역에 있는 비영리 제도(NPI)를 통해 이뤄지기 때문에 계량화 작업이 비교적 쉽기 때문에 통계 작업이 가능하다.

d) ILO는 "인간적인 기관, 존엄, 자존감을 진흥시키는 수단으로서 적당한 일"을 중시하는 정책기조에서, 자원봉사가 생산하는 경제적 가치 이외에도 개인적 만족감, 사회적 책임에 대한 기여 의식를 중시해, 자원봉사 일 또는 활동을 주요 노동통계에 포함시키고 있다. ILO의 통계 책임자는 "자원봉사가 일은 ILO의 정책목표에 기여한다는 것은 의심할 여지가 없으며, 자원봉사는 경제적 목표뿐 아니라 사회적 목표들도 추구한다."고 설명한다.

자원봉사의 객관적 측정에 대한 이해와 인식은 제고되었지만 각국과 국제기관들의 실천은 잘 진행되지 않고 있다. 2005년 UN 사무총장은 2001년 '세계 자원봉사자의 해'를 계기로 자원봉사가 글로벌 시민운동이자 정부정책으로 활성화된 두드러진 성과를 이뤘지만, "자원봉사자의 기여에 관한 구체적인 자료가 제한적으로 유용"되는 문제를 안고 있다고 밝혔다.

국제노동기구(ILO 2008: 7)는 자원노동의 측정으로 얻어지는 주요 장점들을 제시한다.

a) 비공식 노동시장의 주요 요소인 자원봉사의 규모를 측정해서, 그 과정에서 다른 부분들의 일부를 어떻게 측정할 것인지에 대한 단서를 제공해줄 것이다.
b) 기존의 노동 통계에서 보여주지 않는 실제적인 노동력의 상당 부분을 보여줄 것이다.
c) 세계적으로 사람들이 기여하는 수백만 시간의 자원노동에 대한 신임과 존경을 더해줄 것이다.
d) 자원노동에 특히 의존하는 비영리조직(NPI)의 경제적 효과를 보여줄 것이다.
e) 자원봉사 활동을 진흥하는 공적 및 사적 개입의 성과를 측정할 수 있다.
f) 자원봉사를 포함한 비영리기관(NPI)의 경제적 역할 측정을 추진하는 UN의 NPI 국가통계 수립에 도움을 줄 것이다.

3) 국제표준안의 자원봉사 조사표

ILO의 조사방식은 전통적인 방식들과 뚜렷한 차이를 보여준다. 기존의 많은 설문조사가 응답자에게 "지난 1년간 자원봉사활동을 한 적이 있습니까?"라고 묻는 방식으로 응답자의 판단에 따라 자원봉사자와 비자원봉사자를 구별하였다. 한국에서는 응답자에게 먼저 "자원봉사활동이란 그룹 또는 단체를 통하여 보수를 받거나 기대하지 않고 다른 사람이나 지역사회를 돕는 것과 같은 공익활동을 의미합니다"고 소개한 다음, "○○님은 지난 1년 동안 자원봉사활동을 한 경험이 있습니까?" 묻는다.

그런데 ILO의 방안은 설문조사에서 응답자에게 '자원봉사'(volunteering 또는 volunteer work)를 직접적으로 언급하지 않고, 대신 "어떤 사회적 목적(cause)을 진흥시키기 위해 또는 자기 가족이나 친지가 아닌 다른 사람들을 돕기 위해 보수를 받지 않고 기꺼이 수행한(willingly do) 활동이나 일"을 한 적이 있는지를 물어, '그렇다'는 답을 한 사람에게 다음 사항들을 확인한 다음 자원봉사자로 분류한다. ① 어떤 활동을 했는지 활동의 유형, ② 수행한 일이나 활동의 조직, ③ (조직을 위한 활동인 경우) 조직내의 활동 영역, ④ 일의 활동 기간이다. 이 네 가지가 국제 자원봉사 통계에 필수적인 사항들로 ILO의 통계에 포함된다.

〈표 3-2〉 국제노동기구(ILO) 자원봉사 조사표

구분	질문
시작	다음 질문들은 무보수 비강제적 노동에 관한 것으로, 조직을 통해서나 또는 당신의 가계가 아닌 타인을 위해 직접적으로 수행한 활동에 당신이 제공한 시간에 관한 질문입니다. 〈참고〉 노동이란 원칙적으로 보수를 받는 활동이며, 활동비를 지급받는 경우는 무보수 활동에 해당되지 않습니다.
노동 01	귀하는 지난 4주간 이 같은 무보수 활동에 시간을 보낸 적이 있습니까? ("예" 인 경우, 노동 02로, "아니오" 또는 불확실한 경우 보충 01로 진행)
노동 02	어떤 종류의 무보수 활동을 했습니까? 다양한 유형의 무보수 활동을 언급함.
시간 01	무보수 활동에 귀하는 전체 얼마나 많은 시간을 제공했습니까?
시간 02	전체 시간을 잘 기억하지 못한다면, 지난 4주간 무보수 활동을 몇 번 수행했습니까?
조직 01	귀하는 무보수 활동을 조직을 통해서 했습니까?
조직 02	귀하는 어느 조직에서 무보수 활동을 했습니까? 〈코드북에 있는 조직 유형들을 하나씩 불러줌〉
조직 03	(코드북에 없거나 코드북을 사용하지 않은 경우) 그 조직의 이름은 무엇입니까?

보충 01	사람들은 어떤 활동이 무보수 자원노동인지를 잘 모르는 경우가 있어서, 다음과 같이 무보수 자원노동의 실례를 제시할테니, 그같은 활동을 했을 경우, "예"라고 답해주십시오.
보충 02	모금, 행정 지원활동, 학교, 도서관, 보건센터, 시민단체, 클럽, 유니언, 종교기관 또는 협회 등 어떤 조직에서든 이사회나 위원회의 활동을 한 적이 있습니까?
보충 03	귀하는 지역사회에서 쓰레기 청소, 분리수거, 또는 식수공급, 공원, 도로 개선을 위한 무보수 활동에 참여한 적이 있습니까?
보충 04	귀하는 지역사회의 행사, 스포츠나 문화 행사, 종교 행사, 대중 홍보를 위한 정치 행사를 조직하는 일에 참여하는 무보수 활동을 한 적이 있습니까?
보충 05	귀하는 가족이 아닌 다른 사람들, 즉 노인, 아동, 빈곤층, 재난피해자 등 어려운 사람들을 위해 식사를 제공하거나 물품 또는 운송수단을 제공하는 무보수 활동을 한 적 있습니까?
보충 06	귀하는 무보수의 코칭, 카운슬링 또는 무보수의 의료 서비스나 법률 서비스 제공, 또는 무보수의 정보나 과학적 자료의 수집 활동을 한적 있습니까?
완료	
추가	〈조사가 1년 단위인 경우〉, 질문은 "지난 4주간" 대신 "지난 1년간" 조직을 통해서나 또는 당신의 가족이 아닌 타인을 위해 직접적으로 수행한 무보수 활동을 한 적이 있는지를 묻는다.
시간 01	무보수 활동에 귀하는 지난 1년간 얼마나 많은 시간을 제공했습니까?
시간 02	(시간을 잘 모른다고 한 경우) 지난 1년간 무보수 자원노동을 몇 번이나 했습니까?
완료	

IV. 자원봉사의 가치

자원봉사는 사회정치적, 경제적, 문화적으로 가치 있는 활동이기 때문에 많은 사람들이 참여하고 있는 글로벌 참여로 발전되고 있다. 한 사회가 자원봉사를 필요로 하는 이유는 역사와 전통뿐 아니라 복잡 다양한 현실에서 제기되는 다양한 근거들에서 찾을 수 있다. 그 중에서 '심각한 사회문제'를 해결하기 위한 대안으로 자원봉사활동이 활성화된 것은 보편적인 근거로 꼽을 수 있다. 나아가 자원봉사는 보다 원대한 목표로서 시민들 사이의 신뢰, 유대, 네트워킹에 기초하는 사회자본의 생성을 위해 필요하다는 '사회자본'(social capital) 시각이 최근에 강한 이론적 설득력을 보여준다. 또 자원봉사는 신뢰로 구축되는 시민의 자율적인 공론의 장인 공동체를 건설하고 민주주의의 질적 발전에 기여하므로 시민사회의 건설과 민주주의의 발전을 위해서도 반드시 필요하다.

1. 자원봉사의 사회적 가치

자원봉사의 사회적 가치는 먼저 사회문제 해결에 자원봉사가 기여할 수 있는지에 관심의 초점이 맞춰진다. 심각한 사회문제들이 자원봉사로 얼마나 해결될 수 있는지는 잘 알 수 없지만, 자원봉사로 문제해결의 실마리를 찾을 수 있다는 데 자원봉사의 사회적 가치를 찾게 된다.

1) 사회문제와 자원봉사

현대 사회는 물질문명의 풍요를 누리면서도 해결하기 어려운 고질적인 사회문제로 시달리고 있다. 환경오염, 교통불편, 빈곤과 소외, 범죄문제, 인권침해, 개인의 이기주의나 사치와 과소비 문제를 가볍게 겪고 있는 나라는 거의 없다. 예전에는 스스로 자기 집 앞을 쓸던 사람들도 이제는 당연히 시청 청소부가 할 일로 여기고 무관심하다보니 동네 쓰레기만 쌓여가고 있다. 불이 나면 소방서로, 사람이 다치면 경찰에 연락만 한 뒤 팔짱을 끼고 바라보는 사람들이 많아졌다. 겨울이면 "내 집앞 눈은 내가 치워야 합니다"는 구청의 현수막들이 곳곳에 내걸리고 있는 실정이다.

이젠 정부의 힘만으로 해결할 수 없는 심각한 문제들이 줄줄이 늘어나고 있다. 사회는 시민 스스로가 해야 할 일을 하도록 하는 자원봉사를 요청하고 있다. 최근 한국 사회가 안고 있는 심각한 사회문제들이 무엇인지를 먼저 생각해볼 만하다. 과연 1인당 국민소득 1만 달러로 성장한 선진국다운 국민의 '삶의 질'을 누리고 있는가? 좀 잘 먹고 잘 살게 되었다고 문화수준이 오히려 뒤떨어지는 경향마저 보인다. 국민의 생활수준(富)은 높아졌으나 생활양식(貴)은 제자리걸음을 하고 있는 지경이다.

노인, 장애인 등 소외층을 방치해두는 것은 모든 국민의 "인간다운 생활"을 보장하는 헌법정신에 위배되는 불의와 불합리에 해당된다. 이웃끼리 서로 인사하고 지내지도 못하는 현실은 이웃간의 불신의 벽이 높다는 것을 보여준다. 밤거리에 사람을 무서워하는 불신과 불안감이 팽배해 있다. 물과 공기는 안심하고 마실 수 없는 지경에 이르러 불안과 함께 불쾌, 불편을 겪고 있다. 저질 상품으로 소비자를 우롱하는 일도 줄어들지 않는다. 공원, 지하철 등에서도 공중질서가 잘 지켜지지 않아 서로 불편을 겪고 있다.

이런 심각한 문제들, 그리고 그밖에 이루다 헤아릴 수 없는 사회

문제들에 대해 자원봉사로 해결을 시도해볼 수 있다. 이것들이 자원봉사로 다 해결할 수는 없지만 자원봉사로 방어하지 않게 되면 더욱 해결하기 어려운 고질적인 문제로 고착될 가능성이 높다. 물론 정부와 기업 등에서도 나름대로의 역할을 하겠지만, 무엇보다도 시민 각자가 이웃과 지역 가까이서 마주치는 문제를 바로 해결하는 것이 보다 효과적이다.

실제로 자원봉사활동은 사회문제 해결에 우선한다. 미국의 전국적인 자원봉사재단인 촛불재단(Points of Light Foundation)이 1995년 초에 갤럽에 의뢰해서 조사한 설문조사 결과를 보면, 자원봉사자 가운데 85%가 하나 또는 그 이상의 '심각한 사회문제' 분야에서 자원봉사를 한다. 응답자들은 '심각한 사회문제'에 대한 설명을 듣고 자신이 그런 활동을 하고 있는지를 답하였다. 미국인 전체 48%가 자원봉사를 하고 있고, 자원봉사자 중 85%가 '심각한 사회문제' 해결에 나서고 있다는 것은 전체 가구 중 39%에 해당되는 3천5백만 가구에서 적어도 성인 한 사람이 '심각한 사회문제' 해결을 위한 자원봉사 활동을 한다는 의미이다. '심각한 사회문제' 분야 봉사자 중에는 55%가 노인들을 돕는 일을 하고, 46%가 학습지진, 학대 및 방치아동, 혼전 임신, 가출, 비행 등 아동이나 청소년 관계에 일을 하고 있다. '심각한 사회문제' 분야 자원봉사자들은 일주일에 평균 4.8시간 활동하며, 이들 중 53%가 자원봉사 기관단체를 통해 봉사활동을 한다고 답하였다.

현대 사회는 예측 불가능한 사회변화로 야기되는 심각한 문제를 안고 있는 사회라고 볼 수 있다. 사회학자 니스벳(Niesbet)이 지적하였듯이 현대 사회는 "붕괴, 분해, 쇠퇴, 불안정, 파손, 정서불안의 상태"로 되어가고 있다. 그러기에 시민들은 날로 불의와 불신, 불안과 불편, 불쾌에 더욱 시달리고 있는 모습이 현대 사회의 모습이다. 울리히 벡(Beck 1986)은 재난사고, 자연재해, 환경오염 등이 극심한 사회불안을 야기하는 사회를 '위험 사회'(risk society)라 부른다.

한편 신들러-라인만과 리피트(Schindler-Rainman & Lippitt 1971)는 자원봉사에 영향을 미치는 사회적 변화의 추세를 아래와 같이 몇 가지로 정리하고 있다. 여기에 급속도로 진행되는 IT 혁명의 영향을 주요 사회변화의 추세로 꼽을 수 있을 것이다. 자원봉사활동이 온라인을 통해 널리 알려지고 봉사자의 모집이 이뤄지고 있으며, 온라인 동호회와 클럽활동이 점차 봉사활동으로 활동을 확대하는 변화도 있고, 또 자원봉사만을 위한 온라인 봉사모임들이 점차 늘고 있는 추세를 주목해볼 수 있다.

첫째는 전문화에 따른 자원봉사의 동향이다. 전문화와 복잡성으로 상징되는 후기산업사회의 특성상 사회경제적 변화는 전문가 집단이 주도하여, 그 변화에 어떻게 대처해서 어떻게 살아가야 하는지에 대해서도 전문가에 의존하는 경향이 뚜렷하다. 그러나 전문가 집단은 특정 분야에만 전문으로 하므로 그들이 사회문제 해결에 창의적인 처방을 해줄 것을 기대하기는 어렵다. 기관단체들은 기존 구조와 기능의 쇠퇴를 몰고 오는 급격한 환경변화에 직면해서 상호의존보다는 자기 생존과 내적 변화에만 집착하는 경향이 있다. 이때 넓은 시야를 가진 자원봉사자가 기관끼리의 상호협조와 활동의 조정 역할을 하는 데 큰 도움을 준다.

둘째는 사회 갈등의 심화 동향이다. 보다 나은 삶에 대한 기대와 요구의 폭발적 증가는 사회 여러 부문 사이의 불신과 경쟁, 양극화와 갈등을 계속 야기시킨다. 기성세대에 대한 젊은층의 도전, 남성위주의 사회에 대한 여권운동의 신장, 다수 인종의 영향력에 대한 소수 인종의 항거, 가진 자의 특권에 대한 갖지 않은 자의 저항 등이 그것들이다. 자원봉사자는 갈등해소에서 제3자로서의 역할을 능숙하게 수행해낼 수 있어야 하며, 그것은 대단히 흥미로운 경험이 될 것이다. 그것은 '창조적 타협'이라는 개념을 수용하도록 도우며 갈등에 창의적으로 대처하는 것을 시범해 보여주는 일이다. 기존의 자원봉사단체보다는 사회문제 해결에 적극적인 단체를 위해 자신들의 시간과 노력을 보다 많이 투자하려는 자원봉사자가 계속 증가할 것이다.

셋째, 사회가 더욱 전문화되고 복잡해짐에 따라 사람들은 점차 무력감과 비인간화 분위기에 침체되기 십상이다. 이런 혼돈 속에서 개인들은 "나는 누구인가"라고 자문하지 않을 수 없게 된다. 개인들은 자기향상과 감수성 훈련을 위한 프로그램에 더 많은 시간과 정력을 소비할 것이다. 종교활동도 시대상황에 맞도록 적응하는 새로운 시도가 많아질 것이며, 성인교육에도 놀라운 진전이 있을 것이다. 대폭적으로 증가하는 대인봉사에 대한 요구는 전문 인력에 의해서만 충족되기는 거의 불가능할 만큼 큰 비중을 차지한다. 급격히 확장되는 개인상담 봉사는 전문가의 지도 아래 자원봉사 팀의 보조로 강화될 수 있다.

넷째는 시간의 선용 문제이다. 혁명적인 가치관의 변화와 직업관의 변화에 따라 사람들이 자유재량으로 쓸 수 있는 시간이 꾸준히 늘고 있다. 이는 자원봉사에 쓸 수 있는 시간과 자원봉사자 잠재력을 지닌 사람의 수가 크게 증가하는 것을 의미한다. 동시에 '삶의 질'의 지속적인 향상은 여러 형태의 다양한 인적 요구를 증가시키는 것을 의미하며, 그것은 많은 새롭고 흥미로운 자원봉사 분야를 개척하게 할 것이다. 최근 주5일제 근무의 확대로 자원봉사활동이 주말에 활성화될 것으로 기대해볼 수 있다.

다섯째는 대인 서비스의 동향이다. 오늘날 유급직종의 절반은 생산직이 아닌 대인봉사 관련 직업이다. 직업기능의 상당 부분이 대인봉사와 관련된다. 학교교육에서 사람을 도와주는 포괄적인 기술을 가르치는 일은 찾기 어렵다. 앞으로는 직업훈련의 개념과 행동과학의 적용에 사용되는 학교교육 시간의 분량에 극적인 변화가 올 것으로 내다보인다. 또한 현명하고 세련되며 민첩하게 자원봉사를 제공하는 일에 관련된 기술과 가치를 더 중시할 것이다. 특히 고객에 대한 전문가 비율의 대폭적인 증가는 재정상 어려움이 수반되므로 교육, 의료 등의 분야에서 자원봉사자를 보조원 또는 동역자로 확보, 훈련하는 일에 대한 요구가 클 것이다. 또한 개개인이 아동기부터 중요한 고용직 분야에서 자원봉사를 하는 기회와 훈련을 갖게 되며, 그럼으로써 효과적인 자원봉사자가 되기 위해 가치관, 동기, 기술을 발전시키고 자원봉사활동을 자기성장과 지역사회 공헌의 기회로 삼게 될 것이다.

여섯째는 청소년 문제이다. 청소년들이 스스로 교육과 사회화 과정의 방향을 결정해나가는 경향이 뚜렷하다. 청소년의 자기 사회화 과정에는 파괴, 소외, 무책임 등 심각한 문제들이 수반되며, 그것은 "내식으로 무엇이든 하면 된다."는 식의 과격한 자율과 반항적 폭력의 공격적 행동으로 표현되기도 한다. 기존의 청소년 단체들은 청소년의 의사결정과 사업계획에 관여하고자 하는 요구를 충족시킬 수 있도록 정책, 사업, 구조의 방향을 전환하여야 한다. 청소년들은 마약중독, 혼전 또는 혼외 이성관계, 정치적 불만세력, 현행 경제제도에 대한 대안과 같은 복잡한 분야를 다루고자 할 때 권위주의적이 아닌 도와주는 자세를 가진 성인과 선배로부터 그 문제에 대한 전망, 조언, 정신적 지원을 필요로 할 것이다.

일곱째는 자연환경에 대한 관심이다. 앞으로 사람들은 우리의 자연환경이 유린되고 오염되고 파손되는 문제들 그리고 대도시, 교외 대규모 주택단지, 상업광고 간판의 숲 등, 추악한 역기능적인 인위적 환경과 불협화음의 소음에 대해서도 예민하게 반응해올 것이다. 문제해결을 위한 합리적인 접근은 당분간 찾아보기 힘들 것이다. 또한 사이비 해결방안들이 판치며 동조자를 규합하려 할 것이다. 지방이나 전국 차원에서 정치사회적 환경운동은 주로 자원봉사자의 에너지에 의존하지 않으면 안 된다. 많은 시민들로 하여금 그들의 소극적인 일상생활의 틀에서 벗어나 자신들의 시간과 정력을 개인의 성장과 지역사회 향상을 위해 바칠 수 있도록 돕는 일은 자원봉사자와 전문가 모두에게 보람된 일이 된다.

여덟째, 평화, 인구, 환경오염, 빈곤, 식량부족, 자연자원 등의 지구적인 이슈들은 세계적 규모의 효율적인 행동을 필요로 한다. 미래사회를 위한 준비의 좋은 출발점의 하나는 다른 문화권 사람들과 진지한 대화를 나누며 함께 행동하는 기회가 절실히 필요하다. 그런 활동을 시작하고 지도하는 일은 자원봉사자에게 보람된 일이 될 것이다. 다른 나라 사람들과 정보와 의견을 교환하는 사업은 실천 가능한 뜻있는 일이다.

2) 사회자본과 자원봉사

자원봉사로 생산되는 가치는 위와 같이 사회문제 해결 등의 사회적 가치에 초점을 맞춰왔다. 개인과 집단 차원에서 사람들 사이의 신뢰와 유대 등 사회자본이 자원봉사를 통해 생산된다는 경험적 연구들이 무수하다. 개인 차원에서는 민주적 시민성의 개발, 공동체 차원에서는 신뢰와 유대 등 사회자본의 축적 효과, 나아가 시민의 자발적인 참여에 의한 민주주의의 질적 향상을 쉽게 꼽을 수 있다. 보다 구체적인 자원봉사의 사회적 기여에 대해서는 아래의 시각들을 참고해볼 만하다.

'사회자본'이란 무엇인가? 사회자본 논의를 주도해온 정치학자 푯남(Putnam 1993: 167)에 따르면, "사회자본은 조정화된 행동을 유도함으로써 사회의 효율성을 높일 수 있는 신뢰, 규범, 네트워크와 같은 사회조직의 특성들을 의미한다." 이런 개념정의에 대해 푯남은 다음과 같이 설명한다.

> 신뢰와 같은 일반적인 형태의 사회자본은 '도덕적 자원'으로, 사용함에 따라 줄어드는 게 아니라 늘어나는 자원이며, 사용하지 않게 되면 고갈되는 자원이다. 두 사람이 서로에 대해 신뢰를 표시하면 할수록 상호 확신이 더욱 증대된다. 사회적 규범과 네트워크와 같은 다른 형태의 사회자본은 사용하면 증가하고 사용하지 않으면 감소한다. 이런 이유에서 사회자본의 창출과 파손이 선순환과 악순환에 의해 영향을 받게 되리라는 기대를 갖는다. 신뢰, 규범, 네트워크 등 사회자본의 공통된 특징은 다른 전통적인 자본이 사적재화(private good)인 것과는 달리 공공재화(public good)라는 특성이다.

자원봉사는 사회자본 개발에 기여한다. 자원봉사를 통하여 시민들 사이에 신뢰와 상호작용을 더욱 쌓게 함으로써 좀 더 안정적이면서도 결집력 있는 사회를 이루게 되고, 경제적으로도 도움을 받게 되는 것이다. 이탈리아 지역공동체에 대한 푯남(1993)의 분석에 따르면, 지역간 사회자본의 수준차이가 지역간 정부 수행능력의 차이를 가져온다. 이 같은 사회자본에 대한 분석의 핵심은 자원봉사

연합체의 참여 또는 사회계약의 평행적인 네트워크라고 밝히고 있다. 또 다른 사회자본 연구가인 후쿠야마(Fukuyama 2000)는 "사회자본은 특정 사회에서 또는 사회의 특정 부문에서 신뢰의 확산에서 생기는 능력"이라고 정의한다. 그는 사회자본이 없는 시민사회, 또 시민사회가 없는 민주주의는 존재할 수 없다고 강조한다. "풍부한 사회자본은 튼튼한 시민사회를 만든다. 튼튼한 시민사회야말로 오늘날 근대 자유민주주의의 필수조건이라 할 수 있다."

자원봉사활동이 생산하는 사회자본의 효과는 타인에 대한 신뢰나 사회기관에 대한 신뢰로 나타난다는 것이 경험적으로 검증되고 있다. 자원봉사자는 비자원봉사자에 비해 공공기관을 포함한 여러 사회기관들에 대해 비교적 높은 신뢰를 보여준다. 그만큼 자원봉사활동이 신뢰라는 사회자본의 형태로 공익에 기여한다고 볼 수 있다. 자원봉사자와 비자원봉사자의 신뢰도 차이는 교육기관, 정부조직, 직능단체, 노조 등에서 유의미한 것으로 검증되고 있다(볼런티어21, 2008). 자원봉사자들은 비자원봉사자에 비해 신문방송, 인터넷매체, 대기업을 제외한 모든 공공기관 및 비자선기관에 대한 신뢰도가 통계적으로 유의미하게 높다. 자원봉사자들이 비자원봉사자들에 비해 공공기관에 비해 상대적으로 더 높은 신뢰를 하고 있는 것이다. 심지어는 신뢰도가 매우 낮은 공공기관인 정당, 국회 등에 대한 신뢰에 있어서도 자원봉사자들이 비자원봉사자들보다 더 높은 신뢰를 보내고 있다. 전반적으로 공공기관에 대한 신뢰가 낮은 상황에서 자원봉사자들이 비자원봉사자들에 비해 신뢰도가 높다는 사실은 시민사회의 형성, 발전에 자원봉사활동이 중요하고, 자원봉사와 공공기관에 대한 신뢰의 인과관계의 방향은 말하기 어렵지만, 자원봉사에 참여할수록 긍정적이고 개인적인 차원에서나 조직의 차원에서도 신뢰의 수준이 높아질 수 있는 가능성이 있다.

한편 국가 차원으로 관심을 바꿔보면, 신뢰와 유대 등 사회자본이 풍부한 사회에서 자원봉사활동이 더 활발하다고 볼 수 있다. 이를 경험적으로 검증하기 위해 사회자본의 주요 지표를 중심으로 경험적 분석을 한 결과, 자원봉사와 사회자본 사이에는 밀접한, 유의미한 상관관계가 있다는 것을 확인할 수 있다(제4절 참조).

3) 사회복지와 자원봉사

자원봉사는 사회복지 영역에서 가장 활발히 진행되며, 사회복지 대상자를 위한 봉사활동으로 사회복지에 기여하는 사회적 기능을 한다. 유럽이사회(EC 2011: 6)는 자원봉사활동은 "문제해결의 방안을 개발하고 희귀한 자원을 잘 활용하기 위해 사람들의 창의성을 동원할 수 있는 사회적 혁신의 요소"이자, 동시에 자원봉사는 이웃돕기와 타인과의 나눔을 의미하기 때문에 연대의식을 높여주는 활동이며 불이익계층에 대한 관용을 높이며 인종주의와 편견을 줄이게 해주는 활동"이라 강조한다. 자원봉사활동은 "사람들, 특히 사회의 불이익계층의 역량강화의 도구"가 된다고 본다. 유럽연합은 자원봉사는 시민들이 포용을 지향하며 참여를 진흥시키는 역할을 한다며, "자원봉사활동으로 공동의 목표를 추구하도록 단결하게 하여, 사회적 배제, 차별, 편견, 그리고 사회적 불평등에 맞서도록 한다."고 강조한다(CEV 2010: 11). 특히 "사회적으로 배제된 집단들이 자원봉사의 수혜자이자 자원봉사활동의 적극적인 참여자가 되어 그들에게는 자원봉사가 표현과 적극적 참여의 기회를 제공해준다."

또 UN의 자원봉사조직인 UNV(2011a)는 자원봉사가 사회와 공공정책에 중요한 이유를 사회복지와 사회통합에서 찾는다. 첫째, 자원봉사는 도움을 필요로 하는 사람들을 대상으로 하는 활동이지만, 공동체 구성원들 사이의 유대와 연대, 그리고 신뢰의 바탕에서 행해지는 상호 공조적 활동이라고 볼 수 있다. "시간을 제공하는 일은 신뢰에 기초하는 활동으로 사회의 조직을 강화시키고 우리가 거주하는 공동체를 규정하는 일이다." 둘째, 신뢰를 바탕으로 하는 자원봉사는 "사회적 상호작용의 네트워크와 상호성의 규범, 즉 사회자본의 표현이다." 자원봉사활동은 새로운 관계를 발전시키며 새로운 네트워크와 규범을 생성시키는 활동이다. 셋째, 자원봉사는 시장이 효과적이지 않은 영역에서 소외층의 좌절, 무관심으로부터 보호하는 인간적 활동이다. "자원봉사는 개인의 공동체 참여를 표현하는 일이다." 넷째, 자원봉사는 소외층과 불이익계층의 요구에 호응하며 이들의 민족적, 인종적, 종교적 다양성에 관대한 관용의 정신을 키워준다. 다섯째, 자원봉사는 소득, 성, 연령 등 계층에 기초하는 분열과 갈등의 사회에 조정과 통합을 모색하는 기능을 하며 기여한다. 여섯째, 자원봉사는 무수한 유대와 연대에 기초하는 사회자본을 구축하며 공공기관과의 파트너십을 통해 빈곤퇴치, 사회통합, 지속가능한 개발에 기여한다.

보다 넓은 의미에서 자원봉사활동을 중심으로 하는 시민사회가 사회복지 등 사회 전반에 기여하는 역할은 다음 몇 가지로 정리될 수 있다(Roy & Ziemek 2002: 3). 첫째, 시민사회는 불완전한 복지국가를 보충하고 지원하는 역할로 사회복지 서비스를 제공하는 역할을 한다. 예를 들면, 독일의 사회복지 서비스 전달체계는 대부분이 시민사회의 NGO들에 의해 그리고 자원봉사자들의 참여에 의해 이뤄지고 있다. 다른 서구 국가들과 미국의 복지서비스 제공의 상당 부분이 비영리 NGO들의 역할에 의존하고 있다. 무수한 자원봉사자들의 참여에 의존하는 NGO들이 공공서비스 제공의 든든한 파트너 역할을 하는 것이다. 둘째, 제3세계의 경우처럼 자원봉사활동은 경제적 성장에 도움을 준다고 볼 수 있다. 자원봉사로 사람들의 자발성과 자립심을 키워주며 서로의 유대와 네트워킹을 강화시켜 사회자본을 생산함으로써 경제성장에 적지 않게 기여한다. 세계은행, OECD, UNDP 등의 국제기관들도 사회자본의 축적에 기초하는 시민참여 활동을 주요 개발전략으로 제시한다. 마지막으로, 인구사회적 측면에서는 노인인구의 증가와 실업자의 증가 문제에 대처하기 위해 이들 노인과 실업자를 자원봉사로 활용하며 사회경제적 혼란을 극복하는 기회를 제공한다. 사실 많은 서구 국가에서는 노인과 실업자가 참여하는 자원봉사가 크게 활성화된 동향을 뒤에서 살펴볼 수 있다. 또 한국에서는 외환위기를 맞아 시민사회단체들이 민간사회안전망 사업을 추진해서 대량실업의 위기를 극복하는 데 기여하기도 했다(주성수 2011a).

따라서 실업문제 해결과 같은 심각한 사회문제 해결에 자원봉사 영역이 중요한 역할을 하고 있다는 이론적 근거가 다양하게 제시되어 왔다. 그 역할은 아래처럼 몇 가지로 나누어 살펴볼 수 있다(주성수 2003c: 280-90). 첫째, 자원봉사 영역은 중앙정부와 지방정부의 정책을 지원하는 '전략적 파트너' 역할을 한다. IMF 외환위기 직후 노숙자의 대량 발생과 같은 사회위기의 상황에서 한국의 복지기관들과 무수한 시민사회단체들이 정부의 정책결정과 집행에 참여해서 중요한 전략적 파트너 역할을 했다. 지금의 청년실업 문제를 극복하는 사례에서 시민사회단체의 활용을 적극 검토해볼 필요가 있다. 시민사회 영역에서 많은 일자리가 만들어질 수 있기 때문이며, 시민사회의 직장경험과 교육훈련이 일자리를 찾는 데 실질적인 도움을 줄 수 있다.

둘째, 자원봉사 영역은 정부 사업을 대행하는 용역 또는 하부용역 역할을 수행한다. 노숙자 문제해결에서 쉼터의 운영과 후드뱅크 사업 사례를 들 수 있고, 청년 실업 문제의 경우 공공근로 형식을 채용해서 기술을 습득하거나 일자리를 찾을 수 있는 준비를 갖추도록 하는 사업을 추진한다.

셋째, 자원봉사 영역은 전문 서비스를 제공한다. 상담, 간호, 알코올 치료 등 많은 전문 기술 서비스가 필요한 계층들에게 전문서비스를 제공해주는 역할을 한다. 전문지식과 기술을 익힌 자원봉사자들이 전문 봉사활동에 참여해서 전문 서비스 제공에 기여하고 있다. 청년 실업의 경우, 청년층을 대상을 취업 상담, 진로상담 등 중요한 전문 서비스를 제공해준다.

넷째, 자원봉사 영역은 멘토(mentor) 역할을 맡는다. 멘토의 역할은 도움의 손길을 필요로 하는 청소년 등 요보호 대상자들에게 지속적으로 정신적인 지원을 하는 것이다. 청년실업의 경우도 안정된 직장을 구해 정상적인 직장생활을 지원하는 멘토들의 활동을 기대해 볼 수 있다.

다섯째, 자원봉사 영역은 문제를 안고 있는 집단들의 이해를 대변하고 이들의 권익을 옹호하는 권익주창(advocacy) 역할을 한다. 외국인노동자, 북한탈주민 등 소외층의 인권 보호뿐 아니라 노인, 장애인 등의 기본적인 생계권 보장을 위한 권익주창 활동 등 다양하다. UN 자원봉사단(UNV 2011b)은 자원봉사를 시민참여의 주요 수단으로 개발의 전략이라 설명한다.

여섯째, 자원봉사 영역은 정부와 기업이 제공하기 어려운 일자리를 제공해주는 실질적인 역할도 한다. 정부와 기업에 비해 일자리가 매우 제한적이지만, 자원봉사 영역의 특성 가운데 하나인 개방성과 융통성 덕분에 다양한 형태의 파트타임, 인턴십, 공공근로 등이 제공될 수 있다. 유럽에서는 실업대책으로 자원봉사가 널리 활용되었다(주성수 2011a).

일곱째, 자원봉사 영역은 실업자의 고용 기술과 훈련의 기회를 제공해준다. 정기적인 기술교육 과정을 실시하는 시민사회단체들이 무수하며, 또 이런 과정을 거쳐 일자리를 찾은 실업자들도 적지 않다. 자원봉사자의 유급 봉사활동을 정부정책으로 시행중인 미국과 유럽 국가들의 전통과 현황을 뒤에서 국가별로 나누어 살펴볼 수 있다.

2. 자원봉사의 경제적 기여

자원봉사가 필요한 또 다른 중요한 이유는 자원봉사의 경제적 가치에서 찾아볼 수 있다. 자원봉사자가 소중한 시간을 내서 활동하는 사회활동은 적지 않은 경제적 가치를 생산한다. 각국 정부는 왜 자원봉사 활동을 활성화하는 데 관심을 가져야만 하는가? 이에 대해 UNV(2010)는 먼저 자원봉사의 경제적 유익성을 지적한다. 어떤 자원봉사활동은 국가의 권위에 도전하는 것처럼 보일 때도 있는데, 자원봉사에는 그에 따른 유익성이 있기 때문에 국가는 자원봉사를 경시할 수 없다는 것이다. 실제로 자원봉사자에 의해 수행된 활동은 모두 국가의 비용, 또는 개인 자본에 의해 자금이 모아져 운영되었어야 하는 것이다. 이렇듯 자원봉사는 국가의 전반적인 경제적 생산에 보탬이 될 뿐만 아니라 정부지출 부담도 덜어준다. 국가경제뿐 아니라 국제협력에서도 자원봉사의 경제적 가치는 대단한 것으로 알려지고 있다, 일례로, UN 기관에 따르면, 자원봉사 노동의 가치는 2000년 글로벌 Polio 천연두 근절 운동에 100억 달러 이상을 기여한 것으로 추산되어, 각국 정부들이나 국내외 기관들의 기여도를 훨씬 능가한 금액이라는 것이다(앞글: 12).

1) 국가 경제에 대한 기여

대부분의 사람들이 자원봉사가 경제적인 기여를 한다는 데에 대해서는 의심없이 믿고 있는 편이지만, 그 영향이나 규모가 어느 정도 인가를 정확히 아는 사람은 그리 많지 않다. 국가 보고서에서도 UN 시스템상의 자원봉사에 대한 부분은 제외되어 있고, 자원봉사 활동이나 이를 통해 산출되는 경제적 이익을 확대시키기 위해 체계적인 자료를 모으려고 하는 나라도 거의 없으며, 자원봉사의 기여도가 얼마나 큰지에 대해 조사를 한 연구도 별로 없는 게 사실이다.

일부 국가에서 자원봉사의 경제적 가치 측정 시도가 있었다. 1997년 영국의 자원봉사 관련 조사에 따르면, 성인 인구의 절반 정도가 자원봉사 활동에 참여했으며 경제적으로 대략 4천만 파운드의 기여를 했다고 한다(Smith 1998). 또 캐나다의 최근 한 조사는 자원봉사 활동이 국내총생산(GDP)에 약 1600달러를 추가했으며, 50만의 성인 자원봉사자들이 활동했다고 기록하고 있다. 또 36개국 실태를 조사한 샐러먼 등(Salamon et al. 2004)의 연구결과는 자원봉사가 GDP와 고용에 기여하는 영향이 적지 않은 것으로 밝혀지고 있다.

나아가 일부 학자들은 자원봉사의 경제적 가치를 일반 임금소득과 동일시하는 '사회 크레딧 제도'(social credit system)를 도입할 것을 주창한다(Rifkin 1993; Anheier & Salamon 2001: 4) 그래서 자원봉사자의 시간을 '사회 임금'(social wage)으로 간주해 각종 사회보장 혜택을 주도록 하자는 것이다.

자원봉사의 경제적 가치는 그간 과소평가된 것으로 볼 수 있다. 자원봉사활동이 국가의 경제에 얼마나 기여했는지를 정확히 측정할 수 없어, 그 기여도가 낮게 평가되는 경우가 많다. 사실 자원봉사는 부수적인 효과나 비가시적인 다양한 효과를 거두고 있는데도 이런 무수한 비경제적 효과는 측정되지 않아 경시되고 있는 실정이다. 이러한 관점에서 가사노동의 사례를 생각해볼 수 있다. 주로 여성에 의해 창출되는 가계 경제의 가치를 둘러싼 여성운동은 가사노동의 정당한 가치를 합법화하자는 운동을 전개해나가고 있다. 여성들의 가사노동의 가치가 여전히 경제적으로 드러나지 않게 된다면 정부도 여전히 그것을 무시하려 들 것이기 때문이다. 자원봉사의 경우도 마찬가지이다. 자원봉사의 내재적 가치 창출과 기여에 대하여 믿을 수 있는 정보를 정기적으로 제시하지 않으면 정부는 그 중요성을 간과하고 정책 개발에서 자원봉사의 영향력을 도외시하게 될 것이다.

자원봉사와 고용능력 사이의 관계에 관한 보고서도 이미 많이 나와 있다. 자원봉사는 사업장 사이의 네트워크 접근성을 용이하게 하고, 또 특정 매매기술 개발의 기회도 제공하고 있는 등, 상업적인 많은 효과를 얻게 하고 있다. 또 자원봉사 활동을 통해 고용 직업으로 전환하거나 국가가 최근 취득한 서비스를 개발함으로써 새로운 일자리를 창출해낼 수도 있다. 최근 몇 년 동안 자원봉사에 대한 민간 분야의 움직임이 활발해지고 있다.

자원봉사의 경제적, 사회, 정치적 가치 때문에 많은 국제기관들이 자원봉사 활동의 중요성을 인식해, 각국이 자원봉사활동을 측정하고, 정부의 자원봉사 진흥 역할을 강조하며, 국제자원봉사운동을 추진하였다.

a) 유엔 자원봉사조직인 UNV는 1998년 특별보고서인 "자원봉사와 사회개발"

b) 유엔은 2001년 '세계 자원봉사자의 해'(International Year for Volunteers)를 추진, 각국의 자원봉사활동을 진흥, 활성화시켰다. 2001년 UN 총회는 자원봉사가 "빈곤 감소, 지속가능한 개발, 보건, 재난 예방과 관리, 사회적 배제와 차별을 극복하는 전략에 중요한 요소"라 천명하면서, 각국이 자원봉사에 대한 "지식 기반"을 확충해서 "자원봉사의 경제적 가치를 수립"할 것을 권고하였다.

c) 국제적십자사와 적신월사(IFRC)는 "자원봉사자가 수백만 명의 취약층을 구제하는 효과적인 인도적 구호의 심장 역할을 한다."고 강조하였다.

d) 유럽의회(European Parliament 2008)는 결의를 통해 자원봉사가 "아마도 재생 가능한 에너지의 가장 지속가능한 형태"라고 간주해, 유럽 회원국들과 지역과 지방 당국들이 "사회적, 경제적 결속을 위한 진흥시키기 위해 자원봉사의 가치를 인식"할 것을 권고하였다.

자원봉사 활동은 그 규모가 상당할 정도로 증가하며 또 경제적 가치를 생산하고 있다는 것이 다음과 같이 여러 측면에서 확인되고 있다.

a) 자원봉사자는 국가 인력의 상당 부분을 차지하며, 경제적 가치를 생산한다. 샐러먼 등의 ICNPO 연구진의 36개국 비교연구에 따르면, 자원봉사자 1억 3,200만 명은 풀타임 노동자의

수로 환산하면 2,020만 명에 해당되며, 이는 전체 풀타임 노동자의 44%, 성인 인구의 12%를 차지하는 엄청난 규모다(Salamon et al. 2004: 16). 캐나다의 자원봉사자는 농업과 자동차제조업보다 더 많이 국내총생산(GDP) 기여한다고 한다(Statistics Canada 2006).

b) 또 자원봉사자의 '시간' 기여의 가치는 보수적으로 계산해도 기부(giving)에 의한 금전적 가치보다 적어도 50% 이상 되는 것으로 추산된다(ILO 2008: 4). ICNPO 연구진(Salamon et al. 2007: 11)이 조사한 7개국의 국가통계 자료에 따르면, 자원봉사활동의 기여도(시간 기여)는 기부 활동의 기여도(금전 기여)보다 훨씬 높아, 양자의 비율이 60% 대 40%로 나타났다. 자원봉사가 활성화되지 않은 체코를 제외하면 6개국 전체에서 자원봉사 활동은 적게는 55%(미국)에서 많게는 74%(벨기에)를 차지할 정도로 대단하다.

c) 자원봉사활동은 이상과 같은 직접적인 경제적 가치를 생산할 뿐 아니라 자원봉사가 아니면 이뤄질 수 없는 무수한 사회적 목적을 실행하는 데 원동력이 된다(앞글: 5).

〈그림 4-1〉 자원봉사의 시간기여와 기부의 금전기여 비교: 7개국

7개국 평균 — 자원봉사 60% ——〉 기부 40% ——
벨기에 — 자원봉사 74% ——〉 기부 26% ——
호주 — 자원봉사 73% ——〉 기부 27% ——
일본 — 자원봉사 66% ——〉 기부 34% ——
뉴질랜드 — 자원봉사 64% ——〉 기부 36% ——
캐나다 — 자원봉사 60% ——〉 기부 40% ——
미국 — 자원봉사 55% ——〉 기부 45% ——
체코 — 자원봉사 25%–〉—— 기부 75% ——

자료: Salamon et al. 2007: 11.

- 자원봉사는 실직자들이 자원봉사 활동을 통해 고용교육훈련을 받아 노동시장에 진출할 수 있는 주요 경로가 된다.
- 자원봉사는 시장에 제공하는 임금직 활동으로 할 수 없는 멘토링(mentoring)이나 롤모델(role model) 서비스 활동을 제공한다.
- 자원봉사는 사회적 연대, 사회 자본, 정치적 정통성, 삶의 질 개선에 기여한다.
- 자원봉사는 사회적 포용과 통합의 수단이 될 수 있다.
- 자원봉사는 개인적 만족, 성취감, 웰빙(well-being), 그리고 다른 자원봉사자들과의 소속감을 제공한다.

자원봉사의 경제적 가치는 여러 형태로 추산되고 있다. 먼저 자원봉사의 경제적 가치를 풀타임 노동력의 비중으로 환산하는 방식이 일부 국가들에서 일반화되고 있다. 일례로 샐러먼 등(Salamon et al. 2007)의 22개국 연구결과는, 총고용 평균이 4.8%이고 여기에 자원봉사자 노동력을 포함시키면 6.9%로 늘어나 그 차이가 2.1%가 된다. 또 이것을 공공분야 고용의 비중으로 바꿔 계산해보면, 22개국 공공고용이 총고용의 27.6%이지만 여기에 자원봉사 고용 12.5%를 추가하면 40.8%로 크게 늘어난다. 또 이제 여러 국가들에서는 자원봉사자의 활동 시간을 경제적 기여로 보고, 이를 풀타임 고용자의 임금으로 계산해 전체 자원봉사 활동의 부가가치를 계산하기도 한다.

또 이제 여러 국가들에서는 자원봉사자의 활동 시간을 경제적 기여로 보고, 이를 풀타임 고용자의 임금으로 계산해 전체 자원봉사활동의 부가가치를 계산하기도 한다. 미국에서는 매년 이런 계산을 하고 있는데, 2010년의 계산법으로는 자원봉사자(18세 이상 26.8%) 6,345만 명의 자원봉사활동 시간 81억 시간 × 시간당 $21.36 = 1,690억 달러가 된다(http://www.independentsector.org/volunteer_time?s=volunteer). 일본인 자원봉사활동의 경제적 가치는 2009년 GDP의 2.2%에 달해, 기부(0.12%)에 20배에 달할 정도이다(JFA 2011: 4). 또 한국에서도 2011년 자원봉사자 833만 명의 경제적 가치는 1인의 연평균 자원봉사활동 시간 100.4시간으로, 전체 자원봉사활동 시간은 8억 3,455만 시간이며, 이를 시간당 평균임금(15,933원)으로 환산하면 13조 3,011억 원이며 GDP의 1.13%에 달한다(볼런티어21, 2011: 16).

또 다른 자원봉사의 경제적 가치는 고용창출의 기회라고 볼 수 있다. 유럽의 경우, 1980년대 이후 심각한 실업의 위기를 겪으면서 자원봉사를 고용창출의 기회로 활용해온 것이 사실이다. '유급 자원봉사자' 정책은 거의 모든 유럽 국가들이 추진했던 실업극복과 고용창출의 정책 중 주요 정책수단이다. 유럽연합은 2008년 유럽의회의 결의안을 통해 "자원봉사는 기술을 습득하는 데 중요한 역할을 하며 자원봉사자의 고용가능성을 개선시킨다."고 평가하였다(EP 2008: 11). 청년 실업자의 경우, 자원봉사활동으로 기술을 습득하는 교육을 통해 고용의 기회를 갖게 되는 주요 수단이 된다는 것이다. 그럼에도 자원봉사의 고용가능성에도 불구하고, 자원봉사를 대체적인 고용수단으로 활용해서는 안 된다는 것도 결의안에 포함되어 있다(앞글: 12). 또한 다른 사회적 취약계층의 경우, 자원봉사를 통해 자신들의 삶을 변화시키는 자치역량을 갖춰 사회활동에 적극적이며 자원봉사로 획득한 기술과 역량을 갖춰 더 높은 급여의 일자리를 찾게 되거나 교육과정에 진입하게 된다는 것이다. 유럽자원봉사센터(CEV) 또한 자원봉사가 국가경제에 기여하는 가치를 유럽 각국의 국내총생산의 5-7%에 해당되는 가치가 있다는 추산을 중시하며, 또 다른 경제적 가치로 고용창출의 가치를 다음 두 가지로 구분해 강조한다. 하나는 "자원봉사는 비공식, 무공식의 배움의 기회를 제공해, 평생학습의 필수적 도구로, 사람들은 자원봉사를 통해 지식을 습득하고, 기술을 실천하며, 개인적, 사회적 개발뿐 아니라 새로운 또는 양질의 고용 기회를 제공할 수 있는 사회적 네트워크를 확대시킨다."는 것이며, 다른 하나는 "자원봉사는 기업, 공공기관 및 자원섹터 조직들 사이의 혁신적인 파트너십 창출에 기여하므로, 무수한 자원봉사활동의 선도적 특성과 결합된 이런 파트너십들은 새로운 고용 기회를 창출하는 역할을 할 수 있다"는 것이다.

2) 시민사회의 무보수 노동

자원봉사는 시민사회의 주요 인력자원으로 경제적 가치를 생산한다. 시민사회의 무수한 기관과 단체들은 정부와 기업과는 달리 자원봉사자의 '무보수 노동'에 기초해 조직을 유지하며 사업을 진행하고 있다. 바꿔 얘기하면, 자원봉사자들이 조직의 행정, 업무, 행사 등 일을 도와주지 않으면 시민사회조직들은 사업 추진은 물론 조직 유지조차 어려울 수도 있다고 볼 수 있다. 국제적십자사와 적신월사(IFRC)의 2011년 107개국 조사에 따르면, 직원 1명당 20명의 자원봉사자가 활동하는 거대 자원봉사조직이다(UNV 2011a: 14). 지구촌 최빈곤 지역인 사하라이남의 아프리카와 동남아시아의 경우, 그 비율은 직원 1명당 각기 327명과 432명에 달할 정도로 자원봉사자들의 활동은 눈부시다.

실제로 국제비영리조직분류(ICNPO)의 조사에 따르면, 36개국의 4,550만 명의 시민사회조직 인력 가운데 임금직이 56%, 자원봉사자가 44%를 차지한다(Salamon et al. 2004: 18). 국가마다 시민사회의 발전 수준에 따라 차이가 많은데, 북유럽 국가들에서는 자원봉사활동이

〈그림 4-2〉 시민사회조직의 자원봉사자 비중: OECD 18개국 사례

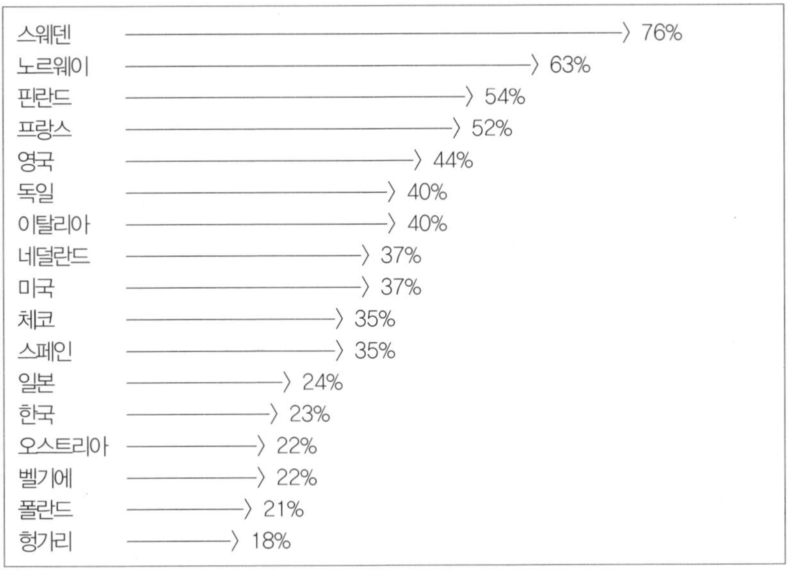

자료: Salamon et al. 2004: 21.

주로 시민사회조직에서 회원 봉사자로 이뤄지고 있어, 임금직보다 훨씬 높은 비중을 차지한다. 시민사회조직의 인력에서 자원봉사자가 차지하는 비중이 가장 높은 그룹에 스웨덴, 노르웨이, 핀란드가 포함되어 있고, 뒤를 이어 프랑스, 영국, 독일, 미국 등이 있으며, 시민사회조직이 자원봉사자를 잘 활용하지 않고 있는 한국과 일본은 하위 그룹에 속해 있다.

자원봉사자가 시민사회조직의 인적 구성에 상당한 비중을 차지하기 때문에 재정적 기여도 또한 상당하다. 34개국 사례에서 시민사회조직의 수입은 회비와 이용료가 53%로 가장 많은 비중을 차지하고, 정부 지원이 34%, 기업이나 개인의 후원금(philanthropy)이 12%를 차지한다(표 4-1). 여기에 자원봉사자의 활동시간을 인건비로 환산해보면, 후원금 비중이 31%로 상승하면서, 정부 지원금 비중(26%)을

〈표 4-1〉 시민사회의 재원과 자원봉사: 34개국과 한국

	자원봉사 기여 제외		자원봉사 기여 포함	
	34개국	한국	34개국	한국
자체 수입	53%	71%	42%	63%
정부 지원	34%	24%	26%	22%
외부 기부	12%	4%	31%	15%

자료: Salamon et al. 2004: 30-37.

능가한다. 또 회비와 이용료 비중은 42%로 줄어든다. 실제로 자원봉사자 비중이 높은 북유럽 국가들의 경우, 자원봉사자의 재정적 기여가 포함된 시민 개인들의 후원 역할이 가장 높은 비중을 차지한다.

또 다른 방식은 자원봉사자의 활용으로 발생하는 부가가치를 산출하는 계산법이다. 영국 등 유럽의 시민사회조직들이 자원봉사에 투자해 조직의 활동에 활용하는 부가가치를 산출한 계산에 따르면, 자원봉사자 개발에 투자한 1파운드는 조직에 3-8파운드의 가치를 갖다 준다고 한다(Ockenden 2007: 6). 또 2006년 영국의 59개 호스피스 조직에서의 자원봉사자의 재정적 가치는 1억 1,200만 파운드이며, 만약 자원봉사자의 일을 임금직의 일로 바꾸면 운영비가 25% 가량 높아진다는 계산도 있다(앞글: 7). 또 이 호스피스 조직들이 자원봉사에 대한 1파운드의 투자금이 11파운드의 부가가치를 생산한다고 한다.

3) 기업과 개인에 대한 혜택

자원봉사는 국가 경제뿐 아니라 기업과 개인 자원봉사자들에게도 적지 않은 혜택을 준다. 기업들도 넓은 사회투자 전략과 자원봉

사 전문가 개발, 두 가지 측에서 직원들이 각 지역에서 활발한 자원봉사 활동을 하도록 지원하는 다양한 방안을 개발하고 있다. 어떤 고용주들은 자원봉사를 위해 직원에게 노동시간을 줄여주고 수당을 주는 경우도 있고, 또 어떤 경우는 각 단체 참여를 유도하기 위해서 재정적인 지원을 한다든지 이동을 위해 차편을 마련해준다든지 하는 혜택을 주고 있다. 또는 직장 내의 자원봉사 담당부서를 운영하기도 한다. 이들 중 좀 더 나은 모델이 무엇이든 이러한 현상은 고용주들이 자원봉사를 지원하는 것이 직원들의 기술을 좀더 향상시키고 사기를 진작시키며, 나아가 지역사회 내에 자신들의 비지니스 입지를 견고히 하는 데 도움이 된다는 것을 증명해주고 있다.

또 자원봉사는 참여하는 개인들에게 인적자본(human capital)을 생산해주는 경제적 효과가 있다. 자원봉사는 공식 학습과는 별도로 비공식 학습의 과정으로 볼 수 있다. 개인이 생애주기를 통해 학습하는 과정에서 자원봉사는 학생들에게는 타인과 공동체를 배우는 사회화 과정이 되고, 특히 대인관계 기술이나 직업세계에 대한 이해, 경력의 경험 등 학습의 효과를 높여주는 활동이다. 학생이 아닌 성인들도 교육과정을 이수한 후에도 타인들과의 교제와 유대의 기회를 갖고 경험을 통해 자신의 지식과 지혜의 수준을 높이는 중요한 활동이 자원봉사활동이다. 유럽에서는 지식기반의 사회와 경제 동향에서는 평생교육의 기회로 자원봉사만한 경험적 활동은 없다는 연구보고가 있다(GHK 2010: 32). 또 자원봉사는 직업교육훈련의 활동으로 인정받고 있어, 정부의 노동시장정책의 하나로 추진되고 있는 것이 서구의 실정이다. 실례로 유럽연합에서 추진된 레오나르드 다빈치 프로젝트는 청년층의 자원봉사 참여로 기술과 지식을 습득하는 직업교육 프로젝트로 시행되었다(앞글: 34).

3. 시민사회의 기여

나아가 자원봉사는 시민사회에 무급 노동을 제공하는 활동으로, 자원봉사가 없는 시민사회는 존재하기 어렵다고 볼 수 있다. 자원봉사는 주로 시민사회에서 이뤄지는 활동으로, 시민사회의 성장은 곧 자원봉사의 기여에 기초한다. 따라서 자원봉사의 기여는 시민사회의 성장이 갖다 주는 사회적, 경제적 기여로 볼 수 있다.

1) 시민사회의 역량 강화

시민사회와 자원봉사는 자발성, 비정부성, 비영리성, 공익성 측면에서 공통된 특성을 갖고 있다. 첫째, 시민사회는 시민들의 자발적 참여에 의해 조직된 단체들(NGO 또는 NPO)을 중심으로 활성화된 자율적인 공간이며, 자원봉사의 기본정신은 시민들의 자유의지, 즉 자발성에 기초한다는 점에서 일치한다. 둘째, 시민사회는 정부의 간섭과 개입으로부터 독립적인 영역이며 자원봉사 또한 정부로부터 자율적인 시민들의 활동이다. 셋째, 시민사회는 영리를 추구하지 않는 단체들(NGO)이 활동하는 자율적인 영역이며, 자원봉사 또한 영리를 추구하지 않으며 비영리단체들의 공익 활동을 지원한다. 마지막으로, 시민사회는 사익추구적인 이익집단들과 달리 시민 다수의 공익을 위해 활동하며, 자원봉사도 자신과 가족을 초월해서 타인과 공동체를 위해 활동하는 공익지향적 활동이다.

시민사회는 자원봉사자의 참여에 의존하기 때문에 자원봉사 없는 시민사회는 전혀 무의미하다고 볼 수 있다. 자원봉사를 포용하는 시민사회는 구체적으로 어떤 기여를 하는가? 국가(정부)와 시장(기업)으로부터 구분되는 시민사회(NGO)는 독립적이고 자율적인 사회적 역할과 사회적 기여를 한다고 볼 수 있다. 시민사회와 NGO는 주로 어떤 역할과 기능을 하는가? 1998년 영국의 정부와 시민사회는 상호 공조하는 파트너십을 추구하기 위해 사회적 협약을 체결하였는데, 여기에서 협약의 필요성은 시민사회의 사회적 역할에 초점을 맞추었다.

협약에 의하면, "자원섹터와 공동체 섹터는 국가와 시장 다음으로 '제3섹터'(third sector)로서 사회의 핵심적인 역할을 수행한다. 자원봉사자들의 참여를 통해 제공되는 서비스, 개인과 집단에 대한 지원, 그리고 공동체와 시민생활에 대한 기여는 엄청나며 무한의 가치를 지니며 또 다른 것에 의해 대체될 수도 없는 소중한 것이다" (Home Department 1998).

현대 사회에서 시민사회와 NGO의 역할은 무엇보다도 국가와 시장에 대한 견제와 비판의 기능에 있다고 볼 수 있다. 또 사회정의와 시민권리의 강화 기능과 사회문제 해결과 서비스 제공의 기능을 제2, 제3 기능으로 꼽을 수 있다. 이 세 가지 기능과 역할은 국가와 시장에 대응하는 시민과 시민사회의 자치역량(empowerment), 시민의 권익옹호와 정책변화를 추진하는 주창활동(advocacy), 그리고 시민을 직접적인 대상으로 하는 각종 서비스(service) 기능이다(O'Connell 1994). 또 여기에 보다 적극적인 사회적 기능으로 시민사회가 '사회자본'을 생산하는 공장으로 간주하는 최근의 '사회자본' 이론을 추가하면 아래와 같은 네 가지 주요 기능을 꼽을 수 있다(주성수 2004: 97-100).

첫째, 시민사회는 민주주의의 질적 향상을 위해 몇 가지 독특한 기능을 수행한다(EC 2000: 10-1). 시민사회는 a) 사회 공론의 장 역할을 하고, b) 대의민주주의의 감시자 역할을 하며, c) 정책결정에 직접 참여하기를 바라는 시민의 참여 매개 역할을 하는 참여민주주의를 조장한다. 또 OECD(1997: 7)는 "시민사회는 국가와 개인 시민 사이에 존재하며, 시민들이 매우 다양한 속성을 가진 자치적, 조직적 및 집합적 활동들을 개발할 수 있는 공공 영역"이라고 서술한다.

둘째, 국가권력과 시장횡포에 대한 견제와 비판은 시민사회와 NGO의 존재이유 첫 번째가 된다. 국가권력으로부터 시민의 자유와 권리를 보호하는 기능이 무엇보다도 중요하다. 대표적인 사례로 제3세계의 민주화 항쟁을 들 수 있다. 아울러 자본주의의 폐해가 되는 시장의 횡포로부터 소비자 시민들을 보호하는 활동 또한 중요하다. 사례로 소액주주운동, 기업의 환경오염, 불량상품 제조 등에 대한 소비자단체 감시활동을 들 수 있다.

셋째는 사회정의와 정책변화를 위한 '권익주창'이다. 시민의 인권과 재산권 침해를 감시하고 시정을 요구하는 등의 주창활동이 중요하다. 서구 사회에서도 이런 활동이 지금까지 주된 시민사회 활동이 되어 왔다는 것을 감안해보면, 한국 사회도 민주화로 가는 과정에서 사회정의 실현과 시민권리를 회복하거나 강화시키는 과제들이 있다는 것을 알 수 있다. 정부정책의 변화, 제도화, 입법화를 추진하는 정책활동이 시민사회와 NGO의 주창 기능이다.

넷째는 사회문제의 해결과 공공서비스 제공이다. 서구의 NGO들은 심각한 사회문제를 해결하는 일도 게을리 하지 않는다. 오히려 사회문제 해결을 위해 조직된 NGO들이 가장 높은 비중을 차지하며 점차 더 늘어나고 있는 추세이다. 자발적인 자원봉사자의 참여에 의해 각종 상담, 환경보호, 청소년 보호, 노숙자 숙식 제공, 노약자 간호 등 시민들에게 직접 서비스를 제공해줌으로써 시민참여를 확대시키는 참여민주주의를 지향하고 있는 것이다. 그럼에도 정부의 지원에 의존하는 공공서비스 지향적인 활동에 편중하게 되면 시민사회와 NGO의 일차적인 기능이 되는 정부와 시장에 대한 비판 그리고 '권익주창' 기능이 약화되어, 자율성을 침해받고 정체성의 위기를 맞게 된다는 지적도 있다.

마지막은 신뢰와 유대를 강화하는 사회자본의 생산 기능이다. 시민사회는 시민의 자유로운 활동과 만남을 통해 서로 신뢰하며 유대를 강화하면서 붕괴되는 공동체의 재건을 가능하게 해주는 '사회자본'을 창출한다. UNDP(1998)는 시민사회의 주요 역할이 '사회자본'의 창출에 있다면서 다양한 사회, 경제, 정치적 기여를 지적한다. 시민사회가 갖고 있는 시민들의 네트워크와 규범은 "사회적 상호작용을 제도화시켜 기회주의를 축소시키며, 사회적 호혜성과 신뢰와 규범을 증진시키며, 또 정치적 상호작용과 경제적 거래를 원활하게 해준다." 또 경제동향재단의 총재이자 시민운동가인 제러미 리후킨(Rifkin 1996: 22)은 다음과 같이 설명한다. "제3섹터 조직들은 새로운 아이디어를 생산하는 인큐베이터이자 사회적 고통을 공론화시키는 포럼이며... 빈곤층과 무의탁 계층이 도움의 손을 찾을 수 있는 곳"이며, 동시에 "제3섹터는 많은 사람들이 민주적 참여의 예술을 실천하는 방법을 배우는 장소이며... 개인적 관계를 풍성하게 하고 신분을 찾을 수 있으며 공동체 의식이 창출되는 안식처이다."

2) 사회적 경제에 대한 기여

사회적 경제(social economy)는 서비스나 금전의 기부에 의존하며, 공제회를 제외한 대부분이 자원봉사활동에 의존한다(Quarter 1992:

11-12; Arther et al. 2005: 16). 전통적인 사회적 경제조직에는 노동자나 농민 등 동질적 집단의 참여에 의존하였지만, 최근에는 새로운 참여자들이 늘면서 새로운 조직방식이 등장하고 있다. 임금노동자, 일반소비자, 자원봉사자, 공공기관, 지역기관 등 참여자들은 다양하다. 조직의 활동이 조직화되는 방식이 전혀 새로우며, 이는 생산활동에도 일정한 영향을 미치고 있다. 또 특정 서비스의 조직과 관리에서 생산자와 소비자가 협력하면 수요와 공급 양면을 공동으로 구성하는 획기적인 구조적 변화도 가능하다. 프랑스와 스웨덴에서 부모들이 아동보육을 공동으로 생산하고 소비하는 공동육아가 사례가 된다.

또 사회적 경제조직에 자원봉사자들이 참여해 새로운 생산요인이 되며 새로운 시장형성을 가능하게 한다(Arther et al. 2005: 6). 사회적 경제에 자원봉사자들이 참여하는 것은 새로울 게 없지만 이들의 참여로 이전에는 유용할 수 없거나 시장에서 값비싸게 구입할 수밖에 없는 특정 재화나 서비스의 생산이 가능해졌다. 자원봉사자들은 단순한 허드렛일을 하는 게 아니라 상담이나 간호 등 전문서비스를 제공하는 '사회기업가' 활동도 한다. 또 공공근로나 자활공동체 사업처럼 공공급여 제공을 받고 시간제 또는 기간제 활동을 하는 자원봉사자의 활용가치는 더욱 늘고 있다. 자원봉사자의 참여는 새로운 생산요인이 되고 있다. 또한 새로운 시장 관계도 형성되고 있다(앞글: 6). 전통적으로 복지국가에 의해 제공되던 서비스가 사회적 경제조직들에게 '용역'으로 위임되고, 또 이들 사이에 시장개척의 경쟁이 높아지면서 새로운 시장관계가 형성된다. 결과적으로 보다 효율적인 방식으로 서비스 전달의 질을 높여 고객 만족을 갖다 주는 기업가적 효과가 있다.

사회적 경제조직을 대표하는 사회적 기업은 자원봉사에 많이 의존한다. 이에 대해 다음 세 가지 이론적 논의를 살펴볼 수 있다(Defourny and Nyssens 2006: 10-11). 첫째, 사회적 기업은 복합적인 다원적 목적을 가지고 있다. 다원적 목적은 경제적 목적으로 기업가정신, 사회적 목적으로 공동체 서비스 제공 이외에도 사회정치적 목표로 사회자본의 생산을 꼽고 있다. 또 마지막 목적은 조직내부의 신뢰와 유대, 거버넌스(governance)뿐 아니라 민주적 의사결정, 자원봉사자 활용 등을 망라한다. 둘째, 사회적 기업은 공적 목표 달성을 위해 시장, 비시장 등 다원적 자원을 동원한다. 시장에서 재화와 서비스를 생산해 거래하며, 정부의 재정지원을 받고, 자원봉사자의 시간과 돈으로 기부를 받는다. 사회적 기업의 재원도 정부, 시장, 기부 등 복합적이다(Spear and Bidet 2003: 18-19). 정부 재정지원이 가장 큰 비중을 차지하지만 시장재원의 경우, 벨기에의 직업훈련 사회적 기업은 35%, 쉼터의 경우 50-60%이며, 나머지는 정부지원, 기부금, 자원봉사다. 아일랜드의 노동통합형 사회적 기업의 절반 이상이 재정의 75% 이상을 정부지원에 의존하고, 22%만이 75% 이상을 자체수입에 의존한다. 독일의 경우 복지기관이 조직한 사회적 기업 대부분은 정부의 재정지원에 의존한다. 이탈리아의 경우, 사회적 기업의 재원은 다양해서, 기업이나 정부에 판매를 통합 수입, 정부용역에 의한 지원, 정부용역 이외의 지원금, 사적 기부금, 자원봉사자의 노동, 사회보장 기여공제금 저축 등이다.

사회적 기업에서 자원봉사자가 차지하는 비중은 각국마다 지역마다 큰 차이가 있다. 그런데 사회적 기업의 인력에서 임금직 종사자보다 자원봉사자가 더 많다는 것을 영국의 일부 지역의 자료를 통해 알 수 있다. 2001년 영국 동부지역의 1,103개 사회적 기업 가운데 풀타임 인력은 약 3만 명, 파트타임 인력은 13,500명인데, 자원봉사자는 2만 6천 명이며, 또 다른 지역의 200개 사회적 기업의 경우 풀타임 527명, 파트타임 460명이며, 자원봉사자는 1,127명으로 조사되었고, 비공식적인 사회적 기업의 경우 거의 모든 업무는 무급의 지역사회 활동가들이 도맡아 하고 있다(Ockenden 2007: 7). 노숙자들의 일자리를 제공하는 잡지사 빅이슈(Big Issue)의 경우, 잡지사의 편집과 배포는 자원봉사자들이 전담하며 초기의 사업 안정화를 이루다 연간 매상액이 천만 파운드가 넘는 사회적 기업이 된 지금은 임금직을 고용하고 자원봉사자를 줄였다. 한국에서도 2010년 빅이슈 코리아가 창간되어 노숙자들이 가두 판매원이 되어 사회적기업의 직원으로 일한다. 노숙인 판매자들은 우선 무상으로 받은 잡지 10권을 팔아 최초 자본금을 마련하고 이후에는 한 권(3천원)을 팔 때마다 1,600원을 수익으로 갖는 방식이다. 유명인들이 무료 표지모델로 나서고, 수준높은 글과 사진 등 '재능 기부'가 결합되어 수익을 내지만, 초기 사업기반 구축을 위해 서울형 사회적 기업으로 등록해 서울시로부터 2년간 3억 원을 지원받았다. 판매원(노숙인) 1명, 청년자원봉사자 1명, 전문봉사자(프로보노) 1명으로 구성된 '삼겹줄 비즈니스'라는 빅이슈 코리아의 자립지원모델인 협업시스템을 갖추고 있다.

이처럼 사회적 기업들은 전문 자원봉사자인 프로보노(pro bono) 활동에 크게 의존한다. 사회적 기업의 경영전략, 마케팅, 재무, 디자인, IT, 기술 등 다양한 분야에 걸쳐 대해 무보수 경영자문을 제공하는데, 경영자문은 주로 일대일 미팅 또는 그룹미팅의 형태로 이루어지며, 프로보노의 경영자문은 단순히 조언에 그치지 않고 자신의 네트워크를 활용해 문제 해결을 적극 돕기도 한다. 또 멘토링은 프로보노가 사회적 기업이 당면한 많은 이슈들 전반에 걸쳐 조언자로서 또는 상담역으로서 역할하면서 장기적인 관계를 형성하게 되는데, 멘토들은 사회적 기업의 경영애로와 경영개선과제를 도출하고, 이를 바탕으로 장기간의 종합적인 자문을 수행하거나 이사직이나 운영위원으로 참여하기도 한다.

4. 자원봉사와 삶의 질

자원봉사활동은 참여하는 개인들에게 다양한 혜택을 주며, 동시에 지역공동체에 대해서도 경제적, 사회문화적 혜택을 제공해준다. 바꿔 얘기하면 자원봉사는 개인의 웰빙과 공동체의 삶의 질에 기여한다. 자원봉사는 개인의 웰빙 수준이 높은 공동체에서 활성화되는 특성이 있다. 자원봉사는 지역공동체에 경제적 가치를 생산하면서, 또 경제적 생산력이 높은 지역이나 사회에서 더욱 활성화되고 있어, 자원봉사와 물질자본(physical capital) 사이에는 밀접한 상관관계가 있다고 볼 수 있다. 또 자원봉사는 참여하는 개인들에게는 경험축적, 기술습득, 건강유지 등의 인적자본(human capital)을 생산하는 가치가 있고, 동시에 교육, 소득, 기술, 건강 등 인적자본이 풍부한 개인들의 공동체에서 자원봉사가 더욱 활성화되고 있다고 볼 수 있다. 또 자원봉사는 사람들 사이의 신뢰와 유대, 연대를 도모하는 사회자본(social capital)을 생산하면서, 동시에 사회자본이 풍부한 공동체에서 활성화되고 있다.

1) 자원봉사와 복지국가

자원봉사와 물질자본의 관계는 OECD 국가들의 자원봉사 참여율과 경제수준에 비추어 경험적으로 검증해볼 만하다. 〈표 4-2〉는 자원봉사와 삶의 질과 관련된 29개국의 자료를 보여준다. 물질자본과 관련된 자료뿐 아니라 인적자본과 사회자본 관련 자료들을 보여주는 것으로, 12개의 변수들은 모두 통계적으로 유의미한($p<0.001$) 상관관계를 보여준다. 표는 자원봉사 참여율이 높은 국가 순서로 정리한 것인데, 앵글로색슨 국가들이 상위권에 위치해 있고, 그 다음 북유럽, 유럽대륙, 아시아, 남유럽, 동유럽 순서이다. 이렇듯이 문화권에 따라 자원봉사 문화가 비교적 뚜렷한 수준 차이를 보여준다.

그렇지만 스웨덴은 대표적인 예외 국가이다. 앞의 III장에서 보았듯이 유럽의 조사들에서는 스웨덴은 상위권에 속한 국가인데, 여기 갤럽의 조사에서는 하위권에 있다. 여기에서도 스웨덴은 자원봉사만 하위에 있고, 다른 모든 지표에서 상위에 있는 복지국가이다. 자원봉사 참여도에서 스웨덴과 덴마크는 하위권에 있지만, 같은 북유럽에서도 노르웨이와 핀란드는 상위권에 있다. 일반적으로 복지국가가 발달한 북유럽에서는 빈곤과 복지는 국가의 책임이기 때문에 기부나 자원봉사 등 민간복지 영역이 덜 발달되어 있지만, 최근 새로운 변화가 일어난 것으로 볼 수 있다. 반대로 〈표 4-2〉 상단에 위치한 앵글로색슨 국가들은 복지국가가 발달하지 않은 '자유주의' 복지국가들로, 국가의 역할이 부족한 부분을 민간복지로 보충하는 역사적 전통 때문에 자원봉사나 기부가 세계적으로 가장 높은 수준에 있다.

이런 복지국가의 시각으로 보면 자원봉사 참여도가 높은 북유럽의 노르웨이와 핀란드를 설명하기는 어렵지만, 한국과 일본은 앵글로색슨계의 '자유주의' 모형을 따르는 경향이 있다. 두 국가는 자원봉사 참여율과 삶의 질 지표에서 거의 중간 수준에 머물러 있는데,

국민소득, 기대여명, 교육기간을 복합한 인간개발지수(HDI: Human Development Index)에서는 상위권에 속한다.

〈표 4-2〉 자원봉사와 삶의 질 지표: OECD 29개국 비교

자원봉사 순위	자원 봉사율	가처분 소득	인간 개발	기대 여명	고등 교육	민간 복지	건강 상태	생활 만족	정서 안정	도와줄 이웃	정부 신뢰	타인 신뢰	소수자 포용
1 미국	43	37685	0.91	77.9	89	39.3	88	72	76	92	58	49	76
2 뉴질랜드	39	18819	0.91	80.4	72	2.1	90	72	78	97	67	69	81
3 아일랜드	38	24313	0.91	79.9	69	8.4	84	73	77	97	56	59	78
4 호주	36	27039	0.93	81.5	69	19.2	85	75	74	95	71	64	84
7 캐나다	34	27015	0.91	80.7	87	23.9	88	77	80	95	67	–	84
11 영국	28	27208	0.86	79.7	70	22.1	88	72	76	95	65	69	71
5 노르웨이	38	29366	0.94	80.6	81	8.8	80	72	75	93	68	88	69
9 핀란드	30	24246	0.88	79.9	81	4.2	68	74	73	93	82	86	64
17 아이슬란드	26	–	0.90	81.3	64	25.9	80	69	83	98	50	–	81
20 덴마크	24	22929	0.90	78.8	74	9.0	74	78	77	97	75	89	75
25 스웨덴	11	26543	0.90	81.2	85	6.6	79	75	76	96	65	84	75
6 네덜란드	37	25977	0.91	80.2	73	25.6	81	75	72	95	72	80	81
10 룩셈부르크	29	–	0.87	80.6	68	4.2	74	71	74	95	73	–	76
11 스위스	28	27542	0.90	82.2	87	30.1	81	75	76	93	71	74	60
14 오스트리아	27	27670	0.88	80.5	81	9.1	69	73	75	95	61	62	53
14 프랑스	27	27508	0.88	81.0	70	9.3	72	68	72	94	59	56	73
17 독일	26	27665	0.90	80.2	85	10.3	64	67	72	93	53	61	70
17 벨기에	26	26008	0.89	79.8	69	15.1	77	69	74	93	46	69	66
11 일본	28	23210	0.90	82.7	87	16.1	33	61	68	90	61	53	42
14 한국	27	16254	0.90	79.9	79	25.5	44	61	57	80	41	46	43
21 스페인	18	22972	0.88	81.2	52	2.3	70	62	72	94	50	62	78
24 이탈리아	14	24383	0.87	81.5	53	7.8	63	64	73	86	49	–	51
26 포르투갈	10	18540	0.81	79.3	28	7.8	49	49	72	83	43	38	61
29 그리스	3	21499	0.86	80.0	61	6.5	76	58	66	86	44	40	48
7 슬로베니아	34	19890	0.88	78.8	81	4.7	59	61	66	91	51	53	51
18 폴란드	13	13811	0.81	75.6	87	0	58	58	68	92	56	47	36
21 체코공화국	18	16690	0.86	77.3	91	2.1	68	62	62	89	44	56	42
23 슬로바키아	16	15490	0.83	74.8	90	6.0	31	61	61	89	43	47	44
27 헝가리	8	13858	0.82	73.8	79	0.8	55	47	63	88	40	47	44
28 터키	7	–	0.70	73.6	30	0	67	55	57	79	57	24	35

참고: 가처분소득(가계, $)과 인간개발(0-1점 척도)을 제외한 모든 지표들은 백분율(%).
자료: CAF 2011; OECD 2011; UNDP 2011.

2) 자원봉사와 물질자본

자원봉사는 물질자본이 풍부한 사회에서 활성화되어 있는가? 자원봉사 참여율과 물질자본 수준은 밀접한 상관관계를 보여준다. 〈그림 4-3〉에서 볼 수 있듯이 자원봉사 참여율이 높은(낮은) 국가는 국민소득 수준이 높은(낮은) 국가들이다. 세계적으로 자원봉사 참여율 최고를 기록하는 앵글로색슨 국가들(미국, 호주, 캐나다 등)은 세계적으로 국민소득 수준(1인당)이 높은 국가들이다. 이에 비해 OECD에서 그리스, 포르투갈 등의 남유럽 국가들과 폴란드, 헝가리 등의 동유럽 국가들이 비교적 낮은 수준(20% 안팎)의 자원봉사 참여율을 보여준다. 그림에서 한국과 일본의 중간 수준에 있는 그룹에 속해 있다.

〈그림 4-3〉 국민소득과 자원봉사

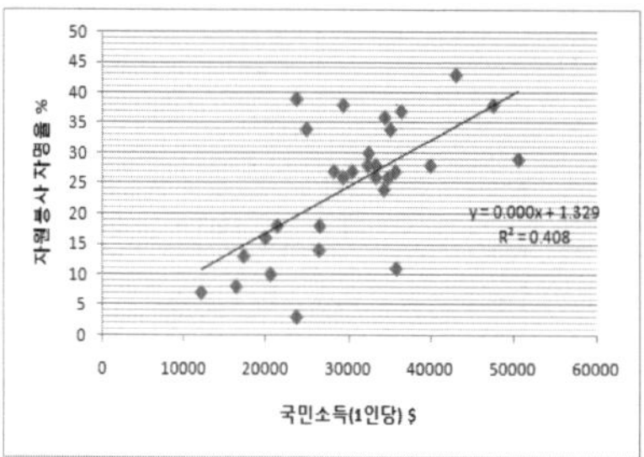

〈그림 4-4〉 가처분소득과 자원봉사

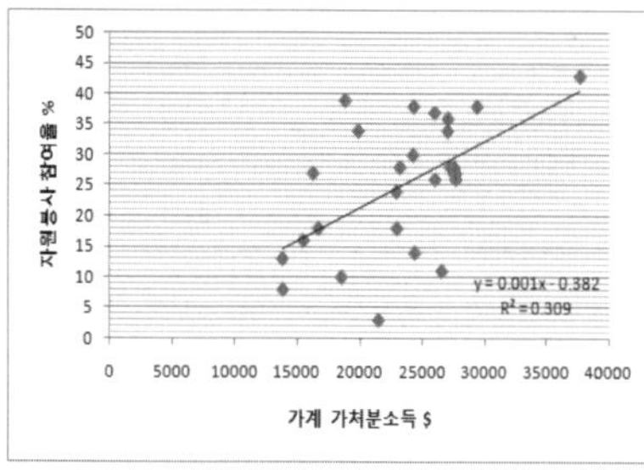

또 〈그림 4-4〉에서처럼 가계의 가처분소득에서 보면, 시장소득에서 세금부담(혜택)과 정부의 복지혜택 등의 소득재분배 이후의 가계소득 수준이 높은(낮은) 국가에서 자원봉사 참여율이 높은(낮은) 상관관계가 있다는 것을 알 수 있다. 자원봉사 참여율이 높(낮)으면서 가계소득 수준이 낮은(높은) 예외적인 국가들로는 한국, 스웨덴, 뉴질랜드를 비롯해 남유럽의 스페인, 이탈리아, 그리스, 그리고 동유럽의 슬로베니아이다.

세계적으로 자원봉사 참여율이 높은 국가들은 미국, 영국, 캐나다, 호주, 뉴질랜드 등의 앵글로색슨 국가들이다. 이들은 북유럽이나 유럽대륙 국가들에 비해 복지국가가 발달하지 않은 '자유주의'(liberal) 복지국가들로, 자원봉사나 기부 등 민간복지에 대한 의존도가 비교적 높은 전통을 갖고 있다.

〈그림 4-5〉 민간복지비율과 자원봉사

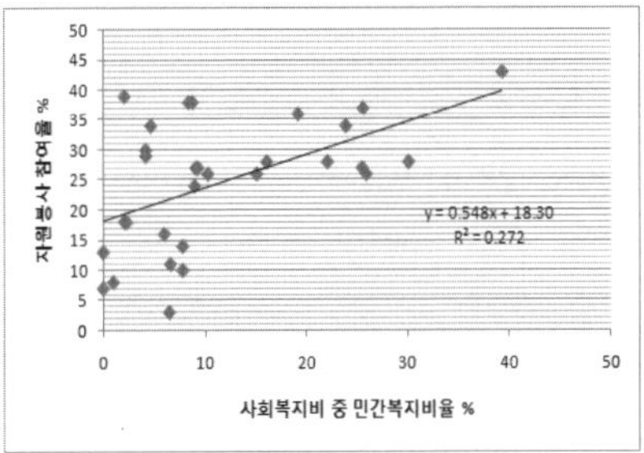

〈그림 4-5〉에서 확인할 수 있듯이, 자원봉사 참여율이 높은(낮은) 국가에서 전체 사회복지지출비에서 민간사회복지지출비(private social expenditure)가 상대적으로 높은(낮은) 상관관계를 보여준다. 그림의 오른편 상단에 있는 미국의 민간복지 비중은 39%로 세계적으로 가장 높으며 호주, 캐나다, 영국 등 다른 앵글로색슨 국가들과 유럽의 네덜란드, 아이슬란드 그리고 한국과 일본도 민간복지에 의존하는 대표적인 국가들이다. 반면에 복지국가의 전통이 강한 북유럽의 '사회민주주의'(social democratic) 복지국가들, 그리고 복지국가와 시민사회의 전통 모두가 취약한 남유럽과 동유럽에서는 민간복지의 수준도 미미하다. 이런 민간복지 의존도가 약하면서 자원봉사 참여율이 상대적으로 높은 예외적인 국가들로는 앵글로색슨계의 뉴질랜드와 아일랜드, 북유럽의 노르웨이와 핀란드, 유럽 대륙의 룩셈부르크,

동유럽의 슬로베니아이다.

3) 자원봉사와 인적자본

자원봉사자 개인의 인적자본은 참여의 주요 배경이 되므로, 국가 차원에서도 풍부한 인적자본을 가진 국가에서 참여가 더 활성화되고 있다고 볼 수 있다. 일반적으로 인적자본으로는 개인의 소득과 학력, 직업, 건강을 말한다. 소득과 학력이 높은 사람들이 자원봉사에 더 많이 참여하듯이, 국가 차원에서도 소득, 학력, 건강 등 주요 지표를 분석해볼 만하다.

먼저 〈그림 4-6〉에서는 인적자본 지표가 되는 UNDP(2011)의 인간개발 지수와 자원봉사 참여율의 밀접한 상관성을 볼 수 있다. 또 건강의 지표가 되는, 주관적인 건강평가로 조사된 양호한 건강상태 비율과의 상관관계, 주관적인 생활만족도와의 상관관계를 〈그림 4-7〉과 〈그림 4-8〉에서 확인할 수 있다. 여기에서도 예외적 국가들로는 스웨덴을 비롯해, 한국과 일본(건강상태), 그리스(생활만족도)를 꼽을 수 있다.

또 정서적 안정을 보여주는 하루 동안의 좋은 감정(편히 쉬고, 존중받으며, 웃고, 흥미로운 일을 하며, 즐거운 기분)과의 높은 상관관계도 의미 있

〈그림 4-6〉 인간개발지수와 자원봉사

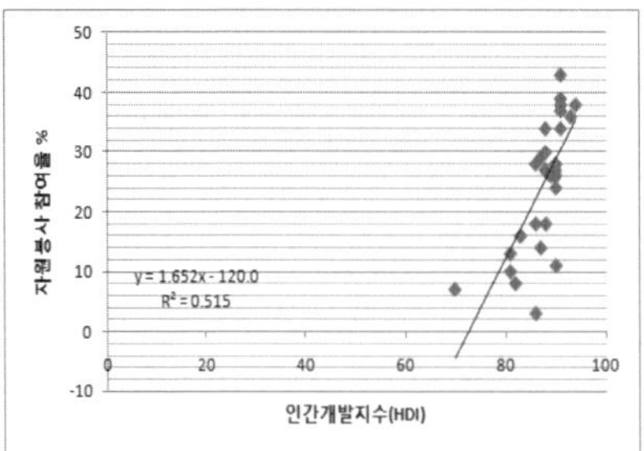

〈그림 4-7〉 주관적 건강상태와 자원봉사

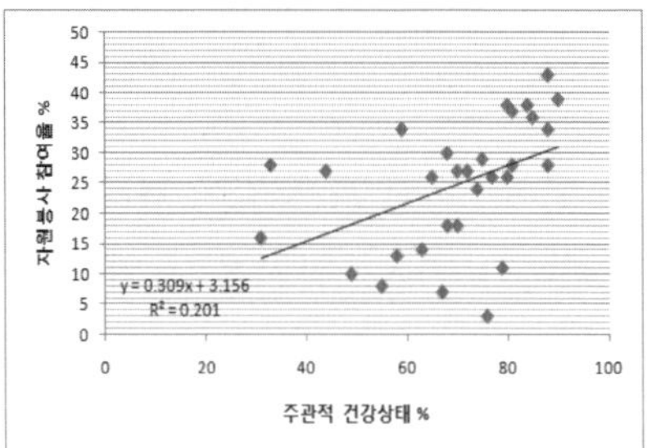

〈그림 4-8〉 생활만족도와 자원봉사

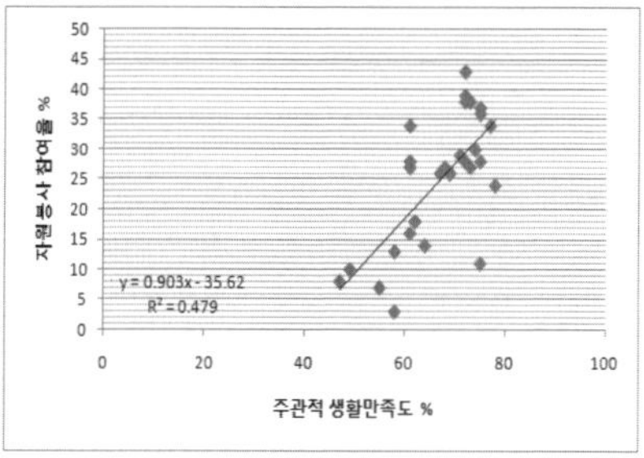

〈그림 4-9〉 정서적 안정과 자원봉사

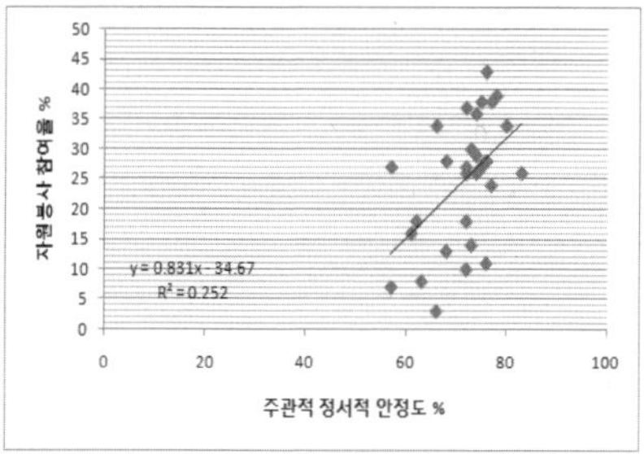

는 결과를 보여준다(그림 4-9).

4) 자원봉사와 사회자본

신뢰와 유대 등 사회자본이 풍부한 사회에서 자원봉사활동이 더 활발하다고 볼 수 있다. 이를 경험적으로 검증하기 위해 사회자본의 주요 지표를 중심으로 경험적 분석을 한 결과, 자원봉사와 사회자본 사이에는 밀접한, 유의미한 상관관계가 있다는 것을 확인할 수 있다. 먼저 신뢰(trust) 차원에서는 타인에 대한 신뢰와 정부기관에 대한 신뢰가 높은(낮은) 국가에서 자원봉사 참여도가 높은(낮은), 비교적 높은 상관성을 보여준다. 예외적으로 신뢰도가 높으면서 자원봉사 참여가 저조한 국가로는 스웨덴이, 반대로 자원봉사 참여도

〈그림 4-10〉 타인신뢰와 자원봉사

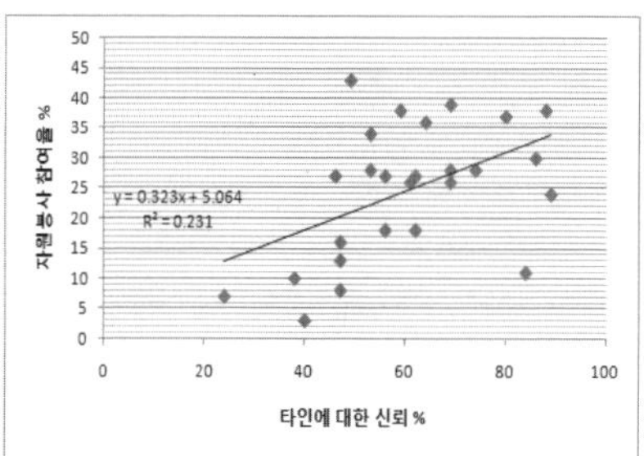

〈그림 4-11〉 정부신뢰와 자원봉사

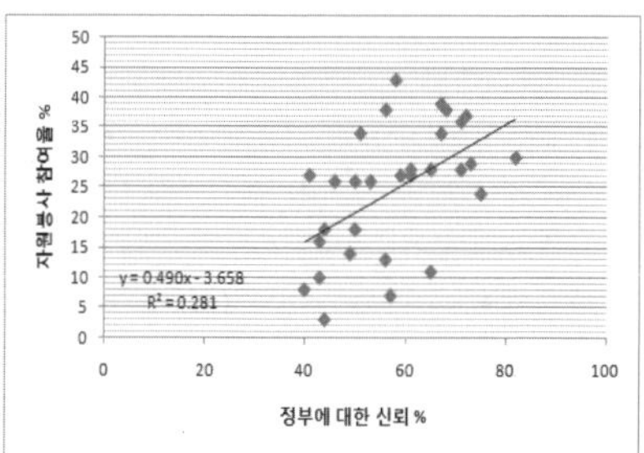

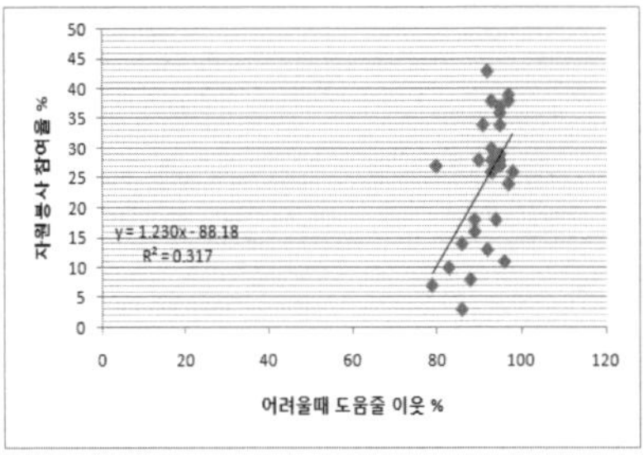

〈그림 4-12〉 도움줄 이웃과 자원봉사

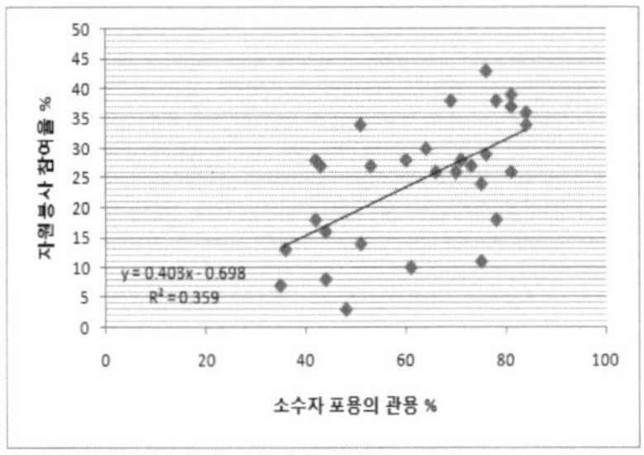

〈그림 4-13〉 소수자 포용과 자원봉사

는 높지만 신뢰도가 낮은 국가로는 미국, 아일랜드, 한국을 꼽을 수 있다.

다음으로, 사적 네트워크에서는 "어려움에 처해 있을 때 도움을 줄 수 있는 친척, 친구, 이웃이 있다."고 응답한 사람의 비율이 지표가 되는데, 이 비율이 높을수록 자원봉사 참여율이 높은 상관성을 보여준다. 또 사회자본의 또 다른 지표가 되는 관용(tolerance)에서는 "자신이 거주하는 도시나 지역이 인종적, 성적 소수자들이 거주하기 좋은 곳인지를 보여주는 비율인데, 이 같은 소수자를 이웃으로 포용하는 관용의 수준이 높을수록 자원봉사 참여율이 높은 상관성을 보여준다. 한국과 일본은 자원봉사 참여도에 비해 소수자 포용도가 약한 국가에 해당된다. 또 어려움에 처한 이웃을 돌보는 나눔에서도 한국은 터키 다음으로 가장 인색한 예외적인 국가이다.

V. 자원봉사 참여의 동기

자원봉사에 참여하는 이유는 무엇인가? 자원봉사활동의 동기는 다양하다. 미시적으로는 자원봉사자 개인의 동기에 초점을 맞춰볼 수 있고, 거시적으로는 개인 자원봉사자에 직접적인 영향을 미치는 가족이나 동료 관계 등의 사적 네트워크의 영향, 나눔문화 등의 사회적 환경, 단체참여, 경제상황 등 다양한 요인들이 파악될 수 있다.

1. 다원적 배경과 동기들

먼저 자원봉사자 개인의 동기에 초점을 맞춰보면, 자원봉사자는 사회적, 심리적 목표를 충족시키기 위한 것으로, 같은 자원봉사 활동을 하는 사람들이지만 각자가 다른 심리적, 사회적 목표를 갖고 활동한다고 볼 수 있다(Bussell and Forbes 2002: 250). 또 자원봉사자는 이타주의뿐 아니라 가족 관계, 선택적 인센티브, 인적자본 등 다양한 동기에서 참여한다. 가족구성원 중 특정 조직의 수혜를 받는 경우, 지속적인 수혜를 받기 위해서도 자원봉사에 참여한다. 또 선택적 인센티브란 특정 조직의 소속감, 자존감 찾기, 친교 등으로, 이 같은 선택적 인센티브를 취득하기 위해 자원봉사에 참여한다고 볼 수 있다. 또 인적자본은 실업자에게는 일자리를 찾기 위해, 경력쌓기, 학점따기, 기술개발에 유용한 활동에 활용되고 있다.

1) 자원봉사의 주요 요인들

자원봉사활동이 이뤄지는 배경 또는 동기에 대해서는 넓게는 역사와 문화적 전통, 사회경제적 배경, 그리고 좁게는 주변의 기회와 접근, 개인적 동기 등으로 구분해볼 수 있다(Rochester 2006: 12-14). 먼저 자원봉사활동은 역사적 전통과 문화에 기초한다고 볼 수 있다. 미국인들이 세계적으로 가장 많이 봉사활동을 하는 것도 건국 초기부터 공동체 참여와 이웃돕기의 역사적 전통에서 비롯된 것으로, 영국도 마찬가지로 볼 수 있다(앞글: 14). 또 스웨덴의 역사적 전통에서는 대중운동이 복지국가의 발전에도 불구하고 레저와 문화 등 비복지 분야에서 새로운 대중운동의 영역을 개척하며, 자원봉사의 전통을 유지했다. 독일의 경우, 자원봉사활동은 가장 가까운 이웃, 공동체 등 풀뿌리 차원에서 시작되는 '보충주의 원칙'(subsidiarity principle)의 전통에서 복지국가의 역할보다 우선적인 민간 차원의 시민참여 활동이 되어 왔다.

둘째, 사회경제적 배경은 특정 인구가 다른 인구에 비해 자원봉사활동에 더 많이 참여하는데, 그 차이는 인적자본, 특히 사회경제적 배경의 차이에서 비롯된 것으로 볼 수 있다. 일반적으로 교육수준이 높은 사람이 낮은 사람보다, 소득이 더 많은 사람이 적은 사람보다 자원봉사활동에 더 많이 참여하고 있는 것은 세계적으로 보편적인 동향으로 볼 수 있다. 또 대도시보다는 중소도시나 농어촌 지역의 사람들이 더 많이 참여하는 경향도 있지만, 이는 일부 지역에서 확인된 사실로 보편적인 것으로 보기는 어렵다. 마찬가지로 여성이 남성보다 더 많이 참여하는 것 같지만 반드시 그런 것은 아니며, 또 젊은 청소년보다 중장년층이 봉사활동에 더 많이 참여하는 국가들이 많지만, 한국, 미국, 캐나다 등지에서는 10대와 20대 청소년의 봉사활동은 학교교육의 연장으로 크게 활성화되어 있다. 또 대부분의 국가에서 노인들의 참여는 일반인의 참여에 비해 저조한 편이지만, 미국의 일부 주(state)와 도시에서는 노인 자원봉사 참여율이 일반인 참여율을 능가하고 있다. 유타, 미네소타, 캔사스, 사우스 다코다 등 4개주는 노인 자원봉사 참여율이 일반 참여율보다 높은 전국 최고수준이며, 주요 61개 도시 가운데 미네아폴리스, 솔트레이크 시티, 로체스터, 달라스, 볼티모어 등도 노인 자원봉사 참여율이 일반 참여율을 능가하는 '활성적 공동체'의 특성을 보여준다(CNCS 2010; 주성수 2011b). 또 유럽 10개국 비교연구에 따르면, 50대 이상 장년층 봉사활동이 많은 상위 3개국(스웨덴, 덴마크, 네덜란드)의 경우, 65-74세의 노인층 자원봉사 참여율이 50-64세보다 더 높다(Böorsch-Supan et al. 2005).

셋째는 자원봉사활동으로 유도하는 기회와 접근에 관한 것이다. 자원봉사활동은 개인 차원에서 여러 동기들이 존재하고 다양한 사회경제적 동기부여가 존재하지만, 자원봉사활동으로 유도하는 직접적인 계기 또는 기회가 주어지거나 활동에 참여하는 접근이 이뤄짐으로써 실제 봉사활동이 될 수 있다. 기존의 자원봉사자의 권유나 요청, 직장의 집단적 참여 기회, 대학 동아리의 봉사활동 기회, 언론이나 자원봉사조직의 홍보 등 자원봉사활동의 기회와 접근의 통로가 되는 사회적 네트워크의 역할은 매우 중요하다. 특히 '누군가 자원봉사를 요청해서 활동했다'는 비중이 미국에서는 80%, 영국에서는 60%가 넘을 정도로 주변의 권유와 요청은 자원봉사활동의 가장 중요한 요인 중 하나로 부각되고 있다. 또 실제로 사회단체 활동이 많은 사람이 자원봉사자가 되는 경우가 많다는 것은 여러 연구들에서 확인되고 있는 경험적 사실이다.

마지막으로, 개인적 동기는 자원봉사자 개인 차원의 다양한 동기에 초점을 맞춘다. 이에 대해서는 몇 가지 선행연구들을 우선 살펴볼 수 있는데, 클러리 등(Clary et al. 1996, 1998)의 연구는 다음 여섯

가지로 개인적 동기를 구분한다.

a) 가치(values): 인도주의적 또는 이타주의 가치를 표현하기 위해 봉사활동을 한다.

b) 이해(understanding): 세상에 대한 지식을 확대하고 기술을 습득하기 위해 봉사활동을 한다.

c) 안정(enhancement): 심리적 안정과 자긍심을 높이기 위해 봉사활동을 한다.

d) 경력(career): 경력에 도움이 되는 경험을 쌓기 위해 봉사활동을 한다.

e) 사교(social): 다른 사람들과 사교 활동을 하기 위해 봉사활동을 한다.

f) 방어적(protective): 내부 심리적 죄책감이나 갈등을 해소하기 위한 방어적 수단으로 봉사활동을 한다.

이상과 같은 다양한 동기에 대해 클러리 등(Clary et al. 1996)은 가치동기가 가장 강한 일반적 동기이며, 다음으로 이해, 안정, 경력 등의 동기가 중요한 것으로 나타나지만, 사교와 방어 동기는 비교적 약한 동기라고 설명한다.

참고로 〈표 5-1〉을 통해 가치를 인정받는 자원봉사활동의 결과들을 살펴볼 만하다. 먼저 '사회적' 동기와 가치들로는 내 친구, 친지, 이웃이 자원봉사 하는 것을 보고 자신도 봉사활동을 하는 경우가 있고, 그밖에도 가치, 경력, 이해, 보호, 자존 등의 측면에서 자원봉사 활동의 동기들을 찾아볼 수 있다.

〈표 5-1〉 자원봉사 활동의 다양한 동기들

동기적 관심	자원봉사의 이유와 기대되는 가치 있는 결과들
사회적	내 친구가 자원봉사 활동을 한다. 나와 가까운 사람들이 봉사활동을 한다. 내가 아는 사람들과 더불어 봉사활동을 한다.
가치	내 자신보다 어려운 처지의 사람들에 관심을 갖는다. 어려운 사람들에 대한 동정심을 갖는다. 남을 돕는 일은 중요하다고 생각한다.
경력	나의 비즈니스나 경력에 도움이 되는 관계를 형성한다. 나의 직장 일이 잘 되도록 도움을 준다. 나의 이력서에 봉사활동이 빛을 낸다.
이해	내가 알고자 하는 어떤 대의를 더 잘 알게 된다. 사물에 대한 새로운 시각을 제공해준다. 나 자신의 장점을 알아내는 데 도움을 준다.
보호	내 자신의 개인적 문제를 극복하는 데 도움을 준다. 내가 처한 곤경에서 해방되는 도피처가 된다. 봉사활동을 통해 외로움을 해소한다.
자존	자원봉사는 내 자신을 중시하게 해준다. 자원봉사는 나의 자존심을 높여준다. 자원봉사는 내 자신의 욕구를 갖게 해준다.

자료: Meneghetti 1995: 17.

2) 이론적 시각들

자원봉사의 동기에 관한 이론들도 다양하다. 이들을 구분해보면 과정에 초점을 맞추는 이론들과 요인들에 초점을 맞추는 이론들로 크게 구분해 볼 수 있다. 먼저 '과정기초적' 이론들은 자원봉사활동이 일어나고 유지되는 메카니즘에 관심을 집중시킨다. 반면에 '욕구기초적' 이론들은 자원봉사활동을 일으키는 구체적인 요인들이나 욕구에 관심을 갖는다. '과정기초적' 이론으로는 도구주의 이론과 강화 이론, 그리고 '욕구기초적' 이론으로는 마슬로우(Maslow)의 욕구

계서제 이론, 허츠버그(Herzberg)의 두-요인 이론, 맥글러랜드(McClelland)의 학습욕구 이론을 차례로 살펴볼 수 있다(Menneghetti 1995).

(1) 이타주의

자원봉사활동의 동기 중 가장 많이 언급되는 것이 이타주의(altruism)이다. 이타주의란 "행동의 원칙으로 타인의 복지에 대한 헌신"이다. 사회학 이론들은 이타주의가 인류의 발전에 따라 자연스런 규범으로 정립된 측면을 강조한다. 타인에 대한 선행과 봉사를 베푸는 관습을 후세들이 학습해 실천하는 사회적 규범은 어느 사회서나 존재한다.

일반적으로 이타주의 동기는 자원봉사활동의 동기에 대한 질문을 통해 찾는 경우가 많다. 어떻게 자원봉사활동을 하게 되었느냐고 묻게 되면, 많은 자원봉사자들이 남을 돕기 위해 또는 어려운 처지에 있는 사람이나 이웃을 돕기 위해 한다고 답한다. 또는 어떤 확고한 신념이나 대의를 실천하기 위해 봉사활동을 하는 경우도 적지 않다.

그럼에도 이타주의는 구체적으로 이기주의로부터 분명하게 구분되는지 의문이 제기된다. 빈곤층이나 장애인을 돕는 자원봉사활동은 이타주의라고 간주하지만, 일면 봉사활동을 통해 자기위안을 삼으려는 이기적 동기도 숨어 있다는 주장도 있다. 따라서 이기적 동기와 이타적 동기를 엄밀히 구분하는 것이 자원봉사 동기에 대한 이해를 어렵게 하고 있다. 자원봉사자 순수한 이타주의 동기에서 자원봉사가 이뤄진다고만 보기는 어렵고, 자원봉사는 일반적으로 이타주의와 이기주의가 복합된 형태로 나타난 것으로 볼 수 있다(Stebbins 2004).

(2) 도구주의

도구주의(instrumentalism) 이론은 자원봉사자가 봉사활동을 통해 자신이 바라거나 기대하는 무엇인가를 얻게 되리라는 기대를 갖고 봉사활동을 한다고 본다. 도구주의 이론은 자원봉사자는 남을 돕거나 하는 이타주의 동기가 아니라, 자신에게 돌아오는 어떤 보상이나 기대 때문에 봉사활동을 한다고 본다. 도구주의 이론은 ① 자원봉사 활동이라는 구체적인 행동은 어떤 특정한 결과를 갖다 줄 것이라는 높은 기대를 낳고(기대성), ② 그 결과는 다른 결과들을 초래하며(도구성), ③ 다른 결과들은 가치로서 인정을 받는다(가치성). 따라서 가치성(valence), 도구성(instrumentality), 기대성(expectance) 등 세 가지로 조합된 VIE가 자원봉사활동의 주요 동기를 부각된다.

자원봉사자가 외국인노동자 봉사활동을 할 것인가를 고민하는 결정을 할 때, ① 당장 기대되는 것은 무엇인가(기대감)에 대해서는 외국인노동자 문제에 대한 이해와 교육훈련을 받게 되고 외국인노동자를 위한 봉사활동을 하게 된다. 그럼으로써 ② 기대되는 활동의 결과는 무엇인가(도구성)에 대해서는 교육훈련을 받고 외국인노동자와 일을 함으로써 외국인노동자에 대해 더 잘 이해하게 될 것이다. 그렇다면 ③ 이 결과는 얼마나 가치 있는 일인가(가치성)에 대해 내 자신이 바람직한 것으로 인정하게 되면, 결국 외국인노동자 봉사활동을 하는 것을 결정하게 된다.

(3) 강화 이론

강화(enforcement) 이론은 결과가 행동을 유발한다고 가정한다. 어떤 긍정적인 결과가 자원봉사와 같은 어떤 행동을 유발시키면, 사람들은 이런 행동을 되풀이하게 된다는 것이다. 반대로 어떤 부정적인 결과는 행동을 하지 않도록 동기유발을 한다고 볼 수 있다. 긍정적 동기유발 요인들로는 칭찬, 인정, 시간 배려, 피드백 등을 꼽는다.

자원봉사 관리자들의 관찰에 따르면, 자원봉사자들을 세심하게 인정하고 격려하는 등의 강화 역할이 자원봉사자들을 지속적으로 활동하게 하는 중요한 동기가 된다. 반면에 인정과 격려 등의 동기유발이 부족한 경우, 자원봉사들은 중도에 활동을 포기하거나 실망해서 다시 활동을 하지 않게 된다. 자원봉사 수혜자로부터의 감사표시는 자원봉사자의 활동에 중요한 자극제가 된다고 본다.

(4) 욕구 단계론

욕구 단계(need hierarchy) 이론은 마슬로우의 욕구발전 5단계 이론에서 발전된 것이다, 마슬로우에 따르면, 인간의 욕구는 ① 가장 기초적인 생리적(physiological) 욕구 → ② 안전(safety) 욕구 → ③ 애정(love) 욕구 → ④ 자존(self-esteem) 욕구 → ⑤ 자아실현(self-realization) 욕구로 단계적으로 발전된다. 가장 기초적인 욕구가 충족될 때만이 그 다음의 고차적인 욕구로 상향 진전된다는 단계 이론이다.

이상의 욕구 5단계를 자원봉사활동의 동기에 비추어 살펴보면 〈표 5-2〉와 같다. 가장 낮은 차원에서는 식량 욕구를 충족시키는 보조수단으로 봉사활동을 하는 경우이다. 생계유지를 위해 공공 봉사활동을 하는 한국과 서구의 공공근로와 자활활동이 사례가 된다. 다음으로 직장 일을 상실하지 않고 유지하기 위한 안전장치의 하나로 자원봉사활동을 하는 것으로 볼 수 있다. 그 다음은 사람들로부터의 고립과 외로움을 해소하기 위한 방편으로 봉사활동을 참여하는 단계로 이동한다. 나아가 사람들이 자신의 인정해주고 존중해주

〈표 5-2〉 충족되지 않은 욕구들과 자원봉사활동의 동기들

잠정적 자원봉사자	자원봉사 활동의 내용	충족될 욕구
활용하지 않은 재능과 특기를 갖고 있다.	활용되지 않은 재능을 발휘할 기회를 갖는다.	자아실현
남으로부터 인정, 존중을 받지 않는다.	인정과 존중을 받을 기회를 갖는다.	자기 존중
고독과 외로움을 느낀다.	다른 사람들을 만나 대화하고 사귀는 기회를 갖는다.	애정
직장을 잃게 될까 걱정을 한다.	새로운 기술, 경험을 쌓는 기회를 갖는다.	안전
어려운 형편에 생활한다.	생계유지를 해주는 보상을 제공한다.	생리적

자료: Meneghetti 1995: 21.

길 바라는 자존의 욕구에서 많은 사람들이 봉사활동에 참여한다고 볼 수 있다. 마지막으로, 자신의 재능과 특기를 살려서 남과 이웃을 위해 발휘할 수 있는 자아실현의 욕구에서 자원봉사활동을 한다고 볼 수 있다. 자아실현 욕구는 생계유지, 직업안정, 고립 해소, 남의 존경 욕구를 충족하고 나서 비로소 발생하는 가장 최고차적인 욕구이다. 생계나 일자리 문제를 안고 있는 저소득층이 남의 존경을 받기 위해 또는 자아실현을 위해 봉사활동을 한다고 보기는 어려우며, 이런 근거에서 저소득층 봉사활동이 다소 저조한 것으로 이해해볼 만하다. 그러나 여러 욕구를 충족시키지 못하고 있는 노숙자들이 자원봉사에 참여해 자기존중감을 회복하는 등, 단계적 욕구 가설로 설명할 수 없는 실제 상황도 있다는 것을 참고해볼 수 있다.

한편, 마슬로우의 욕구단계론을 활용한 경험적 연구결과는, 자원봉사자의 활동 동기가 다른 요인들보다 자아실현 욕구가 가장 강한 것으로 제시해준다. 미국 자원봉사자 설문조사 결과는 ① 생리와 안전 동기(강함 37%, 중간 46%, 약함 17%), ② 애정과 소속감 동기(강함 17%, 중간 66%, 약함 17%), ③ 자기존중 동기(강함 9%, 중간 74%, 약함 17%),

④ 자아실현 동기(강함 57%, 중간 37%, 약함 6%)를 보여준다(Danoff & Kopel 1994: 16).

(5) 두 요인 이론

허츠버그의 두 요인(two-factor) 이론은 자원봉사 활동을 하도록 하는 긍정적 동기와 자원봉사 활동을 방해하는 부정적 동기는 서로 같은 것이라기보다는 서로 다른 요인들에 의해 지배된다고 본다. 부정적 동기들은 그것들이 없게 되면 불만을 갖게 되는 것들로, 일반 직장인들 사이에는 급여, 직장 안정, 작업 환경, 신분, 회사 내규 등 외재적 조건들로 꼽힌다. 반대로 긍정적 요인들은 그것들이 있음으로써 만족을 갖게 되는 동기들이다. 성취, 인정, 책임감, 발전, 직장 일, 성장 가능성 등이 그것들이다.

이상의 긍정적, 부정적 동기들을 자원봉사활동에 원용해서 살펴볼 수 있다. 자원봉사 관리자들은 자원봉사자 가운데 봉사활동의 만족자와 불만자를 구분해 이들이 각자 갖고 있는 만족의 동기와 불만의 요인들을 찾아내 자원봉사활동의 동기유발과 문제해결에 활용할 수 있다. 일반적으로 초보 자원봉사자의 경우 면접을 통해 봉사활동에 참여한 동기를 알아보고, 그런 동기에 의존해서 지속적인 봉사활동을 할 수 있도록 관리할 필요가 있다. 또 현재 활동중인 봉사자들도 정기적인 상담 또는 설문조사를 통해 봉사활동의 만족 여부를 확인하고, 특히 불만자들의 불만 요인들도 찾아내서 문제해결을 하는 관리 프로그램이 시행될 필요가 있다.

(6) 학습 욕구론

맥글러랜드의 학습 욕구(learned needs) 이론은 먼저 욕구를 세 가지로 구분한다. 성취(achievement)의 욕구, 소속(affiliation)의 욕구, 권력(power)의 욕구가 그것들이다. 개인은 주어진 상황 또는 시기에 가장 필요로 하는 욕구에 의해 행동한다고 보며, 세 가지 욕구들 사이의 복합적인 작용으로 자원봉사 행동이 나타난다고 본다.

첫째, '성취의 욕구'는 가장 일반적인 욕구로 지적된다. 목표 또는 목적을 달성하려는 욕구, 도전을 극복하려는 욕구, 자신을 개선하려는 욕구 등이 성취의 욕구에 해당된다. 성취의 욕구에 강한 동기를 가진 자원봉사자의 활동은 ① 기금모금 활동, ② 회원모집 홍보활동, ③ 조사와 분석 작업, ④ 보고서 작성, ⑤ 위원회 장 또는 리더의 역할 등이다.

둘째, '소속의 욕구'는 다른 사람들과의 유대 또는 파트너십을 가지려는 욕구이다. 이런 자원봉사자들은 사교적이며, 대인관계에 능숙해서 다음과 같은 봉사활동에 참여하는 것이 개인의 동기유발에 많은 도움을 주게 된다. ① 의전과 안내, ② 특별 활동 프로그램 위원, ③ 손님접대 위원, ④ 사교모임 위원, ⑤ 노인센터 활동가, ⑥ 사회서비스 활동가이다.

셋째, '권력의 욕구'는 타인에게 자신의 영향력 또는 권위를 행사하려는 욕구이다. 따라서 다른 욕구보다 권력의 욕구에 강한 동기를 가진 자원봉사자들은 서비스 제공 봉사활동보다는 다양한 권익주창 활동에 참여하는 것이 바람직하다고 볼 수 있다. 그것들은 ① 대중 집회와 연설, ② 기금모금 활동, ③ 신문기고문 작성, ④ 조직의 대표 역할, ⑤ 공익 행사의 주관, ⑥ 관리자 역할 등이다.

2. 경제적 시각

이상과 같은 전통적인 동기 이론들과 구분되는 새로운 이론적 시각으로 경제적 시각을 들 수 있다. 자원봉사는 순수한 이타주의 동기에서 비롯된 것으로도 볼 수 있지만, 그밖에도 경제적 또는 비경제적 동기에 의해 자원봉사에 참여하게 된 것으로도 볼 수 있다. 뮬러(Mueller 1975)는 자원봉사는 몇 가지 개인적 혜택을 준다고 본다. 보다 직접적이고 관측 가능한 것은 노동시장 기술의 개발 기회를 갖거나 봉사활동에 참여한 개인이나 가족에게 주는 자선적 산출의 구성과 분배이다. 또 다른 혜택은 '심리적 소득'으로 이타주의를 실천하는 자원봉사자의 즐거움이 하나며, 다른 하나는 자원봉사활동으로 얻어지는 사회적 위상(명성 등)을 소비하는 즐거움이 그것이다.

1) 인간관계 모델

자원봉사의 동기에 관한 경제적 이론들에서 '관계'에 초점을 맞춰 보면, 자원봉사에 참여하는 주요 동기가 이타주의뿐 아니라 친구의 권유나 친교에 있다고 볼 수 있다. 자원봉사자는 활동을 통해 다른 자원봉사자뿐 아니라 자원봉사조직의 직원들, 자원봉사 수혜를 받는 대상자들 등 다양한 사람들과의 관계를 갖게 된다는 것이다(Prouteau and Wolff 2008: 316). 자원봉사활동은 일반적으로 개인의 자유의지의 선택에 의존하지만, 일반적으로 자신이 일하는 직장이나 사회단체 등을 통해 이뤄지는 집단적 활동이라는 점에서 자원봉사에 참여하는 개인의 동기에서 사람들과의 관계가 주요 동기로 부각될 수 있다.

실제로 일부 국가들의 자료에서 사람들과의 관계가 자원봉사 참여의 주요동기가 된다. 영국의 1997년 전국 설문자료에서 자원봉사의 즐거움과 자원봉사활동의 가시적 결과가 제1, 제2의 주요 동기이며, 다음 제3의 동기로 사람들과의 관계가 꼽혔다. 또 다른 연구들은 자원봉사의 경제적 동기 세 가지를 제시한다(앞글: 316). 첫째는 투자 모델로, 일자리를 찾거나 지금의 직장생활에 도움이 되는 진로개척이나 기술습득 등 주로 개인의 인적자본의 증대 수단으로 자원봉사에 참여한다고 본다. 여기에서 인간관계도 인적자본의 하나로 볼 수 있지만, 인간관계는 일반적으로 인적자본의 확보를 위한 도구로 간주될 뿐, 인간관계 그 자체를 목적으로 보지는 않는다. 둘째, 공공재화의 증대를 위한 생산적 활동에 시간을 투입하는 모델이다. 여기에서 자원봉사활동은 공공재화나 서비스를 생산하는 활동으로 산출을 높이는 데 활동의 목적이 있다. 때로는 서비스 수혜자에게 실질적인 혜택이 제공되기를 바라는 기대가 동시에 작용되면서 이타주의 동기가 복합될 수도 있다. 세 번째는 자원봉사를 개인의 사적 혜택을 누리기 위한 활동으로 간주하는 모델이다. 타인으로부터의 인정, 자존감, 사회적 명성 등의 사적 재화를 축적하는 데는 타인과의 관계 등 사회자본 요소가 관련될 수도 있다. 자원봉사와 사회적 네트워크 관계는 인과적 관계로 보기는 어렵다.

2) 미시경제학 이론

한편 미시경제학 이론에서 제시되는 개인의 자원봉사활동 동기에 대해서는 아래의 여러 모형들을 차례로 살펴볼 만하다(표 5-3 참조).

(1) 공공재화 모델

공공재화 모델은 공공재화 증대를 위해 기부나 자원봉사활동이

〈표 5-3〉 자원봉사활동의 동기에 관한 경제적 시각

주요 모델	자원봉사의 동기
1) 공공재화 모델	공공 재화 공급의 증대
2) 개인 소비 모델	이타주의
3) 비순수 이타주의	위의 1)과 2)의 결합
4) 투자 모델	노동시장 경험과 기술의 습득
5) 시간의 기회비용	자원노동의 기여는 시간의 기회비용과 동일한가?
6) 대체 모델	정부의 공급과 자원봉사 기여는 대체 관계인가?
7) 자원봉사자 모델	시간의 기회비용이 낮은 사람이 자원봉사자인가?
8) 이타주의와 기부	자원봉사의 경험과 기부의 경험

자료: Roy and Ziemek 2002: 14.

이뤄진다고 본다. 그러나 개인의 욕구나 동기를 고려할 필요가 있다는 의미에서 이 모델은 수정을 요구받고 있다.

(2) 개인소비 모델

개인소비 모델은 경제학 이론을 대표하는 모델이다. 공공재화 모델이 공공재화 증대를 위해 기부나 자원봉사가 이뤄진다고 보지만, 반면에 개인소비 모델은 기부나 자원봉사 그 자체가 개인의 소비행위로 의미있는 경제적 행위로 간주한다. 일부 경제학자들은 두 모델의 독자적인 설명보다는 혼합에 의한 '비순수 이타주의' 모델의 설명이 더 중요하다고 본다.

(3) 투자 모델

투자 모델은 자원봉사활동이 무상으로 제공되는 것은 아니라고 본다. 일부 자원봉사자들은 일자리를 구하기 위해 또는 직장 탐색을 위해 자원봉사에 참여한다고 본다. 자원봉사활동이 노동시장 기술의 습득을 위한 도구로 간주하는 것이다. 기술습득과 교육훈련의 경험, 인간관계 투자 등 인적 자본의 증대 활동이라고 보는 것이다. 캐나다의 연구는 개인의 인적자본 증대 효과는 연간 소득의 6-7% 소득 증대와 같다는 분석으로 제시한다(Day and Devlin 1998). 투자 모델은 자원봉사조직들의 입장에서도 자원봉사활동을 무상으로 활용하는 것이 아니라, 홍보, 모집, 교육훈련 등 비용을 수반하는 투자활동으로 간주한다.

(4) 시간의 기회비용 모델

자원노동의 임금과 시간의 기회비용 모델은 자원봉사활동에서 제공되는 시간의 기회비용이 활동하는 자선조직의 임금수준과 동일한 것으로 볼 수 있는지에 초점을 맞춘다. 이에 관해서는 앞에서 살펴본 '개인소비' 모델과 '공공재화' 모델을 다시 비교해볼 만하다. 개인소비 모델에서 개인이 기부와 자원봉사 등의 자선적 노동을 제공하는 행위는 자원봉사자 개인이 일반 노동시장에서 제공하는 서비스보다 덜 가치있는 서비스라고도 볼 수 있다. 마치 의사가 노숙자 밥퍼주기 활동을 하는 것처럼. 또는 비영리조직들에서 활동하는 의사가 영리조직에서 받는 금액보다 더 적은 보수를 받는 것처럼 비영리조직이 일반적으로 시장가격보다 낮은 대가를 지불한다고 볼 수 있다. 위의 두 경우 모두에서 비영리조직은 동일한 일을 완수하기 위해서는 자원봉사자의 시간의 기회비용보다 낮은 임금을 제공한다고 볼 수 있다. 반대로 '공공재화' 모델에서는 시간의 기회비용보다 더 낮은 비용으로 자원봉사활동을 하는 사람에게 기회를 제공하지 않는다. '공공재화' 모델에서 의사들의 노숙자 밥퍼주기 활동은 이뤄지지 않으며, 의사는 영리활동을 하는 합리적인 선택을 한다.

(5) 대체 모델

공공재화 모델에서 이타주의자는 수혜자의 소비 수준만을 염두해둘 뿐, 자신의 기여 수준에 대해서는 어떤 고려도 하지 않는다고 본다. 이 같은 순수 이타주의 모델에 따르면, 공공재화에 대한 정부지출의 증대는 자원봉사활동의 감소로 나타난다. 일부 연구자들은 경험적 분석으로 검증하고 있지만, 다른 연구자들(Day and Devlin 1996)은 정부지출이 자원봉사활동의 결정과는 관련되지만 봉사활동 시간의 양과는 관련되지 않는다고 분석한다. 또 정부지출의 분야에 따라 상이한 결과를 낳는다고 본다. 예를 들면 의료분야의 지출 감소로 의료 봉사활동이 늘었다는 분석이 있다. 다른 연구자들도 정부지출이 기부나 봉사활동의 감소를 낳는다는 경험적 확증은 미약하다고 보며, 대체이론의 문제를 제기한다.

(6) 자원봉사자 모델

자원봉사자의 동기 모델은 개인들은 시간의 기회비용이 높으면 자원봉사에 덜 참여한다고 본다. 이 모델에 따르면, 자원봉사는 저임금자자 또는 실업자 등 시간의 기회비용이 낮은 사람들이 하는 활동이라고 본다. 그러나 자원봉사자들은 소득수준이나 교육수준이 높은 전문직이라는 자료를 보면 시간의 기회비용 가설은 경험적 지지를 받지 못한다. 이 모델이 유일하게 적용될 만한 계층은 여성이다. 세계적으로 시간의 기회비용이 낮은 여성들의 자원봉사활동의 참여는 비교적 높은 수준에 있다. 또 퇴직 고령자의 경우도 해당될 수 있는데, 미국 등 일부 국가들에서 고령자들의 자원봉사 참여수준은 비고령층 참여율보다 더 높게 나타난다.

(7) 이타주의 모델

이타주의와 자선적 기부 모델은 이상과 같은 금전적 이해와 관련된 미시경제적 해석에는 분명한 한계가 있다고 본다. 이 모델은 비금전적, 특히 이타주의에 관한 이론이 비교적 높은 설득력을 갖고 있다고 본다. 종파를 초월해서 많은 신학적 정신에 따르면 기부와 자원봉사 등 타인을 돕는 행위는 그 행위로 얻어지는 금전적 이해의 고려 없이 자신보다 처지가 어려운 사람들을 돕는 이타주의를 실천해야 한다. 남을 돕는 이타주의도 기부나 자원봉사에 대해 어떤 태도나 인식을 갖고 있느냐에 따라 기부 행위나 자원봉사활동의 가부가 결정된다고 보며(Smith et al. 2005), 가족의 기부나 자원봉사의 경험도 중요한 요인으로 알려지고 있다. 가계의 기부결정은 두 단계로 구분되어 설명될 수 있다. 기부를 할 것인가, 말 것인가를 결정하는 데는 이타주의가 중요한 영향을 미치지만 얼마를 기부할 것인지, 기부의 금액에는 별 영향을 미치지 않고, 가계의 소득은 기부의 결정에 영향을 미치지 않지만, 기부의 금액에는 영향을 미친다고 분석된다(Smith et al. 2005).

3. 자원봉사 참여의 동기와 경로

이상과 같은 이론적 논의에 대한 실증적 자료분석을 아래와 같이 일부 사례로써 참고해볼 수 있다. 자원봉사자가 참여하게 된 동기들과 비자원봉사자들이 불참하는 동기들은 전혀 다른 차이를 보여준다고 볼 수 있다.

1) 이타주의, 도구주의, 의무감

먼저 자원봉사활동의 동기를 이타주의, 도구주의, 의무감에 초점을 맞춰 유럽인과 한국인의 동기를 비교해볼 만하다. 〈그림 5-1〉이 제시하고 있듯이, 자원봉사의 동기는 문화권에 따라, 그리고 같은 문화권에서도 각국의 역사와 전통에 따라 많은 차이를 보여준다. 또 세대간의 차이도 뚜렷해서 젊은층은 경험과 기술습득 등의 '도구주의' 동기가 강하고, 장년층 이상에서는 '이타주의'가 비교적 강하게 나타난다. '도구주의' 시각에서는 타인을 돕겠다는 순수한 동기보다 그 일로부터 무엇을 얻을 수 있다는 생각에 더 자극을 받는다는 것으로(Meneghetti 1995), 자원봉사도 그런 의도에서 참여하는 사람들이 적지 않다는 것을 시사해준다. 프랑스의 경우, 남을 돕는 선의(이타주의)와 자신의 능력향상(도구주의)이 같은 71% 비중을 차지한 것으로 조사되었다(볼런티어21 2002: 150).

〈그림 5-1〉 유럽인의 자원봉사 참여 동기: 이타주의, 도구주의, 의무감

〈이타주의〉	
– 빈곤층에 대한 연대의식	49%
– 도움이 필요한 사람에 대한 동정	48%
– 고통을 받는 사람에 대한 동정	47%
– 불이익계층에게 희망과 존엄성 제공	48%
– 지역사회 기여	52%
〈도구주의〉	
– 새 기술과 새 경험을 얻으려고	51%
– 여가선용으로 활용하려고	50%
– 사람을 사귀는 사교적 이유	49%
– 개인적 만족	36%
〈의무감〉	
– 도덕적 의무	53%
– 신세진 것을 갚으려고	40%
– 사회를 변화시키기 위해	30%
– 종교적 신념	31%
– 거절할 수 없어서	10%

자료: Barker 1993: 27-28.

〈표 5-4〉 한국인의 자원봉사 참여 동기: 2002-2011 비교

	2002년	2011년
〈이타주의〉		
1) 많이 가진 자는 적게 가진 자를 도와야 한다고 생각해서	31.2	77.6
2) 사회 문제를 해결하고 사회에 필요한 사람이 되기 위해서	27.5	78.9
〈도구주의〉		
3) 새로운 사람을 만나기 위해서	-	34.8
4) 여가시간을 의미있고 흥미있게 활용하기 위해서	24.7	78.4
5) 다양한 경험을 해보기 위해서	35.2	69.7
6) 취업, 승진, 진학 등 자기개발에 도움이 되기 때문에	38.8	69.0
7) 나 자신이 위로받기 위해서	10.1	55.7
〈의무감〉		
8) 시민으로서의 도덕적 의무와 책임이라고 생각해서	24.7	78.4
9) 고용주나 직장에서 장려해서	5.7	29.5
10) 종교적 신념에 따라서	35.2	65.0
11) 부모나 친척이 권유해서	34.0	-

자료: 볼런티어21, 2011.

한편 한국 자원봉사자들의 참여 동기도 이타주의, 도구주의, 의무감이 복합되어 있다는 것을 알 수 있다. 〈표 5-4〉에서 2002년과 2011년을 비교할 수 있지만, 직접 비교보다는 2002년에는 세 가지 주요 동기들이 적절히 복합된 특징을 보여주었다면, 2011년에도 비슷한 동향을 보여준다고 볼 수 있다. 적게 가진 자에 대한 동정, 사회문제 해결, 여가의 선용, 도덕적 의무가 가장 비중있는 동기들로 파악되고 있다.

2) 누군가로부터의 요청

다음으로 자원봉사활동의 참여 경로를 보면, 참여의 동기와 밀접히 관련되어 있다는 것을 알 수 있다. 가족이나 친구 등 누군가의 요청에 의해 자원봉사에 참여하게 되었다는 응답은 한국뿐 아니

라 미국, 영국, 캐나다 등 주요국의 조사에서도 일반화된 것으로 나타난다. 따라서 자원봉사활동의 참여경로를 보다 세밀하게 살펴보면, 자원봉사의 활성화를 위한 방안이 어디에 있는지를 잘 파악할 수 있게 된다.

자원봉사자들이 활동에 참여하게 된 것은 어떤 경로를 통하고 있는가? 누군가의 요청을 받거나 어느 단체의 권유에 의해 참여한다고 볼 수 있다. 1999년 미국의 자원봉사 참여율이 사상 최고의 기록을 세운 것은 특히 주위에서 사람들에게 봉사활동을 해볼 것을 권유한 결과였다는 사실을 강조해준다. 이런 요청을 받은 사람들 가운데 실제로 89.5%가 봉사활동에 참여했다고 한다. 요청한 사람은 친구(50%), 종교 교우(32%), 가족과 친지(19%), 직장 동료(12%) 순서로 나타났다(Independent Sector 2000a).

또 유럽 9개국의 경우도 자원봉사활동을 시작한 중요한 계기가 누군가 요청했기 때문이라는 답변이 53%에 달한다(Gaskin & Smith 1997). 이에 비해 자신이 직접 알아서 신청하고 나섰다는 경우는 35%에 이른다. 누군가에 대해 구체적으로 살펴보면, 가족과 친구(44%)가 가장 높고, 다음으로 단체/조직의 회원으로서(27%), 종교단체(13%) 순서이다. 영국의 경우, 사람들의 입에서 입으로 구전에 의해 참여하게 되었다는 응답이 66%로 2/3를 차지할 정도로 누군가의 요청은 매우 중요한 참여의 동기이자 경로가 된다(UKCO 2008: 39).

캐나다의 경우, 참여 경로에 대해 보다 자세한 자료를 제공해준다. 자원봉사자가 직접 단체를 방문하는 경우와 방문하지 않는 경우가 각기 45%와 55%로 나타났는데, 방문한 경우 홍보 광고물을 보고 간 사람이 16%로 가장 많고, 기타 TV나 라디오 3%, 인터넷 2%, 다른 기관 추천 2%로 나타났다. 단체를 방문하지 않고 참여한 경우는 활동중인 단체의 누군가의 요청이 69%로 가장 많았다(VC 2010: 15).

한국에서도 유사한 조사 결과를 보여준다. 누군가의 요청 18.6%와 스스로 찾았다 22.9%, 그리고 단체/조직/직장을 통해서가 50%라는 비중을 비교해보면, 자원봉사단체의 역할이 높은 비중을 차지하고 있음을 알 수 있다. 또 누군가 권유했다는 누구에 대해 살펴보면, 친구가 가장 많은 것으로 나타났다. 2011년 조사에서 지난 1년동안 자원봉사활동 요청을 받았는지 질문한 결과, 자원봉사자의 55.7%가 권유받은 경험이 있고, 비자원봉사자의 8.8%만 권유받은 경험이 있는 것으로 나타났다(볼런티어21, 2011). 주변 사람들로부터 자원봉사 권유가 참여의 중요한 시작동기가 될 수 있음을 보여준다.

'자원봉사에 참여하도록 누군가로부터 요청을 받았다' 응답자의 요청자에 대한 중복 응답 결과, '친구/이웃'이 43%로 가장 많았고, '종교단체에 있는 사람'이 22%, '사회단체/기관 및 담당자'가 12%, '학교 선생님이나 교수님'이 11%로 나타나 친구나 단체 직원, 학교 교사들이 자원봉사의 처음 참여에 많은 영향을 주고 있음을 알 수

〈그림 5-2〉 한국인 자원봉사활동 요청자: 1999-2011

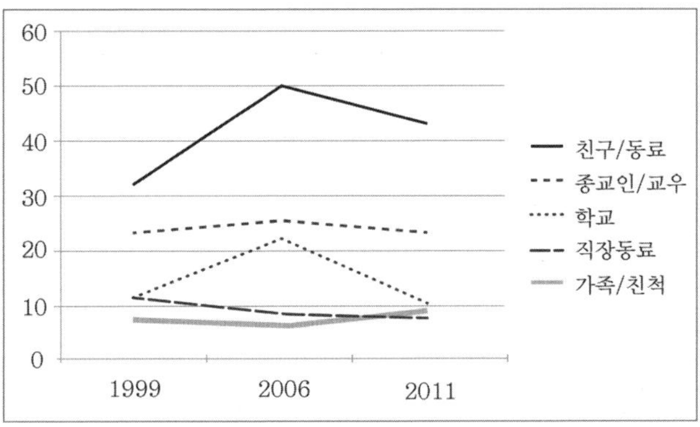

있다. 반면, 가족과 친척의 참여 요청은 비교적 적은 것으로 나타났다. 2011년 조사결과를 2008년, 2005년, 2002년, 1999년 조사결과와 비교해 보면, 과거에 비해 권유자의 유형이 다양해지고 있음을 알 수 있다. 즉, 주변의 권유는 매우 중요한 참여경로이며, 권유자는 친구 및 조직의 직원 등 가족보다는 주변사람들이 다양하게 자원봉사를 요청하고 있음을 알 수 있다.

3) 단체참여로서의 자원봉사

한편 유럽인들이 자원봉사활동을 하게 된 참여의 경로는 무엇인가? 또한 참여 동기로는 무엇이 중요한가? 이에 대한 유럽 9개국의 자료를 보면, 가족 및 친구 44%, 단체의 회원으로 27%로 나타났다(Gaskin & Smith 1997: 41). 자원봉사의 참여경로가 비공식적인 가족과 친구 등을 통해 이뤄지는 경우가 가장 많다는 것을 알 수 있다. 다음으로 결사체(협회), 교회와 종교기관 등 단체의 회원으로 자연스럽게 참여하는 '조직적' 참여경로 또한 중요하다. 덴마크와 스웨덴이 다시금 공통적인 특징을 보여준다. 단체참여가 사회적으로 조직화된 일면을 볼 수 있다. 또 다른 간과할 수 없는 특징은 유급과 구직활동으로 자원봉사가 이뤄지고 있다는 사실이다. 전체의 9%에 달하는 낮지 않은 비중을 차지하고 있으며, 독일과 슬로바키아에서는 20%에 달하는 높은 비중을 차지하고 있다.

한편, 한국에서도 자원봉사활동의 주요 경로는 단체참여라는 것을 알 수 있다. 사회단체나 직장 등을 통한 경로가 2011년에 53%를 차지하는데, 이는 1999년 이래로 거의 비슷한 추세를 보여준다(그림 5-3). 다음으로 자원봉사센터의 경우, 점차 비중이 높아져 2011년에는 6.2% 수준으로 상승하였다(볼런티어21, 2011). 자원봉사자 100명

〈그림 5-3〉 자원봉사 참여의 경로: 1999-2011

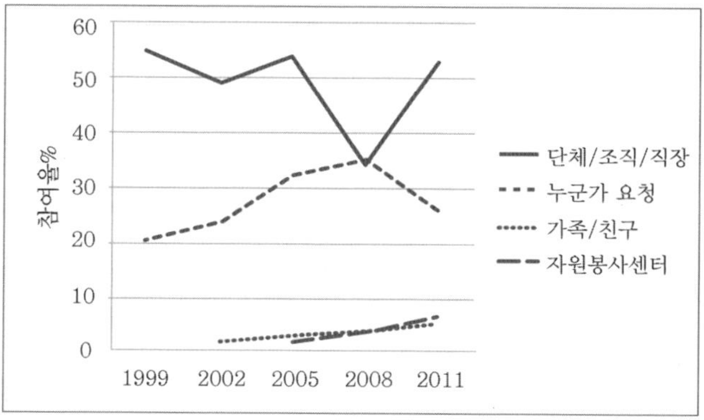

중 53명은 단체/조직/직장을 통해, 26명은 누군가의 요청으로, 6명은 자원봉사센터, 6명은 가족/친구 권유로 참여한 것으로 나타난다.

통계청(2011)의 '자원봉사 인지경로' 자료에서도 직장 또는 학교가 52%로 가장 많았다. 그밖에 가족/친구/동료의 권유 20%, 종교단체 12%, 언론매체 3%로 나타났다. 연령별로 소개된 자료를 보면 10대와 20대 젊은 층에서는 직장/학교가 각기 72.4%와 53.5%로 가장 높았고, 은퇴자가 많은 50대와 60대에서는 직장과 학교는 각기 20%와 4%에 불과하고, 대신 종교단체와 가족/친구/동료의 권유가 가장 높은 비중을 차지한다. 60세 이상의 은퇴자들 31%는 종교단체를 통해, 다른 30%는 가족/친구/동료의 권유로 자원봉사활동을 인지하였다고 답했다.

4) 비자원봉사자의 불참 요인

비자원봉사자의 불참 이유는 여러 복합적인 요인들로 파악할 수 있다. 이에 대해 영국의 〈자원봉사의 미래 위원회〉(Commission on the Future of Volunteering 2008: 9)는 라이프스타일, 자원봉사에 대한 태도, 기회 제공의 문제, 관료제 문제를 꼽는다. 첫째, 라이프스타일 중에서 풀타임 노동이나 다른 우선적으로 해야 할 책임으로 인한 시간 부족이라 볼 수 있다. 또 금전적 이유도 중요해, 먹고살기 바쁜 사람들의 경우 금적적 보상이 없는 자원봉사에 참여하지 않는다고 볼 수 있다. 영국에서는 임금직 일을 하는 경우, 아동보육비의 70%가 세금 혜택으로 지불되지만 일하는 대신 자원봉사를 하면 이런 혜택을 받지 못한다고 한다(앞글: 9). 또 잦은 이사나 건강상의 이유 등도 중요한 라이프스타일의 요인들로 꼽힌다.

둘째는 자원봉사에 대한 태도 때문에 불참하는 사람들이 적지 않다고 볼 수 있다. 자기자존감이나 확신이 부족한 사람들은 자원봉사를 생각해볼 여유가 없고, 또 자원봉사로 어떤 변화를 일으킨다든지 하는 데 대한 믿음이 부족한 사람들도 참여하지 않고 있다(앞글: 10). 또 자원봉사는 자신과 같은 처지에 사람들보다는 형편이나 사정이 더 나은 사람들이 해야 한다든지, 정부나 공무원 등의 공적 활동을 하는 사람들의 책임이라고 생각하는 사람들도 자원봉사 참여를 기피한다. 또 과거 자원봉사 경험이 있는 사람 가운데, 활동에 만족하지 않았거나 자원봉사조직들의 행태에 대한 불만으로 다시는 자원봉사를 하지 않겠다는 강한 방어적 태도를 갖게 될 수도 있다.

셋째, 주변에서 자원봉사를 요청하거나 기회를 제공해주지 않았기 때문이라는 분석도 있다. 언제 어디서 자원봉사의 기회를 갖게 되는지를 전혀 모르는 사람들도 적지 않다. 물론 개인적으로 관심이 없기 때문에 그럴 수도 있지만, 자원봉사 관련 조직들의 홍보와 안내 등의 역할도 미흡하기 때문으로도 볼 수 있다. 어떤 사람은 자원봉사조직에 찾아가 신청을 했지만, 그곳에서 적절한 안내와 활동 배치 등 실질적인 협조가 이뤄지지 않아 자원봉사를 포기한 적이 있다는 사람들도 있다(앞글: 10).

마지막으로, 자원봉사자에 대한 지나친 요구 등의 압력 때문에 활동을 중단하는 사람들이 있듯이, 자원봉사에 대한 지나친 규제, 수칙 등의 관료적 절차에 불만을 가진 자원봉사자들이 활동을 중단할 수 있다(앞글: 10). 한편 자원봉사조직의 입장에서는 자신들이 필요로 하는 업무량에 따라 자원봉사자를 필요로 한다고 볼 수 있다. 자원봉사 수요처의 입장에서 자원봉사자를 필요로 하기 때문에 자원봉사자 사이에서 '경쟁'이 일어나는 경우가 적지 않다. 월드컵축구대회 자원봉사자로 참여하려는 사람들이 많아 결국 3대1의 높은 경쟁을 통해 자원봉사자로 선발될 수 있었던 것처럼 요즘 인기있는 국제대회의 자원봉사에는 많은 신청자들이 몰려 결국 경쟁을 통해 자원봉사의 관문을 통과하게 된다. 자원봉사자를 활용하는 수요처들은 특히 능력있는, 특정 기술이나 지식 또는 경력을 갖춘 사람들을 자원봉사자로 활용하고자 하기 때문에 일종의 자원봉사 '자격시험'이 존재한다. 또 조직의 변화를 바라거나 특출한 기업가정신을 가진 전문가들을 조직의 주요 직책에 활용해 조직의 발전을 꾀하려는 의도를 갖고 있거나 또는 재정적 압박을 받고 있는 조직들은 임금직을 대신하는 자원봉사자 활용의 기회로 삼으려는 의도도 있다.

한편 설문 자료를 살펴보면, 비자원봉사자의 불참 이유로 "시간이 없어서"라는 이유가 가장 많다. 영국 총리실의 조사에 따르면(UKCO 2008: 69), "시간 여유가 없어서" 82%로 가장 많고, "어떻게 하는지를 몰라서" 39%, "적절한 기술/경험이 없어서" 39%, "한번 참여하면 중단할 수 없어서" 36% 등으로 나타난다. 그밖에는 다른 부정적인 인식이 지배적이라는 것도 엿볼 수 있다. "관료주의 때문에" 49%, "리스크에 대한 우려 때문에" 47%, "안전 위협이 염려되서" 27%, "다른 사람들과 잘 어울릴 것 같지 않아서" 23%, "질병이나 장애 때문에" 22%, "너무 나이가 들어서" 20%, "가족/배우자가 원하지 않아서" 20% 등이 그것들이다. 한국의 경우, 비자원봉사자의 불참 이유로 "시간적으로 여유가 없어서" 80%로 가장 높고, "어떻게 참여하는지 방법을 몰라서" 5.8%, "내가 원하는 자원봉사가 없어서" 1.7%, "건강상의 문제나 신체적인 문제로 인해서" 6.1% 등으로 나타났다(볼런티어21, 2011).

그런데 자원봉사에 "관심이 없어서" 참여하지 않는다는 동기도 중요한 것으로 조사되고 있다. 유럽 27개국을 조사한 유로바로미터(Eurobaometer 2012)의 자료는 "시간이 없어서"(50%)와 "관심이 없어서"(25%)를 불참의 제1, 제2의 요인으로 분석한다. 남성은 관심이 없다는, 여성은 시간이 없다는 응답이 많은 편이고, 또 비교적 시간 여유가 많은 은퇴자나 실업자의 경우 관심이 없어서 참여하지 않는다는 응답이 많은 편이다.

5) 자원봉사 활동시간

자원봉사활동은 적지 않은 시간을 소요하는 활동이기 때문에 '시간부족' 문제는 자원봉사활동에 직접적인 영향을 미치는 가장 중요한 요인으로 파악해볼 수 있다. OECD 주요국의 자원봉사 활동시간을 비교해보면 두드러진 차이를 보여준다. OECD(2011) 자료에서는 하루 24시간 중 수면시간을 제외하면, '일과 공부'(paid work or study)가 차지하는 비중이 가장 많고, 나머지가 '무급 활동'(unpaid work)에 해당된다. OECD 29개국 평균에서 '무급 활동'이 차지하는 비중은 42.8%인데, 한국인의 무급활동시간은 OECD에서 가장 짧은

〈표 5-5〉 자원봉사활동시간과 무급 활동시간: OECD 15개국

	자원봉사활동	무급활동	무급활동 비율*
뉴질랜드	13분	227분	45.5%
미국	8	207	41.6
아일랜드	7	213	44.0
독일	7	212	47.7
호주	6	243	50.5
네덜란드	5	219	48.6
벨기에	5	200	46.8
핀란드	4	201	44.5
스웨덴	4	213	41.3
오스트리아	4	203	39.8
일본	4	164	30.3
영국	2	211	44.7
이탈리아	2	215	45.3
프랑스	1	197	44.0
한국	1	136	28.0

참고: 무급활동시간이 전체 활동시간에서 차지하는 비율.
자료: OECD 2011.

28%에 불과하다. 일본은 30.3%, 미국은 41.6%이다. 무급활동시간 중에서 집안일, 쇼핑, 가족돌보기, 이웃돕기, 자원봉사, 여행 등에서 자원봉사 활동시간은 하루 24시간 중 OECD 평균은 4분인데 한국은 겨우 1분에 지나지 않는다(표 5-5). 하루 활동시간 1분은 드라이브, 소풍, 관광에 소비하는 시간과 같고, 영화 등 관람과 문화행사 참여 활동시간(2분)의 절반에 해당된다(통계청 2009).

한국인의 자원봉사활동시간을 보다 자세히 분석해보면, 자원봉사활동시간은 1999-2009 10년 기간에 큰 변함없이 같은 1분을 보여준다. 인구학적 특성 가운데 성별로는 차이가 거의 나타나지 않는데, 연령별로는 차이가 뚜렷하다. 교육이나 경제활동으로 바쁜 생활을 하는 20대부터 50대까지 가장 적은 시간을 투입하지만, 50

대 이후에는 활동시간이 두드러지게 늘어난다. 특히 취업자의 자원봉사 활동시간은 비취업자에 비해 훨씬 적게 나타난다(그림 5-4). 바쁜 생활을 하는 직장인에게 자원봉사는 적지 않은 부담이기 때문에 직장내 직원 봉사활동 프로그램을 통해 집단적으로 참여하는 것이 가장 효과적인 직장인 자원봉사활동이 될 수 있을 것 같다. 마찬가지로 교육과 취업활동에 많은 시간을 투자해야 하는 대학생들에게도 대학이 마련하는 단체 봉사활동에 참여하는 기회를 제공하는 것이 대학생 봉사활동의 참여를 높일 수 있는 가장 효과적인 방법이 될 수 있다.

〈그림 5-4〉 취업자와 비취업자 자원봉사활동시간 비교: 1999-2009

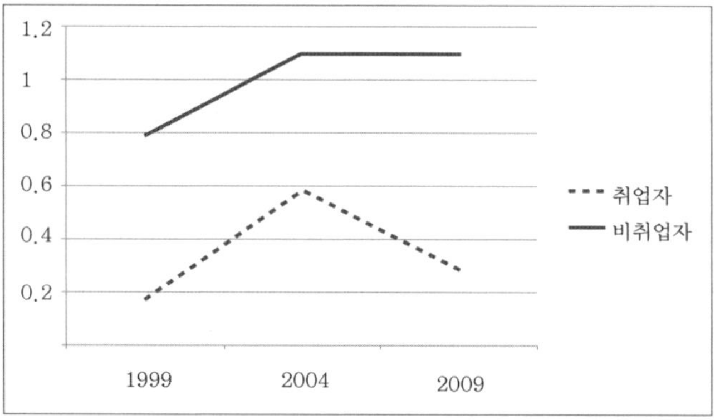

VI. 자원봉사자 역할과 참여

자원봉사는 마치 하는 사람이 따로 있는 것처럼 생각하기 쉽다. 그래서 자원봉사를 그렇게 하는 사람들만의 관심으로 외면하는 경우가 많다. 그러나 자원봉사는 남녀노소, 각계각층이 고루 참여해서 작고 쉬운 일부터 크고 어려운 일까지 해내는 '사회적' 운동으로 발전되고 있다. 최근의 동향은 단순 노동에서 전문 봉사활동으로 두드러진 변화가 진행됨에 따라 자신의 재능과 특기를 봉사활동으로 활용하려는 전문봉사자의 확대는 자원봉사 참여의 새로운 동기가 되고 있다. 그럼에도 학력이나 재능이 부족한 사람들, 특히 소외층의 참여에 대해서는 부정적인 동기로 작용되고 있다. 노블리스 오블리주(noblesse oblige)도 중요하지만, 계층 구분 없이 고루 참여하는 '참여의 평등' 문제도 중요하다고 볼 수 있다.

1. 자원봉사자의 역할 유형

자원봉사자는 어떤 활동을 하는가? 앞에서 제시한 미시적 차원의 개인적 역할과 거시적 차원의 사회적 역할로 구분해볼 수 있다. 먼저 자원봉사자의 역할이 중요한 이유에 대해 일반적으로 시민으로서의 역할에 초점을 맞춰, 시민의 자발적인 참여 역할을 중시해 볼 수 있다.

1) 시민 참여자 역할

자원봉사는 활동에 참여하는 시민들의 자치역량(empowerment) 강화로 시민사회의 활성화에 기여한다. UN 자원봉사단(UNV 2011b)은 자원봉사는 시민참여의 핵심이며, 시민참여를 통한 제3세계의 개발전략을 중시한다. 또 유럽연합의 결의안에 따르면, 자원봉사자로 참여하는 지역 주민들은 참여와 행동으로 자치역량을 강화해 자기확신을 강화하게 되고, 이는 지역공동체 차원에서 정체성 형성에 기여한다(EP 2008: 9). 나아가 국가 차원에서는 자치역량은 시민과 국가의 관계를 보호자-피보호자(patron-client) 입장을 시민들이 집단행동을 통해 공동체 생활에 긍정적인 기여를 하는 의미있는 역할자 입장으로 변화시킬 수 있는 중요한 역할을 한다. 그러나 이 같은 변화에 대해 현상유지를 고수하려는 정부관리나 정치인들은 불편하게 생각해 환영하는 것은 아니다. 유럽연합의 8개국 사례연구도 이 같은 시민사회의 파트너십이 환영받지 못한다는 것을 잘 보여준다.

그럼에도 유럽연합은 정부, 시민사회, 기업 등의 "다차원 파트너십으로 시민들과 풀뿌리 조직들의 참여확대에 의한 지방민주주의"를 중시할 것을 결의한다(앞글: 12). 유럽의회에 따르면, "많은 주민들에게는 지역의 자원봉사조직에 참여하는 것이 선거제도 밖에서의 민주주의 과정에 참여하는 유일한 경험이 될 수 있기 때문에, 정부는 이런 시민들의 참여를 진흥시켜야 한다."(앞글: 12). 특히 세계화의 추세는 지역 주민들이 자신들에게 영향을 미치는 주요 결정들이 자기 지역 밖에서 더 많이 이뤄지며 자신들은 통제나 결정의 권한을 갖고 있지 않다고 생각하는 좌절감을 팽배시키므로, 이에 맞서 시민들이 자발적으로 참여하는 자원봉사를 통해 지역공동체의 문제해결과 삶의 질 개선에 기여하며, 또 바람직한 사회적 변화를 주도하는 역할을 할 수 있도록 하는 정책이 추진될 필요가 있다고 본다(앞글: 10). 그럼으로써 자발성을 가진 시민들이 자치역량을 강화하고, 공동체 소속감과 유대감을 갖게 됨으로써 공동체의 사회자본이 축적된다고 볼 수 있다.

자원봉사자의 역할은 다양하지만 다음 몇 가지로 구분해 정리해 볼 수 있다. 첫째, 자원봉사자는 시민의 사회적 책임을 회복하는 활동가이다. 현대사회는 물질문명의 풍요를 누리면서도 해결하기 어려운 고질적인 사회문제로 시달리고 있다. 환경오염, 빈곤과 소외 문제, 범죄문제, 이기주의 문제, 사치와 과소비 문제 등 무수한 사회문제들이 산적해가고 있다. 정부의 힘만으로 해결할 수 없는 문제들이 줄줄이 늘어나고 있어 시민 스스로가 해야 하는 상황에 와 있다. 따라서 자원봉사자는 자율적인 시민사회를 건설하는 참여자 역할을 한다. 둘째, 자원봉사자는 '삶의 질' 향상을 추구하는 활동가이다. 지금 우리는 과연 선진국다운 국민의 '삶의 질'을 누리고 있는지, 따져볼 만하지 않은가? 아직도 '산업재해 왕국'이라는 기록을 보유하고 있고, 술 많이 마시고 담배 많이 피우는 국가로 꼽힌다. 교통사고 세계기록도 보유하고 있다. 좀 잘 먹고 잘 살게 되었다고 문화수준이 오히려 뒤떨어지는 경향마저 보인다. 국민의 생활수준(富)은 높아졌으나 생활양식(貴)은 제자리걸음을 하고 있는 지경이다. 따라서 자원봉사자는 시민들의 '삶의 질' 향상을 추구하는 시민사회의 참여자이다.

셋째, 자원봉사자는 불의, 불신, 불안, 불쾌, 불편, 불합리에 맞서 활동한다. 노인, 장애인 등 소외층을 방치해두는 것은 국민의 "인간다운 생활"을 보장하는 헌법정신에 위배되는 불의와 불합리에 해당된다. 다리가 무너지고 백화점이 붕괴되고 교통사고가 늘어나서 사람들이 불안해한다. 밤거리에 사람을 무서워하는 불신과 불안감이 팽배해 있다. 물과 공기는 안심하고 마실 수 없는 지경에 이르러 불안과 함께 불쾌와 불편을 겪고 있다. 저질 상품으로 소비자를 우롱하는 일도 줄어들지 않고 있다. 공원과 지하철에서도 공중질서가 잘 지켜지지 않아 서로 불편을 겪고 있다. 이 모든 것들을 자원봉사자가 다 해결할 수는 없지만 자원봉사자가 방어하지 않게 되면 더욱 해결하기 어려운 고질적인 문제로 고착될 가능성이 높다.

넷째, 자원봉사자는 '공동체' 정신을 되살리는 활동가이다. 자원봉사운동은 부자와 가난한 사람, 힘있는 사람과 힘없는 사람, 노약자와 건강한 시민 모두가 '이웃사촌'이 되는 운동이다. 기쁠 때나 슬플 때나 이웃과 더불어 기쁨과 슬픔을 나누는 정신이 전통적인 미덕이나, 지금 한국 사회는 자신의 이해를 쫓는 데 바빠서 이웃과 먼 거리를 두게 되어버렸다. 1995년 일본 고베시에서 지진이 났을 때 사망자의 신원을 파악하는 데 도시 외곽 지역에서는 이웃의 확인으로 거의 다 알아냈지만, 도심 지역에서는 이웃도 몰라 절반도 채 파악할 수 없었다고 한다. 이웃으로부터 단절되고 소외된 현대인의 한 단면을 보여주는 교훈이다.

다섯째, 자원봉사자는 공동체 구성원으로서 최소한의 역할을 한다. 현대 사회는 인간성의 상실, 도덕성의 붕괴라는 위험신호를 받고 있다. 사람끼리의 관계가 좋아졌다기보다는 나빠졌고, 공동체 삶이 개선되기보다 악화되고 있다. 최근에는 정보화 사회로 진입하는 과정에서 개인의 원자화가 가속화되면서 가정에서부터 부모, 형제자매와 고립되고 이웃과 동료와 더욱 멀어져 가는 실정에 있다. 인터넷 세상이 급진전되면서 정보 빈곤이 심화되고 디지털 디바이드가 확대되고 있다. 이에 맞서 자원봉사자는 가족과 이웃과 더불어 공동체 소속감을 느끼고 나누며 함께 할 수 있는 일을 실천하는 사명을 갖는다.

여섯째, 자원봉사자는 자발적인 시민이 만드는 민주사회 운동이다. 선진 사회에서는 민주시민이 될 수 있는 자격으로 반드시 자원봉사를 꼽는다고 한다. 민주주의는 시민들이 함께 자발적으로 참여해서 사회문제를 스스로 해결하는 복지사회를 지향하기 때문이다.

2) 자원봉사활동 유형별 역할

또 자원봉사자의 역할은 자원봉사활동에 따라 다양하게 구분해볼 수 있다. 먼저 가장 일반적인 개인 봉사자로서의 활동으로는 다음 세 가지를 꼽아볼 수 있다.

a) 대인 서비스 제공: 도움을 필요로 하는 개인이나 집단과 직접 대면관계를 맺고, 물질로써 또는 대화, 상담, 심부름 등의 비물질 서비스로써 도움을 준다.

b) 행정 및 행사 업무지원: 사회복지시설이나 기관, 공공기관, 사회단체, 종교단체 등의 비영리 공익사업의 행정 일을 맡거나 행사 업무를 지원하는 역할을 한다.

c) 정책결정 및 자문 역할: 경영과 행정에 전문적 경험이 있는 사람이 민간단체에 가서 자문위원회, 운영위원회의 위원으로 참여해서 기관단체의 발전에 기여함으로써 간접적인 자원봉사자 역할을 맡는다.

다음으로, 자원봉사자의 '사회적' 역할은 시민사회 활동에 초점을 맞춰 아래처럼 세 가지로 구분해볼 수 있다.

a) 문제 예방·치료자로서의 역할: 빈곤, 주거, 환경 등 '심각한 사회문제'를 예방하고 치료하는 직접 활동과 민간 공익기관단체를 돕는 간접 활동에 참여한다. 노인, 장애인 등 소외층을 위한 사회복지 서비스를 제공하는 단체의 활동에 자원봉사자들이

많이 참여한다.

b) 권익대변·매개자로서의 역할: 소외층, 불이익층, 소비자 등의 권익을 대변하는 문제제기, 사회고발, 문제해결을 위한 사회운동에 동참한다. 소외층을 위한 인권단체, 소비자단체, 환경단체 등 시민사회단체 활동에도 자원봉사자 활동이 급증하고 있다.

c) 사회개혁 운동가로서의 역할: 문제해결을 위한 사회구조의 개선, 제도의 도입에 노력하며 사회개혁을 꾀하는 역할을 맡는다. 시민사회단체들 중에서 경제개혁, 사회개혁, 정치개혁 등 정부의 정책 변화와 개혁을 주된 시민운동으로 추진하는 경실련, 참여연대 등의 활동에도 자원봉사자들이 동참하고 있다.

이상을 정리해보면, 자원봉사자는 우선 당장의 서비스 제공을 필요로 하는 많은 소외층에게 필요한 서비스를 제공해주는 역할을 하고, 또 이들의 권익을 옹호하고 삶의 개선을 위한 다양한 정책활동을 하며, 나아가 보다 근본적인 문제해결을 위한 제도 또는 정책 차원의 개혁을 선도하는 정치와 정책 주창활동에도 참여해서 활동한다.

나아가 자원봉사자의 역할은 자원봉사활동으로 세분화해볼 수 있다. 먼저 앞서 개념정의에서 살펴보았듯이, 자원봉사활동은 단체를 위한 "공식적" 자원봉사와 이웃을 위한 "비공식적" 자원봉사로 구분해 각각의 활용유형을 살펴볼 수 있다. 〈표 6-1〉은 영국 정부가 자원봉사 조사에서 공식적으로 실시했던 조사방법에 기초한 것으로, 개인들에게 아래와 같은 활동을 수행했는지를 조사를 한다.

〈표 6-1〉 공식적/비공식적 자원봉사활동 유형

"공식적" 자원봉사 활동	"비공식적" 자원봉사 활동
특정 단체, 클럽, 조직을 위해 무보수로 다음과 같은 도움을 제공하였는가?	친척이 아닌 타인을 위해 무보수로 다음과 같은 도움을 제공하였는가?
- 모금활동 / 행사 업무 활동 - 단체 간부 역할 또는 위원회 위원 활동 - 단체의 활동/행사의 조직이나 지원 - 사람들을 방문하는 활동 - 사람들과 친교 또는 멘토링 - 자문, 정보제공, 상담 - 일반 행정, 사무업무 - 차량 제공 또는 운전 - 단체를 대표하는 활동 - 캠페인 활동 - 현장지원 활동 - 단체/클럽/조직을 위한 기타 활동	- 자문 / 상담 - 곤경에 처한 사람과 연락(방문,전화,메일) - 쇼핑, 연금수령 / 영수증 납부 - 요리, 청소, 세탁, 정원일, 가사 - 장식, 집정리, 차수리 - 유아/아동 돌보기 - 병약자 돌보기 - 집 지켜주기, 애완동물 돌보기 - 편지 / 서류 작성 - 심부름 / 대리 활동 - 운전 / 에스코트 - 기타 도움주기

자료: CLG 2010.

한편 위의 공식과 비공식 활동 모두를 자원봉사로 조사하는 국제노동기구(ILO 2011)는 보다 자세한 자원봉사활동 유형을 제시한다. 자원봉사활동은 임금근로자의 활동과 유사하다는 전제로, 국제표준직업분류(ISCO)에 따라 직업유형별로 자원봉사활동을 제시한다. 단체를 위한 공식적 활동 또는 타인(이웃)을 위한 비공식적 활동 모두가 자원봉사 활동에 해당된다. 심지어는 헌혈이나 장기기증, 정당활동도 자원봉사에 포함되어 있다.

2. 전문봉사자와 기업가정신

최근 전문 자원봉사활동이 점차 늘고 있는 추세이다. 사회 전반적인 추세에서 봉사활동이 다양한 전문 분야로 나뉘어 활성화되고 있고, 전문 직업인의 참여가 늘어나며 봉사활동이 전문화되고 있으며, 또 의료 등 전문 봉사단체들이 등장해서 전문 봉사활동의 수요에 부응하고 있다. 자원봉사자 개인의 측면에서도 단순 봉사활동의 단계를 거쳐 점차 전문 봉사활동으로 업그레이드 되어가는 추세를 주목해볼 수 있다. 자원봉사자는 보다 전문화된 봉사활동을 통해 더 큰 자기성취감과 정신적 보람을 갖고 지속적으로 봉사활동을 한다.

1) 전문봉사활동의 의미

자원봉사활동은 편의상 일반 봉사활동과 전문 봉사활동으로 구분해볼 수 있다. 국내외적으로 아직 전문 봉사활동을 체계적으로 정리한 문헌은 없지만, 일반적으로 이해되는 전문 봉사활동을 아래와 같이 정리해볼 필요가 있다(주성수 2005: 46-48).

전문 봉사활동과 일반 봉사활동, 양자는 어떻게 구분되는가? 양자의 구분을 중심으로 전문 봉사활동을 이해하기 위해 다음의 몇 가지 측면을 고려해볼 수 있다. 첫째, 봉사활동 하는 일에 따라 구분하는 것이 가장 일반적이다. 봉사활동 하는 일이 어느 정도 전문적인가 하는 구분이다. 그럼에도 일부 봉사활동은 전문 봉사활동으로 쉽게 구분할 수 있지만, 또 다른 봉사활동은 일반과 전문 봉사활동 구분이 잘 안될 수도 있다. 외국어 통역과 번역은 분명 전문 봉사활동으로 볼 수 있지만, 환경 봉사활동의 경우 단순 환경보호활동은 일반 봉사활동이지만 스쿠버 다이버들의 수중 환경오염 조사활동은 전문 봉사활동으로 구분된다.

따라서 두 번째 구분은 전문가에 의한 봉사활동을 전문 봉사활동으로 구분하게 된다. 일반적으로 의사, 약사, 변호사, 교육자 등 전문직의 봉사활동을 전문 봉사활동으로 볼 수 있다. 물론 이들 전문 직업인이 거리청소와 같은 단순 봉사활동에 참여하는 경우, 전문 봉사활동이 될 수는 없다. 반대로 전문 직업인이 아닌 일반인이 수지침 의료봉사활동과 같은 자신의 특기를 발휘해서 전문 봉사활동을 하는 경우도 있다. 또 다른 측면은 이용과 미용 등 전문기술을 이용한 봉사활동도 중요한 전문 봉사활동의 일부를 차지한다. 여성자원활동의 전문영역이란, 직업으로서의 전문직을 가진 여성들이 참여할 수 있는 봉사활동뿐만 아니라 직업으로서의 전문직이 아니더라도 자신이 가진 전문적인 지식과 기술을 발휘하여 활동할 수 있는 모든 프로그램을 의미한다고 볼 수 있다. 이런 전문지식과 기술은 대부분 사회교육 등의 학습을 통해 채득되기 때문에 사회교육, 평생교육을 담당하는 기관들과 자원봉사단체들이 연계되면 여성들의 전문 봉사활동을 도와 자원봉사 활성화에 기여할 것이다.

셋째는 자원봉사 경력자가 전문가 역할을 하는 것이다. 수년 이상 장기적으로 활동한 자원봉사자는 자신의 활동에 전문적인 식견을 갖추게 되어 일반 자원봉사자를 지도할 수 있는 전문가로 성장한다. 따라서 교육훈련을 담당할 수 있는 능력을 갖춘 봉사자들도 적지 않을 것이다. 호스피스의 경우 초기에는 의사, 간호사 등 의료전문가들이 교육훈련을 주로 담당했는데, 이제는 장기 자원봉사자들이 교육훈련을 맡는 일이 많아졌다. 고참 경험자들이 담당하는 전문 교육의 효과가 훨씬 더 높다는 평가를 받고 있다.

넷째는 선경험자들이 자원봉사자로 나서 활동하는 전문봉사활동도 있다. 암을 극복한 사람들은 암치료를 받는 사람들을 위해 자신들의 경험에서 터득한 지혜나 정보나 용기를 주며 전문봉사자 역할을 수행한다. 학교폭력에 가담한 비행청소년들을 위해 과거에 같은 경험을 했던 스포츠맨들이 청소년 선도에 자원봉사자로 나서, 청소년들에게 용기와 희망을 주는 전문봉사자 역할을 맡는다.

마지막은 자원봉사단체 자체가 전문 봉사활동을 하는 경우이다. 호스피스 봉사단, 한방봉사단, 문화봉사단, 해양오염감시단, 박물관 봉사단, 수지침봉사단, 집수리봉사단, 컴퓨터봉사단, 음악봉사단, 외국어봉사단 등 다양한 전문 봉사단체들이 활동하고 있다. 사회복지 영역에서 노인, 아동, 장애인 등 소외층을 위한 전문서비스 활동이 가장 보편적으로 활용되고 있고, 최근에 와서는 의료, 문화예술, 스포츠 등 더 많은 분야에서 전문 봉사단체들이 새로 조직되면서 전문 봉사활동이 크게 활성화되고 있다. 월드컵 축구대회, 아시안 게임 등 국제행사들이 늘어나면서 외국어 통역, 관광안내 등 행사지원을 위한 전문 봉사활동이 크게 활성화되고 있다. 또 지방자치가 점차 활성화되면서 지역주민의 지역사회 참여가 늘고 있다. 전국의 읍면동 사무소가 일제히 주민자치센터로 기능을 전환하면서 여기에 참여하는 주민들의 지역사회 봉사활동이 실질적인 주민자치의 밑거름이 되고 있다(커뮤니티 파트너십 센터 2004). 지역마다 각종 문화축제 행사들이 늘어나면서 전문 자원봉사자 활동을 크게 기대한다. 도자기축제, 나비축제, 꽃축제 등 전국적으로 관심을 끌고 있는 지역의 정기적인 축제에 많은 자원봉사자들이 참여를 희망하며 활동하고 있다.

2) 직업별 전문봉사활동

따라서 자원봉사단체의 활동도 기술, 의료, 컴퓨터, 외국어통역 등 전문봉사 프로그램을 다양하게 개발해가는 추세에 있다. 자원봉사센터와 단체들은 다양한 전문 봉사활동 프로그램을 개발해서 각계의 전문 자원봉사자들을 두루 충원하고 자원봉사 활동의 활성화와 내실화를 추구하고 있다. 대학생 자원봉사자의 경우도 학과 전공과 관련된 전문화된 봉사활동을 할 때 일에 흥미를 갖고 자신있게 잘 해낼 것이며, 또 장기간 지속적으로 활동할 수 있을 것이다. 기업도 사회에서 가장 전문성을 갖춘 집단이므로 그 장점을 자원봉사 활동에 적극 활용해볼 필요가 있고, 자원봉사단체들은 이런 전문 직장인 충원의 전략으로 전문 봉사활동을 위한 프로그램 개발에 노력해볼 만하다.

최근 국제노동기구(ILO 2011)는 직업별 전문자원봉사활동을 〈표 6-2〉와 같이 예시해준다. 사실상 전문봉사활동의 영역은 개인의 직업에 적합한 자원봉사활동으로 보는 시각이다.

또 최근에는 기업가정신을 발휘하는 전문봉사자들의 활동이 점차 늘고 있다. 사회적 기업 등 사회적 경제(social economy) 조직에 자원봉사자들이 참여해 새로운 생산요인이 되며 새로운 시장형성을 가능하게 한다. 사회적 경제에 자원봉사자들이 참여하는 것은 새로울 게 없지만 이들의 참여로 이전에는 유용할 수 없거나 시장에서 비싸게 구입할 수밖에 없는 특정 재화나 서비스의 생산이 가능해졌다(Arther et al. 2005: 6). 자원봉사자들은 단순한 허드렛일을 하는 게 아니라 상담이나 간호 등의 전문 서비스를 제공하는 등 '사회기업가'로서 프로 보노 활동도 한다. 복지기관의 자원봉사자들이 제공하는 다양한 상담과 치료 서비스에 무수한 소비자들이 몰리며 새로운 변화를 일으키고 있고, 문화예술이나 레포츠 단체들에서도 전문 자원봉사자들은 자신들의 기술과 지혜를 일반 시민들을 위한 서비스 활동으로 기여하고 있다. 또 공공근로나 자활공동체 사업처럼 공공급여 제공을 받고 시간제 또는 기간제 활동을 하는 자원봉사자들의 활용 가치는 더욱 늘고 있다. 따라서 자원봉사자의 참여는 새로운

〈표 6-2〉 국제노동기구(ILO)의 주요 직업별 전문자원봉사 활동 예시

1. 선출직 의원, 고위 관리 및 관리직 – 비영리조직, 협회, 유니온, 소조직의 리더 역할 또는 관리직 역할 – 조직의 이사회의 이사 또는 운영위원회의 위원으로 활동 – 정책과 연구 관리자 역할 2. 전문직 – 지역사회의 긴급대응계획 수립 – 프로 보노 법률 서비스나 갈등해결 서비스 제공 – 공적 정보 제공을 위한 자료의 수집과 분석 프로그램 또는 조직의 관리 – 전문적인 사회사업과 카운슬링 서비스 제공 3. 기술직과 기술전문직 – 응급의료 서비스 제공 – 행사의 기획, 관리, 조직의 리더 역할 – 멘토 역할 – 코치, 심판, 스포츠 팀 감독 – 강의, 훈련, 튜터링 4. 사무직 – 연구용 정보의 기록을 위한 대상자 인터뷰 진행 – 사무 서비스, 정리, 복사 – 스포츠나 오락 행사의 기술적 지원을 제공하는 역할 5. 서비스와 영업 분야 – 타인을 위한 식사 준비 또는 서빙 – 장례식 지원 – 사회적 대의(cause)를 알리기 위해 방문을 통한 사람 접촉 – 아동보호의 지원과 단기간 포스터 보호(foster care) – 타인에 대한 개인적 케어(목욕, 요리) 6. 농어업 숙련 노동자 – 지역사회의 식수와 묘목으로 공공 녹지조성 – 지역사회 추수의 운송, 수집, 조직 지원 7. 수공업 관련 상업자 – 타인의 주거 시설의 건설, 보수 – 자전거 수리 8. 공장과 기계 운전자 – 타인을 돕는 쇼핑 – 운송수단 제공 9. 단순노동직 – 쓰레기 청소, 분리수거 – 공공 행사 후의 청소와 정리 – 헌혈이나 장기 기증

자료: ILO 2011.

생산요인이 되며, 새로운 시장 관계도 형성되고 있다. 전통적으로 복지국가에 의해 제공되던 서비스가 사회적 경제조직들에게 '용역'으로 위임되고, 또 이들 사이에 시장개척의 경쟁이 높아지면서 새로운 시장관계가 형성된다(앞글: 6). 결과적으로 보다 효율적인 방식으로 서비스 전달의 질을 높여 고객 만족을 갖다 주는 기업가적 효과가 발생하고 있다.

나아가 미국에서 조사한 직업에 따른 전문봉사활동의 현황 분석을 참고해볼 만하다. 먼저 〈표 6-3〉을 살펴보면, 자원봉사자는 자신의 직업적 기술과 재능을 자원봉사활동에 충분히 활용하고 있지 못하다는 것을 알 수 있다. 자신의 직업에 적합한 활동을 주된 자원봉사활동으로 수행하는 직업은 법률직으로 23%로 비교적 높다. 이에 대해 미국국가봉사단(CNCS 2008: 4)은 미국변호사협회가 "변호사는 연간 50시간 이상의 공익 법률서비스에 프로 보노 활동을 해야

〈표 6-3〉 미국의 직업에 따른 전문봉사활동의 수행 수준

직업 분류	직업관련 전문봉사활동	전문봉사가 주된 활동	전문봉사가 일부 활동
1. 예술, 디자인, 오락, 스포츠, 미디어	예술, 공연, 기타 예술 관련 활동	11.4%	20.7%
2. 교육, 훈련, 도서	튜터, 강사	19.7%	35.0%
3. 음식 조리, 서빙	식품 수집/조리/배분/서빙	15.1%	29.7%
4. 의료 전문직, 기술직	상담, 치료, 응급서비스	11.4%	18.3%
5. 법률 전문직	관리지원, 이사/위원 활동	23.3%	36.1%
6. 관리직	관리지원, 이사/위원 활동	15.5%	27.4%
7. 사무, 행정직	일반 사무지원	6.9%	16.2%
8. 영업, 판매직	모금, 모금용 판매활동	14.2%	31.9%

자료: CNCS 2008: 3-4.

한다."는 강령을 채택한 것이 적지 않은 영향을 미친 것으로 분석한다. 법률직 종사자들은 직업군에서 가장 높은 자원봉사 참여율(47%)을 보여준다. 다른 직업의 경우 사무/행정직은 7%에 지나지 않았고, 예술/디자인 등의 직업과 의료직에서도 각기 11%에 지나지 않았다. 또 전문봉사활동이 일부 수행된 비율은 적게는 16%(사무/행정직)에서 많게는 35%(교육/훈련직)에 이른다.

끝으로, 자원봉사활동에 전문기술을 잘 활용하는 전문 직업인은 다른 일반 자원봉사자에 비해 더 지속적인 활동을 하는가? 미국의 2005-7년 기간의 조사 결과는 자원봉사활동의 지속성 측면에서 전문봉사자와 일반 봉사자 사이에는 일부 영역을 제외하면 별다른 차이가 없는 것으로 조사되었다. 〈표〉의 직업 분류에서 관리직에서는 지속활동 비율이 전문봉사자 82.3%, 일반 봉사자 69.5%, 그리고 사무/행정직에서 61.2%로 두드러진 차이가 있다(CNCS 2008: 6). 그렇지만 나머지 6개 직업군에서는 거의 차이가 나타나지 않았다.

3) 전문 자원봉사자의 역할

일반 통계에서는 어떤 전문 자원봉사활동이 조사되고 있는가? 먼저 유럽 9국의 평균을 보면, 모금활동과 제3섹터 위원회 활동이 27%로 가장 높은 비중을 차지한다(Gaskin & Smith 1997). 질병치료, 빈민구호 등 소외층 옹호 활동을 하는 시민사회단체들의 활동을 지원하는 모금활동이 서구 자원봉사의 가장 손꼽히는 활동이라는 것을 엿볼 수 있다. 다음으로 카운슬링(11%)과 정신치료(11%) 등 전문 복지서비스 활동이 높은 비중을 차지할 정도로 유럽 전역에서 자원봉사자의 역할은 전문 활동이 비교적 많다는 것을 알 수 있다.

미국의 경우는 다소 차이가 있지만, 1999년의 조사에서는 모금

활동(16%), 상담(11%), 행사조직(10%) 등이 시민사회를 지원하는 직접적인 활동이며, 복지수혜층을 대상으로 하는 서비스 활동이 가장 많은 24%를 차지한다. 이어서 청소년 관련(11%), 방문과 친교(9%) 등으로 조사되었다. 국가봉사단(CNCS) 자료에는 2008-2010 기간의 주요 활동은 모금 26.5%, 음식 모집/배분 23.5%로 금전과 물품 모금 활동에 절반의 자원봉사활동이 몰려 있다. 다음으로 일반노동 20%, 투터/학습지원 18.5%로 조사되었다(http://www.volunteeringinamerica.gov/national).

또 미국 노동통계국의 2010년 자료는 보다 자세한 자원봉사자의 역할을 보여준다(표 6-4). 코치, 심판, 튜터 등 스포츠와 레크리에이션 및 교육 영역의 전문봉사자 역할이 두드러지며, 또 모금활동과 안내와 의전 활동, 노력봉사 등 단체의 행사에서 많은 자원봉사활동이 이뤄지고 있다는 것을 엿볼 수 있다. 이 자료는 비공식적인 개

〈표 6-4〉 미국 자원봉사자의 성/연령별 전문 봉사활동: 참여율(%)

	전체	남성	여성	16-24	25-34	35-44	45-54	55-64	65세+
코치/심판/튜터	15.6	17.7	14.0	15.8	19.3	21.9	16.0	10.6	7.5
청소년 멘토	6.0	5.7	6.1	8.7	7.6	7.5	5.6	4.1	2.3
안내, 의전, 정보	4.0	5.1	3.2	2.8	2.6	2.2	4.0	5.4	7.6
음식 수집, 배분	9.9	7.9	11.4	8.7	7.8	8.6	10.4	11.1	13.1
옷/물품 수집/수선/배분	3.3	1.9	4.3	3.4	3.0	2.6	2.9	2.9	5.3
모금과 모금 위한 판매	10.9	9.3	12.1	10.4	11.7	12.2	12.4	10.1	7.7
카운슬링, 보건, 구호	3.2	3.7	2.8	3.0	4.1	2.9	3.3	3.3	2.6
일반 행정지원 업무	5.1	3.0	6.6	4.5	4.1	4.3	4.5	5.6	7.8
위원회/전문자문 활동	7.2	8.2	6.4	1.4	5.0	6.5	8.5	11.2	9.3
음악, 예술 공연	4.0	3.8	4.2	5.4	4.4	3.2	3.4	4.4	4.2
노력봉사/차량제공	8.4	11.5	6.0	10.7	7.9	7.6	8.0	8.8	7.9

자료: US. Bureau of Labor Statistics 2011.

인 활동을 제외하고 단체를 통한 '공식적' 자원봉사 활동만을 추산한 자료이다.

영국 자원봉사자의 역할도 모금활동이 우선이다. 활동분야는 교육기관(31%), 종교기관(24%), 스포츠(22%), 보건과 장애인(22%), 아동과 청소년(18%), 지역사회와 시민단체(17%), 취미오락과 사교(13%) 순서로 나타나지만, 이곳에서 가장 많은 역할이 모금과 기금관리 활동인 것으로 나타났다. 자원봉사자 한 개인이 하나의 조직보다 복수의 조직들을 위해 활동하고 있기 때문이다. 하나의 조직에서만 활동하는 경우는 전체 자원봉사자의 41%, 2개 23%, 3-5개 30%, 6개 이상 6%이다. 또한 기관에서 공식 봉사활동을 하면서도 자원봉사자

〈표 6-5〉 영국 자원봉사자의 모금 우선의 자원봉사활동: 연령별 비교

	전체 봉사자	16-24	25-34	35-44	45-54	55-64	65+
모금 및 기금관리 활동	65%	61%	65%	65%	70%	63%	64%
행사의 조직 또는 보조	50	54	53	51	57	43	44
비영리조직 위원회 위원	28	32	19	22	30	30	37
교육 활동	25	52	29	21	24	21	12
비서, 행정, 사무보조	21	14	18	19	23	25	23
대표 활동	19	27	17	16	23	18	17
운송 활동	19	6	20	19	27	14	22
타인 방문	17	19	13	8	16	18	26
자문, 정보, 상담 제공	16	15	24	11	17	17	15
친교 활동	15	26	18	11	11	15	14
캠페인 활동	14	16	11	13	18	17	12
기타 보조 활동	35	42	41	37	30	31	33

참고: 복수응답; 정기 또는 비정기 "공식 자원봉사자" 전체.
자료: UK Cabinet Office 2008: 30, 31.

는 모금활동 등 여러 가지 활동을 수행한다. 하나의 활동만을 하는 자원봉사자는 28%이며, 2가지 활동 18%, 3가지 활동 15%, 4가지 활동 11%, 5가지 이상 활동 24% 등이다.

한편 한국의 경우, 전문봉사활동이 많이 부족하다는 것을 알 수 있다. 최근의 전국조사 결과를 보면(표 6-6), 단순 일손돕기가 가장 많고, 대인 서비스도 적지 않지만, 그밖에 교육, 상담, 스포츠와 여

〈표 6-6〉 한국인 자원봉사자의 역할

활동내용	2011년	2008년
일손돕기	42.0%	39.2%
대인서비스	11.7	14.0
교통질서 계도, 방범	7.2	8.9
교육	7.2	6.5
재난구조, 소방, 안전예방	6.2	4.4
환경보전, 문화재보호	4.8	3.4
보건, 의료	3.3	5.8
상담	3.3	2.7
행정 사무보조	3.1	1.7
모금	2.9	1.7
기능 및 숙련 기술 지원	2.4	0
지역사회개발	1.9	2.4
캠페인	1.4	1.7
스포츠, 여가지도	0.7	1.4
문화예술해설, 공연	0.7	0.7
국제교류	0.5	0
위원회	0.5	0.7
조사연구	0.2	0.3

자료: 볼런티어21, 2011.

가 지도 등 전문봉사활동은 극히 미흡한 수준에 있다는 것을 알 수 있다.

통계청(2011)의 사회조사도 전문봉사활동이 부족하다는 결과를 보여준다. 이 조사는 전문봉사활동에 관한 질문을 하였는데, 자원봉사자 가운데 16%가 전문봉사활동을 하였다고 답해, 대다수가 비전문 봉사활동에 머물러 있다는 것을 엿볼 수 있다. 자원봉사자의 주관적 판단에 기초한 설문결과인데, 자원봉사자 대다수가 자원봉사는 비전문활동이라는 인식도 가지고 있는 것 같다. 전문봉사활동으로는 이/미용 4.6%, 요리 9.7%, 의료 11.6%, 아동학습지도 24.1%, 통/번역 2.8%, 공연 9.1%, 평생학습 7.7%, 전문상담 5.6%, 운전 9%, 주택수리 10.1%, 기타 5.7% 등이다. 아래에서 살펴보겠지만, 미국과 유럽에서 많은 전문인들이 참여하는 직업별 전문봉사활동 프로그램의 개발이 시급한 상황이라고 볼 수 있다.

3. 노블리스 오블리주

전문 자원봉사의 활성화는 주로 전문직 중심의 활동이라는 점에서 노블리스 오블리주 실천을 위해 바람직한 참여로 간주할 수 있다. 그러나 이런 전문봉사의 활성화로 자칫 비전문직의 참여를 위축시키는 것은 아닌지를 염두에 두며, 많은 계층이 고루 참여하는 참여기회의 확대를 우선 고려해볼 수 있다. 미국과 유럽에서는 이제 노블리스 오블리주와 함께 '참여의 불평등' 문제를 심각하게 논의하고 있다.

실제로 더 많이 배우고, 더 많이 가진 자가 자원봉사에 많이 참여하는가? 자원봉사에서도 교육수준이 높고, 소득수준이 높은 사람들이 더 많이 참여하며, 또 사회적으로 많은 보수를 받으며 지위가 높은 직업을 가진 사람들의 자원봉사 참여가 비교적 높다는 것이 선행연구들의 결과로 제시되고 있다. 그러나 이런 일반화는 국가에 따라 다소 두드러진 차이를 보이며, 한국의 경우도 예외적인 국가에 해당된다. OECD에서 한국인의 노블리스 오블리주 실천 수준은 매우 미흡하다. 바꿔 얘기하면, 한국인의 자원봉사 참여는 노블리스 오블리주는 취약하지만, 계층간 비교적 고른 참여가 이뤄지는 긍정적인 측면도 있지만 무엇보다도 고학력층이나 고소득층이 더 많이 참여함으로써 계층간 참여도의 차이가 많지 않은 고른 참여를 이루는 것이 중요하다.

1) 교육 수준별 자원봉사활동

교육을 많이 받은 사람들이 더 많이 참여하고 있다는 것은 대부분의 국가들에서 경험적으로 확인되고 있다. 유럽의 대부분의 국가들, 미국과 일본에도 거의 일치하지만, 한국의 상황은 예외적으로 노블리스 오블리주보다는 계층간 고른 참여가 특징이 되고 있다.

(1) 주요국 동향

유로바로미터의 2011년 조사 결과를 보면(표 6-7), EU 27개국에서 교육수준이 자원봉사 참여에 많은 영향을 미친다는 사실이 확인되고 있다. 자원봉사 참여율은 고졸이하 저학력자 19%, 전문대 수준 학력자 23%, 대졸이상 고학력자 36%로 나타나, 학력이 높을수록 참여율은 비례해서 높아진다.

또 교육수준과 자원봉사 참여율은 통계적으로도 유의미하다는 것이 확인되고 있다. 자료가 유용한 유럽 21개국 가운데 20개국에

〈표 6-7〉 유럽인 자원봉사 참여율, 활동시간, 불참 이유, 2011

	자원봉사 참여율	활동시간 월평균	자원봉사에 참여하지 않는 이유	
			〈시간이 없어〉	〈관심이 없어〉
전체	26%	12시간	50%	25%
남성	28	12.8	49	28
여성	24	11.1	52	22
15-24세	24	11.8	53	24
24-39세	23	10.1	65	22
40-54세	29	11.1	61	22
55세 이상	27	14.0	30	31
고졸 이하	19	-	32	30
전문대	23	-	54	26
대졸 이상	36	-	61	21
재학생	29	-	56	22
전문직	45	10.4	75	16
사무직	26	9.4	69	19
자영업	28	9.2	69	21
실업자	17	14.9	32	32
은퇴자	25	15.6	22	32
주부	21	11.6	47	24
학생	29	11.3	56	22

자료: Eurobarometer 2012.

서 통계적으로 유의미한 상관관계가 확인되고 있고, 이탈리아에서만 상관관계의 유의도가 불명확하다(GHK 2010: 74). 프랑스에서는 대졸 이상 고학력자 참여율은 40%로 전체 참여율(30%)보다 훨씬 높으며, 고졸 이하 저학력자의 참여율은 9%에 지나지 않는다. 스웨덴에서도 교육수준과 참여율 사이에 밀접한 상관관계가 확인되고 있다. 스웨덴에서 저학력자의 단체참여나 자원봉사 참여는 두드러지게 낮은 것으로 조사되었는데, 자원봉사 참여율은 저학력 여성 30%, 대졸이상 고학력자 60%로 두 배가 넘는다. 오스트리아의 경우도,

최하위 초중등 19%부터 직업고교 23%, 일반고교 28%, 직업대학 34%, 일반 대학 37%, 대졸이상 45%로 나타나, 학력이 높을수록 참여율이 높아진 것을 확인할 수 있다(GHK 2010: 75). 덴마크의 경우도 유사하다. 자원봉사 참여율이 초등 졸업 이하 25%, 직업학교 36%, 일반 고교 중 단기(고교) 36%, 중기(전문대) 42%, 장기(대학) 45%로 조사되었다(앞글: 75). 독일의 경우도 참여율이 초중등 22%, 고졸 32%, 대졸이상 43%로 점차 높아진다. 미국에서도 교육수준에 따라 자원봉사 참여율의 뚜렷한 차이를 보여준다. 2011년 미국 노동통계청의 조사결과를 보면, 참여율은 중졸이하 8%, 고졸 17.9%, 전문대 졸업 29.2%, 대학졸업 이상 42.3%로 커다란 차이를 보여준다.

(2) 한국의 동향

한국의 경우, 저학력-저참여, 고학력-고참여 가설은 사실이 아닌 것으로 확인되고 있다. 먼저 통계청 자료를 보면, 오히려 학력이 낮은 사람들의 참여가 높고 고학력자의 참여가 낮다. 중졸의 학력자 참여가 가장 높아 2011년 40%를 차지하고, 초졸 이하의 학력자의 참여도 24%로 고졸자나 대졸자 참여를 훨씬 능가한다. 그러나 볼런티어21 자료는 상이한 결과를 보여준다. 2002년에는 중졸자의 참여가 가장 높았지만, 2005년 이후부터는 대재 이상 고학력자가 가장 높은 참여율을 보여준다. 1990년대 말부터 전국적으로 확대된 대학생 봉사활동의 제도화 효과로 추정해볼 수 있다.

〈표 6-8〉 한국인 교육 수준별 자원봉사 참여율: 1999-2011

〈통계청〉	1999년	2003년	2006년	2009년	2011년
전체	13.0%	14.6%	14.3%	19.3%	17.6%
초졸이하	8.7	10.0	8.9	10.4	24.0
중졸	20.5	27.7	30.8	42.4	39.8
고졸	11.9	12.2	11.4	15.0	13.6
대졸이상	12.7	13.6	12.7	18.4	16.2
〈볼런티어21〉	1999년	2002년	2005년	2008년	2011년
전체	14.0%	16.3%	20.5%	20.0%	21.4%
초졸이하	7.7	8.2	-	-	-
중졸	11.7	20.6	13.9	15.4	13.2
고졸	15.2	15.0	21.8	19.2	21.2
대재이상	16.3	18.9	22.1	23.1	25.0

참고: 조사대상은 통계청은 15세 이상, 볼런티어21은 20세 이상.
자료: 통계청 1999, 2003, 2006, 2009, 2011; 볼런티어21 2011.

2) 소득수준별 자원봉사활동

한편 소득별 구분에서는 자원봉사활동은 소득수준이 높아질수록 높아지는 정비례 관계를 보여준다. 유럽 14개국 분석 결과를 보면, 자원봉사 참여율이 저소득층(16%)에서 → 중저소득층(21%) → 중간소득층(27%) → 중상소득층(34%)로 높아진다(Barker 1993; Anheier & Salamon 2001: 10). 미국의 경우, 소득이 중간소득을 넘어 고소득층까지 점차 높아질수록 참여율이 비례해서 높아진다. 고소득층의 노블리스 오블리주가 잘 실천되고 있는 것이다. 1만-2만불 미만(34%) → 2만-3만불 미만(45%) → 3만-4만불 미만(46%) → 4만-5만불 미만(53%) → 5만-7.5만불 미만(60%) → 7.5만-10만불 미만(65%) → 10만불 이상(69%)으로 높아진다.

그러나 한국의 경우, 저소득-저참여, 고소득-고참여 가설이 맞는지는 불명확하다. 통계청의 자료에서는 가설이 사실인 것으로 확인

〈그림 6-1〉 한국인 소득수준별 자원봉사 참여율: 1999-2011

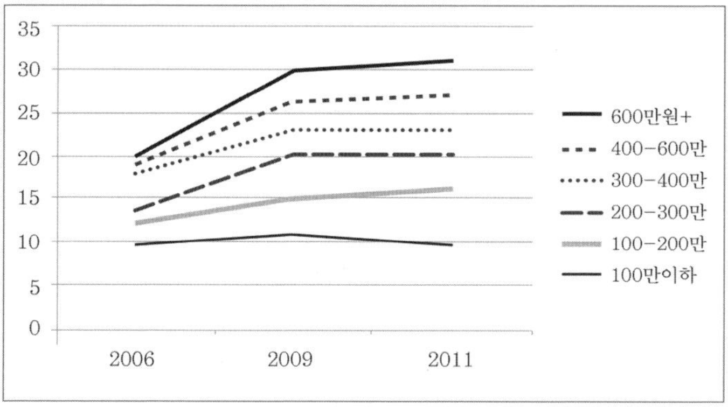

할 수 있지만, 볼런티어21 자료로는 가설은 사실인 것으로 검증될 수 없다. 볼런티어21의 자료에서 2005년부터 2011년까지 일관되게 나타나는 특징은 저소득에서 중간소득으로 높아짐에 따라 자원봉사 참여율이 높아지지만, 다시 고소득층으로 올라가면 자원봉사 참여율이 떨어지는 추세이다. 중간소득층이 가장 많이, 저소득층이 가장 적게 참여하는 특징이 있다.

3) 직업 유형별 자원봉사활동

직장을 가진 사람들의 자원봉사 참여율은 높고, 일자리가 없는 실업자의 참여율은 낮은가? 또 직장을 그만둔 은퇴자의 경우는 자원봉사활동 수준이 높은가, 아니면 낮은가? 다양한 고용형태에 따라 자원봉사 참여율의 차이가 두드러지게 나타나는데, 국가별로도 적지 않은 차이를 보여준다.

(1) 주요국 동향

먼저 유럽 27개국의 2011년 통계를 보면(앞의 표 6-8), 참여율이 지위가 높은 관리직은 45%로 가장 높고, 다음으로 자영업자, 사무직, 노무직, 실업자 순서이며, 비경제활동 인구 중에는 은퇴자 25%, 학생 29%로 나타났다. 또 다른 국가별 조사 자료를 보면(GHK 2010: 76), 많은 국가들에서 풀타임 직장인들의 참여가 높고, 이에 비해 실업자나 비경제인구(학생 또는 은퇴자)의 참여율은 낮은 편이다. 예외적인 국가로는 벨기에, 네덜란드, 헝가리가 있다. 네덜란드에서는 직장을 갖지 않은 사람들의 참여가 상대적으로 높다. 일반 직장인들의 참여율이 43%인데 비해 학생층 58%, 집에서 아동을 돌보는 주부 등 55%, 은퇴자 49%, 실업자 48%이다. 특히 실업자의 경우, 일자리를 찾기 위한 사회활동의 하나로 자원봉사활동을 선호한다. 벨기에서도 일자리를 탐색하는 실업자들의 참여율은 풀타임이나 파트타임 직장인에 비해 더 높게 나타난다. 이들 국가에서 자원봉사활동을 실업대책의 하나로 활용하며, 일부 보수를 받는 자원봉사자(paid volunteer)도 적지 않다. 동유럽의 헝가리에서도 구직자의 47%가 자원봉사활동을 하고, 주부나 학생 참여율도 44%로 높은 수준에 있다(앞글: 76). 스페인에서도 학생 참여율(34%)은 직장인 참여율(31%)보다 높고, 은퇴자 참여율(12%)을 훨씬 능가하는데, 이는 일부 고교에서 종교교육 교과목에 매주 정기적으로 자원봉사활동이 포함되어 있기 때문이라고 한다(앞글: 77).

그런데 미국과 일본의 경우, 유럽과 크게 다른 특성을 보여준다. 미국에서는 풀타임 직장인보다 파트타임 노동자의 참여가 훨씬 더 높다. 이는 최근까지 매년 동일한 추세를 보여주는데, 풀타임과 파트타임 노동자 참여율은 2006년 27.3%와 35.5%, 2010년 28.2%와 33.2%이다. 실업자의 경우 2006년과 2010년이 같은 23.8%로 비교적 높은 수준이다(USBLS 2011). 일본에서는 2009년 평균 36%의 자원봉사 참여율을 기록했는데, 기업이나 조직의 간부와 공직자의 참여율이 가장 높아 같은 44.5%이며, 파트타임 및 프리랜스 노동자가 38%, 실업자 37%, 가정주부/가정남편이 35.7%이다(JFA 2011: 4).

(2) 한국의 동향

이상 주요국들에 비교해 한국에서도 고용형태별로 자원봉사활동의 뚜렷한 차이를 보여주는가? 그래서 한국인의 노블리스 오블리주의 실천을 확인해볼 수 있는가? 통계청의 자료에서는 그럴 만한 확증을 찾기 어렵다. 소득수준이 높은 전문관리직보다 사무직의 참여가 더 높은 편이다(그림 6-2). 이 둘의 참여율이 서비스판매직이나 기능노무직보다 더 높게 나타난 점도 주목할 만하다.

또 볼런티어21 자료에서도 관리직, 사무직, 판매/서비스직, 기능/숙련(생산직)으로 소득수준이 낮으면 자원봉사 참여율도 뚜렷이 낮아지는 점을 확인할 수 있지만, 2011년 농/임/어업직이 관리직보다 더 많이 참여하였다(표 6-9).

〈그림 6-2〉 한국인 직업별 자원봉사 참여율: 1999-2011

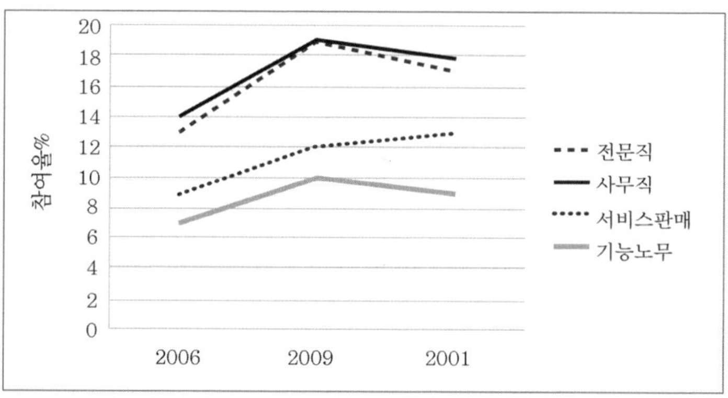

〈표 6-9〉 한국인 직업 형태별 자원봉사 참여율

〈볼런티어21〉	2005년	2008년	2011년
전체	20.5%	20.0%	21.4%
농/임/어업	21.1%	23.0%	35.1%
관리직	16.7	36.8	33.3
전문/자유직	42.9	31.4	30.4
사무/기술직	21.0	21.5	23.4
자영업	21.6	22.3	18.9
판매/서비스직	13.4	15.8	18.1
기능/숙련(생산직)	14.3	9.3	13.0
전업주부	24.0	20.2	19.7
학생	28.1	21.9	32.5
무직	21.3	20.6	25.8

자료: 볼런티어21 2011.

4. 누가 참여하는가: 자원봉사자 프로필

자원봉사활동의 참여에서 노블리스 오블리주보다 더 중요한 사회적 관심은 모든 계층의 고른 참여가 이뤄지는 '자원봉사 참여의 개방성'에 있다고 볼 수 있다. 그런데 자원봉사의 참여는 개인의 자발적인 선택에 기초하기 때문에, 사회적으로 소외된 소수자 또는 약자의 참여는 매우 저조한 편이다, 이는 어느 사회에서나 일반적인 현상이지만, 위에서 살펴보았듯이 학력이나 소득 또는 고용형태에 따른 참여의 차이뿐 아니라 남녀, 연령 등 다른 인적자본이나 사회활동 등 사회자본 측면에서의 차이도 적지 않다고 볼 수 있다. 특히 '자원봉사 참여자격'을 제한시키는 사례들은 소외층의 참여를 더욱 소외시키는 그릇된 관행으로 개선되어야 할 과제로 부각되고 있다.

1) 자원봉사 참여의 개방성

그럼에도 기부와 자원봉사는 일부 시민들의 참여에 머물러 있는 한계가 있다. 시민들이 계층을 초월해서 더불어 시민사회를 건설하며 민주주의 발전을 도모하기보다는 경제적으로 여유있고 사회적 지위가 비교적 높은 계층들의 참여에 의해 그렇지 못한 계층들을 위한 활동이 되고 있다. 이 때문에 기부와 자원봉사 활동은 이상적인 시민사회 참여활동으로 간주되지는 않는다. 스카치폴(Skocpol 1999: 500)은 무수한 지지집단과 자원봉사 활동이 크게 활성화되고 있는 최근의 동향에 주목해서, 이런 활동들도 소외층 등의 대상집단과 "더불어 하는 활동"(doing with)보다는 그들을 "대상으로 하는 활동"(doing for)에 크게 치우쳐 있는 심각한 문제를 안고 있다고 본다. 또 지역사회 환경문제에 초점을 맞추는 풀뿌리조직들의 활동에도 일반시민의 참여는 나타나지 않고 있으며, 전문가 집단과 중산층 이상의 고학력, 고소득자 중심으로 진행중이라고 지적한다. 또 크렌슨과 긴스버그(Crenson & Ginsberg 2002: 19)는 자원봉사의 개인주의 참여 성향에 대해, 자원봉사와 같은 "사적 민주주의의 차원은 개인에게 보상이 될 만하고 지역공동체의 어려운 이웃에게 분명 도움이 되지만, 정치 민주주의의 행사를 대표하는 것은 아니다."고 지적한다.

또 공동체주의자 에치오니(Etzioni 2001: 8)는 "훌륭한 사회는 자원봉사보다 상호성(mutuality)에 더 의존한다."고 강조한다. 단순히 도움을 필요로 하는 사람들을 위해 봉사활동을 하는 것보다 공동체 구성원들이 서로 혜택을 주는 방향으로 쌍방적인 협력이 더 바람직하다는 것이다. 그는 이를 위해 자발적 참여는 필수적이라며, 보육, 생산자, 소비자 조합 운영, 자조집단 활성화, 시간은행(time bank) 등으로 상호성을 확대할 수 있다고 설명한다. 시민들이 상호성을 확대할 수 있도록 되도록 많은 참여의 기회를 제공하는 것이 필수적이며, 마을회의 등의 공식적인 것도 중요하지만 예술, 음악, 스포츠 각종 모임의 활성화와 여기에 참여하는 기회를 확대시키는 것도 중요하다고 본다. 그는 "상호성의 정신은 수단지향적 경제적 인센티브에 의존하면 훼손된다."며, 상호성은 '공개적인 도덕적 실천'에 기초해야 한다고 강조한다(앞글: 9-10). "공동체주의, 중도주의 사회는 공동체의 핵심적 제도들이 폐쇄되며 공동체의 손실에서 발생하는 인간적 및 사회적 비용을 고려해서 사회적 효율성을 더 중시한다." (앞글: 15).

유럽이사회(EC 2011: 6)는 자원봉사활동은 "문제해결의 방안을 개발하고 희귀한 자원을 잘 활용하기 위해 사람들의 창의성을 동원할 수 있는 사회적 혁신의 요소"이자, 동시에 자원봉사는 이웃돕기와 타인과의 나눔을 의미하기 때문에 "연대의식을 높여주는 활동이며 불이익계층에 대한 관용을 높이며 인종주의와 편견을 줄이게 해주는 활동"이라 강조한다. 자원봉사활동은 "사람들, 특히 사회의 불이익계층의 역량강화의 도구"가 된다고 본다. 유럽연합은 자원봉사는 시민들이 포용을 지향하며 참여를 진흥시키는 역할을 한다며, "자원봉사활동으로 공동의 목표를 추구하도록 단결하게 하여, 사회적 배제, 차별, 편견, 그리고 사회적 불평등에 맞서도록 한다."고 강조한다(CEV 2010: 11). 특히 "사회적으로 배제된 집단들이 자원봉사의 수혜자이자 자원봉사활동의 적극적인 참여자가 되어 그들에게는 자원봉사가 표현과 적극적 참여의 기회를 제공해준다."

또 UN의 자원봉사조직인 UNV(2011a)는 자원봉사가 사회와 공공정책에 중요한 이유를 사회복지와 사회통합에서 찾는다. 첫째, 자원봉사는 도움을 필요로 하는 사람들을 대상으로 하는 활동이지만,

공동체 구성원들 사이의 유대와 연대, 그리고 신뢰의 바탕에서 행해지는 상호 공조적 활동이라고 볼 수 있다. "시간을 제공하는 일은 신뢰에 기초하는 활동으로 사회의 조직을 강화시키고 우리가 거주하는 공동체를 규정하는 일이다." 둘째, 신뢰를 바탕으로 하는 자원봉사는 "사회적 상호작용의 네트워크와 상호성의 규범, 즉 사회자본의 표현이다." 자원봉사활동은 새로운 관계를 발전시키며 새로운 네트워크와 규범을 생성시키는 활동이다. 셋째, 자원봉사는 시장이 효과적이지 않은 영역에서 소외층의 좌절, 무관심으로부터 보호하는 인간적 활동이다. "자원봉사는 개인의 공동체 참여를 표현하는 일이다." 넷째, 자원봉사는 소외층과 불이익계층의 요구에 호응하며 이들의 민족적, 인종적, 종교적 다양성에 관대한 관용의 정신을 키워준다. 다섯째, 자원봉사는 소득, 성, 연령 등 계층에 기초하는 분열과 갈등의 사회에 조정과 통합을 모색하는 기능을 하며 기여한다. 여섯째, 자원봉사는 무수한 유대와 연대에 기초하는 사회자본을 구축하며 공공기관과의 파트너십을 통해 빈곤퇴치, 사회통합, 지속가능한 개발에 기여한다.

2) 성별/연령별 자원봉사 참여

한편 자원봉사 참여율을 연령별로 비교해보면, 경제활동인구에 해당되는 20대부터 50대까지는 자원봉사 참여율이 낮은 편이며, 비경제활동인구인 10대가 가장 높고 60대 이상 노인층의 참여가 가장 낮다. 〈그림 6-3〉과 같이 성별/연령별로 분석해보면, 여성보다 경제활동이 많은 남성 20대부터 40대까지는 여성에 비해 참여가 크게 낮다(통계청 2011).

〈그림 6-3〉 한국인 성별/연령별 자원봉사 참여율, 2011년

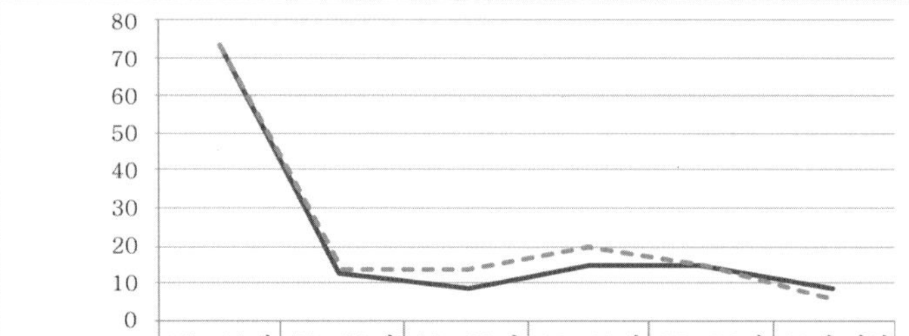

	15-19세	20-29세	30-39세	40-49세	50-59세	60세 이상
남자	73.1	11.8	9	14.8	14.3	8.4
여자	71.4	14.5	13.6	19.4	14.9	6.2

〈그림 6-4〉 미국, 영국, EU 27국, 한국 자원봉사자 연령별 비교

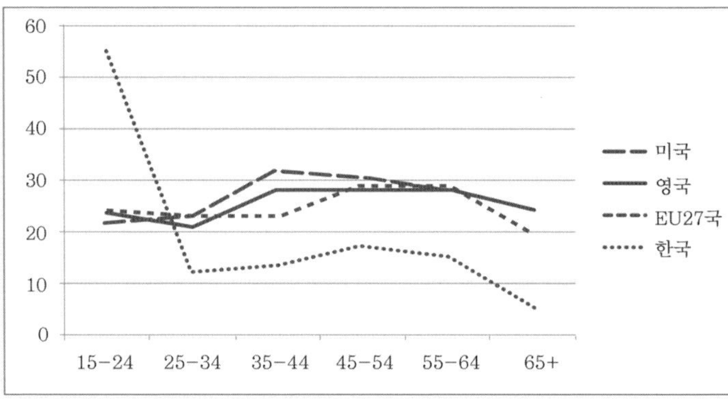

이 같은 10대 청소년 주도의 자원봉사 참여율을 서구 국가들과 비교해보면, 뚜렷한 특징을 발견하게 된다. 〈그림 6-4〉에서 EU 27국(Eurobarometer 2012)과 미국(USBLS 2011)과 영국(CLG 2010)을 볼 수 있듯이 서구 자원봉사자의 연령별 참여의 공통점은 청소년부터 중장년층까지 높아지다 고령으로 가면서 약간 감소되는 "역U자형"을 보여준다(세 자료의 연령별 구간이 달라 그림에서는 일부 추정치가 제시됨). 반면에 한국인 자원봉사자는 ① 10대 청소년기에 가장 높고, ② 직장인(20

대 중반-50대 중반)이 되면서 참여가 급락하며, ③ 노년기(65세 이상)는 거의 참여하지 않는 최저 수준으로 추락하는, "L자형" 특성을 보여준다.

연령별 자원봉사 참여에서 한국의 10대 주도의 특징은 한국 자원봉사 문화의 수준을 반영해준다. 10대 청소년의 자원봉사 참여는 불과 10여년의 짧은 역사를 갖고 있어, 청소년 참여자가 20대 30대로 가면서 지속적인 참여자가 되는 사회문화적 제도화가 아직 정착되어 있지는 않다. 10대 청소년과 20대 대학생의 '사회봉사'는 학생 개인들의 자유로운 자발적 선택이 결여된 활동이라는 점에서도 이들이 성인이 된 이후에도 지속적인 자원봉사자로 남을지는 많은 의문을 제기한다. 이런 문제를 일부 보여주는 객관적 자료가 〈그림 6-4〉에 소개되고 있다.

반면에 서구의 경우, 연령별로 고른 참여도 분포를 보여준다. 10대 주도의 한국과는 달리, 오히려 30-40-50대의 안정적인 참여도를 보여주며, 10-20대 참여는 오히려 낮게 나타나 있다. 서구의 경우, 비교적 높은 자발성을 가진 청소년기의 자원봉사자는 직장인이 되어서도 또 은퇴후에도 지속 봉사자가 되는 가능성이 높아 생애주기를 통해 자원봉사는 삶의 일부로 정착되는 문화적 특성을 보여준다. 특히 은퇴자의 참여율이 다른 연령층에 비해 크게 뒤지지 않고 안정적인 생활문화로 정착된 서구 자원봉사는 한국 자원봉사가 지향해야 하는 바람직한 자원봉사문화라 볼 수 있다.

생애주기별 참여도는 일반적으로 나이가 들수록 자원봉사 참여가 높아지다가 노령기에는 참여가 다소 줄어드는 경향이 있다. 그러나 한국인 자원봉사 참여는 특이한 연령별 특성을 보여주는데, 10대 참여만 높고, 다른 모든 연령층 참여가 낮으며, 노인층

(60세 이상) 참여는 장기간 매우 저조한 수준에 머물러 있다(통계청 자료; 그림 6-5).

특히 여성보다 경제활동이 많은 남성 20대부터 50대까지는 여성에 비해 참여가 크게 낮다가 60세 이상 노후에 다시 남성 참여가 더 높아진다(통계청 2011).

3) 한국 자원봉사자의 생애주기별 특성

이제 한국 자원봉사자에 초점을 맞춰 생애주기별 특성을 정리해 본다. 중고생부터 대학생과 직장인을 거쳐 베이비부머, 노인층에 이르는 각각의 특성들은 통계청의 자료 분석을 통해 아래와 같이 정리해볼 수 있다(주성수 등 2012).

(1) 중고생

중고생(13-18세)의 참여율은 다른 모든 연령층에 비해 가장 높다. 전국의 중고교가 1990년대 말부터 시행해온 "봉사활동"에 중고생들이 참여해온 '사회봉사' 성격의 활동이 활성화된 것이다. 성별로는 여학생(64%)이 남학생(70%)에 비해 적게 참여하는 차이가 있다. 향후 참여의향에서는 같은 64%로 차이를 보여주지 않는다. 가구주 학력에서는 유의미한 차이가 없지만 가구주 소득에서는 참여도의 유의미한 차이가 있으며, 참여의향에서도 가구주 소득 차이가 있다. 소득수준이 낮은(월 200만 원 미만) 가구의 중고생 참여율은 비교적 낮은 수준이며, 향후 참여의향에서도 100명중 15명만이 참여의향이 있다고 답해, 매우 저조한 반응을 보여, 계층별 위화 분위기는 없는지, 세심한 분석이 필요하다.

〈표 6-10〉 중고생 자원봉사자의 특성: 가구주 소득 차이

	자원봉사자	향후 참여의향 있음
200만원 미만	45%	15%
200-400만	79	74
400-600만	84	81
600만 이상	83	79

자료: 통계청(2011) data file 분석. N=5,303.

(2) 대학생

대학생의 평균 참여율(27.6%)은 전체 평균(17.6%)에 비해 훨씬 높다. 대학생의 자원봉사 관심도가 비교적 높으며 또 전국의 대학들이 일제히 시행하는 사회봉사 교과의 효과가 있는 것으로 확인할 수 있다. 대학생 봉사활동은 취업 전형에 반영되거나 경력 관리에 도움이 되는 중요한 스펙이 되고 있다. 성별로는 여학생(33%)이 남학생(21%)의 1.5배 높은 참여도를 보여주며, 또 향후 참여의향에서도 여학생(76%)이 남학생(61%)보다 적극적인 반응을 보여준다. 학년별로는 신입생(31%)이 고학년(26%)의 1.2배로 높은 참여도를 보여주고, 향후 참여의향에서도 타학년(67%)보다 약간 높은 반응(70%)을 보여준다. 가구주 학력과 소득에서는 유의미한 차이가 없다. 특히 단체활동 참여자와 비참여자에 비해 두드러지게 높은 참여도를 보여주며, 향후 참여의향에서도 더 적극적인 관심을 보여준다. 사회적 관계망(네트워크)에서도 돈 빌려줄 사람이나 얘기할 상대가 있다는 대학생의 자원봉사 참여도가 그렇지 않은 학생들의 참여도에 비해 커다란 차이를 보여준다.

〈표 6-11〉 대학생 자원봉사자의 특성: 여성 주도, 단체활동 중요

	자원봉사자	향후 참여의향 있음
남학생	21%	61%
여학생	33	76
단체활동자	34%	78%
비활동자	11	55
돈 빌려줄 사람		
있음	30%	74%
없음	23	62
얘기할 사람		
있음	28%	71%
없음	17	49

자료: 통계청(2011) data file 분석. N=1,247.

(3) 직장인

15세 이상 직장인의 자원봉사 참여율은 전체 평균(17.6%)보다 다소 높다(21.7%). 많은 기업들이 '사회적 책임' 차원에서 시행하는 '사회봉사' 활동에 직장인 참여가 확대된 결과로 보여진다. 참여도에서 남녀 차이는 거의 없지만, 학력과 소득 수준별 차이는 뚜렷하다. 단체활동을 하는 직장인이 그렇지 않은 직장인에 비해 더 많이 참여하고 또 향후 자원봉사활동에도 더 많이 참여할 의향을 보여준다. 자원봉사 참여율은 직업유형별로도 차이가 뚜렷해, 관리직과 전문직 참여가 높고, 노무직과 농림어업직 참여가 비교적 낮다.

특히 연령별 자원봉사 참여도 차이가 많다. 15-19세 참여율이 가장 높으며, 25-34세에 가장 저조하며, 이후 40대 중반까지 높아지다가, 이후 장년층에 가서는 점차 위축된다.

〈표 6-12〉 직장인 자원봉사자 특성: 학력, 소득, 단체참여

	자원봉사자	향후 참여의향 있음
초졸 이하	9.7%	23.0%
중학 졸업	24.6	46%
고교 졸업	24.6	50.3
전문대 졸업	20.5	53.5
대학 졸업	23.0	57.5
대학원 졸업	28.2	65.0
100만 미만	12.3%	26.5%
100-200	16.9	40.6
200-300	21.5	49.1
300-400	23.9	56.0
400-500	27.1	58.1
500-600	31.0	62.7
600+	33.0	64.0
단체활동자	26.8%	57.3%
비활동자	16.5	39.4
관리자	30.8%	61.9%
전문가 및 관련직	25.6	60.0
사무종사자	24.6	56.6
서비스 종사자	21.5	51.2
판매종사자	22.6	49.9
농림어업숙련직	14.3	25.3
기능 관련직	20.3	46.8
기계조작/조립	21.6	46.4
단순노무직	17.4	39.3

자료: 통계청(2011) data file 분석. N=20,459.

〈그림 6-5〉 직장인 연령별 자원봉사 참여율: 2011년

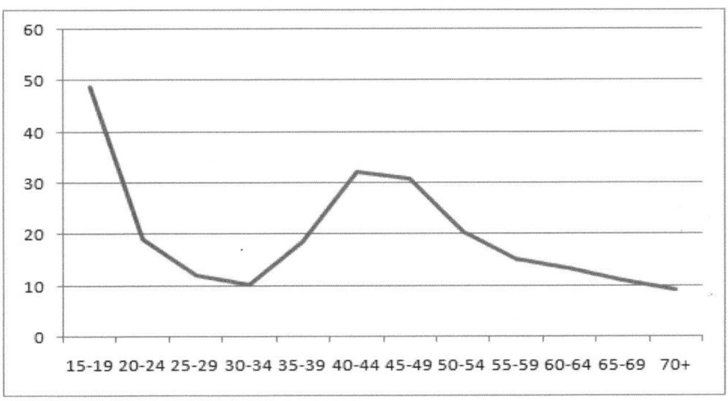

(4) 공직자

공직자의 자원봉사 참여율은 27.3%로 전체 평균(17.6%)보다 훨씬 높다. 이는 정부기관에서 '사회적 책임' 차원에서 시행된 '사회봉사' 활동에 공직자들의 참여가 확대된 결과를 보여준다. 연령별 차이가 두드러지게 나타나며 40대가 가장 많이 참여한다. 20대 18%, 30대 16%, 40대 46%, 50대 이상 23%로 나타난다. 특히 학력별 참여의 차이도 뚜렷해, 학력이 높을수록 많이 참여한다. 소득수준별 차이

〈표 6-13〉 공무원 자원봉사자의 특성

	자원봉사자	향후 참여의향 있음
남자	29.2%	57.4%
여자	23.3	47.7
20–29	18.4%	50.0%
30–39	30.0	53.3
40–49	42.6	63.6
50–59	30.0	58.0
60세 이상	10.0	25.2
초졸 이하	5.0%	16.8%
중학 졸업	14.6	41.5
고교 졸업	30.7	54.0
전문대 졸업	30.8	59.1
대학 졸업	29.2	62.2
대학원 졸업	38.1	63.1
100만 미만	11.9%	26.7%
100–200	17.5	41.2
200–300	21.9	55.1
300–400	27.7	60.1
400–500	39.1	60.9
500–600	35.3	68.2
600+	40.2	62.3
단체활동자	34.1%	64.0%
비활동자	20.0	34.8

자료: 통계청(2011) data file 분석. N=886.

도 뚜렷해서, 소득(직급)이 높을수록 많이 참여한다. 단체참여활동이 많은 공직자들이 참여도 높고, 참여의지도 강하다.

(5) 베이비부머

베이비부머(1958년-63년생)의 자원봉사 참여율(15.6%)은 전체 평균(17.6%)에 비해 낮다. 입시, 취업 등 심한 경쟁을 거쳐온 베이비부머의 특성상 타인과 공동체를 위한 나눔활동과 사회참여 활동이 비교적 저조한 것인지, 분석이 필요하다. 남녀 차이는 없지만, 연령별, 학력과 소득수준별 차이는 뚜렷하다. 단체참여활동이 베이비부머의 자원봉사 참여에 결정적으로 중요한 요인으로 볼 수 있을 정도로, 자원봉사자 중 단체참여 활동이 없는 사람은 4.6%에 지나지 않으

〈표 6-14〉 베이비부머 자원봉사자의 특성

	자원봉사자	향후 참여의향 있음
초졸 이하	10.7%	26.6%
중학 졸업	10.9	36.5
고교 졸업	15.2	45.1
전문대 졸업	22.9	60.0
대학 졸업	22.7	58.5
대학원 졸업	29.6	70.7
100만 미만	10.3%	31.8%
100-200	11.0	34.1
200-300	14.5	43.4
300-400	16.8	51.0
400-500	19.7	53.6
500-600	24.8	60.9
600+	27.7	55.4
단체활동자	24.5%	56.1%
비활동자	4.6	30.6

자료: 통계청(2011) data file 분석. N=6,536.

며, 또 향후 참여 의향도 비교적 소극적이다.

(6) 노인층

노인(60세 이상)의 자원봉사 참여율은 남성 7.8%, 여성 6.3%로 큰 차이가 있다. 빈곤, 일자리 부족, 노후준비 미흡, 자원봉사에 대한 인식 부족 등으로 다른 연령층에 비해 두드러지게 낮은 참여율을 보여준다. 60세부터 연령이 높을수록 자원봉사 참여도와 참여의향

〈표 6-15〉 노인 자원봉사자의 특성

	자원봉사자	향후 참여의향 있음
60–64세	11.4%	29.0%
65–69	8.2	20.5
70–74	6.1	11.8
75세 이상	3.3	6.4
배우자 있음	10.0%	22.7%
없음	5.5	12.5
초졸 이하	6.6%	14.2%
중학 졸업	11.2	27.4
고교 졸업	12.7	28.8
전문대 졸업	12.6	27.6
대학 졸업	16.3	35.9
대학원 졸업	25.0	65.0
100만 미만	4.6%	10.4%
100–200	7.9	20.0
200–300	10.0	27.8
300–400	11.0	28.0
400–500	15.0	29.1
500–600	7.0	27.1
600+	8.4	29.6
단체활동자	14.5%	29.6%
비활동자	1.9	9.0

자료: 통계청(2011) data file 분석. N=8,421.

이 저조해진다. 배우자가 있는 노인이 배우자 없는 노인에 비해 참여율도 높고, 향후 참여의향에도 적극적이다. 학력이 높을수록, 소득수준이 높을수록 참여도와 참여의향이 높아진다. 노인층의 참여는 단체참여 활동이 결정적으로 중요하다고 볼 수 있을 정도로, 단체참여를 하는 노인들과 단체참여를 하지 않은 노인들은 자원봉사도 거의 참여하지 않고 있고, 향후 참여의향도 매우 낮게 나타난다.

VII. 자원봉사자 인정과 관리

자원봉사활동에 대해서는 최소한의 인정(recognition)이 필요하다. 자원봉사자의 인정은 앞에서 살펴보았듯이 자원봉사의 기본원칙이 되고 있다. 또 자원봉사자의 관리는 자원봉사자를 지속적으로 활동할 수 있도록 여러 지원을 통해 관리하는 중요한 과정이다. 자원봉사자를 잘 관리하지 못하면 자원봉사자가 활동의 의미나 즐거움을 상실하고 활동을 중단함으로써 자원봉사자 개인뿐 아니라 조직에게도 심각한 문제를 제기한다. 자원봉사자의 관리는 자원봉사자가 어떤 동기에서 참여했든지 자신의 활동이 기대에 어긋나지 않고 의미있는 활동이라는 것을 느끼고 보람을 거둘 수 있도록 지원해주는 다양한 인정으로부터 시작해서 상담과 교육훈련, 활동평가에 이르는 일련의 과정이다.

1. 자원봉사자의 인정

자원봉사활동에 대한 최소한의 인정은 자원봉사자 개인과 자원봉사단체 모두에게 격려와 활력을 갖다 준다. 자원봉사의 활성화를 위해서는 관련 법제정과 제도정비 이외에도 보다 많은 사람들이 자원봉사에 참여할 수 있게 하고, 활동하고 있는 자원봉사자의 활동 지속성을 높이기 위한 다양하고 실질적인 인정 방안과 유인책들을 개발할 필요가 있다.

자원봉사자는 그들의 기여에 대한 감사 또는 보상을 받아야 하는데, 이를 자원봉사 '인정'이라고 한다. 영국자원봉사협회(Volunteering England 2011: 7)는 자원봉사의 개념정의에 "자원봉사자의 기여를 인정

〈그림 7-1〉 자원봉사자 인정과 보상의 유형

〈——— 비공식 / 공식 ———〉				
정서적 인정	기회	기념품	크레딧	사회적 인정
구두/문서 감사, 감사 편지/카드	교육, 축하, 새 업무	기념 뱃지, 머그 등	할인 쿠폰, 콘서트 표	자원봉사보험 표창, 증명서

자료: Jung 2011: 36.

해야 한다."며 인정을 기본원칙으로 중시한다. 자원봉사는 어떤 물질적 보상도 바라지 않고 오직 정신적 보람만을 추구한다. 자원봉사의 인정은 무보수, 자발성에 의거한 자원봉사의 공익적 가치와 공헌을 사회적으로 인정해줌으로써 자원봉사자의 자기이해를 만족시키고, 이를 통해 지속적인 참여의 의욕을 높이는 데 목적이 있다. 따라서 자원봉사 인정은 자원봉사 활성화를 위해 핵심적인 부분을 차지한다. 원칙적으로 인정은 활동과정에서 이루어져야 하며, 일종의 점수처럼 결과적으로 이루어져서는 안 된다.

자원봉사 인정은 유형별로 공식적, 비공식적 인정, 인센티브로 구분해 살펴볼 수 있다. 〈그림 7-1〉과 같이 공식적, 비공식적 인정과 보상의 유형을 정서적 인정과 사회적 인정, 양극단 사이에 기회, 기념품, 크레딧 등 세 가지를 추가해 예시해볼 수 있다.

1) 공식적 인정

공식적 인정체계는 각종 공식적 증명서(또는 뱃지 등), 인증서, 수상, 공식적 축제 등으로 이루어진다. 원칙적으로 자원봉사자의 노력에 경의를 표한다는 의미를 가지고 있다. 대부분의 자원봉사단체들은 우수한 개인 자원봉사자들을 선정해서 기념행사를 갖는데, 이것이 공식적 인정체계의 대표적인 형태이다. 이를 위해 개인의 자원봉사실적을 관리하고 이에 따라 인증서를 제공하며, 또 조직의 일원임을 증명하는 증명서나 뱃지를 제공하는 것까지를 포함한다.

이런 공식적 인정을 체계적으로 갖추기 위해 지켜야 할 원칙은 다음과 같다(McCurley & Lynch 1996: 122).

a) 자원봉사활동의 인정이 자원봉사자에게 경의를 표하기 위해 실시되는가? 그래서 자원봉사자들이 자원봉사활동 시스템에 포함되어 있다고 느끼며 관리 또는 수혜기관이 자원봉사자에게 감사하고 있다는 것을 느낄 수 있게 하는가?
b) 인정과정이 기계적이거나 진부하지는 않은가?
c) 인정방식이 적합한가? 인정에 드는 비용을 수혜자에게 주는 것이 더 낫다고 생각할 정도의 인정방식은 아닌가?
d) 지역축제와 팀 정체성 형성의 의미를 가지고 있는가?

공식적 인정체계는 공동체의 승인을 원하는 자원봉사자의 요구를 만족시키는 데 목적이 있다. 그러나 그 승인에 사회적 영향력은 없는 것이며 사실상 없어야 하는 것이 원칙이다. 자원봉사의 주요 목적은 다른 사람들을 무보수로 돕는 데 있기 때문이다. 공동체의 승인을 통해 자원봉사자들은 지속적인 봉사활동에 대한 동기를 부여받으며, 자원봉사자를 활용하는 기관에 의해 자원봉사자들이 수행한 업적과 공헌이 인정되고 있다는 느낌을 받게 되는 것이 중요하다.

그러나 이를 위해서는 공식적 인정체계를 가능하게 하는 인프라 구축과 객관적인 기준 마련이 요구된다. 인증서 발급, 개인 자원봉사 실적관리, 수상 등이 일정한 기준이나 체계 없이 이루어질 경우

'공식적' 인정의 의미가 퇴색될 수 있기 때문이다. 또 현실적으로 공식적 인정은 성취적 또는 도구적 동기를 가진 사람들이 기대하는 인정의 형태를 주로 포함하고 있기 때문에 더욱 객관성과 체계성이 요구된다.

자원봉사활동에 대한 인정을 공식화하는 인증 정책은 일부 국가에서 진행되어왔다. 영국에서는 2002년 이후 자원봉사관리 표준화 작업에 힘쓰고 있는데, 이러한 작업 역시 공식적 인정체계의 객관성과 체계성을 높이려는 노력의 일환이라고 볼 수 있다. 외국의 사례는 인터넷 웹 시스템을 중심으로 한 공식적 인정체계보다는 자원봉사관리를 표준화하고 관리자 업무를 체계화함으로써 자원봉사활동 인증의 기준을 활동시간 중심의 양적 기준에서 질적 기준으로, 단선적 평가에서 쌍방적 평가로 이동하려는 경향을 보이고 있다. 다른 한편으로 지역적 차원에서 이루어지는 자원봉사 대축제 형식의 공식적 회합 초대를 활성화하여 공식적으로 지역사회로부터 자원봉사의 업적을 인정받게 하는 노력에 치중하고 있다.

2) 비공식적 인정

자원봉사자와 조직관리자 사이에 일상적으로 이루어지는 모든 형태의 상호작용에서 이루어지는 인정을 '비공식적 인정'이라고 한다. 외국에서는 이러한 인정의 유형이 오히려 더 강력한 효과를 발휘한다고 추천한다(McCurley & Lynch 1996: 123). '비공식적 인정'에는 다음과 같은 것들이 포함된다.

- 고맙다고 말하는 것
- 자원봉사 활동에 영향을 미치는 결정과정에 자원봉사자 자신을 포함시키는 것

- 자원봉사자 가족에 대해 묻고, 그들의 생활에 대해 관심을 가지고 상담해주는 것
- 자원봉사자가 실무자가 받는 것과 동등한 대우를 받고 있다고 확신해주는 것
- 자원봉사자 가족에게 감사 편지를 보내고, 생일 등의 경조사를 챙겨주는 것
- 교육에 참여할 기회를 줌으로써, 자원봉사자의 기술 증진에 기여하는 것
- 자원봉사자들이 보다 책임 있는 업무를 할 수 있도록 추천해주는 것

이런 '비공식적 인정'의 주된 목적은 자원봉사자들이 칭찬받고 있다는 느낌과 자원봉사단에 소속되어 있다는 느낌을 가질 수 있게 해주는 데 있다. 이는 일상적 상호작용에서 이루어질 뿐 아니라 연말에 진행되는 일련의 축제를 통해서도 이루어질 수 있다. 새로운 자원봉사자 신청자들에게 감사의 카드를 보내고 작은 환송파티를 열어주는 것을 포함하며, 자원봉사 활동의 초기부터 시작되는 것이 바람직하다.

3) 인센티브

마지막으로, 인센티브는 인정의 효과로 간주된다. 인센티브는 크게는 물질적 인센티브와 내적 인센티브로 구분되고, 후자는 다시 유대적, 목적적, 표현적 인센티브 등으로 구분될 수 있다(Rosentraub & Sharp 1981; Alford 2002). '물질적' 인센티브는 현금, 상품 등 만질 수 있는 보상이다. '유대적' 인센티브는 다른 사람과 함께 활동할 수 있

는 기회 및 집단정체성 제공이라는 비가시적 보상으로 멤버십 부여, 회원증 발급 등이 그것이다. '목적적' 인센티브는 조직의 목적에 관계되는 보이지 않는 보상으로, 보다 큰 결정권, 조직결정과정에의 참여 등으로, 자원봉사자에게 주인의식을 갖게 하는 정체성 사안이다. '표현적' 인센티브는 환경보존, 부패감시, 이웃돕기 등 사회적으로 가치있는 일에 참여했다는 개인적인 만족으로부터 비롯된 비가시적 보상을 의미한다.

한국에서는 지금까지 표현적 인센티브, 즉 가치 있는 일에 참여하는 것 자체에서 오는 자기만족감을 사실상 가장 중요한 인센티브로 여겨온 경향이 있다. 그러나 이는 자원봉사활동 동기의 다양성을 무시한 것으로, 이러한 단순한 접근방식은 지속적인 자원봉사활동의 촉진을 방해하고 있다. 특히 '목적적' 인센티브를 확대할 수 있는지가 중요한 사안이 된다. 앞에서 살펴보았듯이, 자원봉사의 참여 동기는 이타주의, 도구주의, 의무감 등 다양하다(Clary et al. 1996, 1998). 자원봉사활동의 동기에 대한 경험적 연구는 한국이나 외국의 경우 모두 이타적 동기 이외에도 경험을 쌓기 위해서, 자기성장을 위해서 등, 도구적이고 이기적인 동기도 포함되어 있다. 자원봉사자의 개별적인 참여 동기를 적절하게 만족시킴으로써 자원봉사활동의 지속성을 높일 수 있도록 인센티브를 강화하되, 자원봉사자의 참여 동기를 반영하여 인센티브의 유형을 보다 다양화할 필요가 있다.

그밖에도 어떤 인센티브가 효과적인가 하는 것은 자원봉사활동이 이루어지는 형태에 따라 달라진다. 개인적 형태의 봉사활동에는 물질적 인센티브나 유대적 인센티브가 효과적이지만 집합적 형태, 다시 말해 활동의 수혜자가 개인보다는 자원봉사자를 비롯한 지역집단 전체일 경우 물질적 인센티브보다는 유대적 인센티브가 더 효과적이라는 것이다. 최근 자원봉사활동의 내용이 사회복지 분야를 중심으로 한 개인적 활동에서 점차 지역사회, 환경보존 등 집합적 활동으로 다양화되고 있는 경향을 고려해서 자원봉사활동의 형태에 따른 효과적인 인센티브 제공 방안도 마련되어야 한다.

기업 등 실용적 조직의 경우는 구성원의 봉사활동을 촉진하기 위해 물질적 인센티브 제공을 선호한다. 반면에 자원결사체 등 유대적 조직들은 사회성이나 지위 등의 보상을 선호하는 경향이 있다. 후자는 물질적 인센티브 제공은 무엇보다도 자원봉사활동의 자발성을 훼손하기 때문에 인정의 수단으로 적절하지 않다고 평가한다. 유대적 조직의 경우는 실용주의적 조직과는 달리 인정이나 인센티브의 효과가 양적인 결과에 못지않게 자발적 참여의 촉진 여부에 의해 평가되기 때문이다.

최근 한국에서는 인정과 인증에 관한 적지 않은 논란이 일고 있다. 자원봉사센터들이 물질적 인센티브 도입을 본격화함으로써 물질적 인센티브의 가능성과 한계에 대한 논쟁이 본격화된 것이다. 물질적 인센티브 도입을 찬성하는 입장은 지금까지 자원봉사에 대한 인정이 상대적으로 소홀했다는 반성으로, 시간관리나 마일리지 제공 등의 방안을 통해 지속적인 자원봉사활동을 위한 자기동기 부여를 제도적으로 뒷받침하려는 노력이 필요하다고 지적한다. 물질적 인센티브는 우려하는 바와 같은 부작용보다는 자원봉사자의 초기 참여를 유도하는 효과와 자원봉사활동의 지속성을 높이는 효과가 더 크다는 것이다. 일정한 시간이 지나면 물질적 인센티브를 받기 위해서보다는 자원봉사활동의 정신을 이해하거나 자기만족을 위해 지속적인 자원봉사활동에 참여하게 된다는 현실적 효과를 홍보한다.

반면에 물질적 인센티브의 본격적인 도입을 반대하는 입장은 무보수성, 자발성 등 자원봉사의 기본정신을 강조한다. 물질적 인센티브가 도입될 경우 이러한 원칙이 훼손될 가능성이 크다는 것을 지적한다. 한국의 경우, 권위주의 정권 시절의 '동원적' 봉사활동이 이뤄지던 시기에서 벗어나 이제 '참여적' 자원봉사의 중요성이 인식되는 단계라는 특수성이 있다. 이 특수성은 현실적 효과보다는 자발성의 원칙에 충실할 필요가 있다는 것을 암시한다. 또 물질적 인센티브 제공의 본격적인 도입에 따른 현실적인 부작용도 우려하고 있다. 따라서 자발성을 훼손하지 않는 범위에서 필요할 경우 활동에 필요한 실비 정도의 최소한 지원이 적합하다고 볼 수 있다.

물질적 인센티브 도입 논의가 가져온 긍정적 효과는 자원봉사자에 대한 적절한 인정과 인센티브가 필요하다는 인식의 전환을 가져왔다는 점이다. 지금까지는 금전 제공과 결합되었던 관변단체의 동원적 자원봉사에 대한 반대급부로, 1990년대 이후 내적 인센티브만을 유일한 인센티브로 생각해서 상대적으로 자원봉사자에 대한 인정을 경시하였으며, 이는 자원봉사활동의 지속성을 약화시키는 결과를 낳았다는 반성을 하게 된 것이다. 그러나 인센티브 제공의 중요성에 대한 인식이 물질적 인센티브로 귀결되는 경향은 우려할 만하다.

물질적 인센티브 이외에 유대적 또는 목적적 인센티브 유형에 대해서는 상대적으로 소홀히 다뤄지고 있다. 그 원인은 무엇보다도 자원봉사 관리기관의 운영 현실에 있다. 첫째, 물질적 인센티브는 관주도적 자원봉사활동 관리를 유지하면서도 병행할 수 있는 인센티브 유형이지만, 다른 인센티브 유형들은 자원봉사자의 적극적 참여와 동아리 구성 등, 풀뿌리 민주주의 운영의 원칙을 반영해야만 가능하다. 사실상 자원봉사 관리기관들이 이러한 민주적 운영을 제대로 도입하고 있지 못하다는 데 문제가 있다고 볼 수 있다. 유대적 또는 목적적 인센티브는 자원봉사 관리기관 운영의 민주화를 필수적으로 요구한다. 둘째, 자원봉사 관리기관의 어려운 운영 현실과 밀접하게 관련되어 있다. 자원봉사 관리기관이 다양한 차원을 고려한 인증체계를 뒷받침할 인적, 제도적 기반을 갖추지 못하고 있기 때문에 상대적으로 단기적인 효과를 갖고 중앙집권적 관리가 편리한 물질적 인센티브 제공을 통해 인증체계를 구축하려고 하는 경향이 있다. 따라서 자원봉사 관리기관의 운영을 민주화하고, 이를 뒷받침해줄 수 있는 인적, 제도적 기반을 정부 차원에서 지원해주는 노력이 필요하다.

효과적인 인센티브 유형들을 선별적으로 제도화하는 데 있어 또 하나 신중하게 고려해야 할 점은 인센티브 유형별 효과가 지역과 계층에 따라 달라질 수 있다는 사실이다. 관변단체 중심의 동원적 봉사활동이 활발했고, 그 경험이 아직도 영향을 미치고 있는 지방으로 갈수록 물질적 인센티브를 원하는 경향이 높다. 게다가 정부 실업대책의 일환으로 각종 공공근로가 제공되면서 자원봉사자들이 공공근로로 빠져나가는 현상이 나타난다. 이는 농촌지역일수록 심각하다. 따라서 '자발성 원칙' 고수가 자원봉사활동의 급격한 쇠퇴를 낳는 결과를 가져올 수 있다고 볼 수 있다.

4) 자원봉사자 인정 방안

이상과 같은 세 유형의 인정에 대해 미국의 촛불재단(Points of Light Foundation)이 제시하는 101가지 인정 방안을 다시 분류해보면 〈표 7-1〉과 같다. 공식적 인정 방법과 인센티브보다는 대부분이 비

〈표 7-1〉 자원봉사자 인정의 방법: 공식적, 비공식적 인정과 인센티브

〈공식적 인정〉

1. 연간 기념행사 2. 우수 봉사자 게시 3. 사전 교육훈련 4. 그룹토론회 5. 추가 임무 제공 6. 언론에 특기 제보 7. 공식 리셉션 8. 타봉사자 교육담당 요청 9. 자문역 활용 10. 직원과 파트너 활동 11. 전문정책활동 제시 12. 정책형성 초청 13. 우수업적 공식 축하 14. 후원기관 새 대표 축하 행사 15. 실질적 교육훈련 16. 모임, 평가회 마련 17. 이 달의 봉사자 선정 18. 활동기간·시간 공식 인정 19. 특이 업적에 특별시상 20. 세심한 오리엔테이션 21. 활동 세부지침 제공 22. 지역사회 차원의 큰 특별행사 23. 봉사활동 공공게시 24. 신문홍보 25. 뉴스레터에 알림 26. 기관에 관한 공식 오리엔테이션

〈비공식적 인정〉

27. 의견함 설치 28. 활동보고서 요청 29. 직원모임 초청 30. 팀훈련 초청 31. 수혜자 평가 요청 32. 좋은 계획 수립 33. 사전 준비 철저 34. 지속적 기록관리 35. 외부에 칭찬 편지 36. 스마일 37. 커피 바 설치 38. 음료 제공 39. 생일카드 보내기 40. 개인 애로사항 인지 41. 기쁜 표정 42. 봉사자 가정에 추수감사절 카드 보내기 43. "좋은 아침" 인사 44. 이름을 기억해 인사하기 45. 자기확신 개발 지원 46. 시간을 내서 설명 47. 자상한 언어 48. 기관 임원과 대화 49. 봉사자의 감성 존중 50. 일의 성취력 독려 51. 일 이외에도 관심 52. 다과 파티 53. "좋은 오후" 인사 54. 봉사자 선호 존중 55. 안락한 분위기 조성 56. 직원 휴식시간에 초청 57. 봉사자 의견 존중 58. 따뜻한 차 제공 59. 지속적인 격려 60. 편안한 대화 61. 직원의 반감에 보호 62. 상사에게 칭찬하기 63. 발렌타인 선물하기 64. 봉사활동을 직장일과 같다는 직원교육 65. 감사글 보내기 66. 깜짝 커피타임 67. 봉사자 친지에게 칭찬 68. "좋은 저녁" 인사 69. 직원-봉사자 사교모임 70. 진지한 태도 71. 봉사자 개성 존중 72. 연령별 정체성 인정 73. 흥미있는 카드 보내기 74. 오락행사 75. 수혜자 주선 깜짝쇼 76. 봉사자 고용주에 감사 77. "그간 감사" 인사 78. 후원단체에 감사 79. 직원에게 스마일 독려 80. 집단중 개인 존재 인식 81. 안전한 활동조건 유지 82. 연말 카드보내기 83. 스포츠게임 참석 84. 영화관람 85. 야유회 86. "감사" 인사 87. 긴급상황 지원 요청 88. 공공 리셉션 초청 주선

〈인센티브〉

89. 활동비용 지원 90. 할인혜택 알선 91. 봉사자수첩 제공 92. 개인 애로사항 수용 93. 보육서비스 94. 탁아 95. 후원집단에 상패증정 96. 고용기관에 추천 97. 자원봉사교육 참가 지원 98. 자원봉사자 시상 99. 일자리 알선 100. 활동에 필요한 용품 제공 101. 개인개발 지원

자료: POLF(2004)에서 재정리.

〈표 7-2〉 전국자원봉사센터 주요 인정제도

우수 자원봉사 표창, 정부포상 추천	95%
기념품, 활동복, 수첩 제공	81%
전문심화 교육, 워크숍 참석기회	78%
추천이나 추천서 제공	55%
지역 또는 전국 미디어 활용 홍보	54%
국내외 연수, 테마여행 기회	52%
감사, 축하 카드, 연하장, 휴대폰문자	50%
할인쿠폰 제공(할인가맹점 이용)	50%
이달의 모범봉사자, 봉사왕 선정	46%
국내외 행사참석, 보건소 무료 건강검진	44%
자원봉사자 뱃지(활동시간에 따라 금, 은, 동)	37%
자원봉사자(리더) 명함제작, 인증패 증정	37%
상급학교 진학시 경력인정	30%
주차할인권, 복지관, 공공시설 이용료 할인	26%
놀이공원, 공원이용료 할인, 무료티켓 제공	23%

자료: 행정안전부, 2011 전국자원봉사센터 현황, 2012.

공식적 방법이라는 것을 알 수 있다.

한편 한국에서 시행되고 있는 주요 인정방안을 전국의 시도, 시군구 자원봉사센터 현황을 통해 알아볼 수 있다(표 7-2).

2. 자원봉사자의 경험과 정체성

자원봉사자는 활동을 통해 다양한 경험을 한다. 자신의 활동에 대한 다양한 인정과 보상을 경험하며, 자신에게 도움이 되는 긍정적인 경험뿐 아니라 예측하지 않았던 여러 부정적 경험도 겪는다. 이런 다양한 경험을 통해 자원봉사자는 자신의 자유의지로 선택한 자원봉사에 대해 어떤 정체감을 갖고 있는지를 파악해봄으로써, 자원봉사자의 기대와 욕구에 부응하는 관리방안이 모색될 수 있을 것이다.

1) 자원봉사자의 인정

먼저 자원봉사자들은 자원봉사자에 대한 인정방안들에 대해 어떻게 생각하는가? 인정과 보상이 부족하다는 불만도 있지만, 인정과 보상이 많으면 많을수록 좋다는 의견에 일반적으로 부정적인 시각을 갖고 있다. 영국의 전국 조사 자료에 따르면 자원봉사활동의 인정에 대해 자원봉사자들의 의견은 중요하다는 의견과 중요하지 않다는 의견이 양분되어 있다. 설문조사의 결과를 보면, 매우 중요함(13%), 다소 중요함(37%)으로 과반수를 차지하고, 다소 중요하지 않음(33%), 거의 중요하지 않음(17%)으로 나타났다(UKCO 2008: 59). 특히 젊은 층에서는 인정의 중요성이 훨씬 더 높아, 중요함(65%), 중요하지 않음(35%)으로 조사되었다. 경력쌓기 등 도구주의 성향이 강한 청년층은 인정과 보상을 중시하는 것 같다.

또 자원봉사자들이 인식하는 인정의 방식은 다양한 것으로 조사되었는데, 가장 일반적인 방식은 비공식적인 인정에 해당되는 방식들이었다. a) 조직으로부터의 구두 감사인사(73%)가 가장 많은 비중을 차지했고, 다음으로 b) 조직으로부터의 감사장(24%), c) 사람들로부터 선물받음(14%) 등 비공식적 인정이 대부분이었으며, 다음으로 공식적인 인정방식으로는 c) 조직으로부터의 수상 또는 증명서(9%), d) 자원봉사활동의 증명과 추천(5%), e) 언론에 보도(4%), f) 장기 봉사상 받음(2%)이며, 마지막으로 g) 인센티브로 할인 카드 받음(2%)도 있었다(앞글: 60).

2) 자원봉사자의 정체감과 혜택

자원봉사자는 활동을 통해 자원봉사를 다양하게 평가한다. 가장 중요한 것은 자신의 자유의지로 선택한 자원봉사가 자신에게 어떤 의미를 주는지, 어떤 가치가 있고 또 어떤 문제가 있는지, 이른바 정체감에 대한 평가가 중요하다. 이와 관련된 자료는 2011년 볼런티어21의 전국조사 자료를 참고해볼 만하다. 한국 자원봉사자들의 정체감은 자원봉사가 자신에게 얼마나 소중한 활동인지를 〈표 7-3〉과 같이 네 가지 항목으로 측정해볼 수 있다. 자원봉사자의 정체감은 비교적 높은 수준이라는 것으로 알 수 있는데, 이런 정체감이 점차 쇠퇴해가는 것 같다. 자원봉사자들은 자원봉사를 심각하게 생각하지 않고 커다란 의미를 두기보다는 가볍게 부담 없는 즐거운 활동으로 보는 새로운 변화가 있는 것은 아닌지, 조심스런 평가를 해본다.

또 자원봉사자는 활동을 통해 여러 가지 새로운 경험을 하게 된다. 어떤 경험들이 있는지를 자료로 살펴보면, 긍정적 경험뿐 아니라 부정적 경험들도 혼합되어 있다. 아래에서는 영국과 캐나다에서 조사한 자원봉사자의 다양한 경험에 대해 차례로 살펴볼 만하다.

〈표 7-3〉 한국 자원봉사자의 정체감: 2008년과 2011년

	2011	2008
- 자원봉사에 참여할 생각을 자주 한다	75.5%	85.2%
- 자원봉사활동에 참여하지 못하게 된다면 허전한 느낌을 갖게 될 것이다	54.4	68.1
- 자원봉사에 대해 분명한 가치를 갖고 있다	79.2	83.4
- 자원봉사활동은 나의 삶의 일부이다	43.0	52.3

참고: 개인 설문에 대한 복수응답률. 자료: 볼런티어21, 2011.

〈표 7-4〉 자원봉사활동의 개인적 혜택: 영국, 2007

결과를 보며 만족을 느낀다.	97%
봉사활동을 정말 즐긴다.	97
봉사활동은 개인적 성취감을 준다.	88
사람들을 만나고 친구를 사귄다.	86
내가 잘 할 수 있는 일을 하도록 기회를 준다.	83
나의 삶의 경험을 넓혀준다.	82
나의 이기심을 낮춰준다.	72
나의 자아 중심에서 벗어나게 해준다.	69
내가 필요한 사람이라는 느낌을 준다.	67
나에게 확신감을 준다.	66
새로운 기술을 배울 기회를 준다.	61
스트레스를 덜 받게 해준다.	51
육체적 건강을 개선시켜준다.	43
공동체 내에 자리를 마련해준다.	38
고용 전망을 높여주는 기회를 준다.	24
인정받는 자격을 얻는 기회를 준다.	14

참고: 복수응답률. 자료: UK Cabinet Office 2008: 61.

자원봉사자들은 자신의 경험에 대해 다양한 혜택을 받은 것으로 인정하고 있다. 〈표 7-4〉에서 볼 수 있듯이 영국의 자원봉사자들은 활동 결과에 대한 만족감, 즐거움, 성취감, 친구교제를 가장 중요한 혜택으로 생각하며, 활동기회의 획득과 경험 확대 등도 중요한 혜택으로 꼽는다. 그밖에도 탈이기주의, 확신감, 존재의식, 기술습득, 스트레스 해소도 경시될 수 없는 중요한 개인적 혜택으로 간주된다.

3) 자원봉사자의 부정적 경험

또 자원봉사자들은 자신의 경험을 통해 부정적인 감정을 갖기도 한다. 자원봉사자들은 자원봉사활동을 통해 일반적으로 어떤 긍정 또는 부정의 감정 또는 인식을 갖게 되는지를 영국의 2008년 조사 자료를 참고해 정리해 볼만하다. 〈표 7-5〉에서 볼 수 있듯이 각 문

〈표 7-5〉 영국 자원봉사자의 자원봉사활동에 대한 평가

– 나에게 주어진 일들을 나는 잘 담당해낼 수 있었다.	97%
– 나의 노력에 대해 조직에서 감사하고 있다.	95
– 내가 하고 싶은 일들을 하도록 기회를 제공받고 있다.	91
– 나의 업무량에 대해 조직에서는 정당한 기대를 갖고 있다.	84
– 나는 조직의 발전에 영향을 미치는 기회를 갖고 있다.	69
– 나는 일들이 더 잘 조직화될 수 있다고 느낀다.	31
– 나는 상당한 관료주의가 있다고 느낀다.	27
– 내 일을 대신할 사람이 없어 그만 둘 수 없다고 느낀다.	24
– 자원봉사활동이 보수직 노동과 거의 유사해지고 있다.	17
– 조직이 리스크 문제에 너무 과민하고 있다고 느낀다.	11
– 나의 참여활동은 너무 많은 시간을 소모한다.	13
– 나의 도움이 정말 필요한 것이 아니다.	9
– 나는 조직이 어떤 목표를 지향한다고 느끼지 않는다.	8
– 나는 싫증나고 관여할 관심을 잃었다.	6

참고: 복수응답률. 자료: UKCO 2008: 59.

항에 대해 자원봉사자들은 경험에 기초해 긍정적 견해와 부정적 견해를 같이 제시해준다. 긍정적 견해들로는 자신의 역할에 대한 자신감, 조직에서 감사하며 자신에게 기회를 제공해주며 또 자신의 역할에 대한 기대와 조직의 발전에 대한 기여 등은 긍정적인 평가를 받는 주요 항목들이다. 반면에 자원봉사자들은 자원봉사활동의 문제를 비조직화된 업무와 관료주의 문제를 꼽으면서, 자신의 활동이 진정 필요한지에 대한 회의들이 적지 않았다.

나아가 캐나다에서 2010년 조사된 자원봉사자들의 경험에 대한 조사결과를 통해 자원봉사자들이 경험하는 부정적 인식과 개선방안에 관해 정리해볼 만하다(VC 2010: 186). 자원봉사활동에 정치가 개입된데 대한 부정적 시각이 제1순위(30%)를 차지하고, 또 비조직화 문제(24%)와 인정 결여 문제(21%)도 주요한 우선순위에 올라 있다. 그밖에도 인간관계의 문제(13%), 과중한 업무(13%)뿐 아니라 기대했

던 결과를 성취하지 못한 문제(10%), 자원봉사자의 활용 미흡(10%), 지원 결여(7%)과 커뮤니케이션 문제(7%)도 있다.

3. 자원봉사자의 관리

자원봉사자들이 경험하는 부정적 경험들을 최소화시키는 관리방안들은 자원봉사자 관리에서 핵심적인 관리활동이 된다. 자원봉사조직에서 다양한 방법으로 자원봉사자가 겪고 있는 부정적 경험들을 파악해 각각에 대한 관리방안을 모색할 수 있지만, 먼저 자원봉사자들이 제시하는 대처방안에는 어떤 것들이 있는지를 우선 알아볼 만하다.

1) 자원봉사자가 제시하는 개선방안

그렇다면 자원봉사자의 경험을 긍정적인 것으로 만들 수 있는 자원봉사조직의 개선방안에 대해서는 어떤 의견들이 제시되고 있는가? 〈표 7-6〉에서는 먼저 자원봉사자들이 갖고 있는 기술을 잘 활용하고, 자원봉사자들의 평가(피드백)가 결과 평가에 반영될 필요가 있다는 의견이 우선적으로 제시되고 있다. 그밖에도 분명한 역할 제시, 교육훈련의 보충, 추진계획의 융통성, 스탭의 지원도 주요 개선방안으로 제시되고 있다. 또 소수 의견으로는 활동의 독립성, 휴식시간 배려도 있다.

자원봉사활동을 하는 사람들은 자원봉사에 대해 어떤 문제를 지적하며 어떤 평가를 하고 있는가? 또 이슈가 되고 있는 자원봉사자의 자비부담에 대해서는 어떤 상황에 있는가? 한국과 미국의 자료가 없는 가운데 유럽 일부 국가들의 사례를 중심으로 살펴본다.

〈표 7-6〉 자원봉사자 유지를 위한 자원봉사조직의 역할과제

– 기술 활용을 위한 많은 기회 제공	39%
– 활동의 효과를 높이는 많은 피드백	33%
– 역할과 기대에 대한 명확한 설명	30%
– 활동에 필요한 많은 훈련	26%
– 활동계획에 대한 많은 융통성	22%
– 스탭으로부터의 많은 지원	22%
– 활동경비에 대한 환급	18%
– 조직이 제공하는 많은 행사	18%
– 많은 독립성	17%
– 많은 휴식	5%

자료: Volunteer Canada 2010: 189.

자원봉사자들은 자원봉사 일반에 대해 어떤 문제들을 지적하고 있는가? 유럽 9개국의 자료를 보면, 가장 커다란 문제점들은 a) 자원봉사 활동이 조직화되어야 한다(21%), b) 노력만큼 인정이 안 된다(17%), c) 너무 많은 시간이 든다(16%) 등으로 나타나 있다(Gaskin & Smith 1997: 53). 나아가 '자원봉사자에 대한 지나친 기대'(8%)와 '자원봉사자의 자비부담'(8%)도 적지 않은 문제로 꼽히고 있다. 또 다른 주목할 만한 측면은 자원봉사자가 활동에 필요한 경비를 자기부담을 하도록 요청을 받는 경우가 있다는 것이 24% 정도에 달한다는 점이다. 여기에 '가끔 그렇다'는 의견 11%를 더하면 35%에 이르는 자원봉사자가 기관으로부터 자비 부담의 요청을 받고 있다는 것이다.

2) 자원봉사 활용의 장단점

끝으로, 자원봉사 수요기관들이 자원봉사자를 활용함에 따라 얻어지는 혜택과 그에 따른 비용부담 등의 문제를 유럽의 사례를 통해 정리해볼 수 있다. 일반적으로 자원봉사자를 활용하는 기관단체들에 따라 자원봉사자 활용의 효과 또는 혜택이 다양하게 나타날

것이다. 정부 기관들은 무엇보다도 시민참여라는 지방자치의 가치를 높이 사게 될 것이고, 다른 일반 비영리단체들의 경우 인력비용 절감, 업무지원이나 보조 등을 꼽게 될 것이다.

자원봉사자를 활용함으로써 저비용 노동력 활용, 프로젝트 수행 가능, 동기부여와 의욕이 가장 많이 꼽히는 장점들이며, 이어서 기술과 아이디어 제공, 지역사회와 접촉도 가치 있는 효과로 꼽히고 있다(표 7-7).

그렇다면 자원봉사자를 활용함으로써 어떤 문제 또는 부담을 안

〈표 7-7〉 유럽의 자원봉사자 활용에 따른 장단점 비교

	벨기에	프랑스	독일	아일랜드	네덜란드	슬로바키아	스웨덴	영국
〈장점/혜택〉								
저비용 노동력	1	1	7	3	2	2	4	3
동기부여와 의욕	2	2	5	1	3	1	3	1
융통적 인력활용	4	6	–	6	8	–	7	7
기술과 아이디어	3	4	6	5	6	–	6	6
지역사회 접촉	6	5	8	4	4	4	5	4
프로젝트 수행가능	4	3	1	2	1	5	1	2
관리지원 역할	8	8	–	9	–	7	0	–
도덕적 책임	9	7	–	10	8	–	7	–
조직 통제력	9	9	–	8	7	6	10	–
〈단점/부담〉								
봉사자 충원어려움	6	2	–	1	2	2	2	2
까다로운 봉사자	2	4	–	6	7	–	–	6
봉사자 지속관리	7	5	–	3	6	5	3	5
봉사자의 비전문성	1	1	1	2	2	3	4	1
조직에 비용부담	4	3	6	5	4	1	–	3
직원과의 관계	4	7	–	8	5	–	–	7
보험 등 부담	8	9	–	10	–	–	–	7
무책임성	8	6	–	7	8	–	–	7
클라이언트 비밀	7	10	–	9	–	–	–	–

참고: 복수응답률. 각 문항에 25% 이상 비중으로 나타난 것들의 순위.
자료: Gaskin & Smith 1997: 94-95.

게 되는가? 〈표 7-7〉의 하단부에 소개된 항목들을 보면, 자원봉사자의 비전문성이 가장 심각한 문제로 꼽히고 있다. 그만큼 이들 국가들에서는 자원봉사활동이 전문성을 중심으로 크게 활성화되어 있다는 것을 엿볼 수 있는 부분이다. 그밖에도 자원봉사자 충원의 어려움 또 자원봉사자를 관리하는 데 드는 비용부담이 자원봉사기관들이 꼽고 있는 문제들이다.

4. 자원봉사자 관리방안

결론적으로, 자원봉사활동의 중단을 최소화시켜 유지율을 높이기 위해서는 어떤 방안들이 제시될 수 있는가? 이에 대해 미국의 연구자들은 다음 몇 가지 요인들에 초점을 맞춰 몇 가지 관리방안의 틀을 제시한다.

1) 자원봉사활동 유지와 중단

자원봉사자는 여러 이유에서 활동을 중단하는 경우가 적지 않다. 미국의 전국 통계를 보면 자원봉사활동을 지속하는 '자원봉사 유지율'(retention rate)이 2010년 64.5%로, 100명 중 64명만이 작년에 이어 올해에도 자원봉사활동을 지속하는 것으로 조사되었다. 자원봉사활동의 중단은 자원봉사자 개인뿐 아니라 자원봉사조직과 지역사회 또는 대상자들에게도 적지 않은 문제를 야기하기 때문에 자원봉사 유지율을 높이는 관리방안이 중요하다. 일반적으로 자원봉사 유지율이 높은 지역에서 자원봉사 참여율이 높아, 자원봉사자 개인들은 보다 만족스러운 활동을 하며, 이런 자원봉사자들의 지속적인 참여로 지역사회도 사회문제 해결과 사회자본 축적이라는 실질적인 혜택을 받는다.

미국 국가지역사회봉사단(CNCS 2011)에서 제시하는 자료를 분석해 보면, 자원봉사 참여율이 높은 지역은 자원봉사 유지율이 높다는 밀접한 상관성을 확인해볼 수 있다. 〈그림 7-2〉에서 볼 수 있듯이, 51개주 사이의 자원봉사 참여율의 차이는 자원봉사 유지율의 차이로 53% 설명될 수 있는데, 방정식을 보면 유지율 1% 차이는 참여율 0.5% 차이를 낳는다. 자원봉사 유지율이 80%인 유타의 자원봉사 참여율은 44%로 전국 최고이며, 반면에 자원봉사 유지율 49%로 가장 낮은 미시시피의 자원봉사 참여율은 21%에 불과하다.

자원봉사자가 활동을 중단하는 이유는 여러 가지가 있다. 다음 몇 가지를 우선 살펴볼 만하다(Eisner et al. 2009: 34-35).

첫째는 자원봉사자 기술과 직무와의 부조화이다. 가치있고 특별한 기술을 가진 자원봉사자들은 자신들의 기술 수준에 적합한 봉사활동을 할당받기보다는 단순한 노무활동을 하는 경우가 많다. 기업 자원봉사활동 또한 부서나 팀이 집단적으로 일시적 봉사활동을 하

〈그림 7-2〉 자원봉사 유지율과 참여율: 미국 51개주 비교분석

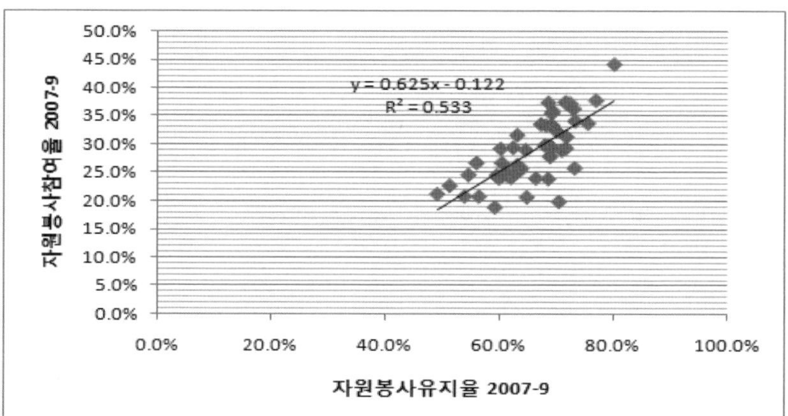

는 데 익숙해 있어, 봉사활동을 마친 자원봉사자들의 만족을 충족시키는 데 미흡하다. 이런 비정기적, 일시적 봉사활동의 경험을 가진 자원봉사자들에게는 자원봉사가 집단으로 하는 일시적 경험에 지나지 않기 때문에 집단적으로 의무를 느끼지 않은 사람들은 자원봉사를 회피하는 경향이 있다고 볼 수 있다. 특별한 기술이나 지식을 가진 사람들의 도움을 필요로 하는 수요기관들이 전문 자원봉사자 모집과 활용을 잘 해야 하는 중요한 이유이다. 또 모집과 직무배치, 수퍼비전에 이르는 과정에서 자원봉사자가 흥미롭게 잘 할 수 있는 일을 하고 있는지를 확인하는 것이 자원봉사자와 조직 모두에게 혜택이 될 수 있다.

둘째는 자원봉사자의 역량에 대한 인식부족 문제가 있다. 자원봉사자를 활용하는 조직들은 자원봉사자의 가치를 존중하는 조직문화를 통해 또한 특별한 행사를 통해 자원봉사자의 가치를 인정하는 것이 중요하다. 자원봉사자의 활동시간을 기록해 자원봉사자의 헌신적 노력을 인정하는 등의 기본적인 인정방식이 중요하다.

셋째는 자원봉사자의 활동시간의 기록 문제이다. 자원봉사활동시간을 기록한 자료를 갖고 있는 조직들은 자원봉사자가 헌신한 시간과 경제적 가치를 측정해, 자원봉사자들이 더 많은 시간과 금적적 기여를 할 수 있도록 관리에 대한 투자를 늘릴 수 있다.

넷째는 자원봉사자와 스탭에 대한 교육과 투자 부족이다. 자원봉사자는 조직에 대한 이해를 스탭들은 자원봉사자에 대한 이해를 높이기 위한 교육이 필요하다. 자원봉사자 충원 책임자와 관리자에 대한 시간과 비용 투자가 필요하다.

다섯째는 강력한 리더십 제공 실패이다. 자원봉사자 교육훈련, 자원봉사가치 등에 대한 조직 리더십의 강력한 실행 노력이 부족하다. 자원봉사는 무보수로 제공되는 일 또는 노동이기 때문에 많은 사람들이 무보수 노동은 가치있는 노동이 아니라는 인식을 갖고 있는 것도 문제이다. 그래서 전문봉사자들에게 관리자, 기금모금자, 법률자문가, 프로젝트 관리자 등의 명칭을 부여하는 것도 중요하다. 또 자원봉사는 좋은 일이지만 반드시 필요한 일은 아니라는 인식도 문제이다. 자원봉사자가 조직이 필요로 하는 특정한 일을 잘 수행하게 되면, 그로 인해 조직이 부담할 비용이 줄고 또 일을 잘 수행할 수 있게 되었다는 것을 밝히는 인정 시스템이 필요하다.

또 자원봉사자의 경험에서 나타나는 조직차원의 관리에 초점을 맞춰 보면, 먼저 자원봉사 활동 중단의 문제를 살펴볼 수 있다. 자원봉사자들이 중도에 활동을 그만두는 이유는 무엇인가? 이에 대한 자료들은 영국 자원봉사자 설문조사와 캐나다와 미국의 자원봉사 조직 설문조사에서 찾아볼 수 있다.

먼저 영국에서 자원봉사자들은 시간이나 건강이나 노령, 이사 때문에 중단하게 되었다는 답이 많지만, 자원봉사조직의 관리의 문제가 될 수 있는 항목들도 적지 않았다. 자신이 맡은 일이 더 필요할 것 같지 않아서, 관심을 잃음, 조직에서 활동시간 증가 요구, 내가 좋아하는 일이 아니라, 조직의 비조직화, 인정 결여 등이 조직의 관리 측면에서 참고할 사항들이다. 영국의 경우, 자원봉사 교육훈련 이수자는 19%에 불과했는데 정기봉사자는 25%, 비정기봉사자는 10%로 많은 차이가 있었다(UKCO 2008: 47-48). 또 자원봉사활동 전에 인터뷰는 19%에 불과했는데, 여기서도 정기봉사자(24%)에 비해, 비정기봉사자(11%)의 인터뷰는 절반도 되지 않았다. 또 자원봉사 직무기술 제공을 받았다는 자원봉사자도 19%에 지나지 않았는데, 정기봉사자는 24%, 비정기봉사자는 12%로 두 배의 차이를 보였다.

한편 자원봉사자가 판단하는 자원봉사자가 판단하는 자원봉사활동 중단의 이유로는 "가정이나 직장 형편으로 시간 여유가 없다."(41%)가 가장 많았고, 다음으로 "더 이상 적합한 활동이 아니기 때문에"(15%), "건강문제나 노령 때문에"(14%), 이사(13%)로 나타났다. 다른 이유들 중에는 "너무 많은 시간 소요"(6%), "관심을 잃음"(5%), "지난 조직에서의 시간요구 증가로 시간 부족"(4%), "나의 봉사활동은 일회성이었다."(4%), "다른 조직에서의 새로운 활동으로 시간 부족"(3%), "내가 좋아 하는 일을 하도록 요청받지 않음"(2%), "조직이 전혀 조직화되지 않음"(2%), "나의 활동은 항시 인정받지 못함"(1%) 등으로 나타났다(UKCO 2008: 66).

다음으로, 캐나다의 경우, 자원봉사조직들이 자체적으로 판단하는 자원봉사활동 중단의 이유들을 소개한다. 먼저 자원봉사자들의 기대 충족이 미흡한 문제가 있지만, 다른 문제들은 관리 부족의 문제들로 제시하는 것이 특징이다. 자원봉사자의 활용과 자원봉사자가 보람을 갖게 하는 관리의 문제뿐 아니라 자원봉사자들 사이의 유대나 직원과의 소통 문제도 지적되고 있다(VC 2010: 201).

- 자원봉사자의 기대와 다른 현실을 경험: 22%
- 자원봉사자 활용을 못함: 17%
- 자원봉사자가 의미있는 기여를 했다는 것을 느끼지 못함: 11%
- 다른 자원봉사자나 직원과의 마찰: 11%
- 자원봉사자의 재능을 활용 못함: 8%.

한국의 경우 자원봉사자 23%가 지난 1년간 중단 또는 더 많이 하지 못한 경험이 있어, 77%는 그대로 유지하는 것으로 나타났다. 중단 또는 더 많이 하지 못하는 이유로는 '개인적으로 바빠서'(66.5%)

가 가장 많았고, 다음으로 '건강상의 문제, 신체적인 문제로'(14.8%), '기관(단체)이나 개인이 활동을 더 요청하지 않아서'(9.2%), "거리가 멀거나 교통" 때문에(4.1%) 등으로 나타났다(볼런티어21, 2011). 개인적인 이유가 대부분이나, 기관/단체/개인이 자원봉사 요청을 하지 않아 중단 또는 더 많이 하지 못하는 경우도 있어 자원봉사자 관리의 문제점을 엿볼 수 있다.

2) 자원봉사활동 유지/중단 요인

자원봉사활동이 유지되거나 중단되는 요인에 대해서는 미국에서의 연구결과를 참고해볼 만하다(Hager and Brudney 2009). 〈표 7-8〉처럼 자원봉사조직들의 설문의 기초로 분석한 결과, 자원봉사자에 대한 인증활동이 활발한 조직에서 자원봉사자의 지속적인 유지 활동이 이뤄지고 있다는 것을 알 수 있다. 소개된 8가지 관리활동 중에서 인증활동이 가장 긍정적인 영향을 미치고 있으며, 또 자원봉사자의 활동을 전문화하는 전문활동 개발 훈련에 대한 투자와 스크린에 의해 자원봉사자의 직무를 소개하는 활동도 긍정적인 영향을 미치는 것으로 분석되었다. 리스크 관리와 보험 적용, 자원봉사 업무를 다루는 직원의 훈련, 문서화된 정책과 직무소개도 중요한 관리업무이지만, 이들은 자원봉사자보다는 조직에 중요한 활동이기 때문에 긍정적 영향과는 관련 없는 것으로 나타났다. 자원봉사자에 대한 조직의 직접적인 관리활동이 자원봉사자의 지속 활동에 중요한 요인들인 것이다. 한편 수퍼비전과 자원봉사자와의 소통도 중요한 관리활동이지만, 통계분석 결과는 자원봉사자의 지속 활동에는 부정적인 영향을 미친 것으로 나타났다. 지나친 업무중심의 수퍼비전이 자원봉사활동의 즐거움을 상실하게 만들어 자원봉사의 지속에도 부정적인 영향을 미친 것으로 보여진다.

자원봉사자에 대한 투자 문제도 주요 관리활동이다. 자원봉사자를 지원하는 기금의 부족 그리고 자원봉사자에 대한 이사와 직원의 무관심 문제를 안고 있는 조직들에서 자원봉사활동의 지속성이 뚜렷히 떨어지는 부정적인 결과를 보여준다. 그렇다고 자원봉사 프로그램에 대한 더 많은 시간을 투자한 조직들이 더 높은 자원봉사자 활동 지속율을 보여주는 것은 아니다. 자원봉사 조직의 문화가 중요하다는 한 요인으로 보여진다.

또 자원봉사자가 조직에 가져다주는 가치와 혜택도 자원봉사 관리 차원에서 중요하다는 것을 알 수 있다. 〈표 7-7〉에서는 자원봉사자가 다른 자원봉사자들을 충원해오는 역량에서 확인되며, 또 자원봉사자가 조직에 다양한 혜택을 주고 있다는 인식에 기초하는 조직들과 대조적으로 자원봉사자의 결석, 신뢰부족, 역량부족 등의 문제를 제기하는 조직들과는 뚜렷한 차이를 보여준다. 자원봉사자의 활동 지속성에서 후자보다 전자에서 두드러지게 높다는 것이 확인된다. 그래서 통계분석에서도 전자에서는 긍정적인 영향이, 후자에서는 부정적인 영향으로 나타난다.

끝으로 조직의 특성에 초점을 맞춰 보면, 조직의 규모에서는 큰 조직보다 작은 조직에서 자원봉사활동의 지속성이 높은 것으로 나타났다. 일반적으로 큰 조직들이 다양하고 전문화된 관리기술을 갖추고 자원봉사활동에 실질적인 도움을 주기 때문에 자원봉사활동의 지속성이 높을 것으로 볼 수 있지만, 실제로는 그렇지 않은 것으로 나타났다. 큰 조직들에 비해 작은 조직들은 자원봉사자가 적기 때문에 조직 차원에서 더 많은 관심을 갖고 더 밀접히 관리할 수 있기 때문인 것으로 볼 수 있다(앞글: 11). 또 24세 이하 청소년들은 다른 연령층에 비해 비정기적이고, 조직이나 직원들과의 밀착성이 적기 때문에 이들이 많은 조직들에서는 자원봉사자의 활동 지속성이 낮은 것으로 나타났다. 또 직원이 많은 조직들이 자원봉사자의 활동 지속성과 어떤 관련이 있는 것으로는 나타나지 않았으며, 끝으로 자원봉사자 충원에 어려움을 겪는 조직들은 일반적으로 자원봉사자의 활동 중단 문제에 더 직면할 것이라는 가설을 입증해준다.

〈표 7-8〉 자원봉사자의 유지에 긍정/부정적 영향을 미치는 요인들

	〈긍정적 또는 부정적 영향〉
〈자원봉사자 관리〉	
자원봉사자 인정 활동	0.09
자원봉사자 전문활동 개발 훈련	0.06
자원봉사자 스크린으로 직무소개	0.06
수퍼비전, 자원봉사자와 소통	–0.13
정책과 직무기술의 문서화	
자원봉사자 담당업무 직원 훈련	
자원봉사활동 안전보호와 보험	
자원봉사자 인원과 시간의 정기적 입력	
〈자원의 투자〉	
자원봉사자 지원을 위한 기금 부족	–0.06
자원봉사자 관리에 대한 시간투자	
자원봉사자에 대한 이사/직원의 무관심	–0.05
〈자원봉사자의 가치〉	
기존 봉사자가 다른 봉사자들을 일대일로 충원	0.11
자원봉사자들이 조직에 주는 다양한 혜택들	0.11
자원봉사자의 결석, 신뢰부족, 작업역량 부족	–0.08
〈기타 조직 요인들〉	
조직의 규모	–0.06
24세 이하 자원봉사자의 비율	–0.36
직원 대 자원봉사자 비율	
자원봉사자 충원 문제 지표(index)	–0.05

참고: 다요인 회귀분석: 수정 R2=0.247(p〈0.01)
자료: Hager and Brudney 2009: 9-10.

3) 자원봉사활동 유지를 위한 관리방안

그렇다면 자원봉사활동 중단을 최소화하고 유지를 위한 관리방안은 무엇인가? 앞에서 서술한 문제점들에 대한 관리방안을 살펴보면 아래와 같다(Eisner et al. 2009: 36-37).

a) 직무 역할 조정: 자원봉사활동이 스탭의 업무를 도와주는 보조적인 역할을 벗어나, 미국적십자사처럼 자원봉사자가 관리자 역할을 수행하며 자원봉사자 관리업무를 맡거나 스탭들에게 수퍼비전을 주는 역할도 수행할 수 있다.

b) 직무 조정: 자원봉사자의 기술과 교육 수준에 적합한 직무를 배정하는 일이 중요하다. 자신의 수준과 많이 차이나는 단순한 업무보다는 자신의 역량에 적합한 직무부터 점차 수준을 높이는 방향으로 인정하는 방안이 중요하다.

c) 구속력 있는 경험: 자원봉사자의 직무를 점차 업그레이드 시켜주는 일도 중요하다. 자원봉사자는 단순 활동을 반복적으로 수행하는 데 피로감을 느낄 수 있기 때문에 더 도전적인 활동 또는 임무를 부여해주는 것도 활동에 새로운 흥미와 의욕을 갖게 만든다.

d) 자원봉사 교육훈련: 스탭과 자원봉사자가 함께 참여하는 교육훈련을 실시한다.

e) 새로운 테크놀러지: 인터넷 등 온라인 사회적 네트워크를 통한 조직과 자원봉사자 사이에 소통을 넓히고, 자원봉사자들이 조직의 업무와 자신의 업무 관련 정보를 자유롭게 이용할 수 있도록 시스템을 구축한다. 단순 업무 이상으로 다음 업무에 자원봉사자 활용 기회 확대, 이사회의 이사, 전략적 파트너십,

모금과 개발, 조직 개발과 훈련, 마케팅과 커뮤니케이션, 재정관리와 회계, 테크놀로지와 정부체계, 법률 카운슬링, 행정지원, 프로그램과 서비스 전달 등도 중요하다.

제2부
자원봉사 제도

VIII. 시민사회와 시민참여

시민사회는 국가(정부)와 시장(기업)으로부터 자율적인 영역으로, 자발적인 시민들의 참여에 의해 시민들의 자율적인 삶의 영역을 개척해가고 있다. 시민사회는 자발적인 시민의 참여에 의존하기 때문에 자원봉사는 시민사회의 기초가 된다. 최근 일련의 지구촌 축제에서도 자원봉사를 시민사회의 기초로 중시하는 논의들이 확대되고 있다. 국제자원봉사협의회(IAVE 2003)는 '보편적 자원봉사 선언문'에서 "자원봉사는 시민사회의 주춧돌"이라 전제하며, "자원봉사가 모든 사람을 위한 평화, 자유, 기회, 안전 및 정의를 추구하는 인류의 가장 숭고한 염원을 실천한다."고 강조한다.

1. 시민참여로서의 자원봉사

자원봉사는 시민들의 자발적인 참여 활동이다. 또 자원봉사는 시민들이 시민사회의 여러 단체들을 통해, 단체들을 위해 조직화된 참여활동이다. 따라서 현대 시민사회의 발전은 자원봉사, 단체참여 등 시민참여에 기초한다.

1) 시민사회와 자원봉사

먼저 자원봉사와 시민사회의 역사적, 철학적 측면을 살펴보면, 프랑스의 석학 토크빌(Alexis de Tocqueville)의 미국 기행문에 담긴 얘기로부터 시작해볼 수 있다. 일찍이 1830년대에 미국사회를 둘러보고 방문기를 역작, 『미국의 민주주의』로 발표했던 토크빌은 "어떤 사업을 주도하는 주체는 프랑스에서는 정부가, 영국에서는 지역유지

기업이 나서지만 미국에서는 단연코 자원봉사단체가 앞장선다."고 지적하면서 다음과 같은 흥미로운 관찰을 소개한다(Tocqueville 2001). "미국인들은 세계에서 가장 특이한 사람들이다. 그들이 어떻게 행동하는지를 얘기하면 아마 믿기지 않을 것이다. 그들 국가의 지역사회에서 한 시민이 어떤 욕구가 충족되지 않은 문제를 갖게 되면, 그 사람은 길 건너 이웃을 찾아가 그 문제를 상의하고 그 다음에는 어떤 위원회가 만들어지고 그 위원회가 바로 그 욕구를 충족시켜주기 위한 기능을 개시한다." 토크빌은 미국인을 공공선에 진정한 희생자며 적극적인 참여자로 이들은 자원봉사단체를 조직해서 학교, 병원, 교회 등을 세우는 관습을 갖고 있다며, 미국식 민주주의는 이런 시민들이 있었기에 가능했다고 설명했다. 결국 그는 시민의 이런 자발적이고 적극적인 참여가 민주주의의 조건이자 결과라는 민주주의 원론을 제시한 것이다. 사실 시민사회의 전통은 미국이 더욱 발전되어 있듯이 각국마다 사정은 여러 면에서 두드러진 차이를 보여준다. 그럼에도 이들 선진사회가 시민사회를 추구해가고 있다는 점에서 공통점을 발견해볼 수 있다. 그 공통점들 가운데 핵심이 되는 것이 시민 자원봉사활동이다.

자원봉사는 시민의 자발적인 참여에 기초해, 시민의 사회적 역할을 활성화시키는 의미에서, '활성적 시민권'(active citizenship)의 실천으로 중시되고 있다. UN 자원봉사단(UNV 2011b: 7)에 따르면, 활성적 시민권은 "시민들이 자신들의 공동체 내부에서 주도적 역할을 수행하는, 국가적 과정 밖에서의 시민행동"을 기술하는 개념으로, 시민들이 자발적으로 "공적 심의, 의사결정 및 서비스 전달 과정에 참여하는" 실천적 의미를 가진다. EU의 보고서(GHK 2010)는 자원봉사가 타인과 공익을 위해 소중한 시간을 기여하는 자발적인 활동으로 지역사회의 소속감과 소유권을 갖게 해, 공동체 생활과 정치생활에서 시민으로서의 적극적인 참여와 행동을 개발하는 강력한 수단이라 강조한다. 유럽연합의 "활성적 유럽 시민권을 위한 미래 프로그램"에 참여한 이해관계자 다수(46.5%)는 프로그램의 목표 달성에 가장 많이 기여할 수 있는 혁신적인 방안을 자원봉사로 제시했다. 그 이유는 자원봉사는 자발성을 가진 능동적인 시민들에 의해 이뤄지므로, 사람들 사이의 신뢰와 유대를 강화시키면서 공공영역의 참여를 증진시키는 활동이며, 또 자원봉사는 다양한 배경과 경험을 가진 참여자들이 서로의 지식과 지혜를 나누며 혁신적인 프로젝트의 개발에 기여하기 때문이라는 것이다.

그렇다면 자원봉사에 대한 시민의식은 어떠한가? 이에 대해 살펴볼 수 있는 자료는 유럽 9개국의 경우 "누구나 평생 어느 때에 자원봉사를 해야 하는 도덕적 책임이 있는가?" 하는 물음에 유럽인 절반가량이 '그렇다'는 동의를 표시하고 있다. 전체 평균적으로 48%가 동의하고, 33%가 동의하지 않는다. 가장 강한 '자원봉사의 도덕적 책임감'을 나타내는 국가는 불가리아로 나타났고, 스웨덴과 영국 국민들은 긍정보다 부정적인 견해를 갖고 있다는 점이 돋보인다. 아래의 자료는 자원봉사자와 비자원봉사자 전체를 대상으로 하는 질문이기 때문에 양자간의 인식의 차이를 엿볼 수는 없다. 보다 상세한 자료에 의하면, 양자간의 차이가 두드러지게 나타나고 있다는 것을 알 수 있다. 자원봉사를 시민의 도덕적 책임으로 생각하는 의견이 자원봉사자 가운데는 60%가 넘고 있지만, 비자원봉사자 사이에서는 44%에 머물러 있다(Gaskin & Smith 1997: 61).

시민의 자발적인 참여를 지향하는 민주사회에서 자원봉사가 시민들의 적극적인 역할로써 시민사회를 건설할 수 있는지를 묻는 문

〈표 8-1〉 자원봉사자와 비자원봉사자의 의식 차이: 유럽 11개국 평균

아래 질문에 대한 긍정의 답변	자원봉사자	비자원봉사자
"누구나 자원봉사를 해야 하는 도덕적 책임이 있는가?"	61%	44%
"정부가 책임을 완수하면 자원봉사 활동은 필요 없는가?"	62%	40%
"자원봉사활동은 시민의 적극적인 역할에 도움을 주는가?"	77%	52%

자료: Gaskin & Smith 1997: 59.

항에서는 전체 62%가 긍정적인 동의를 표시하고, 16%만이 부정적인 반응을 보여준다. 덴마크와 스웨덴 등의 스칸디나비아와 네덜란드 등, "광범한 시민사회"의 시민들이 훨씬 높은 긍정적인 반응을 보여준다. 또 자원봉사자와 비자원봉사자의 차이를 살펴보면, 자원봉사자는 비자원봉사자에 비해 더욱 높은 비율의 동의를 보여준다. 자원봉사자는 3/4 이상이 동의하는 데 비해, 비자원봉사자 1/2 정도만이 동의한다(Gaskin & Smith 1997: 61).

이상의 결과를 자원봉사자와 비자원봉사자로 구분해 살펴보면, 비자원봉사자에 비해 자원봉사자가 정부의 책임과 관계없이 자원봉사활동이 필요하다는 의견이 더욱 강하다.

2) 시민참여와 자원봉사

'시민참여'란 무엇인가? 시민의 참여라는 특정한 주체가 있기 때문에 '시민'에 대해 또 시민의 권리와 의무, 즉 '시민권'에 대해 어떤 시각으로 정의하는가에 따라 참여의 개념은 다양하게 정의되고 있다. 참여의 의미는 참여가 수단인가, 목적인가에 따라서도 다르게 정의된다. 또 참여의 유형, 특히 정부와의 관계에 대해 어떤 시각을 보여주느냐에 따라서도 상이한 개념정의가 있다. 정부정책에 일방적으로 호응하는 수동적 시각부터 정부 정책결정에 참여해서

시민권을 행사하는 적극적 시각에 이르기까지 다양하다.

시민참여의 유형은 다양하다. 투표와 같은 일상생활의 하나로 참여하는 활동이 있고, 촛불시위와 같은 상황에 따르는 비일상적인 참여가 있다. 월드컵 거리응원으로 참여하고, 온라인 게시판에 참여한다. 개인 홀로 참여하거나 단체에 참여하거나 집단행동에 참여한다. 개인의 이해와 욕구 충족의 동기에서 참여하고, 국익이나 공동체의 공익을 위해 참여한다. 자원봉사와 같은 자발적인 참여, 타인의 요청에 응하는 참여, 법을 준수하는 강제성 참여도 있다. 공공서비스를 이용하는 소비자 참여가 있고, 정치와 정책에 영향력을 행사하는 정치적 참여가 있다. 공공시설을 이용하는 소비자로서 선택하는 참여, 유권자로서 투표하는 참여, 학부모로서 학교운영위원으로 활동하는 참여, 환경단체 회원으로 회비를 납부하는 참여, 사회복지관의 무보수 운영위원으로 봉사하는 참여, 노숙자들의 자활공동체를 돕는 참여, 암환자의 암극복을 위한 자조모임의 참여, 부모의 공동육아 참여 등 이루다 헤아릴 수 없을 정도로 무수하고 다양한 참여가 있다.

시민은 왜 참여하는가? 물질적 보상을 받기 위해, 또는 연대적 인센티브나 표현의 수단으로 참여한다. 물질적 인센티브는 금전, 재화, 서비스 등의 수혜를 지칭하며, 연대적 인센티브는 소속감, 정체성, 타인과의 사교 등을 의미하며, 표현적 인센티브는 환경보전, 인권 등의 대의에 동참함으로써 얻어지는 만족감을 지칭한다 (Rosentraub & Sharp 1981). 이 인센티브들은 시민참여의 유형에 따라 다양하게 나타난다고 볼 수 있다.

시민참여는 무엇을 목표로 하는가? 시민참여의 민주적 가치에 대해 논의가 활성화되었지만, 시민참여의 목표에 대해서는 의견의 일치보다는 불일치가 더 지배적이다(Kweit & Kweit 1981: 35). 바하라하(Bachrach 1967: 99)는 루소, 밀, 린제이 등의 정치사상에 제시된 참여는 개인 인간성의 필수적 요소라 보며, "존재로서 인간의 개발은 자신의 행동과 관련된 문제의 해결에 기여하는 기회를 갖느냐에 밀접히 의존한다."고 설명한다. 그럼에도 다른 학자들은 시민참여의 가치가 경험적으로 검증되어야 하는 문제로 본다. 시민참여의 효과가 정치체제에 어떤 영향을 미치며, 시민의 행태와 정책결정에 어떤 긍정적 변화를 주는지를 경험적으로 밝히는 일이 시민참여의 가치를 논의하는 중요한 근거가 된다는 것이다.

시민참여의 목표는 일반적으로 사회의 개혁, 시민행태의 긍정적 변화, 공공정책에 대한 긍정적 영향에 있다고 볼 수 있다. 첫째, 사회의 개혁은 경험적으로 검증하기 쉽지 않다. 따라서 참여의 목표는 "권력의 분배를 통해 저소득층의 정치참여 배제"를 제거하는 일이라고 볼 수 있다. "권력의 재분배는 지배와 피지배의 구분을 없애는 일이 아니라 모든 피지배자들이 지배자와의 상호작용 관계에 균등한 권력 자원을 소유하는 것을 보장하는 일이다"(Kweit & Kweit 1981: 34).

두 번째는 개인 차원으로, 인간으로서의 자아성취가 개인 차원의 시민참여 효과이다. 이는 아리스토텔레스의 정치적 인간상으로, 정치적 인간은 정치에 적극적으로 참여함으로써 인간으로서의 자아를 성취한다고 본다. 소그룹 개인행태 실험에서도 인간은 민주적으로 운영되는 집단에서 더 만족한다고 한다. 또 참여는 정치체제나 사회로부터의 소외의 정도를 줄여주며, 또 시민 개인에 대한 교육의 효과가 있다. 나아가 정부의 활동, 문제 및 갈등에 대한 이해와 정보를 갖게 해주며, 그럼으로써 시민 개인이 정부 정책결정에 필요한 타협안에 대한 이해를 갖도록 해준다. 정부에 대해 보다 관용적이며 신뢰하고 정부결정을 묵인하게 된다는 것이다. 또 시민의 정치참여는 시민의 효능감(efficacy)을 확대시킨다. 참여를 통해 정부를 가까이 느낄 수 있고 정부가 어떻게 기능하는지를 이해하며 신뢰함으로써, 자신이 정부의 결정에 영향을 미치는 능력을 갖고 있다고 확신한다. 또 참여는 정부로부터의 소외를 줄이고 나아가 다른 시민들과 지역사회와의 일체감을 갖게 한다. 참여는 "확고한 목적의식과 자부심 그리고 공동체 의식"을 갖게 한다(앞글: 36).

셋째는 시민참여가 정책의 민주적 발전에 기여한다는 효과이다. 시민참여는 시민이 자신들의 이해관계를 보호하고 자신들이 바라는 요구를 정부로부터 받아내기 위한 수단이며, 참여를 통해 정부에 의사소통을 하는 채널이 된다. 인터넷, SNS 등 커뮤니케이션 도구의 발달로 이런 기능은 더욱 강화될 것이다. 따라서 시민참여는 공공 서비스의 효과성과 효율성을 제고하며 서비스의 질적 향상을 갖다 준다고 볼 수 있다.

시민참여의 목표에 대해 의견이 일치하는 것은 아니다. 그 이유는 각기 다른 목표를 제시하기 때문이며, 또 다른 몇 가지 이유가 있다(앞글: 38). 첫째는 특정한 참여적 경험을 거부하는 것이다. 특정 참여가 순수한, 바람직한 시민참여가 아니라는 이유이다. 시민과 정부가 참여에 대한 기대가 다르다고 볼 수 있다. 시민은 참여를 통해 권력의 재분배를 성취하려 하지만, 정부 관리들은 정부정책에 대한 이해와 협조를 구하는 데 일차적인 목표를 둔다. 또 다른 두 번째 문제는 참여의 목표가 하나가 아니라 복수이기 때문에, 이들 사이의 우선순위의 문제가 제기된다. 예를 들면, 시민들에게 정책결정에 참여하는 권한을 확대해주는 목표는 정책의 효과성과 효율성 목표와 타협되기 어렵다고 볼 수 있다. 마지막은 참여의 경험적-규범적 목표와 관련된 문제이다. 수정민주주의 이론은 구체적인 경험적 목표를 중시한다. 수정이론은 민주주의가 시민의 활성적인 참여 역할에 의존하는 게 아니라 다음 몇 가지에 기초할 것을 강조한다. ① 사회적 다원주의, ② 다양하며 경쟁적인 엘리트와 엘리트의 순환, ③ 민주적 경쟁에 대한 엘리트 사이의 기본적인 합의, ④ 시민에게 공직자 선출에 참여하도록 정기적인 기회를 제공해주는 선거 등이다. 이는 적극적인 시민참여를 중시하는 현대의 다양한 민주주의 이론들로부터 강한 비판을 받고 있다.

시민사회단체 활동은 다양하다. 그것은 시민사회단체의 회원으로 회비를 정기적으로 납부하고 자원봉사자로서의 활동, 때로는 시민사회단체가 주관하는 서명, 불매운동, 시위 등의 직접행동에 참여하는 활동을 망라한다. 여기에서 '시민사회'란 국가(정부)나 시장(기업)으로부터 자율적인 시민참여와 공론의 장이다. 따라서 시민사회의 시각에서 시민참여란 정부나 기업으로부터 자율적이며 정부나 기업의 횡포를 견제하며 감시하는 자발적인 시민들의 조직적인 활동이라고 볼 수 있다.

사회자본(social capital) 이론의 시각에 따르면, 시민사회에 참여하는 시민들의 자율적인 활동은 민주주의의 기본이 되는 사회자본을 생산하는 원동력이 된다. 사회자본은 시민의 자발적인 참여에 의해 생산되는 자본이다. 정치학자 풋남(Putnam) 등은 사회자본이 공공재화로서 영리섹터가 제공할 수 없으며 또 정부의 역할도 한계가 있기 때문에 독특한 시민사회의 영역에서 창출된다고 설명한다. 사회자본은 "조정화된 행동을 유도함으로써 사회의 효율성을 높일 수 있는 신뢰, 규범, 네트워크와 같은 사회조직의 특성들을 의미한다”(Putnam 1993: 167). 또 “사회적, 정치적 신뢰감뿐 아니라 가족, 친지, 이웃의 비공식적 유대에서 조직화된 집단에 정기적인 참여에 이르기까지 모든 종류의 사람들 사이의 사회적 연관들이 반복적인 대면적 상호관계를 갖게 되면 모두가 ‘사회자본’ 개념에 포함된다”(Skocpol 2003: 8).

기부와 자원봉사 또한 사회자본의 원동력이 되며 사회참여의 주요 유형이다. 기부와 자원봉사는 정치이념적으로는 보수주의와 신자유주의 또는 공동체주의가 제시하는 시민권과 시민의 역할에서 중시되는 시민참여 활동이다. 기부와 자원봉사는 정부의 역할을 축소시키고 대신 시민사회의 역할을 확대시켜, 시민들의 자율적인 활동으로 사회문제를 해결하는 참여 유형이다. 또 앞에서 설명한 사회자본 이론들도 기부와 자원봉사를 사회자본의 생산을 위한 소중한 시민참여 활동으로 간주한다. 이는 토크빌(Tocqueville) 이후의 사회자본 이론가들을 중심으로 하는 시민사회 이론의 주류를 형성한다(Skocpol 1999: 12-16; 주성수 2004: 30).

3) 사회기업가정신과 자원봉사

시민사회단체에 참여하는 자원봉사자 가운데 특이한 전문봉사자는 프로보노(pro bono)이며, 프로보노보다 더 넓은 의미에서 사회기업가(social entrepreneur)를 살펴볼 수 있다. 그간 사회문제를 해결하려는 정부나 비영리조직들의 활동은 효과적이지 못해 기대 밖의 실적에 머물러 온 것이 사실이다. 그래서 대부분의 비영리기관들은 비효율적이고 비효과적이며 무호응적이라는 평가를 받아, 샐러먼(Salamon 1994)에 의하면 ‘자원섹터 실패’로 나타났다. 따라서 새로운 조직으로 혁신하는 기업가 전략으로 변해야 하는 시대적 요청을 받고 있다.

사회기업가정신(social entrepreneurship)이란 무엇인가? 사회기업가정신의 의미를 '공동체'에 초점을 맞춰 보면, "사적 개인이나 조직들이 자신들의 공동체에서 사회적 도전들을 해결하는 창안을 수행하는 것"이라 정의할 수 있다(Korosec and Berman 2006: 448). 개인이나 비영리조직들이 공동체의 이해관계자로 공동체와 관계를 맺는 일은 사회기업가정신의 핵심이라고 보는 것이다. 공동체의 쇠퇴 문제는 대부분 이런 사적 개인이나 비영리조직의 역할이 부재해서 공공기관만으로 공동체 개발의 한계가 있다는 이론적 논의가 광범위하게 정착되어 있다. 사회기업가의 존재는 지역문제 해결에 고심하는 지방자치단체에게는 중요한 전략적 이해가 된다(Bornstein 2004; Korosec and Berman 2006). 사회기업가나 비영리조직이 수행하는 기업가 활동은 청소년 약물치료, 미혼모 문제, 공공보건, 환경보호, 공공안전 등 광범위한 지역사회 현안에서 새로운 프로그램과 서비스를 개발해서 더불어 상담과 치료, 봉사활동으로 실천하는 시민참여활동이다. 이런 사회기업가 활동은 비용효과적이며 지역사회에 널리 인식되며 약물치료나 미혼모 문제해결 등 실질적인 문제해결의 효과를 거둔다.

'사회기업가정신' 용어를 사용하기 시작한 것은 최근의 일이지만 그 현상은 오래된 것이다. 어느 시기, 어느 사회에나 새로운 변화와 혁신을 추구하는 시대정신과 사회적 노력, 그리고 이를 주도하는 조직들이 있기 마련이다. 사회기업가정신은 이를 사용하는 사람마다 다소 다른 차이를 보여준다. 어떤 사람은 먼저 영리추구적 활동으로 시작하지만 목표는 비영리적 사회목표에 있다고 보며, 다른 사람은 완전히 비영리적 접근에만 의존하다고 보며, 또 다른 사람은 사익추구적 기업들이 자신들의 활동에 사회적 책임을 통합시켜 사회공헌 활동을 하는 것으로 보기도 한다. 이처럼 세 가지 특이한 시각이 존재한다.

최근 사회적 기업 등 사회적 경제의 활성화를 주목해보면, 성공적인 사례들은 실천적 전문가, 경험이 풍부한 사회기업가, 공동체 활동가들이 주도하는 것이다. 이들은 무보수 자원봉사자로 자신들의 시간을 내서 지역의 일에 헌신하는 인물이다. 이들이 자원을 동원하고, 사람들에게 동기를 부여하며, 충족되지 않은 욕구를 파악하고, 계약을 성사시키고, 측면에서 생각하고 기회를 포착하는 역할을 맡는다. 이들이 해결되지 않는 사회적 문제에 혁신적 해결책을 만들어낸다.

자원봉사자의 참여는 새로운 생산요인이 되고 있다. 더불어 새로운 시장 관계도 형성되고 있다. 전통적으로 복지국가에 의해 제공되던 서비스가 사회적 경제조직들에게 '용역'으로 위임되고, 또 이들 사이에 시장개척의 경쟁이 높아지면서 새로운 시장관계가 형성된다. 결과적으로 보다 효율적인 방식으로 서비스 전달의 질을 높여 고객 만족을 갖다주는 '기업가적' 효과가 발생하고 있다. 사회기업가나 비영리조직이 수행하는 기업가 활동은 청소년 약물치료, 미혼모 문제, 공공보건, 환경보호, 공공안전 등 광범위한 지역사회 현안에서 새로운 프로그램과 서비스를 개발해서 더불어 상담과 치료, 봉사활동으로 실천하는 시민참여활동이다. 이런 사회기업가 활동은 비용효과적이며 지역사회에 널리 인식되며 약물치료나 미혼모 문제해결 등 실질적인 문제해결의 효과를 거둔다.

또 소액대출 기관들이 자원봉사자를 활용하는 사회기업가정신을 주목해볼 만하다. 노벨 평화상을 수상한 유누스 교수의 마이크로 크레딧(micro credit)처럼 기업가 자원봉사자들의 헌신적인 노력으로 빈곤타개와 같은 중요한 사회적 목적을 수행하는 비영리기관들이 빠르게 성장하고 있다. 프랑스의 대표적인 마이크로 크레딧 ADIE는 전국적 네트워크로서 전문 자원봉사자 활동에 기초한다. ADIE는 프랑스 전역에 19개 지방사무국, 119개 안내소 및 380개 상설창구를 두고 있으며, 각 지부는 지역관리책임자와 사전·사후지원 담당자 및 신용위원회를 두고 있다. 직원 400여 명과 자원봉사자 1,100여 명이 활동하고 있는데 이들은 주로 전문직에 종사하는 정년퇴직자로 사례관리자가 소화하기 힘든 분야에서 창업자를 도와주는 역할을 수행하거나, 대출관련 업무를 지원하는 역할을 맡는다. 신용위원회는 해당 지부의 대출담당자가 제출한 대출을 승인하는 업무를 담당하는데, 위원회의 구성원들은 자원봉사자로, 전직 은행가, 법률가, 경영자 등이다. 이 위원회는 매월 수차례의 회의를 통해, 신청된 대출을 5~10건 가량 처리하고 있다. 또 미국의 ACCION USA는 각 지부의 융자프로그램 운영에 필요한 기술적인 지원 및 훈련을 제공하고, 자원개발 활동을 통해 기금을 마련하는 활동을 하며, ACCION 활동에 필요한 자원봉사자와 대학생 인턴을 모집하여 배치하는 역할을 한다.

한국에서도 소액대출 사업은 급성장하고 있다. 일례로 사회연대은행은 기업으로부터 지원을 받아 혼자 창업하는 '기업'이나 두 명 이상의 '공동체'에 일인당 2천만 원의 창업자금을 지원해준다. 정부도 창업 준비금을 지원하며 저소득층 창업을 돕지만, 사후관리가 없기 때문에 경쟁력이 뒤쳐진 이들은 얼마가지 않아 사업을 거두게 되면 사회연대은행을 찾아온다. 그래서 이들을 대상으로 교육도 할 필요가 있지만, 그들이 어떤 상태에 있는지, 신상파악조차 안 되니 창업을 위한 역량강화도 안 된다고 한다. 그래서 도입된 게 전문가 집단의 사후관리 프로그램인데, 전문가 집단은 다양한 사업 아이디어나 노하우 자문을 주는 자원봉사자들이다. 대학 교수, 기업 출신, 자활 관리자 등 다양한 전문가 집단이 3년에 걸쳐 창업의 성공을 책임진다.

한편 글로벌 차원의 대표적인 사례로 '국경없는 은행인'(Bankers without Borders)을 참고해볼 만하다. 이 조직은 그라민재단(Grameen Foundation)의 글로벌 자원봉사재단으로, 약 5,700명의 숙련기술을 가진 자원봉사 활동가와 은퇴자 자원봉사자들로 구성되어 있다. 은행 등 금융 전문활동뿐 아니라 소액금융, 테크놀러지 지원의 기술을 갖춘 자원봉사자들은 2주-4개월간 활동한다. 2008년 사업 개시 이래로 그간 440명의 전문 자원봉사자들이 약 5만 시간의 서비스 지원활동을 수행해, 글로벌 차원의 전문봉사활동의 모범 사례로 꼽히고 있다(UNV 2011a: 36).

2. 시민사회 모델과 자원봉사

자원봉사자의 역할이 이웃과 지역사회의 일에 적극적으로 참여하는 역할을 하는 모델이 시민사회 모델이라고 볼 수 있다. 또 이를 '적극적' 모델로 간주해서, 이와 대조적인 '소극적' 모델과 구분해볼 수 있다.

1) 시민사회 4대 모델

시민사회의 모델은 다음과 같이 적극적 모델과 소극적 모델로 구분될 수 있다. "오늘날 진행되고 있는 자원봉사라는 행동은 서비스 전달이라는 의미에서 비롯된 소극적 행동 모델이라기보다는 자치역량(empowerment)의 경험에서 비롯된 적극적 행동 모델에서 나온 것이다. 후자는 지금까지 다른 사람들이 해왔던 공백을 매우는 일을 하거나 또는 정부나 다른 기관의 재정을 아끼는 일을 하는 활동의 모습을 보여주며 '선행'을 하는 일로 표현될 수 있다"(Bell 1999: 27). 이처럼 전통적인 '서비스 전달' 모델에서 자원봉사활동은 사회적으로 지위가 높거나 더 많이 배우고 더 많이 가진 자들이 그렇지 않은 사람들에 대해 일반적으로 베푸는 형태의 자선적 의미를 강하게 내포하고 있다. 그렇지만 자원봉사활동의 현실은 정부의 역할과는 직접적으로 관계없이, 시민의 도덕적 의무감에서 시민사회를 건설해가는 '시민사회' 모델이 되고 있다. 다시 벨(Bell 1999: 27-8)의 설명에 의하면, "적극적 모델은 변화의 필요성을 인식하고 개인이 사회를 변화시키고 기여할 수 있다는 확신으로 충분한 자치역량을 가진 개인을 갖고 있기 때문에 민주적 자유의 환경에서 가장 고귀한 가치를 가진 행동의 자유를 표현해주고 있다. 이 모델이 오늘날 가장 광범위하게 실천되고 있는 자원봉사 모델이다."

또 이런 '적극적 모델'은 서구 사회에만 국한된 모델이 아니라 지구촌 전체가 같은 방향으로 추구하는 '글로벌 모델'로 발전되고 있다. 물론 국가간의 차이는 어느 정도 뚜렷하지만 마치 시민사회가 '지구적 시민사회'(global civil society)로 지구화되는 동향과도 같다고 볼 수 있다. "중앙유럽과 동유럽에서, 아프리카, 중동, 남미 그리고 아시아태평양 지역에서 자원봉사자의 강력한 평화운동이 넘쳐나며, 특히 거의 모든 청년 세대들이 전쟁 또는 억압을 종식시키는 요구를 했던 결과, 오늘날 자원봉사활동은 어떤 일에 대한 수동적인 대응이 아니라 광범위한 다양한 대의들을 추구하는 적극적인 요구가 되고 있다"(앞글: 29).

나아가 시민사회 연구자들은 시민사회 모형을 몇 가지로 구분한다. 사실 각국의 시민사회의 특징을 자원봉사와 시민사회의 관계에 초점을 맞춰 보면 유용한 분류법이다. 아래와 같은 4대 모델의 특징과 이에 해당되는 국가들의 분류를 정리해볼 수 있다(De Hart & Dekker 1999: 77).

a) "활성적 시민사회"(active civil society)는 시민의 단체 멤버십 활동이 매우 광범위하고 또 자원봉사가 매우 적극적으로 활성화되고 있는 사회이다. 그렇기 때문에 많은 자원봉사 인구를 갖고 있고 이들의 자발적인 활동으로 타인에 대한 신뢰와 정부에 대한 신뢰가 매우 높은 수준에 있는 시민사회를 지칭한다.

b) "광범위한 시민사회"(broad civil society)에서는 시민의 단체 멤버십 활동이 매우 광범위하고 또 자원봉사 활동은 비교적 높은 수준에서 활성화되고 있다. 그렇기 때문에 비교적 많은 자원봉사 인구를 갖고 있고, 이들의 자발적인 활동으로 타인에 대한 신뢰와 정부에 대한 신뢰가 비교적 높은 수준에 있는 시민사회를 지칭한다.

c) "중간형 시민사회"로서, 시민의 단체 멤버십활동과 자원봉사 활동이 보통 수준에 머물러 있다. 타인에 대한 신뢰도, 정부에 대한 신뢰도 역시 중간수준에 머물러 있다.

d) "엘리트 시민사회"(elitist civil society)는 시민의 단체 멤버십 활동이 소수 엘리트 중심으로 활성화되어 있고, 일반 시민에까지 활성화되어 있지 않은 사회로서 자원봉사 활동 또한 저조한 수준에 머물러 있다. 또 타인에 대해서나 정부에 대해서도 신뢰도가 매우 저조한 사회로 분석되고 있다.

2) 시민사회 모델과 자원봉사

이상과 같은 네 가지 모델의 의미에 대해서는 경험적 자료들을 통해 검증해볼 수 있다. 〈표 8-2〉에서 볼 수 있듯이, 단체의 멤버십과 자원봉사가 밀접한 관련을 갖고 있다는 것을 알 수 있다. 서구 15개국이 a) 활성적 시민사회, b) 광범위한 시민사회, c) 중간형 시민사회, d) 엘리트 시민사회로 비교적 명확하게 구분해볼 수 있다. 자원봉사가 단체 멤버십과 밀접한 관계를 가지면서 '활성적'이거나

〈표 8-2〉 서구 시민사회 4대 모델과 단체 멤버십 및 자원봉사 활동

	단체 멤버십(순위, %)		자원봉사 참여율(순위, %)	
	1990	2011*	1990	2011
〈활성적 시민사회〉				
미국	6(72%)	–	1(46%)	1(43%)
캐나다	8(65)	–	3(43)	5(34)
아이슬란드	1(89)	1(66)	2(44)	8(26)
〈광범위한 시민사회〉				
네덜란드	2(85)	3(50)	6(36)	4(37)
덴마크	4(81)	4(48)	9(26)	10(24)
노르웨이	4(81)	–	5(37)	2(38)
스웨덴	2(85)	2(55)	4(39)	14(11)
〈중간형 시민사회〉				
영국	10(53)	9(26)	13(22)	9(28)
아일랜드	11(49)	6(30)	9(26)	2(38)
프랑스	12(39)	7(28)	12(23)	7(27)
독일	7(67)	5(43)	7(30)	10(26)
벨기에	9(57)	7(28)	8(28)	10(26)
〈엘리트 시민사회〉				
이탈리아	13(35)	10(22)	11(24)	13(14)
스페인	15(20)	11(12)	15(7)	12(18)
포르투갈	14(32)	12(6)	14(18)	15(10)

참고: *단체에서 활동적이거나 자원봉사 활동자 비율(Eurobarometer 2012).
자료: 1990년 De Hart & Dekker 1999; 2011년 CAF 2011.

'광범위한' 시민사회에서 가장 활성화되고 있는 것이다.

나아가 자원봉사단체의 인구대비 비중을 높음, 보통, 낮음으로 구분하는 EU 연구를 참고해보면(GHK 2010: 83-4), 일반적으로 〈표 8-2〉에 소개된 시민사회 모델에 거의 일치한다. 활성적 시민사회 국가들을 제외하면, 자원봉사단체의 조직화 수준은 광범위한 시민사회에서 높음, 중간형 시민사회에서 보통, 엘리트 시민사회에서 낮음으로 나타난다. 일부 국가들의 자료를 살펴보면 ① 광범위한 시민사회에 해당되는 네덜란드, 덴마크, 핀란드, 스웨덴에서 높고, ② 중간형 시민사회에 해당되는 영국, 아일랜드, 독일, 벨기에는 보통 수준으로, ③ 엘리트 시민사회인 그리스, 이탈리아에서 비교적 낮은 수준으로 나타났다. 예외적으로 프랑스는 높음, 스페인은 보통 수준으로 나타났다.

3) 시민참여와 자원봉사

한편 시민 자원봉사활동이 활성화되어 있는 아이슬란드, 네덜란드, 덴마크, 노르웨이, 스웨덴 등지에서 타인신뢰와 정부신뢰가 상대적으로 높은 것으로 조사되었다. 또 〈표 8-3〉의 하단부에는 유럽의 사례를 살펴보면, 자원봉사활동을 중심으로 하는 정치참여와 사회참여와 타인신뢰 및 정부신뢰가 서로 밀접한 상관관계가 있다는 통계적 결과가 소개되어 있다.

정치참여와 사회참여, 시민불복종에 대해 자세히 살펴보면, 이들은 시민 자원봉사와 직접적으로 관련되어 있고, 또 위의 타인신뢰와 정부신뢰와 밀접한 상관관계를 보여준다.

'정치참여'란 아래의 단체에 소속되어 있거나 자원봉사활동을 한 경험이 있는 경우를 의미한다. 선거 등의 전통적인 정치활동이 아

〈표 8-3〉 유럽의 시민참여(자원봉사)와 신뢰 및 시민불복종: 4대 모델 비교

	정치참여	사회참여	타인신뢰	정부신뢰	시민불복종
〈활성적 시민사회〉					
아이슬란드	70(1)	51(3)	44(7)	53(3)	55(1)
〈광범위한 시민사회〉					
네덜란드	52(5)	70(1)	53(4)	49(5)	46(4)
덴마크	63(3)	47(6)	58(3)	55(2)	38(2)
노르웨이	56(4)	54(2)	65(2)	58(1)	48(3)
스웨덴	69(2)	48(4)	66(1)	44(9)	26(9)
〈중간형 시민사회〉					
영국	29(9)	31(9)	44(6)	44(8)	42(5)
아일랜드	20(10)	38(8)	47(5)	50(4)	49(2)
프랑스	16(12)	28(10)	23(13)	45(7)	22(13)
독일	33(6)	47(5)	38(8)	46(6)	30(8)
벨기에	31(8)	39(7)	34(11)	36(11)	23(12)
오스트리아	32(7)	28(11)	31(12)	40(10)	19(14)
〈엘리트 시민사회〉					
이탈리아	17(11)	22(12)	35(10)	23(14)	40(6)
스페인	8(14)	13(14)	36(9)	33(12)	24(10)
포르투갈	11(13)	21(13)	22(14)	31(13)	24(11)
정치참여와의 상관관계			0.78	0.67	0.44
사회참여와의 상관관계			0.70	0.73	0.55

자료: Dekker et al. 1998.

닌 단체와 활동이 더 많다는 것을 알 수 있다. 정당이나 정치적 단체, 제3세계 개발 혹은 인권 관련, 환경 혹은 생태계 보전, 평화운동, 동물의 권리, 노동조합, 전문단체 활동 등이다. 〈표 8-3〉에 나타난 조사결과를 보면, '활성적'이거나 '광범위한' 시민사회에서 정치참여가 높은 수준에 있고, '중간형'에서는 대체로 중간 수준을 유지하고 있으며, 반면에 '엘리트' 시민사회에서 가장 저조하다.

또 '사회참여'란 아래의 단체에 소속되어 있거나 자원봉사활동을 한 경험이 있는 경우를 의미한다. 노인, 장애인, 혹은 빈곤소외층에

대한 사회복지 서비스, 교육, 예술, 음악 혹은 문화 활동, 청소년 활동(스카웃, 가이드, 클럽 등), 스포츠나 레크리에이션, 보건 관련 봉사단체 등이다. 〈표 8-3〉에 나타난 조사결과를 보면, '활성적'이거나 '광범위한' 시민사회에서 사회참여가 높은 수준에 있고, '중간형'에서는 대체로 중간수준을 유지하고 있으며, '엘리트' 시민사회에서 가장 저조하게 나타난다.

한편 '시민불복종'이란, "정부가 정의롭지 않은 법률을 제정했을 경우, 나는 그것에 대해 아무 것도 할 수 없다"는 견해에 동의하지 않는 사람들의 비율을 지칭한다. 그렇다면, 여기에서도 시민사회 4대 모델에 따른 분류가 의미있는 차이를 보여주는가? 먼저 통계분석 결과, 시민불복종과 정치참여, 사회참여의 관계가 약하지만 유의미한 상관관계를 보여준다.

3. 시민사회를 통한 자원봉사

자원봉사는 주로 시민사회에서 이뤄지는 활동이므로 시민사회가 자원봉사활동의 기반이라는 것은 경험적 분석에 의해 검증되고 있다. 먼저 자원봉사활동이 어느 정도 시민사회단체를 통해 이뤄지고 있는지를 알아보고, 자원봉사자의 시민사회단체 활동, 그리고 자원봉사활동이 이뤄지는 주요 시민사회단체 등으로 살펴볼 수 있다.

1) 자원봉사자와 비자원봉사자

또 자원봉사자와 비자원봉사자는 사교적 활동과 단체활동에서 뚜렷한 차이를 보여준다. 사회자본의 차이라고 볼 수 있다. 비자원봉사자에 비해 자원봉사자가 봉사단체, 지역시민단체, 전국시민단

〈표 8-4〉 한국 자원봉사자와 비자원봉사자의 단체활동

	자원봉사자	비자원봉사자
〈공익단체〉		
봉사단체	13.1%	2.3%
지역 시민단체	6.4	2.5
전국 시민단체	2.7	0.8
종교성 가입단체	12.2	10.0
학교모임	6.9	6.7
〈친교단체〉		
계모임	20.6	31.3
동창회	18.3	25.6
스포츠/취미단체	8.5	10.1

자료: 볼런티어21, 2002.

체, 종교단체 등 공익단체 활동을 많이 하고 있고, 비자원봉사자는 공익단체 활동보다는 계모임, 동창회, 직장단체, 스포츠와 취미단체 등 친교단체에서 더 활동적이다.

단체활동 경험에서 자원봉사자는 비자원봉사자로부터 구별되는 특성을 잘 보여준다. 학생회, 종교단체, 청소년단체 경험에서 자원봉사자는 비자원봉사자에 비해 두 배 가량 높은 경험을 보여준다(그림 8-1).

〈그림 8-1〉 자원봉사자와 비자원봉사자의 단체활동 경험 비교

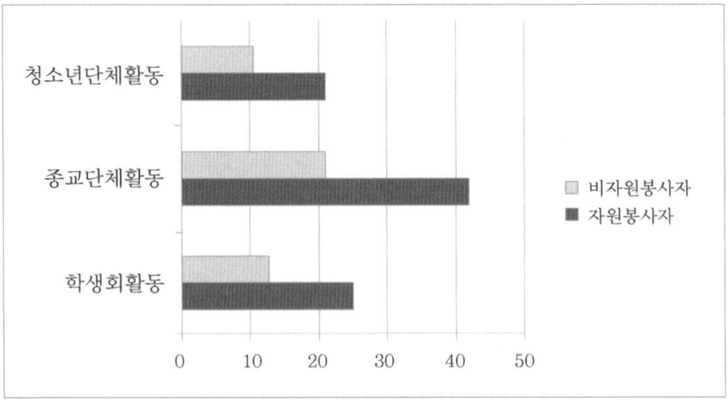

〈표 8-5〉 한국인 자원봉사자와 비자원봉사자 친교활동 비교

	자원봉사자	비자원봉사자
〈친교활동〉		
1) 부모·친척과 함께	95.9	93.0
2) 이웃과 함께	86.9	81.4
3) 친구들과 저녁	92.9	89.3
4) 직장/사회단체 친구와 친교	67.6	52.3
5) 종교기관 친구와 친교	57.2	63.8
6) 봉사/서비스기관 친구와 친교	66.1	6.8
7) 운동/취미활동 친구와 친교	55.2	36.3
8) SNS활동(페이스북 등)	21.8	15.3

참고: 친교활동은 시간을 함께 보내는 것으로 주1회 이상, 월 1-2회, 일 년에 몇 번 등.
자료: 볼런티어21, 2011.

나아가 〈표 8-5〉에 제시된 사회적 친교활동의 자료를 보면, 자원봉사자는 비자원봉사자에 비교해 종교기관 친구와의 교제를 제외한 모든 친교활동에서 더 적극적이다.

또 이웃돕기 경험에서도 자원봉사자와 비자원봉사자의 차이는, 특히 아는 이웃이나 모르는 이웃돕기에서 두 배 이상 두드러진 차

〈그림 8-2〉 자원봉사자와 비자원봉사자의 이웃돕기 비교, 2011년

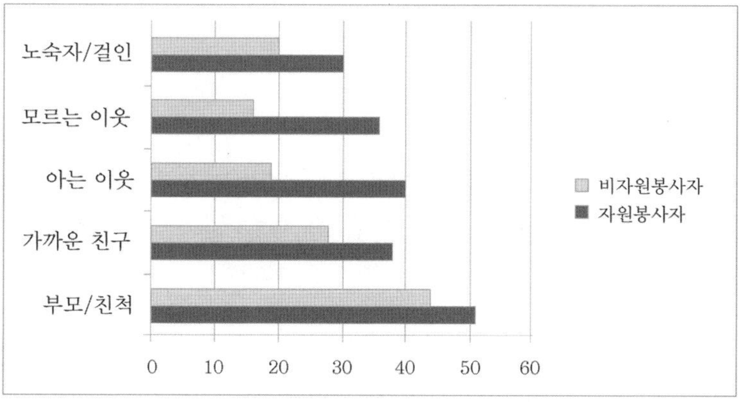

이를 보여준다(그림 8-2).

2) 단체를 통한 자원봉사활동

한국인의 자원봉사활동은 시민사회 활동과 더불어 성장해왔다. 자료가 유용한 1982-2005년 기간 한국인의 시민사회 활동을 비교해보면, 참여율이 두 배 이상 급증했다는 것을 알 수 있다. 세계가치관조사(World Values Survey) 결과를 보면 종교단체 활동뿐 아니라 복지와 자선, 예술과 교육, 환경단체 등 모든 영역에서 뚜렷한 급증세를 엿볼 수 있다.

또 정부의 중앙부처와 지자체에 등록된 시민사회단체(법적으로는 비영리민간단체)의 절반 이상이 최근 10년 사이에 설립되었다(그림 8-3).

나아가 한국인 시민사회 활동의 현황을 서구와 다른 국가들과 비교해보면, 비교적 낮은 수준의 참여율을 보여주지만 스포츠와 여가, 예술교육 등 특정 분야에서는 서구 평균 수준에 달해 있다(표 8-7). 단체 참여율이 미국, 영국, 캐나다 등 앵글로색슨 국가들과 스웨덴, 노르웨이, 핀란드 등 북유럽에서 비교적 높고, 다음으로 스위스, 프랑스, 독일, 네덜란드 등 유럽대륙 국가들이 뒤를 따르며, 남유럽(이탈리아, 스페인)에서 가장 낮은 수준의 참여율을 보여준다. 한국은 남유럽 수준보다 높고 일본보다 훨씬 높으며, 유럽 대륙 수준과 유사하다.

〈표 8-6〉 한국인의 시민사회단체 활동의 급증

	종교단체	복지자선	예술교육	환경단체
1982	24.4%	4.4%	4.3%	2.7%
2005	43.6%	9.1%	22.7%	7.5%

자료: World Values Survey 2005-8. http://www.wvsevsdb.com/wvs/WVSData.jsp.

〈그림 8-3〉 정부의 중앙부처와 지자체에 등록된 시민사회단체: 1950년대-2012

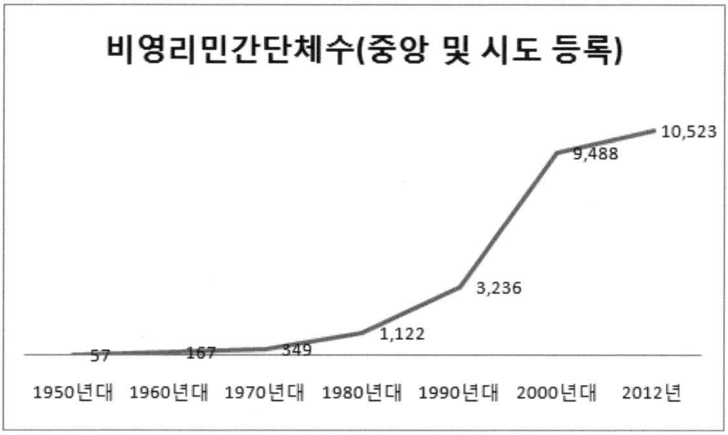

자료: 행정안전부, 비영리민간단체 등록현황. 각 연도.

〈표 8-7〉 시민사회단체 활동: OECD 14개국

	종교 단체	스포츠 여가	예술 교육	노동 조합	정당 당원	환경 단체	복지 자선	소비자 단체
미국	66.4	28.3	26.9	17.1	48.2	16.0	29.3	11.1
캐나다	50.5	43.3	35.8	26.1	17.4	16.5	34.9	11.9
영국	36.7	41.4	30.5	19.5	11.3	16.0	30.7	8.5
스웨덴	53.9	44.0	25.0	58.4	10.6	10.7	33.5	35.4
노르웨이	37.9	42.1	20.3	49.2	17.1	7.3	31.6	19.3
핀란드	79.1	35.9	18.8	52.0	14.0	9.3	20.9	7.7
스위스	54.0	50.1	31.0	14.2	15.6	24.0	33.7	12.1
프랑스	10.0	30.6	18.4	11.2	5.9	14.8	20.6	6.5
독일	46.3	35.7	13.9	12.1	5.2	5.0	10.4	1.8
네덜란드	30.7	44.0	26.5	21.6	7.9	15.8	20.7	12.8
이탈리아	22.4	28.8	16.9	14.2	10.4	7.8	21.1	6.7
스페인	21.2	14.5	9.3	7.5	4.7	4.7	9.4	3.7
한국	43.6	34.7	22.7	9.8	7.5	7.5	9.1	6.2
일본	12.0	17.3	15.6	10.0	6.7	4.7	4.8	3.5

참고: 각국 설문조사 복수응답률(%).
자료: World Values Survey 2005-8. http://www.wvsevsdb.com/wvs/WVSData.jsp.

자원봉사활동은 집단활동이기 때문에 주로 단체를 통해 이뤄지고 있다는 것을 알 수 있다. 2011년 한국인의 자원봉사활동의 주요 경로중 단체를 통해 이뤄진 경우가 가장 높은 비중을 차지한다. 복수 응답을 참고해보면 단체/조직/직장을 통해서가 53%이며 누군가의 요청을 받음 26.5%, 자원봉사활동 하는 가족/친구가 있어서 21.8%, 자원봉사센터를 통해 6%, 자원봉사 도움을 받은 가족/친구 있어서 5% 등이다. 자원봉사센터도 단체이기 때문에 단체활동의 중요성은 더 높아진다. 또 누군가의 요청 가운데, 친구/이웃이 43.1%로 가장 많았고, 다음으로 종교단체에 있는 사람 22.6%, 사회단체/기관 및 담당자 12%, 학교 선생님이나 교수님 10.6%로, 친구와 이웃을 제외하면 자신이 소속된 단체/조직의 영향이 매우 크다는 것을 엿볼 수 있다. 주요 단체들로는 종교단체가 51%로 가장 높은 비중을 차지하고, 다음으로 사회단체나 협회 23.5%, 비공식 소모임(계모임, 취미모임, 동호회) 11.7%, 직장 9.4%, 다니는 학교 5.9%, 자녀의 학교 5.3% 등이다.

한편 유럽의 경우도 자원봉사 참여의 경로에서 단체가 차지하는 비중이 높다는 것을 알 수 있다. 유럽 11개국 평균을 보면, 가족이나 친구가 44%로 가장 높은 비중을 차지하고, 다음으로 단체 회원으로 참여가 27%, 교회나 종교기관을 통해 13%, 유급이나 구직으로 참여 9%, 자원봉사센터 2% 등으로 나타났다.

4. 시민사회단체의 자원봉사 활용

1) 자원봉사자의 시민사회단체 활동

한국의 자원봉사활동이 단체와 조직을 통해 이뤄지는 경우가 많다는 것을 위에서 살펴보았다. 그 단체를 자세히 살펴보면, 종교단체(62.9%), 사회단체(18.5%), 직장(6.1%), 학교나 대학(6.5%) 순서로 나타나 종교단체의 역할이 지배적이라는 것을 엿볼 수 있다. 또 동료 중에서도 종교단체 동료의 영향력도 중요하다.

유럽의 경우도 단체나 조직의 소속된 회원으로 참여하게 되었다는 답변이 적지 않다는 것을 위에서 살펴보았다. 사실 유럽 자원봉사자의 60%가 단체나 조직의 회원으로 활동하고 있다는 특징을 보여준다. 그만큼 단체의 직접, 간접적인 역할이 크다는 것을 알 수 있다. 국가별로 살펴보면, 스웨덴이 86%로 가장 높으며, 그밖에 독일 68%, 벨기에 58%, 네덜란드 57%, 영국 47%로 나타났다(Gaskin 1997: 33). 이에 비해 한국의 시민사회단체들은 자원봉사자를 잘 활용하지 못하는 것으로 위에서 살펴보았다(제4장 〈그림 4-3〉 참조).

자원봉사자들은 주로 어떤 단체에서 활동을 하고 있는가? 한국의 경우, 자원봉사자들도 단체나 소모임에 소속된 사람들이 대부분이다. 봉사단체, 계모임, 동창회, 종교단체, 직장관련단체, 스포츠와 취미단체 회원으로 활동하면서 봉사활동을 하는 사람들이 많다. 자원봉사활동의 빈도에서도 봉사단체, 종교단체, 스포츠와 취미단체 회원들이 거의 매주 정기적으로 활동을 하고 있다는 것을 엿볼 수 있다(표 8-8).

한편 공동육아, 협동조합, 지역 환경관련 모임, 자치위원회 등과 같은 지역풀뿌리조직(지역시민단체) 및 YMCA, YWCA, 환경연합, 경실련, 참여연대 등 시민사회단체(전국시민단체)에의 소속여부에서는 각각 7.2%, 5.6%의 참여율을 보이고 있어 1999-2008년 기간에 비교해도 큰 변화가 없다. 20011년에 새로 추가된 항목인 인터넷카페나 온라인 커뮤니티가 차지하는 비중도 결코 적지 않다.

〈표 8-8〉 한국 자원봉사자의 시민사회단체 활동: 1999-2011

단체 유형	2011년	2008년	2005년	2002년	1999년
구호봉사단체	18.8	20.9	11.2		
친목회/계모임	65.7	68.1	67.7	41.3	35.3
동창회	55.3	56.3	58.0	64.8	51.2
지역풀뿌리단체	7.1	10.8	10.3	57.5	47.4
학교/학부모회	14.0	17.3	20.2	20.2	17.2
직장관련단체	20.6	25.1	25.1	21.9	15.8
시민사회단체	5.5	5.0	5.1	24.3	22.8
종교적 가입단체	34.6	36.9	36.3	8.5	5.6
정치조직/정당	3.4	5.3	2.4	38.5	40.9
재향군인회	3.1	6.5	5.4	4.0	3.3
노동조합	2.2	4.0	3.0	4.5	3.7
스포츠/취미단체	19.9	30.4	28.7	2.4	3.3
국민운동단체	4.6	9.3	9.7	26.7	22.3
인터넷카페,	15.5	–	–	–	–
온라인 커뮤니티				–	–

자료: 볼런티어21, 2011.

2) 자원봉사활동의 대상과 영역

자원봉사자들은 어떤 영역에서, 누구를 대상으로 활동하는가? 세계가치관조사 자료를 통해 일부 국가들을 비교해볼 만하다. 〈표 8-9〉에서 볼 수 있듯이, 미국, 영국, 캐나다 등 앵글로색슨계에서는 다른 문화권에 비해 취약층 봉사활동 참여율이 비교적 높은 편이며, 복지국가가 발달한 북미에서는 취약층 봉사활동보다는 스포츠/여가 활동이나 주창활동이 더 활발하다는 차이점을 엿볼 수 있다. 한국의 경우 1990년에 비해 2000년에 와서 전체 영역에서 자원봉사 참여율이 크게 증가한 변화를 볼 수 있는데, 같은 문화권인 일본에 비해서도 모든 영역의 참여율이 두드러지게 높은 수준에 올라 있다는 것도 엿볼 수 있다.

〈표 8-9〉 시민사회 자원봉사활동 대상과 영역: OECD 14개국

	취약층 봉사*		종교단체		청소년단체		스포츠/여가		주창활동**	
	1990	2000	1990	2000	1990	2000	1990	2000	1990	2000
미국	5.9	14.0	28.6	38.0	10.1	21.8	8.2	18.7	13.2	28.8
캐나다	6.2	9.6	15.5	18.4	7.0	8.2	12.3	12.9	16.4	17.5
영국	5.0	13.4	5.9	6.3	3.3	15.3	4.0	4.0	6.6	16.4
스웨덴	3.4	9.1	2.8	23.4	7.0	5.1	17.1	17.6	10.0	16.3
노르웨이	4.4	–	5.9	–	3.7	–	13.9	–	4.2	–
덴마크	2.1	4.0	2.4	3.3	2.8	5.1	11.3	14.2	4.5	7.6
핀란드	7.5	7.2	6.5	7.8	4.8	4.5	16.0	12.0	12.7	9.6
프랑스	5.4	4.1	4.8	3.1	2.5	1.5	6.2	8.7	7.1	3.6
독일	3.1	2.0	7.1	6.4	2.4	1.8	10.5	7.2	6.5	3.3
네덜란드	8.3	9.3	9.1	11.4	5.4	4.6	9.8	17.4	12.7	13.3
이탈리아	3.3	5.1	6.2	6.7	2.7	2.9	6.2	6.2	6.4	7.3
스페인	1.7	2.6	3.7	3.7	1.2	1.9	2.2	3.5	3.4	5.3
한국	7.4	9.1	7.4	26.9	3.1	3.4	3.0	11.8	11.1	13.7
일본	1.9	5.4	2.5	3.2	0.9	1.0	2.8	3.3	4.2	3.8

참고: 일부 자료는 1-2년 차이가 있음; *취약층은 노인, 장애인, 노숙자 대상;
**주창활동은 환경, 평화, 지역정치, 인권, 여성단체 활동.
자료: World Values Survey. http://www.wvsevsdb.com/wvs/WVSData.jsp.

한국 자원봉사자들의 자원봉사활동 기관별 현황과 변화는 〈표 8-10〉을 통해 살펴볼 수 있다. 전통적인 영역인 사회복지기관이 여전히 최고의 참여기관으로 부각되고 있는 가운데, 종교단체, 관공서, 지역사회현장, 보건의료기관 등이 그 뒤를 따르고 있다.

〈표 8-10〉 한국의 활동기관별 자원봉사활동: 1999-2011

활동기관	2011년	2008년	2005년	2002년	1999년
사회복지(기관)	38.9	47.0	39.9	35.6	33.9
종교단체	25.9	24.4	24.5	26.7	48.8
관공서(구청, 동사무소 등)	12.8	14.6	13.9	22.7	
교육(기관)	10	8.1	17.2	7.3	11.2
공원, 거리 등 다양한 지역사회현장	8.7	14.8			
보건의료(기관)	6.9	7.3	6.3	2.8	7.9
재난 재해 현장	6.5	5.0			
공익민간(단체)	5.9	7.5	8.2	10.5	15.8
환경(단체)	5.3	10.6	3.6	6.9	7.4
청소년(단체)	3.4	4.5	1.2	2.8	3.3
직능단체/전문가(단체), 노동조합	2.8	0.1	3.0	0.4	3.3
국제기구	1.6	0.1	1.5	1.6	0.5
예술/문화/스포츠(단체)	1.2	4.5	2.7	3.6	2.3
공명선거, 정치(단체) 및 정당	0.6	2.5	1.2	3.2	1.9
성인취미단체			3.0	1.6	3.7
기업운영민간재단			0.9	3.6	1.9

자료: 볼런티어21, 2011.

3) 자원봉사자 활용의 장단점

한편 시민사회조직들이 자원봉사자를 활용함에 따라 얻어지는 혜택과 그에 따른 비용부담 등의 문제를 유럽의 사례를 통해 정리해볼 수 있다. 일반적으로 자원봉사자를 활용하는 기관단체들에 따라 자원봉사자 활용의 효과 또는 혜택이 다양하게 나타날 것이다. 정부 기관들은 무엇보다도 시민참여라는 지방자치의 가치를 높이 사게 될 것이고, 비영리단체들의 경우 인력비용 절감, 업무지원이나 보조 등을 중시할 것이다.

〈표 8-11〉 유럽 자원봉사자 활용에 따른 장단점 우선순위

	벨기에	불가리아	프랑스	독일	아일랜드	네덜란드	슬로바키아	스웨덴	영국
〈장점 또는 혜택〉									
저비용 노동력	1	5	1	7	3	2	2	4	3
동기부여와 의욕	2	2	2	5	1	3	1	3	1
융통적 인력활용	4	6	6	–	6	8	–	7	7
기술과 아이디어	3	4	4	6	5	6	–	6	6
지역사회 접촉	6	1	5	8	4	4	4	5	4
프로젝트 수행가능	4	3	3	1	2	1	5	1	2
관리지원 역할	8	7	8	–	9	–	7	0	–
도덕적 책임	9	8	7	–	10	8	–	7	–
조직 통제력	9	10	9	–	8	7	6	10	–
기타	7	9	10	–	7	5	3	2	5
〈단점 또는 부담〉									
봉사자 충원어려움	6	5	2	–	1	2	2	2	2
까다로운 봉사자	2	7	4	–	6	7	–	–	6
봉사자 지속관리	7	2	5	–	3	6	5	3	5
봉사자의 비전문성	1	1	1	1	2	2	3	4	1
조직에 비용부담	4	3	3	6	5	4	1	–	3
직원과의 관계	4	–	7	–	8	5	–	–	7
보험 등 부담	8	8	9	–	10	–	–	–	7
무책임성	8	6	6	–	7	8	–	–	7
클라이언트 비밀	7	–	10	–	9	–	–	–	–
기타	3	4	8	–	4	1	4	1	4

참고: 복수 응답한 결과로, 해당 문항에 25% 이상 비중으로 나타난 것들의 순위.
자료: Gaskin & Smith 1997: 94-5.

자원봉사자를 활용함으로써 저비용 노동력 활용, 프로젝트 수행가능, 동기부여와 의욕이 가장 많이 꼽히는 장점들이며, 이어서 기술과 아이디어 제공, 지역사회와 접촉도 가치있는 효과로 꼽히고 있다(표 8-11).

나아가 자원봉사에 대한 경제적 시각이 최근 주류를 형성하는

동향에서 시민사회는 어떤 변화를 겪고 있는지를 살펴볼 수 있다. 시민사회는 사실 이질적인 기관단체들이 북새통을 이루는 영역으로, 자원봉사의 경제적 가치에 대해서도 긍정과 부정의 시각이 혼재되어 있다. 자원봉사자들의 참여동기가 점차 경력 쌓기나 인센티브 활용으로 변화하는 추세에서 자원봉사자 모집과 홍보를 위해 다양한 인센티브를 제공하는 자원봉사조직들이 늘고 있다. 그래서 자원봉사 마일리지와 같은 인센티브들이 제시되고 있지만, 다른 한편에서는 이런 경제적 인센티브가 정신적 보람을 추구하는 자원봉사자의 사기를 저하시켜 자원봉사 공동체에 심각한 정체성 이슈를 제기한 것으로 경계한다. 또한 집단적 행동이나 사회정의 추구보다는 개인의 자유와 시장의 자유를 중시하는 신자유주의의 영향으로 자원봉사자들은 주창활동의 정치적 참여보다는 비정치적 이슈들을 선호하는 성향 때문에 주창활동 시민사회단체들의 활동이 위축되는 동향도 있다.

자원봉사자의 의식에서도 사회정의나 인권 등의 사회적 대의보다는 여가선용이나 경험의 기회 등 개인적 실용주의가 더 큰 비중을 차지해가고 있다. 실제로 주창활동을 하는 시민단체에 참여한 자원봉사자의 수가 최근 두드러지게 줄고 있다. 한국 자원봉사자 가운데 시민단체에서 활동한 사람의 비중은 1999년 11.2%에서 2002년 8.1% → 2005년 8.2% → 2008년 7.4%로 점차 줄었다. 또한 자원봉사활동의 동기에 대해서도 참여한 자원봉사자들은 '시민의 의무와 책임'이나 '사회문제 해결에 도움' 등의 대의(cause)보다는 개인적인 '의미있는 여가' 또는 '다양한 경험의 기회' 등의 실용주의적 선호를 강하게 보여준다. 사실 시민들의 개인적 선호가 변했기 때문에 자원봉사기관들도 이런 선호에 부응하는 다양한 인센티브 제공의 모집홍보 전략을 추진하고 있고, 또 이런 자원봉사기관들의 변화에 개인 자원봉사자들의 선호도 더불어 변하는, 쌍방적 관계를 갖는다고 볼 수 있다.

IX. 정부의 자원봉사정책

정부는 자원봉사활동에 직접적인 이해관계자가 된다. 시민사회와 사회발전에 필요한 재정 및 정책지원을 하는 책임을 맡고 있기 때문이다. 또 다른 중요한 측면은 정부의 공공업무에 대한 시민의 참여를 확대시키고 자원봉사 인력 활용으로 비용절감과 같은 부수적인 효율성을 얻는다. 또한 정부의 능력 한계로 해결할 수 없는 심각한 사회문제에 대한 창의적인 해법을 찾는 효과성 때문에도 상당한 이해관계를 갖기 마련이다. 자원봉사 인구의 증가는 시민사회의 성장에 직접적인 중요한 의미를 부여하면서도 경제적으로도 생산적인 활동이므로 정부가 관심을 갖고 국정에 반영하기 마련이다.

자원봉사 영역은 정부와 시민사회의 관계가 공조적인 파트너십과 거버넌스를 지향하는 하나의 대표적인 영역으로 꼽힌다. 그럼에도 자원봉사 영역에 대한 정부 개입의 확대는 시민사회의 자율성을 침해할 수 있다. 시민사회단체들이 독립성과 자율성을 추구하기보다 특히 재정적으로 정부의 지원에 의존하는 문제도 심각하다. 따라서 정부–자원봉사단체 사이의 관계에 관한 근본적인 문제가 제기되며, 양자의 역할이 어떻게 분담되는 것이 바람직한지에 대한 논의가 활성화되고 있다.

1. 정부의 자원봉사 진흥역할

국제사회에서 2001년은 UN이 정한 「세계 자원봉사자의 해」로, 정부와 자원봉사계의 관계를 돌아보고 미래를 준비하는 데 중요한 전환점이 되었다. 이 특별한 지구촌 축제는 124개국 200여 도시에서

동시에 진행되었는데, 많은 국가에서 정부는 주도적인 역할은 아니지만 결정적으로 중요한 진흥의 역할을 하고 있다고 볼 수 있다.

바람직한 정부의 진흥 역할은 무엇인가? 2001년 UN 사무총장의 보고서는 "활성적인 수준의 자원봉사 활동은 공공 프로그램의 시민접촉의 확대와 지속가능성을 증진시키는 데 자원봉사가 기여한다는 것을 인식하는 강력하고 효과적인 정부에 의존한다."고 강조한다.

1) 자원봉사와 공공재화

자원봉사활동은 사회가 필요로 하는 다양한 재화와 서비스를 생산한다. 아동, 노인, 장애인 등 취약층의 보호, 멘토링과 튜터링 등의 교육 서비스, 모금활동, 환경보호, 소비자 모니터링 등 이루다 헤아릴 수 없을 정도의 무수한 자원봉사활동이 있다. 국제노동기구(ILO 2011)는 임금소득을 생산하는 노동의 종류만큼 자원봉사활동의 유형이 있다고 설명한다.

그런데 자원봉사활동으로 생산되는 재화와 서비스의 특성은 사적인 것과 공적인 것, 그리고 공적, 사적이 혼합된 것 등이 있다. 사실 공공 재화와 서비스의 경우 국가(정부)의 재원으로 생산되어야 하는 재화와 서비스이기 때문에 자원봉사는 정부를 대신해서 다양한 공공재화와 서비스를 생산하는 공적 역할을 수행한다고 볼 수 있다. 자원봉사는 "공공 재화에 기여하는 사적 활동"이라고 볼 수 있다(Hackl et al. 2009: 4). 실제로 많은 국가에서 구호와 재난 복구활동은 정부의 주요 업무이지만, 정부의 역할 한계 때문에 또는 국가의 전통에 따라 시민사회조직들이 자원봉사활동으로 수행하는 경우가 적지 않다. 2008년 태안 앞바다에서 발생한 대형 기름유출 사고는 정부의 수습대책만으로 해결될 수 없는 심각한 위기상황이었지만, 연인원 130만 명의 자원봉사자의 활동으로 위기극복을 할 수 있었다. 또 미국 소방서의 경우, 전국의 87%가 주로 자원봉사자의 활동에 의존해 전체 인구의 38%에 소방과 구호 서비스를 제공해주며, 오스트리아의 자원소방대는 인구의 70%를 위한 소방, 교통사고, 기타 구호활동 서비스를 제공한다(앞글: 2). 또 독일의 적십자사의 경우, 국가의 긴급구호의 40%, 환자수송의 60%, 의료지원 서비스의 70%를 의료 자원봉사자의 도움으로 담당하고 있고, 실제로 보조 의료진의 80%는 자원봉사자이다(앞글: 2).

따라서 자원봉사활동은 정부의 공공지출을 통해 이뤄져야 하는 공적 활동의 상당 부분을 담당하는 공공 활동으로 간주해볼 수 있다. 정부가 자원봉사활동을 진흥시켜야 하는 정책적 근거 또는 배경도 다음 몇 가지 이론들로 구분해볼 수 있다(앞글: 4). 첫째는 국가의 역할을 대신하는 '대체'(substitution) 이론이다. 정부가 예산 부족이나 역량 부족으로 사회문제 해결 등의 역할을 수행하기 어려운 상황에서 자원봉사활동이 대신 문제해결의 역할을 수행할 수 있다. 이 같은 공공재화와 서비스의 부재 상태는 점차 늘면서 정부의 역할에는 뚜렷한 한계가 있다. 둘째는 정부가 하는 것보다 시민사회의 자원봉사활동을 하는 것이 더 비용효율적일 수 있다는 '비용효율성'(cost efficiency) 이론이다. 다양한 사회문제들 가운데 정부의 예산투입으로 해결되기 어려운 것들은 무수하며, 자원봉사 활용에 의존하는 시민사회단체들의 역할로 효과적이고 효율적인 문제해결을 할 수 있는 사례들은 무수하다. 특히 자원봉사활동은 우량재화(merit goods)로서 휴먼서비스 활동처럼 그 자체가 다른 것으로 대체할 수 없는 가치를 지닌 생산적 활동이다. 마지막으로, 자원봉사활동은 시민들 사이의 개인적 신뢰와 유대뿐 아니라 정부나 기업 등의 사회제도에 대한 신뢰를 생산하는 '사회자본'(social capital) 이론이다. 자원봉사는 유대와 신뢰를 생산하는 활동으로 정부가 대신할 수도 없으며, 특히 자원봉사활동은 정부에 대한 신뢰를 높이며 정부정책에 대한 지지 등의 정당성 제고의 역할도 하며, 나아가 사회자본의 축적으로 경제발전과 웰빙에 많은 기여를 하기 때문에 정부는 자원봉사를 진흥시키는 정책을 수립할 필요가 있다.

2) UNV의 정책 제안

정부는 자원봉사활동을 진흥하기 위해 어떤 역할을 할 수 있는가? 어떤 정책을 시행하는 것이 바람직한가? UN 자원봉사단(UNV: UN Volunteers)은 1999년 『자원봉사와 사회개발』이라는 특별보고서를 통해 정부의 주요 역할 몇 가지를 제안하였다. 정부가 할 수 있는 몇 가지를 역할을 ① 인정, ② 촉진, ③ 장려, ④ 특별조치로 구분해서 구체적인 제안으로 제시한다(Smith 1999). 그 후 UN 자원봉사단(UNV 2010: 12)의 평가에 따르면, 2001년 세계 자원봉사자의 해 이후 8년간 자원봉사법을 도입하거나 새로운 자원봉사정책을 시행한 사례는 70개 이상으로 조사되었다. 한국을 비롯한 호주, 뉴질랜드, 필리핀, 폴란드, 헝가리, 라트비아, 마케도니아, 크로아티아, 또 남미의 니카라과, 아르헨티나, 브라질, 우루과이, 볼리비아뿐 아니라 십여 국가에서 자원봉사활동을 진흥하는 새로운 법률이 제정되었고, 또 이 국가들과 레바논 등 일부 아랍권 국가들에서도 정부정책들이 새로 도입되어 추진되어 왔다. 또 중국은 쓰촨 대지진을 경험하며 자원봉사의 중요성을 인정해 법을 도입하였다(UNV 2011a: 5).

(1) 인정

가장 기본적인 수준에서 정부가 자원봉사를 지원하는 방법이 바로 자원봉사의 공헌도를 인정하며 가시적인 성과를 드러내주는 것이다. 자원봉사가 국가적인 측면에서도 경제적으로 많은 기여를 하였던 것을 알리는 것과 더불어 정책결정 과정에도 자원봉사에 대한 기대를 실어주는 것도 중요하다. 자원봉사의 성격과 그 수준에 대한 이해 역시 발전과정에서 중요하다. 만일 사회자본이 경제발전과 사회통합에 더욱 가속을 붙여 정부가 이러한 자본을 도출해 낸 자원봉사단체나 시민공동체에 대해 더욱 중요성을 인식한다면 정부는 자원봉사에 더 많은 지원을 아끼지 않을 것이다. 자원봉사 지형에 대한 최신의 지도가 없으면 효과적으로 방책을 목적에 맞추어 사용하기가 어렵다.

정부가 자원봉사활동 전반에 대해 기초적인 조사와 자료를 확보할 것을 권고한다. 정부의 사회조사와 통계에 자원봉사활동에 관한 내용들을 포함시키는 것이 바람직하다는 것이 선진 사회의 동향이다.

〈권고 #1〉 정부는 자원봉사의 범위와 그것이 미치는 경제적 사회적 효과에 대해 보다 체계적인 자료를 수집해야 한다.

(2) 촉진

정부는 법적 그리고 재정적인 구조를 제공함으로써 자원봉사를 더욱 활성화시킬 수 있다. 정부는 또한 자원봉사의 능력을 신장시키기 위해 직접적인 재정지원을 할 수도 있으며, 적절한 연수 프로그램과 지원 프로그램을 제공하여 자원봉사자 교육에도 기여할 수 있다. 뿐만 아니라 특별히 지역 차원에서 정부가 지원한 재정으로 효과적인 자원봉사 하부조직을 개발하는 데 도움을 줄 수 있다.

〈권고 #2〉 정부는 법적 그리고 재정적인 구조를 확립하여 자원봉사가 더욱 활발히 진행될 수 있도록 한다.

〈권고 #3〉 정부는 효과적인 자원봉사 하부조직의 생성을 돕기 위해 재정적 지원을 제공해야 한다.

정부는 긍정적인 측면과 부정적인 측면 모두를 고려해, 자원봉사가 광범위한 공공정책에 미칠 영향을 짐작할 수 있어야 한다. 어떤 정책들은 그렇게 의도하지도 않았음에도 불구하고 자원봉사에 역행하는 결과를 초래할 수도 있다. 자원봉사에 호의적인 분위기의 정책이 주류를 이루고 있더라도 사회보장법이 자원봉사활동에 참여하는 비고용인들의 참여를 막고 있기도 하다.

〈권고 #4〉 정부는 자원봉사에 대한 충돌의 긍정적인 면은 높이고 부정적인 면은 최소화하는 새로운 법을 만들어야 한다.

정부는 공공-민간 분야 사이의 협력을 더욱 증진시킴으로써 자원봉사를 돕는 민간 분야의 활동을 촉진시킬 수 있다. 또 세금감면 혜택을 줌으로써 민간부문 고용자들이 지역사회의 활동에 적극 참여하도록 유도할 수 있다. 정부는 주요 고용주로서 고용자들의 권리를 이용하여 고용주의 자원봉사 프로그램 지원을 확립하는 데 주도적인 역할을 담당할 수 있다.

〈권고 #5〉 정부는 민간, 공공 분야 모든 면에서 '고용주 자원봉사 지원방법'을 모색해야 한다.

대중매체는 정부가 자원봉사에 대한 이미지를 긍정적으로 향상시키고 특히 사회적으로 소외된 더 많은 사람들이 자원봉사에 참여하도록 유도하는 데 큰 도움이 된다. 또한 인터넷, SNS 등 신기술 역시 자원봉사에 대한 인식을 불러일으키는 기회를 많이 제공하게 하고 자원봉사에 접근할 수 있는 접근성을 높이는 데 도움을 준다.

〈권고 #6〉 정부는 사람들의 인식을 불러일으키고, 자원봉사에 대한 접근성을 높이며, 자원봉사에 대한 긍정적인 이미지를 부각시킬 수 있는 매스미디어와 신기술의 잠재성을 타진해 보아야 한다.

(3) 장려

정부는 모니터링과 평가 그리고 정책의 계획이나 결정에서부터 서비스 전달에 이르기까지 공공행정의 모든 경우에 시민의 참여를 증대시킴으로써 자원봉사활동을 지원할 수 있다.

〈권고 #7〉 정부는 인정받는 통치의 필수적인 요소인 공공행정의 모든 분야에 시민의 참여를 확대시키는 일을 찾아 실행해야 한다.

대부분의 자원봉사활동이 자원봉사 단체나 지역사회 단체를 중심으로 이루어지는 반면, 몇몇 국가들은 공공 영역의 자원봉사가 강한 전통으로 남아 있다. 정부는 공공 분야 내에서 고용 직원의 일을 수행하는 데 있어서 혁신적인 방법을 동원하여 자원봉사자도

이 일에 활동할 수 있는 방안을 모색함으로써 자원봉사를 지원할 수 있다. 그들은 또한 고용직원을 위해서 자원봉사자를 대체하는 일을 삼가 해야 한다.

〈권고 #8〉 정부는 고용직원의 역할을 수행하는 데 있어서 공공 분야에도 더 많은 자원 봉사자들을 참여시키도록 해야 한다.

세계 여러 나라에서 청소년의 사회활동이 감소되고 있는 경향을 감안하여, 일부 국가들에서는 학교에서 자원봉사의 가치와 유익을 가르치는 방법을 모색하고 있다. 많은 국가에서 자원봉사를 배우는 것이 학교 교과과정의 중요한 부분이 되고 있다. 또 대학에서는 학생의 자원봉사 활동을 인정해주고 장려하는 방법을 찾기 시작했다.

〈권고 #9〉 정부는 청소년들에게 참여의 가치와 시민활동의 가치를 가르치기 위한 교육 시스템 개발의 가능성을 지속적으로 타진해 보아야 한다.

(4) 특별조치

정부는 자원봉사를 촉진시키기 위해 공조활동을 추진할 수 있다. 어떤 나라에서는 자원봉사자들이 세금감면 또는 시민권 부여, 또는 학생 융자금 납부 면제, 보험료 면제 등의 혜택을 받고 있기도 하다.

〈권고 #10〉 정부는 시민들이 지역사회에서 활동적인 역할을 감당할 수 있도록 시민권을 주는 등의 각종 혜택을 줄 수 있는 아이디어를 모색해야 한다.

또한 어떤 나라에서는 자원봉사를 촉진시키기 위한 전체적인 전략을 개발하기도 하였다. 이것은 자원봉사단체와 기업 부문의 주요 주주들과의 연대를 통하여 효과적인 방법의 작업을 수행하는 것이다. 이 전략에서 자원봉사의 독립성은 보장되어야 하며, 국가가 참여를 촉진시키고 유도하여 이루어진 자원봉사에 대한 사회적인 인지도를 수용하는 것이 중요하다. 자원봉사는 단일 또는 여러 가지 방법을 개발할 수 있는 공간을 확보해야 한다.

〈권고 #11〉 정부는 자원봉사단체와 기업 부문의 연합을 통해 자원봉사를 촉진 시키는 방법을 개발하는 데 심혈을 기울여야 한다. 정부 보조와 촉진에 의해 알게 된 자원봉사의 중요성을 인지함과 동시에 자원봉사의 독립성이 반드시 지켜져야 한다.

2. 자원봉사 입법과 제도화

자원봉사를 지원하는 정부의 역할에 대해서는 먼저 자원봉사활동을 지원하는 입법 조치와 정부의 자원봉사 전달체계의 구축, 국가 자원봉사 프로그램의 개발 등 다양한 제도화에 초점을 맞춰, 아래에서는 OECD 주요국들의 사례를 중심으로 정리해본다.

1) 자원봉사활동 지원법

유럽의 많은 국가들은 자원봉사활동법을 갖고 있지 않지만, 일반적으로 다른 고용이나 복지 관련법에서 자원봉사, 자원봉사자, 또는 자원봉사조직에 관한 법규정을 갖고 있다(GHK 2010: 113). 프랑스에서는 자원봉사자(bénévoles)의 권리에 대해서는 그들의 활동이나 신분(실업자, 청소년 등)에 따라 각기 다른 법에 규정되어 있지만, 자원봉사자는 자유의지로 활동하는 사람이라는 의미를 갖고 있기 때문에 자원봉사를 규정하는 법은 필요 없다는 것이 프랑스 시민사회의 일반적인 의식이다. 스웨덴에서도 이런 전통이 유지되어 왔다. 자원봉사조직에 대한 스웨덴 정부의 어떠한 규제도 인정하지 않았으며 그 때문에 자원봉사활동을 법으로 규정하는 어떤 입법화 시도도 거부당했다. 시민사회의 독립성과 자율성을 존중하는 것이 일차적으로 중요하기 때문이다. 스웨덴 의회에서 시민사회 또는 비영리조직 관련 입법의 중요성은 여러 차례 논의되었지만, 입법까지 될 정도로 폭넓은 지지를 받지는 못했다. 또 라트비아는 자원봉사법을 갖고 있지 않지만, 청소년법에서는 청소년 자원봉사를 규정하고 청소년 자원봉사의 진흥을 위한 정부의 역할을 규정하고 있다.

일반적으로 자원봉사자와 자원봉사조직에 대한 이해와 인식이 불분명하다. 또 임금직과 자원봉사자 사이의 역할과 위상에 관한 혼란이 일어난다. 또 많은 국가에서 자원봉사가 실업자의 구직활동을 지원하는 "활성화 노동"(activation work)으로 정착되고 있는데, 어떤 활성화 노동이 자원봉사에 해당되는지를 구분하기 위한 법적 근거가 필요하다고 볼 수 있다(앞글: 114).

최근까지 일부 국가들에서 자원봉사법의 제정을 추진하고 있는데, 그 주요배경은 자원봉사자와 자원봉사조직에 대한 명확한 규정을 통해 혼란을 제거하고 자원봉사활동의 활성화를 지원하며 예산지원을 하기 위한 법적 근거를 마련하기 위한 것이다. 또 유럽에서는 2001년 '세계 자원봉사자의 해'를 계기로 정부의 정책변화가 있었으며, 2011년에는 '유럽 자원봉사의 해'에 동참하는 많은 국가들이 자원봉사활동의 사회경제적 가치에 대한 새로운 인식을 갖게 되어 자원봉사를 활성화시키기 위해 법의 제정을 추진해왔다.

EU 29개국 조사(CEV 2012)에 의하면, 대부분의 국가들이 자원봉사법이나 관련법을 갖고 있는 것으로 조사되었다. 자원봉사법을 갖고 있는 국가들은 독일, 프랑스, 벨기에, 룩셈부르크, 이탈리아, 스페인, 체코, 루마니아, 코로아티아, 리투아니아, 슬로베니아 등 12개국이며, 자원봉사의 법적 근거를 다른 관련법으로 시행하는 국가들도 14개국이다. 이들은 오스트리아, 벨기에, 체코, 프랑스, 그리스, 아일랜드, 라트비아, 리테스타인, 룩셈부르크, 네덜란드, 슬로바키아, 슬로베니아, 스페인, 스웨덴 등이다. 이상 둘 중 하나에도 포함되지 않은 국가들은 영국을 비롯해서 덴마크, 핀란드, 불가리아, 사이프러스, 에스토니아, 헝가리, 폴란드 등 9개국이다.

이처럼 자원봉사법을 도입하거나 그렇지 않은 국가들은 다음 네 가지 유형으로 구분될 수 있다(CEV 2012: 10-11). 자원봉사법은 국가의 전통이나 정부의 전략적 접근 등 다양한 배경에서 도입되거나 도입되지 않는다고 볼 수 있다. 첫째는 “자유 의지” 유형이다. 전통의 원칙에서 법을 갖고 있지 않는 북유럽의 유형이다. 자원봉사활동은 전통적으로 시민들의 자유의지의 발동에서 자발적으로 이뤄지는 활동이기 때문에 국가가 개입하는 것이 바람직하지 않다는 시각이 지배적이다. 그래서 덴마크, 핀란드, 스웨덴에서는 자원봉사법이 존재하지 않는다. 둘째는 “지원 필요” 유형이다. 자원봉사활동을 지원할 필요가 있기 때문에 자원봉사법을 갖고 있는 국가들의 유형이다. 여기에서는 자원봉사자의 활동에 의존하는 시민사회의 사회경제적 기여에 대한 가치에 대해 국가와 사회가 함께 중시해 자원봉사활동을 지원하고 진흥하는 목적에서 자원봉사법을 시행하는 경우이다. 체코, 루마니아, 크로아티아 등 동유럽 국가들이 여기에 해당된다. 셋째는 "합리주의" 유형으로 유럽 대륙 국가들이 여기에 해당된다고 볼 수 있다. 자원봉사가 국가의 전통이며, 중앙정부나 지방정부들도 자원봉사활동을 지원하는 제도나 정책을 추진하고 있고, 시민사회에도 자원봉사 인프라가 잘 정비되어 있기 때문에, 보다 제도적인 지원과 진흥정책을 추진하기 위해 자원봉사법을 시행하는 경우이다. 독일, 프랑스, 네덜란드, 벨기에, 룩셈부르크, 이탈리아, 스페인 등이 여기에 해당된다. 마지막은 자원봉사법에 대한 심각한 논의도 진행되지 않는 기타 유형이다.

자원봉사법에는 어떤 자원봉사진흥 정책이 있는가? 자원봉사자의 법적 지위를 규정하고 있는 벨기에, 사이프러스, 체코, 헝가리, 폴란드, 포루투갈, 루마니아, 스페인의 사례에서는 일반적으로 자원봉사자의 권리와 의무를 규정하고 있다. 그런데 자원봉사자가 활동하는 조직관의 관계, 임금직과의 관계, 자원봉사자의 보험, 활동비, 보건과 안전, 복지수혜, 교육과 훈련, 인정 등 다양한 규정들이 국가마다 다양한 차이를 보여준다(GHK 2010: 115). 특히 고용법이 임금직뿐 아니라 무보수 노동자에 해당되는 자원봉사자에게도 적용될 수 있는지는 국가마다 두드러진 차이를 보여준다. 자원봉사자의 지위가 임금직의 지위와 동일하게 취급되는 경우도 있지만, 영국 등지에서는 동일시하지는 않는다(앞글: 116). 자원봉사자와 자원봉사조직 사이에 문서화된 계약이 필요하다고 볼 수 있다.

2) 정부의 자원봉사진흥 인프라

정부는 자원봉사 진흥을 위해 특히 인프라에 많은 지원을 하고 있다. 아래에서는 정부가 지원하는 인프라에 대해 정부의 주무부서 설치, 국가 차원의 민관 공조의 자원봉사조직 설립, 국가 자원봉사 프로그램 추진 등으로 살펴본다.

(1) 정부의 주무부서

자원봉사는 국가의 전통과 정치적 배경에 따라 각기 다른 주무부서에 속해 있다는 것을 알 수 있다(앞글: 92). 공통점이 있다면 하나의 주무부서보다는 여러 정부부처들이 독자적인 정책과 프로그램을 추진하고 있다는 점이다. 덴마크, 핀란드, 프랑스, 그리스, 루마니아, 슬로베니아, 불가리아 등이 대표적인 사례이다. 반면에 아일랜드, 네덜란드, 스웨덴, 스페인, 리투아니아에서는 노동부와 복지부가 자원봉사 주무부서 역할을 한다. 또 최근 몇 년 사이에 주무부서가 없어진 경우도 있는데, 불가리아, 라트비아가 그 사례가 된다.

정부의 자원봉사 주무부서의 부재는 여러 부서로 자원봉사 행정이 분화되면서 정책 중복과 예산 낭비 문제도 야기되며, 또 부처간 불필요한 정책 경쟁을 낳기도 한다. 정부의 역할 과제에서 중앙정부와 지방(광역과 기초) 정부의 역할 분담에 관한 논의도 활성화되고 있다. 영국에서는 중앙집중적인 주무부서(총리실의 제3섹터부)의 역할로 정부부처간 정책 조율과 정부-제3섹터 사이의 커뮤니케이션 등의 장점을 갖고 있으며, 무엇보다도 자원봉사에 대한 정부의 강력한 리더십과 예산투자 장점을 갖고 있다(앞글: 93). 그럼에도 중앙 정부와 지방 정부의 역할 분담에서는 몇 가지 단점이 있는 것으로 지적되고 있다. 중앙 정부가 지방의 관심을 충분히 고려하지 못하고 있고, 정부 정책에 편향되어 있으며, 특정 자원봉사활동의 진흥정책에만 초점을 맞추고 있다는 것이다.

(2) 국가적 자원봉사 인프라

자원봉사 인프라(infrastructure)는 자원봉사활동을 지원하는 기초이다. 영국 자원봉사협회(Volunteering UK 2004)에 따르면, 자원봉사 인프라는 다음과 같은 원칙 또는 특성에 기초한다. ① 물리적으로 지역에 존재하는 실체로서 공적인 인정을 받고, ② 그것의 전문성, 융통성, 홍보, 서비스의 질, 효과성과 효율성이 신뢰를 받으며, ③ 여론형성과 정책개발의 역량을 가지며, ④ 접근용이성, 공조, 자치역량(empowering), 전문성, 투명성을 확보한다.

나아가 자원봉사 인프라 구축을 위한 정부와 자원봉사단체의 역할에 대해서는 다음과 같은 몇 가지 정책제안이 제시되고 있다(앞글). ① 자원봉사 인프라 구축의 중복과 갭이 있는지를 파악해서 각자의 역할을 명확히 하며, ② 인증된 교육훈련이 이뤄지고 이에 재정지원을 확립하며, ③ 정부와 자원봉사단체 사이의 보다 긴밀한 전략적 공조를 모색하고, ④ 지역의 자원봉사단체들이 주민들의 욕구를 수용하며 효과적인 서비스 전달을 하기 위한 인적, 물적 지원체계와 자원개발이 시행되어야 한다.

국가 차원의 중앙사령탑 역할을 하는 전국자원봉사조직은 많은 국가에서 제도화되었다는 것을 알 수 있다. 〈표 9-1〉을 보면, 이 조직들은 대부분 2001년 이후에 조직된 것으로, 벨기에, 프랑스, 룩셈부르크 등이 주요 사례다. 또 일부 국가들에서는 청소년의 자원봉사에 초점을 맞춰, 전국청소년조직이 주요 역할을 하고 있는데, 영국, 스웨덴, 불가리아, 라트비아. 리투아니아 사례가 있다.

또한 많은 국가들에서는 광역 단위의 자원봉사계를 대표하는 자원봉사조직들의 협의체 또는 전달체계인 광역 자원봉사 인프라가 구축되어 있다. 오스트리아, 불가리아, 사이프러스, 체코, 독일, 네덜

〈표 9-1〉 주요국의 자원봉사 정부 주무부서와 전국적 기구

국가	정부의 주무부서	전국적 기구
오스트리아	연방사회/소비자보호부(BMSK)	오스트리아자원봉사위원회
벨기에	연방사회보장서비스부	자원봉사고위위원회
덴마크	주무부서 없음; 일부 부처들이 독자적 정책 추진 문화부, 내부와 사회부, 교육부	전국자원봉사센터; 자원봉사위원회(Volunteer Council)
핀란드	주무부서 없음; 일부 부처들이 독자적 정책 추진 교육부, 법무부, 외교부, 사회보건부, 재정부, 고용부	3대 전국적 오락협회, 시민포럼 교육협회
프랑스	보건청년스포츠부(2008년까지); 청소년고등위원회; 12개 부처	자원봉사정보자원센터(CRIB); 전국협회생활위원회(CNVA); 전국자원봉사센터(France Bénévolat)
독일	연방 가족/노인/여성/청소년부	광역 청소년가족위원회; 연방시민참여네트워크(BBE); 전국자원봉사단체협회(BAGFA)
아일랜드	공동체/지방부; 수상이 창설한 활성적 시민권 T/F	볼런티어 아일랜드; 아일랜드 볼런티어센터
이탈리아	노동/보건/사회부; 청소년부	자원봉사서비스센터
네덜란드	보건복지스포츠부; 다른 부처들도 독자적 정책 추진	네덜란드전국협회; 자원봉사실천
포루투갈	노동/연대부	국가자원봉사진흥위원회(NCPV)
스페인	보건사회정책부; 내무부, 환경부, 문화부 등도 독자적인 정책 추진	자원봉사진흥플레트폼(PPVE); 스페인자원봉사협회
스웨덴	통합/양성평등부; 보건사회부 등 타부처들도 독자적 정책 추진	전국청소년협회; 전국사회복지협회; 스웨덴 경제와 지역성장위원회
영국	수상실의 제3섹터부(OTS);	Volunteering England;
미국	국가지역사회봉사단(CNCS)	촛불재단(PLI); Hands-On 인디펜던트섹터(Independent Sector)
캐나다		볼런티어 캐나다(Volunteer Canada)
한국	행정안전부; 보건복지부, 여성가족부, 문화관광부, 법무부, 외교통상부, 환경부 등 여러 부처들이 독자적인 조직과 프로그램을 추진	한국자원봉사협의회; 전국자원봉사센터 중앙회
일본	후생성; 내무성, 소방청, 환경청 등 여러 부처들이 정책 추진	사회복지협의회의 자원봉사센터

자료: 유럽은 GHK 2010: 95-96.

란드, 슬로바키아, 영국 등이 사례가 된다. 이탈리아와 스페인의 경우, 광역 자치단체 중심으로 지역공동체의 자원봉사활동이 활성화되어 있고, 또 덴마크, 핀란드, 스웨덴, 네덜란드, 에스토니아, 스페인 등지에서는 기초 지자체들이 자원봉사 진흥에 많은 역할을 하고 있다. 스페인이 1996년에 도입한 자원봉사활동법은 자원봉사와 관련된 기본틀을 제시하는 기초법의 성격을 갖고 있다. 자원봉사활동은 공공기관이나 민간 비영리단체들이 개발한 프로그램이나 프로젝트의 기본틀에서 수행될 것으로 제시하며, 특히 지역의 풀뿌리 자치공동체들의 자치적인 역할을 중시하는 '보충주의 원칙'을 중시해, 정부는 국가의 진흥역할에 해당되는 국가 차원이나 여러 지역 차원의 자원봉사 프로그램에만 관여할 것을 규제한다(Hadzi-Miceva 2007: 44).

(3) 국가 자원봉사 프로그램

많은 유럽 국가들은 국가 차원에서 자원봉사 진흥을 위한 프로그램을 갖고 있다. 또 지방자치를 중시하는 이탈리아, 독일, 스페인 등지에서는 광역 또는 기초 차원의 자원봉사 프로그램을 갖추고 있다(GHK 2010: 103). 또 스웨덴의 경우, 자원봉사자 개인보다는 자원봉사조직에 초점을 맞춰 정부의 진흥정책이 추진되고 있다.

국가차원의 자원봉사 프로그램을 갖추고 있는 국가들에서 나타나는 일반적인 특징은 청소년과 실업자에 초점을 맞춘 프로그램들을 갖추고 있다는 것이다. 영국, 스웨덴, 프랑스, 독일, 네덜란드, 그리스, 포르투갈, 헝가리 등지에서는 국가 차원의 청소년 프로그램이 추진되고 있고, 핀란드, 체코, 슬로바키아 등지에서는 실업자의 구직활동을 돕기 위한 특별 프로그램을 갖고 있다. 또 다른 국가 프로그램의 특징은 자원봉사주간의 실시(미국, 캐나다, 사이프러스), 자원봉사 정기행사(독일, 아일랜드, 네덜란드, 미국) 등이다.

한편 정부 차원의 자원봉사 정책이나 전략을 수립한 유럽 국가들은 6개국에 불과하다. 정부 정책의 부재는 자원봉사에 대한 정부의 인식 부족을 의미하는 것으로 국가 차원의 자원봉사 진흥 정책의 부재뿐 아니라 정부간 정책조정의 부재를 의미하기도 한다. 특히 “자유주의” 모델에서 자원봉사란 정부의 개입이 없는 자율적인 활동을 의미하므로, 정부에 의한 진흥이나 규제, 모두가 최소화되는 상태를 추구한다. 리투아니아 등 일부 국가들이 여기에 해당되는데, 자원봉사는 국가의 개입이 배제된 자율적인 시민사회 영역에서 독자적인 발전의 방향을 모색하는 것으로 정부와 자원봉사계가 인식을 공유하고 있다. 불가리아에서도 자원봉사와 자원봉사조직에 대한 정부의 인식 부족이 자원봉사 영역의 발전에 심각한 장애가 된다는 주장이 제시되고 있다(앞글: 237).

3) 정부와 자원섹터의 관계

자원봉사는 주로 시민사회에서 이뤄지는 활동이므로 정부는 시민사회의 자율적인 자원봉사활동에 대해 지나친 개입보다는 주로 지원과 진흥의 역할을 할 필요가 있다. 특히 자원봉사활동을 지원하는 인프라 구축에서 정부의 주요 역할은 정책과 전략을 기획해서 시민들의 자발적 참여를 진흥시키는 데 있다. 또 정부기관들은 시민사회의 지속가능성을 보장해주기 위해 시민사회에 재정적 자원을 제공해야 하는데, 이 같은 정부의 역할이 정부에 의한 영구적인 통제를 수반하거나 또는 시민사회의 자율성의 상실을 가져와서도 안 된다는 것이 유럽에서는 기본원칙으로 제시되어 있다(CEV 2009a:

38). 또 이 같은 정부의 역할은 자원봉사 법의 도입으로 지원하는 것이 될 수도 있는데, 이 법은 시민사회와의 공조적 협력에 기초해야 한다. 또 정부는 정부기관의 공직자들의 자원봉사활동을 진흥시키는 역할을 해야 한다. 특히 지자체들은 지역에서 자원봉사자에게는 가장 가까운 공공기관이기 때문에 자원봉사활동의 진흥 역할에 결정적으로 중요한 역할을 맡아야 한다. 지자체들은 지역사회에 대한 자원봉사의 기여를 구체적으로 파악할 수 있는 위치에 있기 때문에 지역사회의 자원봉사 정책들의 성공적인 추진에 결정적인 역할을 맡는다.

따라서 자원봉사 인프라를 지원하는 정부는 시민사회 또는 자원섹터와의 상생적인 관계를 설정할 필요가 있다. 영국, 캐나다 등지의 정부-자원섹터 관계를 규정하는 협약(Compact)의 체결로 정부가 자원섹터를 규정하는 게 아니라 정부-자원섹터 관계를 자율적으로 규정함으로써 자원섹터의 자율성을 정부가 침해하지 않고서도 정부가 자원섹터를 지원하는 다양한 진흥정책을 추진할 수 있는 장점이 있다. 영국뿐 아니라 네덜란드, 아일랜드, 에스토니아, 슬로베니아, 리투아니아 등지에서도 자원봉사법을 대신하는 정부-자원섹터 관계의 협약이 존재한다(GHK 2010: 115).

자원봉사조직이나 NGO들의 윤리강령(Code of Conduct)의 채택도 일반적인 동향이 되고 있다. 아일랜드의 "자원봉사 헌장"은 법적 구속력을 갖고 있지 않지만, 자원봉사조직들의 기능과 역할, 사회적 책무성과 투명성을 제시한다. 그밖에도 벨기에, 프랑스, 스페인, 불가리아, 룩셈부르크에서는 자원봉사조직들의 자율적인 윤리강령을 갖고 있다. 프랑스의 전국자원봉사센터의 강령은 자원봉사조직은 자원봉사자의 보험을 제공해야 하며, 자원봉사자의 활동비는 자원봉사자의 자유의지로 환급받지 않을 수 있다고 규정하고 있다.

대표적으로 영국의 정부와 자원섹터(시민사회)는 양자의 기본적인 관계와 공조를 위한 파트너십 전략의 하나로 '협약'(Compact)을 체결하였는데, 여기에서 제시된 주요 원칙들과 정부와 자원섹터 각기의 역할을 참고해볼 만하다. 먼저 제시된 기본원칙들은 아래와 같은 여덟 가지로 구분된다(Home Department 1998).

첫째, 시민의 자원활동은 민주 사회의 필수적 구성요소이다.

둘째, 독립적이고 다양한 자원섹터는 사회의 안녕에 근본이 된다.

셋째, 공공정책과 서비스의 개발과 전달에서 정부와 자원섹터는 서로 구분되는 보완적인 역할을 맡는다.

넷째, 파트너십의 부가가치는 공동의 목표를 추구하는 것이다. 실질적인 자문으로 관계를 형성하고 정책개발을 개선하며 서비스와 프로그램의 디자인과 전달을 향상시킨다.

다섯째, 정부와 자원섹터는 서로 다른 형태의 책무성을 가지므로 다른 이해당사자들에 대해 책무를 가진다. 그럼에도 공통적인 것은 통합성, 객관성, 책무성, 개방성, 정직과 리더십이다.

여섯째, 자원·공동체 조직들은 자신들의 목표를 진전시키기 위해 법의 테두리에서 캠페인 활동을 하는 권한을 누린다.

일곱째, 정부는 자원섹터의 재정지원에 중요한 역할을 한다. 재정지원은 정부와 자원섹터의 관계에서 중요한 요소이다.

여덟째, 정부와 자원섹터는 인종, 연령, 장애, 성별, 종교에 관계없이 모든 국민의 기회 균등을 진흥하는 일의 중요성을 인식한다.

다음으로 정부와 자원섹터, 각각의 역할은 다음과 같이 제시된다. 먼저 정부의 역할은 독립성, 재정지원, 정책개발과 자문으로 구분되어 소개된다. 정부가 자원섹터의 캠페인 활동, 정책 비평의 독립성을 인정하고 지지하는 일이 중요하다. 다음으로 재정지원은 자원섹터의 인프라 중요성을 인식해서 장기지속적으로 지원하며 지원체제의 공개, 투명성을 확보하고 자원의 효과성과 효율성을 제고한다. 또한 새로운 정책의 개발에서는 초기 단계부터 자문을 구하며, 자문은 자원조직들이 회원이나 이해당사자의 욕구를 파악하기에 충분한 시간적 여유를 갖고 추진한다. 또 자원섹터의 역할은 독립성은 유지하기 위한 개방성과 투명성을 확보하며, 정부의 재정지원에 대한 회계의 투명성과 효율성을 유지한다. 정책개발에서는 이용자나 이해당사자들의 선호와 욕구를 반영한다.

4) 정부의 자원봉사 진흥정책

끝으로 유럽과 북미에서 추진중인 정부의 자원봉사 진흥정책을 몇 가지 측면에서 정리해볼 수 있다. 그것들은 주로 자원봉사활동에 대한 안전과 보상에 관한 것이다.

(1) 자원봉사와 복지수당

일반적으로 실업자가 자원봉사를 하면 실업수당을 받지 못하거나 수당금액이 줄어들 수도 있다. 그럼에도 벨기에, 덴마크, 핀란드, 프랑스, 아일랜드, 영국에서는 실업수당을 받는 사람들도 특정 조건을 갖추면 자유롭게 자원봉사에 참여할 수 있다(GHK 2010: 117). 그 조건들은 자원봉사의 업무가 임금직 활동을 대체하는 업무가 아니며, 실업자로 자원봉사활동을 하는 사람이 구직활동을 하고 있다는 증거로 당장 일자리를 갖고 자원봉사활동을 중단할 수 있어야 한다. 일부 국가에서는 실업수당을 받는 자원봉사자는 활동시간의 제약을 받는다. 스웨덴에서는 하루 3시간, 일주일 17시간의 규정이 있고, 벨기에서는 연령에 따라 55세 이하의 경우 일주일 28시간으로 한정되어 있다. 덴마크에서는 최대 일주일 4시간으로 규정되어 있는데, 이 경우도 자원봉사를 희망하는 실업자가 지방관청의 사전 허락을 받아 본인의 구직활동에 지장이 없거나 임금직의 업무를 대체하는 활동이 아니라는 확인을 받은 다음에 참여할 수 있게 되어 있다. 자원봉사활동보다 구직활동을 중시하는 정부의 '적극적 노동시장정책'(active labor market policy)을 반영하는 조치이다.

자원봉사활동으로 복지수혜의 문제가 발생할 수 있다. 네덜란드에서는 복지수혜자의 자원봉사활동을 원칙적으로 허용하지만, 생계지원금을 받는 수혜자의 경우 구직활동 시간에 지장을 주지 않는 주말이나 저녁시간의 자원봉사활동을 권장한다. 반면에 벨기에, 아일랜드, 영국에서는 사회보장 지원을 받는 장애인의 자원봉사활동은 어떤 제약도 받지 않는다.

영국에서는 범죄기록청(CRB)의 정보가 자원봉사조직에 전달되어 이 조직들이 아동이나 취약층 서비스 활동에 자원봉사자를 충원할 때 참고하도록 하고 있고, 아일랜드에서도 이와 유사한 정책을 도입하고 있다(앞글: 117).

(2) 자원봉사자 보상과 인정

자원봉사자에 대한 인센티브도 점차 확대되고 있다. 프랑스에서는 노동자들이 노동시간에 비례해서 시민사회조직에서 자원봉사활동을 할 수 있는 시간을 법으로 허용하며, 또 자원봉사활동과 관련된 교육훈련에 참여할 수 있는 시간도 허용하며 재정지원도 받을 수 있다(앞글: 118). 룩셈부르크에서 자원봉사활동을 한 청소년은 영화관람비, 여행비, 레스토랑 식비, 이/미용비, 지정된 쇼핑몰 할인혜택을 받을 수 있다.

자원봉사활동에 소요되는 비용에 대해 환급받을 수 있는 제도를 갖고 있는 국가는 많지 않다. 영국에서는 이런 비용부담 때문에 자원봉사 참여를 기피하는 사람들이 25%에 달하며, 자원봉사자 절반 이상은 개인이 부담한 비용을 환급받지 못했다고 한다. 독일에서는 비용환급을 자원봉사자가 신청하는 경우와 그렇지 않은 경우가 2004년 조사에서 각기 24%와 23%로 비슷한 수준이다. 많은 국가에서 자원봉사활동 비용의 환급은 대부분 자원봉사조직의 결정에 기초한다. 프랑스에서는 점심 바우처가, 영국에서는 아동보육 비용이 제공해준다.

자원봉사활동에 대한 정부의 인정 부족은 자원봉사의 활성화에 장애요인이 된다. 기존의 자원봉사자에 대한 적절한 인정 정책은 새로운 자원봉사자 충원에 중요한 영향을 미치기 때문이다. 공식 또는 비공식 자원봉사활동에 대한 공적인 인정정책은 자원봉사자의 활동에 대한 감사의 표시이자 자원봉사의 가치에 대한 사회적 합의를 제시하는 의미있는 일이다. 유럽에서는 일부 국가들에서는 정부가 공식적인 인정정책을 추진중이지만, 다른 국가들에서는 자원봉사의 가치와 자원봉사자의 기여에 대한 공식적인 인정이 부족한 상태에 있어, EU 차원의 정책추진이 필요하다는 분석이 있다 (GHK 2010: 236). 또한 일부 국가들의 교육기관에서조차 자원봉사의 가치와 자원봉사자의 활동에 대한 인정이 이뤄지고 있지 않다.

(3) 세금 공제와 보수

일부 국가들은 자원봉사활동 비용에 대한 면세혜택을 주고 있다. 독일에서는 2007년에 도입된 제도로 연간 500유로까지 감면혜택을 주며, 시민사회단체의 회비 면세혜택도 주고 있다. 덴마크에서는 670유로까지 세금감면 혜택을 주고 있는데, 자원봉사자는 필요한 확인증을 제출할 필요도 없이 자진 신고로 가능하다(앞글: 119). 이는 마치 비공식적 임금에 해당될 정도라는 논란도 있다. 스웨덴의 경우, 자원봉사자가 조직으로부터 소득을 취하는 경우 임금직의 경우처럼 여행경비 등에 대한 감면혜택을 받을 수 있지만, 소득이 없는 경우는 감면혜택이 없다. 영국에서는 국세청(Inland Revenue)이 자원봉사 운전자에게 감면 마일리지 제도로 감면혜택을 주고 있다.

캐나다에서는 자원봉사활동의 세금공제 혜택에 관한 논의도 한창 진행중이다. 기부금의 세금공제와 같이 자원봉사활동 시간의 경제적 가치를 세금공제 혜택으로 제공해주면 나눔문화의 발전에 더 크게 기여할 것이라는 주장이다(Spyker and Peloza 2009). 사실 한국에서도 자원봉사로 소득공제를 받을 수 있는 특별한 제도가 도입되었다. 재난지역에서의 자원봉사를 활성화 할 목적으로 2004년부터 특별재난지역에서 복구 자원봉사활동을 한 경우 하루(8시간) 5만원의 법정기부금 소득공제 제도를 시행하고 있다.

한편 이탈리아의 국가봉사서비스는 자원봉사자에게 월 433유로를 보수로 지급한다. 독일에서는 약간의 보수를 받는 자원봉사자는 연간 500유로까지 면세혜택을 받는다.

(4) 재정 지원

많은 국가들에서 정부-제3섹터 관계는 재정관계 측면에서 보다 명확한 관계 정립을 요청하고 있다. 보편적 복지국가를 대표하는 스웨덴의 경우, 정부와 전국 시민사회조직 사이에 협약이 체결되어 있는데, 협약의 기본원칙에는 시민사회조직들의 역할 확대의 이유를 정부 재정지출의 삭감이 아니라 사회복지 증대에 있다는 원칙이 규정되어 있고, 사회서비스를 제공하는 모든 조직들이 자유롭게 참여해 다양한 역할을 수행하도록 정부가 개방적인 지원정책을 추진한다는 내용도 포함되어 있다(앞글: 242). 시민사회조직들이 공공서비스 전달에 참여하면 재정지원을 받지만, 참여하지 않고 독자적인 민간 전달체계 역할을 수행하기도 한다.

3. 정부의 자원봉사 활용

먼저 정부의 자원봉사활동에 대한 지원과 진흥의 역할은 무엇인가? 특히 정부는 어떤 목적에서 자원봉사에 대한 이해를 갖게 되는가? 학자들은 시민 자원봉사자와 정부가 협력해서 사회문제를 해결하고 공공서비스를 제공하는 활동을 '공동생산'(coproduction)으로 개념화하였다(주성수 1999b). 공동생산은 시민들이 "서비스 생산에 직접 참여"하는 활동(Rosentraub 1983: 446), 또는 시민들이 정부기관이나 시민사회단체 등에 참여해서 자원봉사활동을 하는 일(Sundeen 1988: 549)로 간주된다.

미국의 도시들에서는 서비스공급 부문에서 재정적 압박이 심할 때 서비스를 줄이거나 영리부문으로 전환시키고 부족한 노동력을 자원봉사 인력으로 충원하는 전형적인 조직유지 방식이 1970년대부터 유행해 왔다. 1970년대 말, 전체 자원봉사 프로그램 가운데 20-30% 가량은 정부기관들이 운영하는 것이고, 또 다른 20-30% 가량은 정부의 공공업무와 관련된 프로그램이었다. 또 1985년 갤럽에 의하면 자원봉사활동의 20% 이상이 정부업무를 지원하는 활동이라고 조사되기도 했다.

1) 정부와 시민의 공동생산

그렇다면 공동생산은 어떤 효과성과 효율성을 갖고 있는가? 1990년 영국에서는 자원봉사 주무부서인 내무성이 「자원영역에 대한 정부지원의 효과분석」이라는 보고서에서, "정부가 자원봉사 활성화에 관심을 갖는 이유는, 자원봉사가 시민의 권리로서의 바람직한 활동이자, 복지서비스의 공급을 위한 비용효과적 방법이기 때문"이라고 지적한다.

미국 정부는 더 광범위하게 자원봉사를 적극 활용한다. 정부업무를 지원하거나 보조하는 자원봉사활동은 1970년대 말부터 1980년대에 이르는 정부의 재정위기 기간에 크게 활성화되었다. 이런 위기 상황에서 정부기관을 대신하거나 보충하는 시민사회단체 활동과 비영리기관의 공공서비스 제공 기능이 크게 확대되었다. 재정위기는 주정부와 지방정부로 하여금 공공서비스 제공의 대안을 모색하게 만든 주된 요인이 되었다. 연방정부부터 재정적자 위기에 직면하면서 1985년에는 '예산균형과 긴급적자 통제법'이 시행되기에 이르렀고, 각종 복지서비스의 예산삭감이 레이건 행정부 기간 내내 지속되었다. 주정부와 지방정부도 한편으로는 연방정부의 재정지원의 삭감 또는 단절로 심각한 재정위기를 맞았고, 다른 한편으로는 주민의 조세저항이 1978년 캘리포니아부터 시발되어 1980년대를 통해 전국 주 및 지방정부에 확산됨으로써 세입과 세출이 동시에 삭감되거나 동결되는 심각한 '재정위기'를 겪었다.

이런 위기의 상황에서 시민참여의 시대가 개막되기도 했다. 복지서비스를 외면당한 소외층을 보호하기 위해 무수한 비영리단체들이 조직되면서 각계각층의 자원봉사 참여의 활성화로 광범위한 시민참여의 시대를 맞는다. 정부가 할 수 없다면 시민사회단체들이

나서서 정부로부터 외면당한 소외층을 지원하고 지역사회가 당면한 각종 사회문제를 해결하겠다는 각계의 호응으로 자원봉사가 크게 활성화된 것이다. 이를 계기로 정부의 공공업무에도 자원봉사자 활용이 크게 늘었으며, 정부의 자원봉사 프로그램 지원 또한 지속적인 신장세를 기록하였다. 시민들과 비영리단체들은 정부의 예산 삭감과 지출 삭감으로 인한 공공서비스의 삭감을 인정하기보다는 적은 재원으로 보다 많은 서비스를 공급할 수 있다는 효율성에 대한 신념으로 자원봉사의 활성화를 기대하며 참여해왔다. 민간 창의력이 정부에 강한 압력을 행사한 결과가 자원봉사의 활성화로 나타난 것이다.

유럽에서도 자원봉사의 비용효과성에 대해 동의하는 분위기가 강하다. "자원봉사자는 정부의 지출과 서비스 감축을 상쇄하는 도움을 주는가?" 이 질문에 대해 유럽에서는 '동의한다'는 의견이 '동의하지 않는다'는 의견을 크게 압도하고 있다. 〈표 9-2〉에서 볼 수 있듯이, 벨기에, 프랑스, 영국, 아일랜드 등 서구 국가들과 동구의 불가리아와 슬로바키아에서는 비교적 높은 동의도를 보여주지만, 독일에서는 '동의하지 않음'이 오히려 더 높은 비중을 차지하며, 또 스칸디나비아(덴마크, 스웨덴)에서도 비교적 낮은 동의도를 보여준다.

〈표 9-2〉 자원봉사의 정부지출 삭감에 대한 상쇄 효과: 유럽 사례

	벨기에	불가리아	덴마크	프랑스	독일	아일랜드	네덜란드	슬로바키아	스웨덴	영국
동의함	65	86	39	72	38	76	58	65	42	60
동의 안함	30	9	33	28	52	17	31	19	37	27
모름	5	5	29	–	10	7	11	15	21	13

자료: Gaskin & Smith 1997: 99.

공동생산은 비용절감을 위한 민영화 형태로 많은 관심이 집중되면서, 여러 연구들도 공동생산이 비용절감의 효과를 생산한다는 결과를 보여준다(Brudney 1990). 그러나 비용이 감축되지 않고 오히려 지출이 늘지도 모른다는 논쟁이 제기되기도 했다. 가장 중요한 것은 직원 인력을 시민 자원봉사자로 대체하여 비용을 줄이는 것인데, 여기에는 오히려 자원봉사자가 비전문가이기에 필요한 훈련비용, 자원봉사자 감독, 주민조직의 조정 등 간접비용이 더 많이 소요된다는 것이다. 그럼에도 공동생산의 효과는 투입비용을 감소하는 것보다는 산출에 대한 투입의 비중과의 관계에서 파악되어져야 하며, 공동생산의 경제적 가치는 서비스의 범위와 보급의 확대라는 잠재적 가치도 고려되어야 한다.

공동생산을 비용절감으로만 파악한다면 공공서비스에 대한 시민들의 다양한 요구와 증대하는 시민사회 부문의 수요를 충족시킬 수 없게 된다. 공동생산은 시민들의 참여를 통한 공동체의 가치창출과 시민정신의 회복, 참여민주주의 확대 등 보다 근본적이고 가치지향적인 측면에서 이해되어야 한다.

또한 시민생산자가 공공서비스의 한 부분으로 자리잡게 되면서 공공서비스 제공자로서 정부의 독점적 역할은 근본적으로 변화하고 있다. 서비스 제공에서 시민들과의 협력 확대는 정부의 공공서비스 제공의 안정화와 정부에 대한 시민들의 신뢰구축에도 크게 기여한다. 이제는 공공서비스 부문에서 이루어졌던 일상적인 행정과 통치 행위가 또 다른 사회부문(제3섹터)으로 이동하고 있는 것이다. 공익분야에서 시민과 피고용인의 노동이 결합함으로써 공동생산은 예산을 늘리지 않고 인간의 욕구를 맞출 수 있는 정부의 능력을 확대할 수 있는 잠재력을 가지며, 또한 공공문제에 대한 시민들의 참여 방향에 대한 전통적인(보수적인) 경향에 대안을 제시함으로써 공무원들의 역할을 향상시키고 시민정신 회복을 보장한다. 여기에 덧붙여 참여민주주의를 강화하고, 사회적 불평등을 개선할 목적으로 그리고 주민자치의 토대 강화를 위한 방안으로 공동생산을 활성화 시킬 필요가 있다.

미국의 일부 사례들에서는 시민 자원봉사자와 정규직원이 함께 일할 때 각종 문제가 돌출되고, 특히 노동조합이 존재할 경우에는 심각한 갈등이 일어났다. 심지어는 공동생산자로서 시민들의 생산 활동에 대항하여 관료조직과의 다툼이 일어나기도 한다. 서로 다른 역할의 책임감에 대한 이해 부족, 유급고용에 대한 일반화된 지지, 시민들의 지식과 경험부족, 공무원의 전문성, 동기유발의 부재 등이 관료조직의 압박으로 등장한다.

그럼에도 공동생산은 행정실무자들에게 그들의 역할을 새롭게 인식시키는 계기가 되기도 한다. 시민들과 공동으로 서비스 제공을 할 때는 행정가들은 지휘와 통제의 특권을 버리고 시와 시민 공동생산자 사이의 편안한 중개인으로 기능해야 하는 것이다. 또한 시민 자원봉사자의 가치에 대한 직업교육, 적절한 임무부여를 위한 계획수립, 기본적인 행정감독의 제공이 필수적이다. 그리고 시민들이 마치 다수로 존재하기에 무료로 획득할 수 있는 물품, 즉 자유재(free goods)로 취급당하지 않도록 해야 한다. 시에서는 함께 일하는 시민들의 자발적인 무보수 노력을 고려하여 직원들의 보수도 균형을 이루어야 한다. 결국 효과적인 시민참여는 정규 직원들의 적절한 지원이 있어야 가능하다.

또 관료제의 제약을 극복하기 위해서 인센티브를 활용하는 것도 중요하다. 미국에서 지방자치단체 31%만이 주민참여의 증대를 위해 인센티브를 활용했다고 한다. 그러나 일부 도시들은 격려금, 지방세 할인, 사회적 활동, 상장 수여, 기타 사회적 인정을 이용하여 관료조직의 제약과 시민참여 문제를 성공적으로 해결하고 있다.

공동생산 장려를 위해 고려해야 할 마지막 관점은 시민들을 이해하는 것이다. 공동생산은 시민정신을 세우는 것이며, 공공문제의 참여는 정부에 대한 시민들의 기대를 증대시킨다. 공동생산은 일방통행로가 아니며 시민들로부터 위임받은 약속을 지키는 것이라는 생각으로 지방정부도 서비스 제공 파트너로서의 역할에 적극적으로 부응해야 한다(주성수 1999b).

2) 공공 자원봉사 프로그램

공동생산의 개념이 등장하게 된 배경도 지방정부들이 공공서비스 전달에서 시민 자원봉사자를 활용하기 시작하면서 비롯된 것이다. 따라서 공동생산의 경험적 기초는 시민 자원봉사 활동이라고 볼 수 있다.

미국과 영국 등지의 공공기관들은 시민 자원봉사 참여에 개방적인 프로그램을 갖고 있다. 〈그림 9-1〉은 정부가 자원봉사자를 활용하는 데 필요한 준비과정들을 단계별 과제로 보여주고 있다. ① 자원봉사자를 공공기관에 투입시키는 과제, ② 공직자들이 자원봉사자 활용을 수용하는 과제, ③ 공공기관이 자원봉사 프로그램을 개발하는 과제, ④ 자원봉사자를 사회 현장에 활용하며 관리하는 과제, 그리고 ⑤ 그 결과 발생되는 프로그램에 대한 그리고 공공기관에 대한 영향력을 평가하는 과제 등 다섯 가지로 구분해볼 수 있다 (Brudney 1995a: 205-17).

첫째는 자원봉사자의 충원(recruitment) 과제가 있다. 정부는 시민들

〈그림 9-1〉 정부 자원봉사 프로그램의 단계별 과제

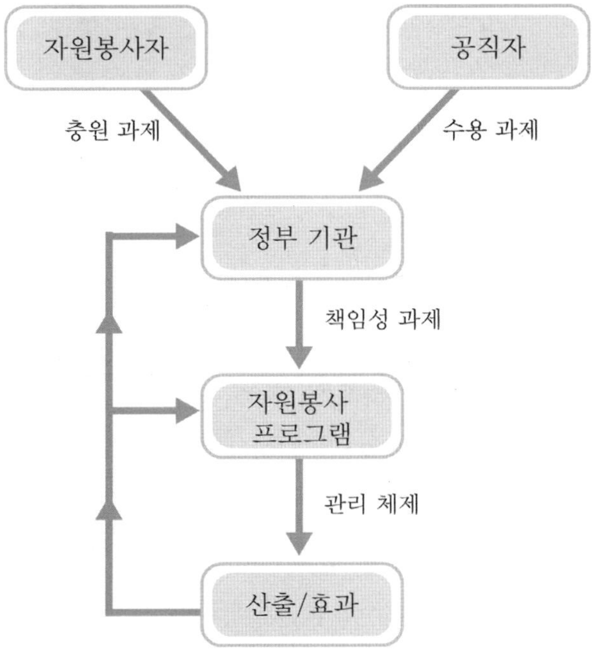

을 대상으로 공공 영역에서 봉사활동을 하도록 유도하기 위한 홍보와 모집 전략을 수립해야 한다. 자원봉사활동이 주로 NGO 중심의 시민사회에서 이뤄지고 있기 때문에 정부 기관들은 시민 자원봉사자를 두고 이들 NGO들과 경합을 해야 하는 과제를 안고 있다. 공공봉사에 더욱 매력을 갖도록 하는 인센티브는 무엇인가? 결국 프로그램 내용의 문제일 것이다. 시민들이 관심이 쏠리고 있는 주요 현안들, 예컨대 청소년 유해업소, 유흥점 등에 대한 공직자와 시민이 합동으로 진행하는 감시활동 등이 될 수 있다.

둘째는 시민의 공공봉사 활동을 수용하는 공직자들의 수용(acceptance) 과제이다. 정부 자원봉사 프로그램이 성공하기 위해서는 내부 공직자와 시민 자원봉사자가 협력하는 공동생산이 되는 것이다. 공직자들이 자원봉사자에게 일거리를 내놓게 되어 장차 일자리를 위협하게 되리라는 두려움을 갖고 노조 등을 통해 조직적으로 반대하고 나설 수도 있는 것이다. 실제로 유럽에서는 무보수 자원봉사활동이 유급 직장인들의 일자리를 위태롭게 하지는 않는다는 것이 일반적인 여론으로 조사되었지만, 위태롭게 한다는 의견이 적지 않게 남아 있어 새로운 논쟁거리가 되고 있는 듯하다. 벨기에, 네덜란드, 영국 등지에서는 각기 34%, 39%, 41%에 이르는 국민들이 '위태롭게 한다'고 보고 있다(Gaskin & Smith 1997: 60).

셋째는 보다 근본적인 과제가 될 수 있는 책무성(accountability) 과제가 있다. 공동생산의 기본이념에서 자원봉사활동은 정부가 '권위'를 부여하는 활동이 된다. 이러한 시민, NGO, 기업체 등 제3자를 공동생산의 파트너로 삼아 이들에게 공적 권위를 부여하는 형태의 정부를 두고 '제3자 정부'(third-party government), '대리정부'(government by proxy), '간접행정'(indirect administration) 등으로 칭한다(Salamon 1995; Brudney 1995a). 정부의 고유 권위와 권한을 시민, NGO 등에게 이양하는 것이 공동생산이기 때문에, 이들이 책무성을 갖고 공적 활동을 완만히 수행하고 있는지를 확인하는 책무성 과제가 심각한 과제로 부각된다.

넷째는 모집된 자원봉사자를 교육, 훈련시켜 현장에 배치시켜 활동하도록 하는 관리(management) 과제가 있다. 자원봉사 프로그램이 완비되어 자원봉사자가 적재적소에 잘 배치되어 역할을 잘 수행하고 있으며 그럼으로써 자원봉사자 개인으로서도 보람된 활동을 하고 있는지를 관리하는 일도 매우 중요하다.

마지막 과제는 평가(evaluation)이다. 평가는 프로그램 진행 과정중에 이뤄지는 '과정' 평가와 프로그램이 종료된 결과로 나타나는 영향력 등에 대한 '결과' 평가 등이 있다. 이런 평가가 제대로 이뤄지지 않고서는 시민 자원봉사자들과 또 이들의 중개 역할을 맡는 NGO들이 지속적인 공동생산의 협력자로 남을 것인지를 잘 알아낼 수 없을 것이다. 평가의 주체가 정부 내부에서 하는 경우도 있지만 외부 전문가와 NGO 대표들이 주도하는 것이 바람직한 경우가 많다.

3) 지방정부의 자원봉사자 활용

자원봉사는 중앙정부보다 지방정부 고유 업무라고 볼 수 있다. 미국에서는 오래 전부터 주민참여에 의한 지방자치의 전통이 유지되어오다 1980년대부터 자원봉사가 활성화되면서부터 체계화되기에 이르렀다. 실제로 지자체들은 자원봉사를 직영으로 또는 민간위탁으로 활성화시키고 있다. 1970년대 말에 조사한 연구에 의하면, 전체 자원봉사 프로그램 가운데 20−30% 가량은 정부기관들이 운영하는 것이고, 또 다른 20−30% 가량은 정부의 공공업무와 관련된 프로그램이다. 1990년대 말에는 민간위탁이 크게 늘면서 전국자원봉사센터의 6%만이 지자체가 운영한다(POLF 1999).

정부의 공공업무에 자원봉사자가 참여해서 자원봉사활동을 한 것은 최근의 일이 아니다. 이미 오래 전부터 주민참여에 의한 지방자치의 전통이 유지되어오다 1980년대부터 자원봉사가 활성화되면서부터 체계화되기에 이르렀다. 그럼에도 지자체가 공공서비스 제공에 자원봉사를 오히려 더 많이 활용하고 있다. 1985년에 조사한 937개 시정부 자료를 보면, "시정부에서 무보수 자원봉사자를 활용하고 있는지"에 대해 72.6%가 그렇다고 답했다(Duncombe 1986: 359). 이는 업무영역에 따라 차이가 있는데, 자원소방대(42%)와 레크리에이션 프로그램 활동(31%)이 가장 많은 것으로 조사되었고, 그밖에도 자원경찰(30%), 노인센터 보조(23%), 도서관 지원(18%) 등으로 나타났다. 또 다른 1990년대 중반의 주정부를 대상으로 한 조사에 따르면, 자원봉사자를 활용하는 주정부 기관의 비율이 병원, 공원과 레크리에이션(100%), 환경보호활동(83%), 주택(67%), 사회복지(63%), 보건(61%)로 높은 활용도를 보여준다(Brudney 1999). 또 1987, 1989, 1992년에 실시된 조사에 따르면, 자원봉사자 25-30%가 정부 기관들에서 활동한 것으로 조사되고 있다. 미국인의 공공 자원봉사자는 80% 가량은 거주지에 가까운 지방정부에서, 그리고 11-17%는 주정부 기관에서, 나머지 6-9%는 연방정부기관에서 활동한 것으로 조사되었다(Hodgkinson et al., 1996: 105).

미국 지방자치단체들(시, 카운티 정부)이 공무에 자원봉사자를 체계적으로 활용한 현황에 대해서는, 국제도시경영협회(International City Management Association)가 1982, 88, 92년 세 차례에 걸쳐 조사한 내용을 참고해볼 수 있다. 〈표 9-3〉에서 나타난 두드러진 특징은 자원봉사가 1982-88년 사이에 엄청난 신장세를 보이다가 1992년에 크게 쇠퇴하는 추세이다. 1988년에 자원봉사자가 빈곤층과 홈리스 보호에 적극 나섬으로써 자원봉사가 크게 활성화된 것이다. 지방정부들 가운데 37%가 홈리스 보호 식량프로그램을 마련했고, 27%는 홈리스 보호소에 자원봉사자를 배치하였다.

4) 공공 자원봉사 활용의 장단점

자원봉사활동을 지원하는 정부와 기업의 역할은 스스로 많은 이득과 혜택을 얻게 되지만 동시에 그에 따른 문제와 부담을 안게 된다. 아래에서는 미국 지방정부와 주정부 사례에서 소개되는 일반적인 자원봉사 활용의 장단점들을 정리해본다.

〈표 9-3〉 미국 지방자치단체의 자원봉사자 활용

	1982	1988	1992
공공작업/교통			
식수, 가지치기	3%	5%	3%
묘지관리, 행정	3	4	3
대중 교통 유지	7	8	2
공공 안전			
범죄예방 순찰	9	16	4
경찰, 소방소 연락	2	3	2
화재예방, 소방	17	19	14
응급 의료서비스	15	18	12
앰뷸런스 서비스	14	17	10
보건 및 휴먼서비스			
동물보호	2	6	2
탁아, 육아	4	8	1
아동복지프로그램	6	11	3
노인복지프로그램	18	25	11
병원관리, 보조	2	6	1
공중보건프로그램	7	8	2
약물, 알코올치료	6	10	4
공원 및 레크리에이션			
레크리에이션 서비스	19	26	5
레크리에이션 시설관리	4	14	3
공원관리	4	7	2
문화 및 예술 프로그램			
문화예술 프로그램	31	41	17
도서관 프로그램	11	13	5
박물관 프로그램	20	34	14

참고: 전국 city, county 자치단체의 자원봉사자 활용비율.
자료: Municipal Yearbook 1989, 1994.

(1) 미국 지방정부 프로그램

〈표 9-4〉의 자료는 미국 지방자치단체들이 자원봉사자를 활용하는 데 드는 비용과 단점, 그리고 다른 한편으로는 자원봉사가 갖다

〈표 9-4〉 미국 지방정부의 자원봉사자 활용에 따른 장단점 비교

	조지아 주 (250개, 1990)	전 국 (534개, 1985)
1. 자원봉사 프로그램 재정지원		
– 자원봉사자 보험 제공	22%	21%
– 자원봉사 프로그램 재원 부족	20%	–
– 자원봉사 활동 지원 재원 부족	19%	–
– 자원봉사자 교육, 지도 인력 부족	16%	38%
2. 자원봉사자의 업무수행		
– 다른 자원봉사자 모집 능력	39%	56%
– 자원봉사자의 결석	17%	16%
– 자원봉사자 업무에 대한 신임 부족	14%	–
– 자원봉사자의 중도포기	12%	–
– 자원봉사자의 빈약한 업무수행	5%	6%
3. 정치적 및 노조와의 긴장		
– 자원봉사자 때문에 상근직원 감소 인식	8%	–
– 상사의 자원봉사 프로그램지원 부족	7%	16%
– 조직 최고위층의 자원봉사 지지도 부족	5%	–
– 자원봉사자와 직원간의 불편한 관계	3%	–
– 자원봉사자에 대한 노조의 반발	0%	–
4. 경비절감 또는 비용효과성		
– 기관에 갖다 주는 비용절감	82%	82%
5. 기관 역량의 확대		
– 공공서비스 제공 역량 확대	64%	–
– 주어진 자원으로 업무역량 확대	48%	–
– 공공서비스 및 프로그램 제공 향상	28%	–
– 비상시와 분주시기에 인력 제공	27%	–
– 서비스와 프로그램 영역 확대	22%	–
6. 지역사회 관계 개선		
– 지역사회 관계 개선	48%	–
– 주민의 프로그램지지 확대	46%	25%
– 자원봉사자의 기술개발과 경험축적	31%	–
– 기관에 대한 압력과 제약 인식 확대	28%	–
– 프로그램 후원 및 자문 확대	24%	–
7. 공공서비스 질의 향상		
– 자원봉사자의 전문기술 활용	34%	40%
– 서비스와 프로그램 질적 향상	32%	–
– 클라이언트에 대한 관심 고조	8%	45%

자료: Brundney 1995b: 41-2.

주는 혜택과 장점을 조사한 자료이다. 1985년 자료는 갤럽여론조사가 전국 534개 지방자치단체를 대상으로 조사한 것이며, 1990년 자료는 조지아 주의 250개 자치단체를 대상으로 한 것이다(Brudney 1995b: 41-2).

먼저 자원봉사자 활용의 장점들은 여러 가지로 꼽히는데, 그것들을 차례로 살펴볼 필요가 있다. 첫 번째 항목들은 자원봉사자 활용을 위해 준비하고 기획하는 비용을 보여준다. 자원봉사자를 위한 보험가입이 아직 정착되지 않았고, 자원봉사 프로그램 개발에 필요한 적절한 예산의 부족과 아울러 자원봉사활동에 든 비용을 환급해줄 예산의 부족이 문제로 부각되고 있다. 또 자원봉사자를 교육시키고 지도감독을 하는 담당자의 시간 부족은 1985년에 비해 절반 이하로 줄어든 긍정적인 변화를 보여준다. 전반적으로 이 항목들에 걸쳐 약 20%에 이르는 지방자치단체들이 문제가 있다고 답변함으로써 아직 이 부분에 대한 제도적 정착이 과제로 남아 있다.

두 번째 항목들은 자원봉사자의 업무수행도를 보여주는 것으로 주요 특징들은 다음과 같이 요약될 수 있다. 자원봉사자가 다른 자원봉사자들을 모집하는 능력이 1985년 전국 조사에서는 56%라는 놀라운 기록을 했지만 1990년에 다소 뒤떨어진 결과를 보여준다. 자원봉사자가 약속을 지키지 않고 결석하는 경우 자원봉사자의 업무수행에 대한 신임도의 부족, 자원봉사활동을 중단하는 사례 등이 12-17%대로 낮은 수치라기보다 다소 높은 수치라고 볼 수 있다. 그럼에도 자원봉사자가 업무를 제대로 수행하지 못하는 경우가 문제가 된다.

세 번째 항목들은 자원봉사활동이 정치적 문제성과 노조와의 마찰 등을 보여준다. 자원봉사자 때문에 필요한 상근직원 수를 잘못 인식하는 경향과 자원봉사 프로그램에 대한 임원 간부의 지지 부족, 그리고 자원봉사 프로그램에 대한 조직 최고위층의 지지 부족이 다소 문제지만 자원봉사자와 직원간의 관계에서 신뢰도 부족은 별문제로 볼 수 없으며, 자원봉사자 개입에 대한 노조의 반대는 전혀 논란의 여지가 없다.

네 번째 항목은 자원봉사자를 활용함으로써 기관의 비용절감에 대한 기여도를 보여주는 것으로 1985년의 전국조사와 1990년의 조지아 주 조사 모두 같은(82%) 상당히 높은 기록을 보여준다.

다섯 번째 항목들은 기관의 역량에 기여하는 장점들이다. 자원봉사자 활용을 할 때가 그렇지 않을 때보다 서비스 제공 역량이 높아졌다는 것이 다수 의견(64%)이며, 주어진 가용 가능한 자원으로 보다 많은 일을 할 수 있는 역량이 확대되었다는 의견도 많으며(48%), 서비스 제공과 프로그램 개발 능력의 향상(28%), 비상 상황과 작업량이 많은 분주한 시간대에 인력 제공(27%), 그리고 서비스나 프로그램 종류의 확대(22%)에도 적지 않은 도움이 된다는 것이다.

여섯 번째로 자원봉사자 활용으로 지역사회 관계를 개선하는 긍정적인 효과 역시 매우 높은 것으로 나타나 있다. 지역사회 관계 개선에서 48%에 달하는 지자체들이 긍정적으로 평가했고, 프로그램에 대한 주민의 지지 향상도 다소 높은 편이다(46%). 자원봉사자가 활동으로 얻는 기술개발과 경험축적이 31%, 지자체에 대한 압력과 제재 행사에 대한 일반 주민의 인식 향상, 자원봉사자가 지원하는 프로그램 후원 및 자문도 적지 않은 긍정적 효과를 보여준다.

끝으로, 공공서비스 질의 향상 측면에서도 부가적인 효과를 얻고 있다는 것이다. 자원봉사가 갖고 있는 전문 기술을 활용한다는 의견도 많고, 공공서비스와 프로그램의 질 향상이 있다는 의견도 적지 않으며, 서비스 대상자인 클라이언트에 대한 관심도가 높아졌다는 의견은 1985년 45%에 비하면 매우 낮은 성적을 보여준다.

자원봉사자를 공공업무에 활용하는 데는 장점뿐 아니라 여러 부담 또는 단점들도 수반되기 마련이다. 〈표 9-4〉에 제시된 단점들 네 가지를 살펴보면 아래와 같다.

첫째, 공공 자원봉사 프로그램을 갖추기 위한 재정 부담이 먼저 단점으로 꼽힌다. 자원봉사자에 대한 대가를 지불하는 비용은 없지만, 자원봉사 행정과 관리를 위한 최소한의 비용이 필요한 것이다. 따라서 자원봉사자의 보험, 자원봉사 프로그램 지원, 자원봉사활동 지원, 자원봉사 교육과 지도에 필요한 비용이 문제로 제시되어 있다.

둘째, 자원봉사활동에 대한 공직자의 신임의 문제가 있다. 자원봉사자가 결석하거나 조퇴하는 문제와 부적절한 일처리 등이 문제로 부각되고 있다.

셋째, 자원봉사에 대한 공무원의 인식이 큰 문제가 되지는 않지만 공무에 자원봉사자가 개입해서 자신들의 일자리를 위협할 수도 있다는 인식은 존재한다. 또 공무원들은 자신의 역량에 의해 하는 일이 자원봉사자가 대신하는 경우 그 일이 자신을 도와준다는 인식보다 자신의 업무를 노출시키는 그 자체에 문제가 있다는 인식을 갖게 된다.

(2) 미국 주정부 프로그램

또 다른 조사에 따르면, 주정부 36%가 공공 업무에 자원봉사자를 활용한다고 답했다. 공공업무 영역 가운데 주정부 전체가 예외없이 활용하는 자원봉사 활동 영역은 병원, 자연 자원, 공원과 레크리에이션, 안전규제 4대 영역이며, 다음으로 많은 활동영역은 환경

〈표 9-5〉 미국 주정부 자원봉사자 활용의 장단점

〈장점〉		〈단점〉	
– 더 많은 업무추진 역량	76%	– 충분한 자원봉사자 모집 어려움	38%
– 비용절감 효과	70%	– 자원봉사자 교육훈련 시간 부족	32%
– 직무기술과 경험 증대	62%	– 자원봉사자 프로그램 재원 부족	23%
– 지역사회 관계개선	57%	– 자원봉사자 활용에 노조 반대	20%
– 자원봉사자의 전문기술 활용	45%	– 자원봉사자에게 보험 제공	20%
– 서비스 제공이 가능해짐	45%	– 자원봉사활동 경비 지원 부족	18%
– 긴급/업무폭증에 인력활용	42%	– 부서장의 자원봉사활동 지원 부족	18%
– 공공 프로그램 지지 증대	42%	– 공무원 인력 부족으로 오해	18%
– 서비스/프로그램 질적 개선	36%	– 자원봉사자의 결근	15%
– 서비스/프로그램 양적 증대	35%	– 자원봉사자의 부적절한 활동	15%
– 클라이언트에 대한 관심 증대	30%	– 자원봉사자의 잦은 교체	14%
– 정부에 대한 공공 인식 제고	29%	– 자원봉사자의 역할 문제	10%
– 서비스/프로그램 종류 확대	27%	– 고위공직자의 지원 부족	6%
– 프로그램 자문과 후원 증대	26%	– 자원봉사자와 공무원 관계 문제	6%

참고: 미국 50개주 350개 부서의 인사담당자에 대한 설문의 복수응답률.
자료: Brudney and Kellough 2000: 121-122.

보호(83%), 주택(66%), 사회복지(63%), 보건(61%), 교통(50%), 경제개발(43%), 교육(37%), 고용과 노동(35%), 에너지(33%), 공공안전(30%) 등이다. 자원봉사자 활용 장단점은 〈표 9-5〉와 같이 제시되고 있는데, 〈표 9-4〉의 내용과 거의 유사하다.

4. 한국 정부의 자원봉사정책

한국의 자원봉사는 그간 민간 주도의 시민운동으로 추진되어오면서 정부의 적극적인 개입 정책에 힘입어 보다 활성화되었다고 볼 수 있다. 중앙정부 부처들이 경쟁적으로 자원봉사 지원정책을 추진해왔고, 지방자치단체들도 지방자치의 하나로 자원봉사활동을 지원하는 조례를 제정해서 자원봉사 행정조직을 갖추고 자원봉사센터를 지원하는 등 자원봉사에 적극적인 지원을 아끼지 않았다. 오히려 정부의 지원이 지나친 개입이 아닌가 하는 의문을 일으킬 정도가 되었다. 한국의 자원봉사는 정부지원 확대 논의와 함께 민간자율성 보장 논란도 일고 있다.

1) 자원봉사활동기본법 시행

자원봉사활동을 지원하는 기본법은 2005년 8월에 국회의 심의 및 의결을 거쳐 법률로 공포된 자원봉사활동기본법과 2006년 2월에 발표된 동법 시행령이다. 이 법은 전체 20개의 조문 및 부칙으로 구성되어 무보수성, 자발성, 공익성, 비영리성 및 민관 협력의 기본정신을 강조하는 자원봉사진흥시책의 기본방향을 설정하고 있다. 이를 위한 자원봉사활동의 진흥과 바람직한 시민운동으로 자원봉사활동 정착에 국가의 책무에 대해 규정하고 있다.

기본법은 자원봉사활동의 범위에 대한 규정과 아울러 참여 촉진을 위한 자원봉사자의 날과 자원봉사 주간을 설정하였다. 자원봉사센터의 설치와 운영, 자원봉사자들의 안전을 위한 상해보험 가입 등의 보호조치 사항도 있다. 또 민간 기구인 한국자원봉사협의회의 설치 및 사업규정을 통해 중앙 차원의 자원봉사 행정 서비스 전달체계의 구심적 역할을 규정하고 있다. 또 시행령에는 자원봉사진흥위원회 및 실무위원회의 구성에 관한 사항과 5년마다 국가기본계획 및 연도별 시행계획 수립 및 시행, 관계 중앙행정기관 및 지방자치단체의 연도별 시행계획 수립, 범국민적 자원봉사활동 참여 분위기 조성을 위한 자원봉사 주간 행사의 시행, 자원봉사센터장의 자격요건을 명시하고 있다.

한편 자원봉사활동기본법 이외에 자원봉사활동 관련법(대통령령, 시행규칙 등)으로는 여성발전기본법, 사회복지사업법, 청소년활동진흥법 등이 있다. 여성발전기본법과 그 시행령에는 여성자원봉사활동에 대한 지원 및 여성자원활동센터의 설치 및 운영에 관한 조항을 두고 여성의 자원봉사활동에 지원을 규정하고 있다. 또 사회복지사업법과 그 시행령에는 사회복지자원봉사활동의 지원 및 육성, 한국사회복지협의회 등의 업무에 자원봉사인증센터 등의 역할을 명시함으로써 사회복지분야의 자원봉사자에 대한 지원의 책무를 제시하였다. 노인복지법과 그 시행령에는 노인의 사회참여 지원과 지역봉사지도원의 위촉 및 업무, 활동 지원의 내용을 밝힘으로써 노인의 자원봉사활동에 대한 지원을 규정하고 있다.

또 청소년과 관련된 법으로는 청소년활동진흥법 및 시행령을 들 수 있는데 청소년자원봉사활동의 활성화, 청소년활동진흥원의 설치 및 운영, 위탁기준 등의 조항을 통해 청소년자원봉사자들의 지원을 규정하고 있다. 이밖에도 한국국제협력단법을 통한 해외자원봉사활동 관련 사항, 또 사회복지공동모금회법과 대한적십자사조직법, 공직선거법 등에서 민간기금 조성과 기부금품의 모집·등록에 관한 사항들을 담고 있다.

이상과 같이 법과 시행령 이외에 지방자치단체에서 마련한 자원봉사활동 관련 조례들은 자원봉사활동기본법 제정에 따른 후속조치로 제·개정을 추진하여 2006년 12월 기준으로 248개 지방자치단체 중 175개의 지방자치단체에서 자원봉사활동기본법의 취지에 맞게 조례 개정이 완료되었다.

2) 정부의 행정지원 체계

중앙 부처들과 지방자치단체들은 특히 자원봉사의 조직화에 공동으로 노력해온 결과, 전국적으로 자원봉사조직들이 정비될 수 있었다. 그러나 정부의 자원봉사정책은 국가 차원의 통합된 형태보다 개별부처의 독자적 행태로 추진되고 있다. 행정안전부, 보건복지부, 여성가족부 등 세 개 부처 중심으로 자원봉사정책이 추진되고 있으며, 각 부처의 담당과와 부처별로 설립된 네 가지 형태의 자원봉사센터를 중심으로 정부의 자원봉사 전달체계가 갖춰져 있다. 아래에서는 정부 각 부처가 추진하는 자원봉사 제도와 정책을 간략히 정리해볼 수 있다(김경동 외 2010).

(1) 자원봉사진흥위원회

자원봉사진흥위원회는 자원봉사활동에 관한 주요정책을 심의하기 위하여 자원봉사활동기본법 제8조에 의해 구성된 국무총리실 산하 조직이다. 위원장은 국무총리이며, 민간인 전문가들과 자원봉사 관련 부처의 차관들이 당연직 위원 등 20여 명의 위원들로 구성되어 있다. 위원회의 주된 역할은 자원봉사활동의 진흥을 위한 정책방향의 설정 및 협력·조정, 자원봉사활동의 진흥을 위한 국가기본계획과 연도별 시행계획에 관한 사항, 자원봉사활동의 진흥을 위한 제도개선에 관한 사항, 그 밖에 자원봉사활동의 진흥에 관하여 필요한 사항 등을 심의하는 것이다. 연 1회 자원봉사진흥위원회 회의를 통해 금년도 자원봉사 예산 및 사업에 대한 심의를 하고, 전년도 사업실적을 보고하고 있다. 뿐만 아니라 자원봉사와 관련된 최근 이슈나 사회적 변화에 대응하는 대안을 논의하며 각 부처별 진행되는 중복 및 누락 사항에 대한 부분도 논의한다. 행정안전부가 회의 주관을 하며, 각 부처별 및 지방자치단체별로 취합된 내용들을 정리하고 보고하는 역할을 담당하고 있다.

(2) 행정안전부

행정안전부는 자원봉사진흥 국가계획 수립을 총괄하는 자원봉사활동의 주무부서이다. 민간협력과에서 자원봉사활동을 담당하고 있으며 시·도 및 시·군·구의 주민생활지원과를 통해 자원봉사지원업무를 총괄하고 있다. 또 행정안전부는 정부와 민간 자원봉사조직과의 관계를 다리놓는 중개기관 역할을 수행한다. 민간기구인 한국자원봉사협의회 및 중앙자원봉사센터 등 기초센터와 자원봉사단체에 운영비 및 사업비를 지원하고 있으며 재해복구예산 지원, 전국자원봉사대회 및 국제행사 개최 및 참가 등 포상 및 홍보사업, 교육사업 등을 수행하고 있다. 또 자원봉사 전산관리시스템을 구축하고 자원봉사활동 관리 표준 매뉴얼을 제작하며 자원봉사 관리자교육 및 훈련, 자원봉사센터 평가 등의 행정적 지원도 함께 하고 있다.

(3) 보건복지부

보건복지부는 사회복지 분야 자원봉사의 주무부서이다. 사회복지사업법을 근거로 자원봉사 행정서비스 체계인 한국사회복지협의회에 '한국봉사안내소'를 1978년에 설치한 이래 광역시도 사회복지협의회에 사회복지정보센터 17개소를 설치, 지속적으로 자원봉사자 모집, 양성, 교육, 배치, 사후관리를 하고 있다. 또한 홍보 및 업무협조 등의 자원봉사활동사업을 사회복지시설 및 기관 중심의 인증센터(3,070개소)를 설치하여 복지분야 봉사자들에 대한 인력관리 및 시간 마일리지, 보험 등의 지원을 주도하고 있다. 또 한국사회복지관협회는 사회복지사업법에 의거하여 전국 사회복지관의 육성과 균형발전을 위한 제반사업과 사업수행에 따른 지식, 기술, 정보교류 및 시범사업 개발을 통해 전체 사회복지관 운영의 내실을 기하고자 구성한 조직체이다. 복지관은 저소득층 및 지역사회주민의 복지증진에 기여하고자 설립된 기관으로, 1992년에 사회복지관 부설 재가복지봉사센터 관리 업무를 보건복지부로부터 위탁받았고, 자원봉사활용에 대한 필요성을 인식하여 자원봉사알선센터를 개설, 예산지원 및 행정지도가 이루어지도록 하였다.

(4) 여성가족부

여성가족부는 여성 및 청소년의 자원봉사활동 활성화를 지원하는 역할을 맡고 있다. 여성가족부의 전문기구인 한국여성발전원은 여성 자원활동의 활성화를 위해서 여성발전기본법을 근간으로 1984년부터 1992년까지 여성자원활동 인력은행을 운영해 왔고, 1993년부터 시, 군, 구 가정복지과를 중심으로 전국 165개소의 「여성자원활동센터」를 설립, 지도감독하고 있으며, 여성들의 자원봉사활동에 관한 조사연구, 자원봉사활동 관련 자료 및 교육 프로그램을 개발하여 관련 기관과 일선 여성활동자들을 지원하고 있다. 또 여성가족부는 최근 청소년 업무를 총괄하는 업무도 담당하고 있다. 청소년기본법을 근간으로 한국청소년활동진흥원을 두고, 광역시도에 청소년활동진흥센터를 통해 청소년들의 사회봉사활동의 지원, 청소년봉사단 육성 등의 업무를 담당하고 있다.

(5) 교육과학기술부

교육과학기술부는 초중고교의 자원봉사활동을 지원하는 주무부서이다. 학교 교육체계의 자원봉사교육 확립 및 지원을 위해 학생봉사활동 정보안내센터를 설치 운영하고 있는데, 센터는 학생봉사활동에 대한 정보 제공 및 담당교사 연수 및 지도, 프로그램 개발 및 보급 등의 사업을 주관하고 있다. 또한 대학생들의 봉사활동을 지원하기 위해 1995년도에 결성된 대학교 총·학장들의 모임인 한국대학사회봉사협의회를 지원하고 있다. 그리고 각 학교의 학부모 봉사단인 한국시민봉사회도 교과부가 지원하는 중요한 자원봉사조직이다.

(6) 외교통상부

외교통상부는 제3세계 저개발 국가들에 KOICA(한국국제협력단)를 통해 연간 1,800명의 해외 장기봉사자를 파견하고 있다. 한국국제협력단은 1991년에 창설되어, 그간 아시아, 아프리카, 남미 등지의 저개발지역 47개국에 장기 자원봉사자를 파견해왔고, 또 월드비전, 굿네이버스 등 70여 개의 국제원조 NGO들의 협의체인 한국해외원조단체협의회 등을 지원하고 있다(www.koica.go.kr). 이제 한국은 개발도상국에 대한 공적원조(ODA)를 크게 늘릴 계획으로, KOICA를 통한 해외 자원봉사활동도 더불어 확대될 것으로 내다보인다.

(7) 법무부

법무부는 청소년 선도와 관련된 자원봉사활동을 지원한다. 법무부에서는 청소년과 출소자 등 범법자 재범방지를 위한 민간자원봉사자 조직인 범죄예방위원 및 갱생보호후원회 등의 조직을 지원하고, 자녀안심하고 학교보내기 운동본부도 자원봉사조직으로 운영하고 있다.

(8) 문화체육관광부

문화관광부는 그간 청소년자원봉사 업무를 담당해오다, 최근까지 다양한 문화관광 전문봉사활동을 지원하는 주무부서 역할을 하고 있다. 지금은 한국BBB운동 지원, 문화관광해설사 육성, 국제공연예술단(글로벌 프렌즈) 운영, 전문문화자원봉사단(도슨트: 국립중앙박물관, 국립민속박물관, 도서관, 국립현대미술관) 운영, 종교인 평화봉사활동 지원, 예술인자원봉사단 운영, 대학생 해외봉사단인 한국알리미 지원 등의 사업을 지원하고 있다.

3) 정부의 자원봉사센터 운영

행정안전부, 보건복지부, 여성가족부 등의 자원봉사 주무부서들은 전국 시도, 시군구에 자원봉사 핵심 인프라인 자원봉사센터 설치와 운영을 지원하고 있다. 2002년까지 전국 248개 지자체에 등장한 자원봉사센터들은 2006년 이후 기본법이 시행되고 국가기본계획이 수립되면서 그 활동과 역할이 강화되며 지역 자원봉사활동의 구심점이 되고 있다. 그러나 아직도 그중 60% 이상은 민간조직이 아닌 정부가 직접 운영하는 직영 센터들이다.

(1) 주민센터

주민센터는 자원봉사 전달체계의 기초가 되는 자원봉사조직이다. 2000년부터 전국의 동사무소에 설치된 주민센터는 형식적으로는 자원봉사조직이 아니지만 실질적으로 많은 자원봉사자들이 활동하는 거점이기 때문에 기초 자원봉사단체로 볼 수 있다. 주민센터는 행정안전부의 전달체계에 소속된 것이지만, 여성가족부, 보건복지부 등 중앙 부처들이 풀뿌리 차원에서 자원봉사를 활성화시키기 위해 활용될 수 있는 주요 풀뿌리 조직이다.

행정안전부의 자원봉사센터, 보건복지부의 재가복지봉사센터, 여성가족부의 청소년활동진흥센터와 여성자원활동센터가 시도나 시군구 차원에 머물러 있기 때문에 생활권에 가까운 곳에서 봉사활동을 희망하는 사람들의 수요를 충분히 담아내지 못하는 한계를 보여준다. 자원봉사의 활성화를 위해서는 어느 부처이든 상관없이 주민센터를 풀뿌리 조직으로 활용하는 전략과 프로그램이 필요하다고 볼 수 있다. 여성가족부는 여성과 청소년의 자원봉사의 활성화를 위해, 보건복지부는 사회복지 서비스 대상층을 위한 자원봉사 활동을 위해, 각기 경쟁적으로 주민센터를 활용할 필요가 있다.

(2) 행정안전부

행정안전부는 주민센터를 풀뿌리 기초조직으로 관장하면서 전국의 시도, 시군구 전역에 자원봉사센터 설치와 운영에 관한 주무부서 역할을 담당하고 있다. 한국의 지자체들은 자원봉사 행정업무의 핵심적 역할을 하고 있다. 자원봉사는 중앙에서 논의하지만 실천은 지역에서 이뤄지기 때문이다. 중앙의 행정자치부나 여성가족부가 자원봉사센터 또는 여성자원활동센터의 설치에 필요한 행정 및 재정적 지원을 하였지만, 자원봉사센터의 운영에 필요한 재정과 공간확보에 대해서는 광역 및 기초 지자체들이 많은 실질적인 책임을 맡고 있다. 자원봉사는 지방 행정업무인 것이다. 광역 및 기초 지자체들은 각기 조례를 제정해서 자원봉사센터들을 설치하며 센터의 민간 전문가와 직원의 인건비 지급, 운영비, 프로그램 추진비 등의 재정을 지원하는 법적 근거를 확보하고 있다.

자원봉사센터는 1996년부터 자치단체별로 설치하기 시작하여

2003년 말까지 248개 자치단체 전체가 설치를 완료하였다. 이 중 70% 가량은 자치단체가 조례를 제정하여 자원봉사센터 운영을 제도적으로 뒷받침하였다. 자원봉사활동을 지원하는 조례의 제정은 1990년대 말부터 송파구, 광진구 등의 서울시 지자체부터 시작되어 2003년 말에 와서는 전국의 광역 및 기초 지자체에서 170개 조례들이 제정되었다.

자원봉사센터는 기본법에 민영화를 원칙으로 되어 있지만 실제로는 60% 이상이 자치단체가 직영하는 형태로 운영하고 있다. 지자체 직영이 민간위탁보다 더 많은 비중을 차지한다. 그러나 자원봉사센터에 근무하는 인력은 공무원(28.9%) 비중보다 민간인(71.1%) 비중이 훨씬 높다는 것을 알 수 있다. 지자체가 직영하지만 센터의 대표와 직원을 민간인으로 채용해서 활용하고 있기 때문에 일종의 혼합형이라고 볼 수 있다.

(3) 보건복지부

보건복지부는 자원봉사정보안내센터와 재가복지봉사센터를 통해 전국의 사회복지기관과 시설들을 자원봉사 인증기관으로 공식화시켜 사회복지 분야의 자원봉사 활성화에 노력하고 있다. 재가복지봉사센터는 국비 30%와 지방비 70% 등 전액 정부보조에 의해 운영된다. 전국적으로 221개 사회복지관에 설치되어 별도의 자원봉사 전달체계를 갖추고 있다. 사회복지관의 관장은 재가복지봉사센터의 장을 겸직하고 업무를 총괄, 지휘한다. 또 재가복지봉사센터를 효율적으로 운영하기 위하여, 사회복지관내에 전담인력을 두되, 사회복지사 2인(과장급 1인 포함), 운전기사 1인 등 총 3인을 우선 배치하여 운영토록 규정한다. 다른 어느 자원봉사단체보다 우수한 자격을 갖춘 전문 인력들이 자원봉사 업무를 담당하고 있다.

(4) 여성가족부

여성가족부의 경우, 전국 시도, 시군구에 설치된 여성자원활동센터를 활성화, 내실화 하는 방안을 모색해야 할 것이다. 여성자원활동센터의 운영과 관리의 책임은 지자체의 여성정책과 또는 여성회관이 직영하는 센터가 165개로 전체의 90%를 차지하고, 나머지 10%인 17개 센터가 민간단체에서 위탁을 맡고 있다. 이 중 전용공간이 있는 센터는 53%, 전담 인력이 있는 센터는 31%에 지나지 않는다.

4) 정부의 자원봉사정책 과제

제1절의 UNV의 정부 자원봉사진흥정책에서 제시되었듯이, 정부의 정책과제는 우선 안정적인 자원봉사 인프라 구축을 위한 지속적인 재정지원에 있다고 볼 수 있다. 또한 민간 자원봉사조직들의 자율적인 활동을 지원하는 역할과제가 있어, 정부의 지나친 개입으로 인한 자율성 침해 문제를 정책과제로 제시해볼 수 있다.

(1) 정부 부처간 조정기능의 한계

자원봉사활동기본법에 따른 자원봉사진흥위원회의 주요기능은 자원봉사 관련된 부처 및 업무의 조정 및 연도별 기본계획의 심의, 확정 등이지만, 부처간 자원봉사 업무를 체계적으로 연계하고 협력하는 시스템을 갖추지 못하고 있는 실정이다. 국가차원의 자원봉사 지원 업무를 총괄적·체계적으로 할 수 있는 정부의 핵심 조직의 기능보강 및 역할 강화가 필요하다. 또 자원봉사활동기본법에 의해 자원봉사 주무부서 역할을 담당하는 행정안전부의 역할 과제가 있다. 국가 자원봉사정책의 방향을 제시하는 주요 역할 과제를 수행하는데 각 부처의 정책과 예산 계획 등을 총괄하는 역할 과제를 안고 있다. 또 정부의 주무부서로서 정부와 민간 자원봉사조직들의 파트너십을 지향하는 다양한 정책개발과 이에 필요한 예산 지원이 뒷받침될 필요가 있다.

(2) 지속적인 재정지원 과제

자원봉사활동기본법 시행 이후 지난 수년간 자원봉사 활성화를 위한 정부 및 지자체들의 관심과 의지는 재정지원 외에도 행정 개입 등의 형태로 엄청난 증가를 보였다. 2009년도의 경우 중앙부처 및 전국 지자체 전체의 예산총액은 국고 694억 2천만 원, 지방비 409억 5천 3백만 원, 민간 35억 등 총 1,138억 9천 5백만 원의 자원봉사 활성화 예산을 집행했고, 2010년도엔 국고의 경우 30% 가까이가 증가된 908억 1천 2백만 원, 지방비는 무려 43.6%가 늘어난 588억 4천 1백만 원 등 총 1,507억 8천 2백만 원으로 예산이 32.4% 증액되었다(김경동 외 2010: 44). 중앙부처 중에서는 국제협력 자원봉사 수요가 많은 외교통상부가 509억 원, 문화관광부가 130억 원, 행정안전부가 74억 원, 교육과학기술부는 20억 원, 보건복지부가 19억 원 순으로 나타났다. 또 민간재원도 상당한 금액을 차지하고 있는데 2009년 민간영역에서 투입되는 예산의 규모는 1,583백만 원으로 중앙부처와 연계된 민간단체들에서 512백만 원, 지방자치단체들과 연계된 민간단체에서 1,071백만 원이 투입되고 있는 것으로 나타났다.

그럼에도 정부의 재정지원의 지속가능성은 아직 확보되어 있지 않은 심각한 문제가 있다. 이 문제는 2013년부터 시행될 예정인 제2차 국가기본계획 수립에서 각 부처별로 자원봉사 예산투자의 지속가능성이 확보될 필요가 있음을 시사해준다.

(3) 자원봉사센터의 민영화

지역의 자원봉사센터들은 민간위탁보다는 지자체 직영에 의해 운영되고 있다. 전체 248개 센터 가운데 직영이 60% 이상을 차지하고 나머지가 민간위탁과 법인운영 형태에 있다. 직영 중에서도 공무원이 센터의 대표를 맡아 운영하는 조직이 있는가 하면, 광진구처럼 민간 전문가를 채용해서 관리의 책임을 맡기는 혼합형도 존재한다. 또 강남구와 일부 지자체들은 사업공모를 통해 법인에 위탁하는 경우도 있다.

그러나 자원봉사센터는 비영리조직으로 정부의 개입으로부터 자율적인 조직의 성격을 갖고 있다. 미국과 영국의 지방자치단체들은 초기에 자원봉사센터들을 직접 관장하는 업무를 민간조직으로 대부분 이양하였다. 한국의 시도와 시군구 지자체들이 직영하는 자원봉사센터들도 민간단체로 위탁해야 할 것으로 전망할 수 있다. 1990년대 말 초기 단계에서는 자원봉사단체들의 전문성과 역량이 부족하고 재원이 취약해서 정부기관이 직영하는 것이 관례가 되었지만, 이제 자원봉사단체들이 어느 정도 전문성을 갖추고 전문 인력들이 양성되고 있기 때문에 점진적인 민영화를 추진하는 것이 바람직하다. 민간위탁 센터가 자원봉사의 활성화와 성과에 더 기여하는지는 분명하지 않지만, 지역사회 차원에서 정부-시민사회 파트너십 정신에 따라 정부기관이 직영하는 것보다 전문성을 가진 시민사회단체에 위탁하는 것이 바람직하다. 자원봉사는 시민들의 자발적 참여와 시민사회의 자율성에 기초하기 때문에 정부의 개입이 최소화될 필요가 있고, 시민사회의 역할이 최대화될 필요가 있다.

여성자원활동센터는 일부가 지역의 여성단체가 맡아 운영하기도 하지만 대부분이 지방자치단체가 직접 운영하는 직영형태로, 업무의 대부분을 시군구의 여성복지 또는 자원봉사 담당 공직자가 겸직하고 있다. 여성자원활동센터는 별도의 시설을 갖지 않는 설치 특성상 지방자치단체 내에서 운영되거나 여성회관 내에서 운영되는 형태가 대부분을 차지하고 있다. 그렇기 때문에 자원봉사센터에 비해 자원봉사가 활성화되지 못하고, 적지 않은 센터들이 제대로 활동을 하지 않고 있다.

(4) 자원봉사 파트너십 과제

끝으로, 국가 차원의 자원봉사는 정부의 역할뿐 아니라 기업과 시민사회와의 파트너십 과제가 있다. 앞에서 소개한 UNV의 권고안을 기준으로 한국 정부의 역할 과제를 정리해보면, 〈표 9-6〉과 같다. 권고안 2)부터 5)까지는 자원봉사활동기본법의 제정으로 법안 내용에 명시되어 있기 때문에 자원봉사활동기본법의 제정으로 특별한 과제가 있는 것은 아니다. 또 다른 과제들은 정부의 역할이 기업과 시민사회단체들이 제역할을 할 수 있도록 진흥하고 인센티브를 제공하는 역할이라고 볼 수 있다.

〈표 9-6〉 UNV 권고안과 한국 정부의 자원봉사 지원현황과 정책과제

UNV 권고안		한국 정부의 현황과 과제
1) 자원봉사 범위와 효과에 대한 체계적인 자료 수집	→	행정안전부, 여성가족부 등 부분적 자료수집 국가 전반의 자원봉사 분석과 연보발간 과제
2) 법적, 재정적 구조를 확립 자원봉사 활성화에 기여	→	자원봉사활동기본법과 지자체 조례 등 법 시행보다 재정적 지원체계 정립 과제
3) 자원봉사 하부조직 구축을 위해 재정적 지원을 제공	→	지역의 자원봉사단체를 정부 부처별로 지원 지속가능한 예산계획에 의한 재정지원 필요
4) 자원봉사 장애를 제거하고 진흥을 위한 법률 제정	→	자원봉사 장애요인에 대한 현황과 실태 조사를 국가기본계획 수립, 연구용역으로 추진
5) 민간, 공공 분야의 고용주 자원봉사 지원방법 모색	→	기업과 시민사회단체에 대한 세제 혜택 등 다양한 인센티브제 개발 과제
6) 자원봉사 접근성을 높이며 자원봉사 이미지 제고 홍보	→	자원봉사 정보센터의 통합화와 인터넷, SNS 활용방안 개발 과제
7) 공공 행정의 모든 분야에 시민 봉사자의 참여를 확대	→	지자체 일부에서 행사 위주의 자원봉사자 활용 지자체 공공업무에 자원봉사자 활용 과제
8) 공직자의 역할을 보충하는 자원봉사자 참여를 확대	→	지자체의 공공 자원봉사자 활용 현황 파악과 활용 프로그램 개발 과제
9) 청년의 시민활동 정신을 교육하는 교육시스템 개발	→	국가 차원의 청소년 자원봉사 지원정책 수립 청소년 시민참여와 시민교육 프로그램 개발
10) 지역사회 자원봉사자에게 각종 혜택을 주는 방안 모색	→	지역마다 다양한 혜택 제공의 차이 바람직한 보상과 인증 방안 개발
11) 자원봉사단체와 기업들의 연대로 자원봉사 진흥 촉진	→	기업과 시민사회단체 참여 역할 미흡 정부-기업-시민사회 파트너십 과제

X. 기업시민정신과 사회봉사

기업 또한 자원봉사의 주요 이해관계자가 된다. 기업은 원칙적으로 '사회적 책임'의 차원에서 사회에 봉사하며, 또 윤리경영, 비즈니스 전략과 기업문화의 정착을 위해서도 임직원 봉사활동을 적극적으로 추진하고 있다. 한국의 기업들도 새로운 사회공헌의 전략으로 임직원이 지역사회에 직접 참여하는 사회봉사(community service)를 적극 추진하고 있는 것이 최근의 동향이다. 기업들은 시민이자 지역주민인 임직원의 자율적이고 주도적인 자원봉사활동으로 기업과 직원뿐 아니라 지역사회에 혜택을 주는 기업 사회봉사에 적극 동참하고 있는 것이 글로벌 동향이다.

1. 기업시민정신의 실천

기업 사회봉사활동은 기업이 '사회적 책임'을 완수하는 '기업시민정신'(corporate citizenship)를 정립하는데 의의가 있다. 기업 사회봉사활동은 기부와 자선 등의 전통적인 사회공헌보다 시민들의 더 많은 호응을 받고 있다. 기업은 자선적 기부를 통해 사회에 공헌하면서도 시민들의 호의적인 이미지를 받지 못했으나, 돈으로 하지 않고 사람들의 소중한 시간과 재능으로 하는 봉사활동은 시민들의 긍정적인 평가를 받고 있다. 지역사회 현장에서 주민들과 더불어 봉사활동을 하는 경우도 있고, 기업의 직접/간접적인 혜택을 받는 사람들로부터도 높은 지지를 받는 활동이다. 높은 배당을 바라는 투자자와 낮은 가격을 바라는 소비자는 기업이 금전적 사회공헌보다 직원의 시간과 재능의 투자를 더욱 선호한다.

1) 기업시민정신의 의미

기업시민정신은 '신경제' 시대의 개막과 밀접히 관련된다. 이에 대해 재덱(Zadek 2001a)은 "신경제는 근본적으로 조직적인 현상"으로 간주하며, "기업들이 비즈니스 기본으로 자신들이 사회에 미치는 영향에 대해 더 많은 고려를 한다는 의미에서 기업시민정신은 신경제의 노출부분이다."고 지적한다. 그는 기업시민정신이 "비즈니스 목표뿐 아니라 사회적, 환경적 목표를 표출하는 무수한 자발적인 솔선으로 비즈니스 커뮤니티가 점차 시민사회단체들과 공공기관과 파트너십을 추진하는 것을 지칭한다."고 설명한다.

기업시민정신을 실천하는 모범적인 기업을 '시민기업'(civil corporation)으로 지칭하는데, 이는 "기업 내부의 가치와 역량을 효과적으로 개발해서 기업의 핵심 비즈니스에 사회적, 환경적 목표를 설정하는 학습과 행동의 기회를 충분히 이용하는 기업"이라고 볼 수 있다(Zadek 2001b). 세계경제포럼(World Economic Forum 2002)은 "기업시민정신란 기업이 핵심적인 비즈니스 활동을 통한, 사회적 투자와 사회공헌 프로그램에 의한, 또 공공정책에 대한 관여를 통한 사회공헌"이라고 정의한다. 또 기업시민정신은 "사회적 요구를 책임있게 구체적으로 충족시키는 기업에 의한 일련의 활동"이라 정의할 수 있다(Maignann et al. 1999).

그렇다면 '사회적 책임'(social responsibility)이란 무엇인가? 기업시민정신은 기업의 '사회적 책임'과 같거나 다른 의미로 사용되기 때문에 몇 가지 개념정의를 구분해볼 필요가 있다. 학자들은 기업의 사회적 책임에 대해 경제적, 법률적, 윤리적, 재량적 책임으로 구분한다(Carroll 1979). '경제적' 책임이란 경제적 부를 유지하며 소비욕구를 충족시키는 기업의 책임을 지칭하며, '법률적' 책임은 법률적 규제의 범위에서 경제적 사명을 성취하는 책임이며, '윤리적' 책임은 사회가 적절한 행동의 규범으로 규정한 도덕적 규율을 준수하는 것이며, '재량적' 책임이란 '자선적' 책임과 같은 의미로 사회개량을 위한 기업의 책임있는 행동을 의미한다.

국제사회에서도 기업의 사회적 책임이 중시되고 있다. 세계 30개국 120개 기업의 연합체인 '지속가능 개발을 위한 세계기업위원회'(WBCSD 2001)는 기업의 사회적 책임에 대해 다음과 같이 정의한다. "기업의 사회적 책임은 기업이 윤리적 행동과 경제개발에 대한 기여를 지속적으로 이행하며 동시에 기업 종사원과 가족 나아가 지역사회와 사회 전체의 삶의 질을 개선하는 일이다." 이 위원회는 특히 인권, 직원 권익, 환경보호, 지역사회 참여, 협력사 관계, 모니터링, 이해당사자 권리 측면에서 기업의 사회적 책임을 중시한다. OECD(2001)는 기업의 사회적 책임은 "기업과 사회 사이의 효과적인 '조화'를 탐구하는 일이며, 여기에서 '조화'의 의미는 기업과 사회의 상호의존을 인식하는 것으로, 기업이 활동하는 사회가 어려움을 겪으면 기업은 번영하지 못하며 기업이 번영하지 못하면 일반적 복지가 쇠퇴하므로 기업의 사회적 책임은 이런 공생적 관계를 지칭한다."고 설명한다.

2) 기업시민정신의 배경

신경제 질서에서 기업시민정신이 강조되는 주요 배경요인은 무엇인가? 다음 몇 가지 측면으로 구분해볼 수 있다(Zadek 2000, 2001b). 첫째는 기존의 기업 평판을 유지시키고 잠정적인 재정 손실을 막기 위한 '방어적' 동기이다. 둘째는 전통적인 비용-효과 비즈니스 측면으로, 사회공헌 활동이 유형의 재정적 이득을 생산할 것이라는 기대에서 나온 동기이다. 셋째는 전략적 비즈니스 동기로, 기업시민정신이 장기적 성취력을 높이는 광범위한 전략적 접근의 한 통합적 요소가 된다는 것이다. 넷째는 '신경제' 시대상황적 동기로, 역동적인 환경에 대처해서 기업시민정신으로 위기관리에 도움이 되고 혁신과 학습에 기여하기 위한 것이다.

한편 유럽연합(EU 2001)은 기업의 사회적 책임에 대한 글로벌 압력이 강하게 행사되는 글로벌 정치적 배경을 상세히 설명한다. UN과 글로벌 NGO들은 '글로벌 협약'(Global Compact)을 추진하며 기업의 윤리경영을 압박하는 추세에 있고(www.globalcompact.org), OECD 또한 최근 기업의 윤리강령을 제시하며 회원국의 윤리경영을 권고하고 있다. 한국에서 최근 윤리경영의 바람이 일고 있는 것도 국내 NGO들의 활동과 관련되지만 이런 국제기관의 압력의 결과로 볼 수 있다.

EU(2001)는 기업의 사회적 책임이 강조되는 배경요인을 기업 내부적 요인들과 외부 환경적 요인들로 구분해서 다음과 같이 제시한다.

먼저 내부적 요인들은 다음 네 가지로 지적된다.

a) 인적 자원의 개발: 비차별적인 고용, 청년 실업자의 직업훈련 지원 등 사회공헌 활동이 기업의 중장기적 인적 자원 개발에 중요한 역할을 한다.
b) 작업상의 보건 및 안전: 노동자의 기본적인 보건과 안전에 대한 복지의 책임을 가진다.
c) 변화하는 세계에 대한 적응: 구조조정의 과정에서 명예퇴직자 등 주요 결정이 미치게 되는 영향에 대해 사회적 책임을 경시하지 않는다.

d) 환경적 영향과 자연자원의 관리: 기업의 비즈니스 활동이 지역사회 환경에 미치는 영향과 자연자원에 대한 피해를 신중히 고려한다.

또 외부적 요인 네 가지는 다음과 같다.

a) 무엇보다도 지역사회이다. 기업은 지역사회 구성원으로 시민정신을 갖고 사회공헌에 책임을 가진다.

b) 다른 기업과의 파트너, 소비자 관계이다. 다른 기업과 공조하는 사회공헌, 소비자의 요구에 호응하는 사회적 책임을 수행한다.

c) 인권옹호 문제도 중요하다. 직원에 대한 인권보호뿐 아니라 아동노동 철폐 등 국제적 노동기준에 부합되는 노무정책과 인사정책으로 인권을 옹호한다.

d) 지구환경보호이다. 글로벌 차원에서 지구환경보호가 확대, 발전되며 UN이 중재해서 글로벌 차원에서 기업과 NGO가 환경보호에 공조하는 '글로벌 협약'이 추진중이다.

3) 주요국 동향

기업의 사회적 책임의 배경은 각국의 역사적 전통과 나눔문화에 따라 다양하게 나타난다. 영국, 미국 등 앵글로색슨 국가들은 기업의 사회적 책임과 관련된 나눔문화를 전통으로 갖고 있다. 이와는 달리 유럽 대륙 국가들에서 기업 사회공헌 활동이 확대되기 시작한 것은 1980년대의 새로운 동향이다.

프랑스에서는 일반적으로 공익에 관한 한 기업이 아니라 정부의 독자적인 기능과 역할에 의존한다는 것이 프랑스의 전통이다. 그러다 1980년대부터 기업의 사회적 책임에 관한 논의가 확대되면서 기업은 직원뿐 아니라 사회에 대해서도 책임있는 행동을 취해야 한다는 사회공헌의 정신이 기업별로 실천되는 계기가 마련되었다. UN의 글로벌 컴팩트(Global Compact), EU의 기업의 사회적 책임 등 국제적인 기업의 사회적 책임 결의 등 국제화의 영향이라고 볼 수 있다. 국제화 영향이 첫 번째 배경이라면, 두 번째는 기업재단의 발전, 세 번째는 기업의 사회공헌이나 시민사회조직 지원금에 대한 세제 혜택이라 볼 수 있다(CEV 2009b: 22). 프랑스 기업들이 추진하는 직원 봉사활동으로는 근무시간을 이용하는 활동과 근무시간 이외의 주말이나 휴일에 추진하는 활동으로 활성화되고 있는데, 후자가 더 일반적인 유형이 되고 있다. 또 기업들은 직원 봉사활동을 지원하는 협의체(기업사회봉사협회)를 조직해, 자원봉사 정보교환, 우수사례 공유 등 공조적 활동을 하고 있다.

독일에서 기업의 사회적 책임은 대기업뿐 아니라 중소기업들도 얘기하는 주요 사회공헌 활동이며, 기업들 96% 가량은 어떤 형태든 기업시민정신을 실천하고 있을 정도이다(앞글: 25). 기업시민정신은 현금이나 현물 지원 형태로 실천되면서도, 직원 봉사활동 또한 확대되어 있다. 대기업일수록 기업시민정신 실천의 폭이 넓지만, 거의 절반에 이르는 기업들이 자원봉사조직들과의 파트너 관계를 유지하는 않은 채 독자적인 기업시민정신을 실천하는 한계를 보여준다(앞글: 25).

영국의 경우, 기업의 사회공헌과 지역사회 봉사활동은 비교적 오랜 역사적 전통을 유지해오고 있다. 19세기 중반부터 주로 종교적 신념에 기초한 기업의 자선적 공헌활동의 체계가 마련되었다(앞글: 26). 기업주의 사회적 책임 인식에서 비롯되기도 했고, 사회적 분위기에 의한 인식의 공유에서 비롯되기도 했다. 그러다 20세기 초부터는 복지국가의 등장으로 기업의 사회적 책임에 대한 요구가 줄고 기업의 사회공헌 활동도 지역사회의 자선적 기부에 한정되었다. 그러나 1970년대 말부터 복지국가의 위기와 함께 '작은 정부'에 대한 인식이 확대되면서 기업의 사회공헌 역할에 대한 요구가 늘었고, 이에 기업들은 책임있는 사회공헌 활동을 점차 확대하였다. 특히 대량실업의 확대와 사회적 혼란의 분위기는 기업의 사회적 책임을 더욱 강하게 압박하는 배경요인들이 되었다.

2. 기업 사회봉사의 의의

피터 드럭커(Drucker 1994)는 기업 사회봉사가 사회에 미치는 영향에 대해 다음과 같이 강조하였다. "사회섹터(자원섹터 또는 제3섹터)를 통해 현대화된 사회가 책임있는 시민, 일을 성취하는 시민을 다시 창조해낼 수 있으며 개인들에게, 특히 지식노동자들에게 사회를 변화시키고 지역사회를 재창조할 수 있는 공간을 마련해줄 수 있다는 확신이 점차 실현되고 있다." 기업은 무수한 지역사회 시민들로 구성되어 있기 때문에 기업 역시 지역사회에 대한 시민의식과 책임감을 갖게 된다.

1) 기업을 통한 자원봉사

기업 임직원의 봉사활동이 '기업시민정신' 문화로 정착되어 있는 미국 기업들의 사례를 우선 살펴볼 만하다. 2003년 보스턴 대학의 141개 기업 조사에서는 이들 중 85%가 사회봉사(community service) 프로그램을 공식적으로 도입해서 실시한 것으로 나타났다(CCC 2003). 또 인디펜던트 섹터(Independent Sector)가 1993년 1,800 대기업체의

2,500명 이사를 대상으로 조사한 설문 결과를 살펴보면, 응답자 92%가 자사 임직원들에게 어떤 형태로든 사회봉사 활동을 권고하고 있으며, 절반가량은 지역사회봉사를 기업의 사명선언문에 명기해두고 있고, 또 1/3 가량은 직원 사회봉사를 기업의 경영전략으로 활용하고 있다.

미국 기업들을 대상으로 했던 위의 조사결과를 보다 자세히 살펴보면, 몇 가지 흥미로운 사실들을 발견하게 된다. 미국 기업들의 50%는 사회봉사활동을 회사의 홍보의 일환으로 이용하며, 31%는 사회봉사활동을 주요 업무를 알리기 위한 전략으로 이용하며, 19%는 사회봉사 프로그램을 회사 사업 계획에 포함시키고 있으며, 32%는 각 부서가 사회봉사 결과로 얻어지는 이익을 각 부서장에게 보고한다.

특히 기업이 직장인 봉사활동의 경로가 된다는 사실에 주목해볼 필요가 있다. 일반 시민들과 직장인들이 봉사활동에 참여하게 된 경로를 살펴보면, 직장 또는 기업의 역할을 대충 가늠해볼 만하다. 기업은 어느 정도 봉사활동의 촉진제 역할을 하고 있는가? 미국에서는 기업 등의 조직을 통한 봉사활동이 중요한 비중을 차지하고 있다. 사람들이 봉사활동을 하게 된 계기는 "누군가 봉사활동을 해보도록 권유했다"는 것이다. 이런 권유를 받은 사람들 가운데 90%가 봉사활동을 했다고 하며, 이런 권유를 한 조직은 종교단체(56%), 직장(24%), 학교 또는 대학(15%) 등이다. 또 유럽의 경우, 직장을 통한 봉사활동이 10%대 수준에 있다는 것을 보여준다. 자원봉사의 경로를 개인, 멤버십, 직장 등으로 나눠보면 '직장'을 통한 경로가 최저 3%(아일랜드)에서 최고 12%(덴마크)에 이르고 있는데, 직장의 역할은 자원봉사센터의 역할보다 더 강하며, 신문, 라디오, TV 등을 합친 언론의 역할보다 더 많은 영향력을 갖고 있다(Gaskin & Smith 1997).

영국에서도 기업이 사회봉사 프로그램을 갖추면 직원들의 참여는 높다는 사실이 확인되고 있다. 영국 통계청의 조사(CLG 2010: 40)에 따르면, 직장인 가운데 26%가 자신의 직장에 사회봉사 프로그램이 있다고 답했는데, 이런 프로그램이 있는 기업에서 직장인 절반가량이 참여한다. 직장인 12%가 매월 한 차례 이상 정기적인 봉사활동을 하고, 또 다른 38%는 일 년에 적어도 한 차례 이상 참여하였다. 또 기부에 대해서는 직장인 28%가 직장에서 단체 기부활동을 하는 제도가 있다고 답했는데, 실제로 직장인 43%가 직장 기부활동에 동참하였다고 한다. 그런데 이 같은 기업을 통한 자원봉사와 기부활동은 경제침체의 영향으로 전년도(2007-8)에 평균에 비해 감소해 자원봉사 참여율은 43% → 38%로, 기부 참여율은 51% → 43%로 하락하였다.

한국의 경우, 기업을 통한 자원봉사 참여가 적지 않은 비중을 차지한다. 자원봉사 참여 경로를 보면, ① '누군가로부터 요청을 받음' 중에는 친구(25%), 가족/친척(6.8%), 고용주(2.3%), 고용주외 직원(11.4%)이며, ② '단체/조직/직장을 통해서'라는 경로에서는 종교기관(62.9%), 사회단체(18.5%), 직장(8.1%), 학교/대학(6.5%)로 조사되었다(볼런티어21 1999). 이처럼 자원봉사자의 봉사활동의 경로에 기업 또는 직장의 영향력이 전체 경로 가운데 다소 미약한 수준에 있지만 결코 경시될 수 없다는 점을 엿볼 수 있다.

2) 지역사회 봉사활동

기업의 사회봉사활동은 기업이 소속된 지역사회를 중심으로 활성화되고 있다. 사회적으로 긴요한 영역으로는 교육, 의료, 문제청소년 후원, 환경, 저소득층 지원 등으로, 이들은 기업 사회봉사활동의 주요 영역이다. 이런 서비스의 제공은 실제로 많은 지역사회가 당면하는 심각한 사회문제들이다. 특히 대도시들이 당면한 사회문제들은 더욱 심각해서 정부의 복지정책만으로 방치해둘 수 없는 지경에 이르렀다. 많은 지역사회는 거기에 소속된 기업의 역할을 기대하며 기업에 지원을 요청하거나 압력을 행사하기도 한다.

지역사회의 비영리 시민사회단체들은 무수한 인적, 물적 자원을 갖고 있는 기업들에 전략적으로 접근하고 있는 것이 현실이다. 오늘날 기업과 대학이 다른 어느 사회기관들보다 체계적이고 지속적으로 사회봉사에 노력하고 있는 것도 자체의 노력뿐 아니라 지역사회 기관들의 끈질긴 요청과 압력에 호응할 수밖에 없는 상황에 있기 때문이다.

지역사회가 기업의 주요 이해관계자가 되고 있는 현실이다. 기업은 고용과 세금납부를 통해 지역사회 경제에 크게 기여하면서도 지역주민의 세금으로 지원되는 공장 등 부지의 면세 혜택 및 각종 정부지원을 받으며 지역 노동력에 크게 의존하고 있다. 또 임직원들이 지역사회 구성원이라는 점, 또 지역주민들에게 재화와 서비스를 판매하며 영리활동을 하고 있다는 점에서도 기업은 지역사회를 이해관계자(stakeholder)로 적극적인 관심을 가질 수밖에 없다. 최근 경제학과 경영학 이론에는 기업이 투자자(stockholder)에 못지않게 이해관계자에 대해서도 책임을 지는 이론이 체계적으로 정립되어 있다.

기업의 지역사회 봉사활동 프로그램은 지역사회 주민인 직원들이 봉사활동에 직접 참여하며 기업 차원에서 지원할 것을 바라기 때문에도 기업이 외면할 수는 없다. 미국의 경우, 시간에 쫓기는 중

〈표 10-1〉 기업, 직원, 지역사회의 사회봉사 이해관계

기 업	직 원	지역사회
- 직원들이 봉사활동에 시간을 낼 수 있나 - 직원봉사활동은 기업에 얼마나 재정부담을 주는가 - 직원 봉사활동은 기업에 홍보, 기술향상, 지역사회관계 등의 혜택을 주는가 - 기업이 재정지원 혹은 시간 허용으로 지원해야 하는가 - 결국 지역사회가 보다 안전하고 건강해지는가 - 기업은 기대수준의 긍정적 성과를 갖는가	- 나는 지역사회를 위해 봉사하고 있는가 - 나의 직장일에 도움을 주는 새기술을 배우고 있는가 - 나는 새로운 인간관계, 네트워크를 확대하고 있는가 - 나는 의미있는 생활을 하고 있는가 - 내가 가진 기술을 개선하고 있는가 - 나는 흥미를 갖고 있나 - 가족과 함께 할 수 있나 - 친구와 더불어 단체로 봉사활동 할 수 있는가	- 자원봉사자, 대상자, 임원 등의 활동에 필요한 자원을 갖고 있는가 - 기업, 지역 기관단체들이 전략적 공조관계를 구축하고 있는가 - 어려운 사람들에게 효과, 효율적으로 서비스를 제공하기 위해 필요한 인적자원 활용 기술을 갖고 있는가 - 기업과의 파트너 관계로 지역사회기관의 사명문과 가치선언을 바꿔야 하는가

자료: Connors 1995: 262.

산층 전문직의 높은 호응을 얻고 있다(Tschirhart and Clair 2003: 3). 한국의 경우, 전경련(2010)의 조사에서는 지역사회를 위한 사회공헌 활동을 촉진하기 위한 제도를 갖춘 기업은 2009년 67.3%에 비해 81.4%로 크게 늘어나, 해당 지역사회 지원에 대한 기업의 관심이 커지고 있다는 것을 알 수 있다.

3) 기업 사회봉사의 원칙

미국의 촛불재단(POLF 2003)은 기업이 지역사회 봉사활동을 추진하는 데 필요한 원칙들에 대해, ① 직원 사회봉사활동의 필요성 인식, ② 직원 사회봉사 프로그램 운영, ③ 사회문제 해결에 대한 목표 정향을 제안한다. 첫째 원칙은 기업이 지원 사회봉사활동이 비즈니스 목표의 달성에 기여한다는 것을 인식하는 것이고, 둘째는 직원 각자의 참여를 독려하는 직원 봉사활동 프로그램을 개설, 지

원, 진흥시키며, 직원 사회봉사 프로그램을 다른 비즈니스 기능과 똑같이 운영하며, 셋째는 직장 봉사활동이 지역사회의 심각한 사회문제 해결에 초점을 맞추도록 하는 것이다.

유럽자원봉사센터 또한 기업 사회봉사활동을 제도화하기 위한 기본원칙 몇 가지를 소개한다(CEV 2009b: 7-8). 첫째, 직원 자원봉사 프로그램(EVP: Employee Volunteering Program)은 욕구사정(needs assessment)에 기초해야 한다. 기업의 모든 이해관계자들이 EVP로부터 일정한 혜택을 받아야 한다는 기본전제가 중시되고 있다. 기업이 추구하고자 하는 지역봉사 프로젝트가 지역의 시민사회조직이 추구하는 목표와 일치하지 않는다면, 이 프로젝트는 추진되지 않는 것이 바람직하다. 또한 기업과 NGO뿐 아니라 지역주민, 지역사회 모두에게 이 프로젝트가 혜택을 주지 않는다면 추진될 필요가 없다고 볼 수 있다. 이해관계자 모두가 자신들의 갖고 있는 인적, 물적 자원을 잘 활용해 서로에게 최대한의 혜택을 줄 수 있는 프로젝트가 되도록 각자의 욕구를 사정하는 일이 무엇보다도 중요한 일차적 단계라고 볼 수 있다. 대표적인 실례로 IBM의 "지역사회의 욕구" 프로젝트는 회사의 테크놀러지를 활용해서 직원들이 사회봉사활동에 활용할 수 있는 도구들을 제공해준다. GE의 지역사회 학교 대상의 직원봉사활동은 직원들이 아동교육에 관심을 갖고 학업성취도를 높이도록 다양한 전문기술을 지원하고 이들이 장차 GE의 잠재적 직원으로 채용되도록 하는 목표를 설정해 둔다. 또 Microsoft는 미국 커뮤니티컬리지협회와 공동으로 직원들이 대학생들의 교육훈련에 참여하는 직원봉사활동을 수행한다.

둘째, 가장 중요한 기본요소이자 공통분모는 직원으로, EVP는 직원 소유가 되어야 한다. 직원들은 EVP의 초기 기획단계부터 집행단계에 이르는 모든 과정에 참여해 의사결정의 주체자 역할을 해야 한다. 또 기업과 파트너가 되는 지역사회의 NGO들과의 협의, 프로그램 마련도 모두 직원들의 주도적 역할에 의존할 필요가 있다. 직원은 기업과 지역사회를 다리놓는 중개자이다. 또 기업에서 일하는 노동자로 기업에 혜택을 주는 기술을 개선하며, 자원봉사자로서 지역사회에 혜택을 주며 또한 활동적 시민으로서 사회에 적극 참여한다. EVP는 직원의 노동자, 자원봉사자, 시민으로서의 역할을 동시에 실천하는 공익활동이라고 볼 수 있다.

셋째, 기업의 사회적 책임은 기업의 총체적인 전략과 비전의 기본요소가 되어야 한다. EVP를 추진하는 기업은 회사의 모든 부문들에 관련된 전략적, 통합적 계획을 수립할 필요가 있다. EVP는 기업의 사회적 책임을 성공적으로 추진할 수 있는 핵심요소가 되도록 전략수립이 필요하다. 지역사회의 욕구 충족에 장기 지속적으로 접근할 수 있는 전략적 방안들을 수립하기 위해 직원들의 역할을 중심으로 지역사회와 지역사회를 대표하는 시민사회조직들과의 공조도 반드시 필요하다.

한편 영국자원봉사협회(Volunteering England 2010)는 기업 사회봉사의 성공적인 실행을 점검하는 10가지 실행지표를 제시해준다.

3. 기업 사회봉사 프로그램

기업 사회봉사 프로그램 유형은 다양하게 제시되고 있는데, 아래에서는 선도적인 영국, 캐나다, 미국의 사례를 참고해볼 수 있다.

〈표 10-2〉 기업 사회봉사 프로그램 성공의 지표

1. 기업이 사회봉사활동을 지원하며 사회봉사는 기업과 직원 개인 모두에게 혜택을 준다는 사명문을 표기한다.
2. 기업은 직원 봉사활동을 지원하는 적정 수준의 자원을 제공해준다.
3. 기업은 사회봉사가 모든 직원이 참여할 수 있다는 것을 알린다.
4. 기업은 사회봉사의 가치를 실천하는 사회봉사활동을 지원하는 적절한 기회를 제공해, 자원봉사자와 지역사회가 혜택을 받도록 진흥한다.
5. 기업은 자원봉사자가 사회봉사활동으로 신체적, 재정적, 정서적 피해를 입지 않도록 보장할 필요가 있다.
6. 기업은 모든 직원에게 사회봉사활동의 기회를 제공하는 공정한, 효율적인, 지속적인 방안들을 제공한다.
7. 기업은 균등기회, 다양성 관리, 자료보호 요건들을 충족하는 사회봉사활동의 기회를 자원봉사자에게 제공해줄 의무를 가진다.
8. 기업은 직원 자원봉사자를 지역사회 파트너에게 연계시켜주는 분명한 절차(목적, 정책, 실행 및 인력 등)를 마련해준다.
9. 기업은 자원봉사자에게 적절한 인정을 제시해줄 필요가 있다.
10. 기업은 자원봉사자에게 다양한 지원방안들을 마련하며 마찬가지로 지역사회 파트너도 같은 지원방안들을 제공해주도록 관리한다.

자료: Volunteering England 2010.

1) 영국 사례

영국의 경우 2007/8년에 직장인 29%는 기업 사회봉사 프로그램을 통해 자원봉사에 참여한 것으로 조사되었다(UKCO 2008: 73). 기업 사회봉사활동 유형으로는

- 직원 개인별 시간활용 33%
- 유급 봉사활동시간 배려 21%
- 봉사활동시간 자율적 조정 17%
- 무급 봉사활동시간 배려 6% 등으로 조사되었다.

또 기업 사회봉사활동에 참여할 수 있는 조건으로는 다음과 같은 다양한 인센티브가 제공될 필요가 있다는 의견이 제시되었다(앞글: 74). 경제적 인센티브 등 '도구주의'가 강한 자원봉사의 참여동기

가 되고 있다는 것을 엿볼 수 있다.

– 급여를 받는 봉사활동시간으로 인정되면	50%
– 내가 원하는 활동을 선택할 수 있다면	42%
– 나의 기술 향상에 도움이 된다면	40%
– 부서의 단체활동의 일환이라면	36%
– 나의 경력에 도움이 된다면	35%
– 많은 유용한 정보를 제공한다면	27%
– 직장의 기자재를 사용할 수 있다면	19%
– 무급이지만 봉사활동시간만 인정해준다면	17%

2) 캐나다 사례

캐나다에서도 기업 사회봉사 프로그램은 광범위하다. 캐나다 자원봉사센터의 조사에 따르면, 캐나다 기업의 79%가 직원봉사프로그램(EVP)를 운영하고 있고, 또 78%는 사회봉사활동을 지원하기 위해 업무시간을 조정해주며, 71%는 무급의 봉사활동시간을 배려해주며, 29%는 급여를 제공하는 유급 봉사활동시간 배려를 한다(VC 2010: 23). 또 기업의 58%는 자사 직원들이 봉사활동을 하는 시민사회조직들에 현금 또는 현물의 기부활동을 한다고 답했다. 그럼에도 14%만이 기업의 자원을 투입해 기업 사회봉사 프로그램을 운영하는 한계도 있다.

또 기업 사회봉사 유형의 발전을 살펴보면, 〈표 10-3〉과 같이 네 가지 다양한 유형의 사회봉사 활동이 1997–2004년 기간에 점차 확대되는 추세를 주목해볼 수 있다.

〈표 10-3〉 기업 사회봉사활동 유형: 캐나다, 1997-2004

	1997	2000	2004
1. 사회봉사활동에 임직원이 회사의 시설과 장비를 이용	27%	28%	32%
2. 사회봉사를 위해 임직원이 업무시간을 조정	22%	27%	33%
3. 사회봉사를 하는 임직원에 대한 인정	14%	22%	23%
4. 사회봉사활동에 회사가 비물질적 지원	–	–	57%
5. 사회봉사를 지원하는 정책 또는 프로그램 제도화	–	–	29%

자료: Volunteer Canada 2010: 24.

캐나다 자원봉사센터(Volunteer Canada 2010)는 기업 사회봉사의 유형을 다음 몇 가지로 구분한다.

a) 시민사회조직의 이사회 활동: 시민사회조직의 이사회에 참여해 직원들은 비즈니스 노하우를 제공하고 기업은 지적 자본을 제공해준다.

b) 사회봉사지원정책: 사회봉사를 희망하는 직원들의 활동을 지원하는 제도로, 업무시간 활용(급여 또는 무급 활동), 인정과 매칭 기프트 등.

c) 전문기술 봉사활동: 전문기술과 경험을 갖춘 직원들을 시민사회조직에 개별 또는 집단으로 연계시켜 조직의 활동을 지원한다.

d) 전문기술 활용 전략: 기업이 외부 시민사회조직이나 지역사회의 요청에 따라 특정 프로젝트 수행에 필요한 전문기술을 가진 직원들을 활용한다.

e) 프로보노 활동: 기업이 전문 상담의 기술을 제공할 수 있는 직원들의 재능을 기부하는 방법. 프로보노가 일반 자원봉사자와 다른 점은 전문기술을 가진 전문인이 경영, 법률, 의료 등 전문 서비스 분야에서 주로 상담, 자문 등의 역할을 수행한다는 것이다.

3) 미국 사례

미국의 경우, 기업 임직원들의 사회봉사활동 규모는 전국적으로 정확하게 파악되지 않고 있다. 이런 지적과 함께 촛불재단(POLF 2004b)은 대충의 자료로 포춘(Fortune) 저널이 선정하는 50대 그리고 500대 기업들의 경우 각기 94%, 60%가 자사의 홈페이지에 임직원 봉사활동을 알리는 자료를 소개했다. 또 다른 전국적인 추산은 미국인 전체의 18%, 노동인구의 35%가 직장관련 봉사활동에 참여한 것으로 알려지고 있고, 직장인 7%는 직장 봉사활동 프로젝트에 참여한 것으로 조사되었다.

(1) 기업사회공헌위원회(CECP)의 조사

기업 사회봉사활동 프로그램과 관련해 가장 최근의 자료로는 기업사회공헌위원회의 〈Giving in Numbers 2011〉를 참고해볼 수 있다. 여기에는 160개 기업들이 조사에 응했는데, 다음과 같은 다양한 프로그램들이 소개되고 있다.

a) 매칭 기프트(Matching Gifts)

기업들은 직원들의 사회공헌 활동을 보조하는 "매칭 기프트" 역할을 많이 한다. 2010년 전체 매칭 기프트 중에서 연중 개방형이 52%로 가장 많고, 다음으로 직장기부 캠페인(31%), 직원봉사단체 지원(dollars for doers) 8%, 구호활동 지원 8%로 나타났다(CECP 2011: 27).

〈연중 개방형〉은 특정 기간에 제한되고 있고, 직원들의 다양한 기부와 봉사활동을 보조해주는 제도로, 조사대상 기업중 11개가 시행중이며, 여기에 참여하는 직원의 참여율 중간값(median)은 11%이다. 대부분이 1 : 1 매칭방식으로, 직원 일인당 지원 규모는 최저

25-50달러, 최고 5천 달러 정도로 조사되었다.

〈직장 기부 캠페인〉은 특정 기관 직장에서 진행되는 캠페인에 참여하는 직원의 기부금을 회사가 1 : 1로 매칭하는 제도이다. 22개사가 시행중이며, 직원참여율 중간값은 47%이다. 최고 매칭금액은 일반적으로 직원 일인당 5천 달러 정도이다.

〈직원봉사 단체 지원〉은 직원들이 봉사활동을 하는 비영리단체들을 매칭해 지원하는 형태로, 전체 9개 기업들이 시행중이며 직원참여율 중간값은 7%이다. 일반적으로 봉사활동 시간당 10달러를 지원하는 수준이며, 50시간에 대한 500달러 지원 등 봉사활동 시간과 금액을 정해두고 지원하기도 한다. 최근에는 시간당 20달러 이상을 지원하는 기업들도 늘고 있을 정도로 인기있는 프로그램이다.

〈구호 지원〉은 국내외 구호활동을 하는 직원들을 지원하는 프로그램으로 6개 기업이 시행중이며 직원참여율 중간값은 13%이다. 일반적으로 1 : 1 매칭이지만, 아이티 구호활동 등 국제 구호활동에 2 : 1 또는 3 : 1로 회사가 많은 지원하는 경우도 있다.

b) 프로보노(Pro Bono) 봉사활동

프로보노 전문봉사 활동은 다음 몇 가지 측면에서 직원들의 재능기부와 차이가 있다(CECP 2011: 28).

첫째는 실행(commitment)이다. 기업은 해당 프로젝트를 위한 인력제공, 프로그램의 품질 및 완성도 확보, 최고 수준의 전문성 제공 등의 책임이 있다.

둘째는 전문 서비스이다. 참여 직원들은 자신의 직무기술서에 명시된 핵심 직무역량을 활용해야 한다. 핵심 직무역량의 일부만 활용하는 경우는 프로보노 봉사활동보다는 자원봉사에 해당한다.

셋째는 간접 서비스이다. 모든 서비스는 연방세법 조항 501(c)(3) 기관 또는 이에 준하는 단체를 통해 제공해야 한다. 프로보노 봉사활동과 직원봉사활동의 근본적인 차이를 감안해, CGS 설문에서 프로보노 봉사활동은 비현금 기부로 구분, 공정시장가액(FMV)으로 평가한다.

2010년, 프로보노 봉사 프로그램을 시행한다고 응답한 기업은 44개였으며, 이 중 28개 기업은 국내 프로그램만, 6개 기업은 국내/해외 프로그램을 모두 실시했다. 프로보노 봉사활동에 참여한 기업들을 업종별로 보면, IT(56%), 보건(52%), 금융(31%), 필수소비재(20%), 공공서비스(17%) 등으로 나타났다.

c) 직원봉사 프로그램(EVP)

직원봉사 프로그램은 기업기부스탠다드(Corporate Giving Standard)에 따르면, "직원들이 봉사활동 시행 및 동기 부여를 위해 스스로 구축하고 주도하는 체계적, 계획적 활동"으로 정의된다(CECP 2011: 29).

〈표 10-4〉 미국 직원봉사프로그램 운영 현황, 2010년

	국내	해외
– 직원봉사단체 지원	92	32
– 직원봉사자 표창	91	48
– 탄력적 일정 관리	78	40
– 유급 봉사자 파견	76	40
– 가족 자원봉사	73	32
– 전사적 봉사의 날	67	34
– 이사회 리더십	66	18
– 팀 보조금 지급	54	27
– 퇴직직원 봉사	53	15
– 프로보노 서비스	44	16
– 인센티브 보너스	10	4

참고: 대상기업(160개) 중 시행중인 기업의 수. 자료: CECP 2011.

2010년, 대상기업(N=160)의 89%가 1개의 공식적인 국내 프로그램을 시행하고 있다고 답했으며, 52%는 1개 이상의 해외 프로그램을 운영한다고 응답했다. 국내/해외 프로그램을 모두 운영하는 기업은 80개, 국내 프로그램만 운영하는 기업은 63개, 해외 프로그램만 운영하는 기업은 3개이다.

직원봉사 프로그램에 대한 기업의 지원은 자원봉사시간에 비례한 기부금 적립제도와 유급봉사 프로그램에서 가장 구체적으로 나타난다. 먼저 봉사시간 기부금적립제는 지난 몇 년간, 가장 널리 보급된 프로그램이다. 대상기업들의 절반 이상이 참여하고 있는 것으로 조사되었다. 이 제도를 실시하는 기업의 비율은 원자재가 71%로 가장 많고, 공공서비스 67%, 금융과 보건이 각기 62%, IT 56%, 에너지 43% 등이다.

다음으로, 널리 보급된 직원봉사 프로그램 유형은 유급봉사 프로그램이다. 직원들이 업무 시간을 이용해 자유롭게 봉사활동을 하도록 회사가 지원하는 제도로, 연방세법 조항 501(c)(3) 비영리기관에서 봉사활동을 하는 것이 일반적이다. 기업은 직원이 업무중 자원봉사에 참여하는 시간에 대해 비용을 지불한다. 공식적인 유급봉사 프로그램을 실시한 기업은 59%이며, 유급봉사시간을 기록하기 위해 공식적인 시스템을 구축한 기업도 46%에 달한다. 이와는 대조적으로 〈사외 자원봉사 프로그램〉은 업무시간 외에 시행하는 것으로 추가적인 보상비용이 발생하지 않는 것으로, 공식적인 사외 자원봉사 프로그램을 운영한 기업은 52%이며, 사외 자원봉사 시간을 기록하기 위해 공식적인 시스템을 구축한 기업은 절반 가량된다.

조사에 따르면, 업무시간 중 1시간 이상을 자원봉사에 참여한 직원비율의 중간값은 25%로 나타났는데, 다양한 유급봉사 유형이 있다는 것도 주목해볼 만하다.

- 38%는 연간 자원봉사시간을 기준으로, 연간 3~40시간 정도이다.
- 22%는 연간 자원봉사 일수를 기준으로, 연간 1~6일 정도된다.
- 19%는 매니저 재량에 따라 결정하도록 한다.
- 8%는 월간 자원봉사 시간을 기준으로, 월간 4~6시간 정도된다.
- 8%는 연간 자원봉사 월수를 기준으로, 연간 3~6개월 안식제를 실시한다.

최근 3년 기간의 추이를 살펴보면, 2008~2009년 직원봉사 프로그램 중 유급봉사 프로그램이 가장 널리 확산되었으나 2009~2010년에는 시행기업 수가 더 이상 증가하지 않았다. 지속적인 경제적 불확실성으로 인해, 인력 및 운영 효율성 개선 니즈가 증대되면서 일부 기업들은 유급봉사 프로그램의 신규도입을 보류한 것으로 보인다.

(2) 기업시민정신연구소 조사

한편 보스턴 대학의 기업시민정신연구소(CCC: Center for Corporate Citizenship 2003)가 141개 기업 사회공헌 간부들을 대상으로 조사한 설문 결과를 보면, 미국 기업들의 사회봉사활동은 광범위하다는 것을 알 수 있다. 〈표 10-5〉에서 볼 수 있듯이 전체 85%가 기업 차원에서 직원봉사 프로그램을 갖고 있다고 답한다. 사회봉사팀을 조직하고 있고, 봉사활동을 인정하고 표창하는 기업들이 2/3 수준을 넘는다. 나아가 일부 기업들은 봉사활동시간을 근무시간으로 인정하는 제도를 갖고 있고, 임원을 비영리단체에 대여해주는 출장제를 운영

〈표 10-5〉 미국 기업의 사회봉사 프로그램 유형

사회봉사 프로그램을 갖고 있다(85%) 없다(15%)		
프로그램을 갖고 있는 기업 중,	(예)	(아니오)
– 사회봉사 팀의 조직	69%	31%
– 사회봉사시간 공식 인정	40	60
– 기업 간부의 대여 출장	29	71
– 금전적 인센티브 제도	44	56
– 표창 등의 인정 제도	77	23
– 연례적 우수자 시상제	50	50

자료: Center for Corporate Citizenship 2003: 7.

하며, 봉사활동시간에 해당되는 금전적 인센티브를 매칭 기프트로 제공해주는 기업들도 적지 않다.

(3) 컨퍼런스 보드와 촛불재단 공동조사

또 다른 자료는 기업협의회인 컨퍼런스 보드(Conference Board)와 전국자원봉사재단인 촛불재단(Points of Light Foundation)이 공동으로 1993년에 조사한 전국 기업 사회봉사 현황으로 기업이 부담하는 비용과 기업이 돌려받는 이득에 관한 손익계산서를 작성해볼 수 있을 것이다. 전국 1,800개 대기업체 2,500명의 경영 책임자들에게 설문지를 보냈다. 이 중 454명이 응답해왔고, 응답자 중 92%가 자사의 종업원들에게 어떠한 형태로든 봉사활동 참여를 권고하고 있는 것으로 나타났다.

첫째, 종업원들의 참여를 유도하는 방법은 다음과 같다.

- 68%는 사회봉사에 참여하고 싶어 하는 직원들의 근무시간을 이용하도록 배려한다.
- 72%는 각 회사 최고경영자의 계속되는 지원에 토대를 두고 진행시킨다.

- 60%는 기업의 사회봉사 참여에 관한 설문 조사 자료에 바탕을 두고 추진한다.
- 63%는 사회봉사관련 기금에 의존한다.
- 91%는 사회봉사활동에 대한 수상을 통해 직원들에게 인지도를 높인다.
- 87%는 광고나 홍보 등의 방법을 이용한다.

둘째, 사회봉사제도의 전략적 이용 방법들도 다음과 같이 다양하게 나타난다.

- 50%는 사회봉사활동을 자회사의 업무 홍보의 일환으로 이용한다.
- 31%는 사회봉사 프로그램을 주요 업무를 알리기 위한 전략의 일환으로 이용,
- 19%는 사회봉사 프로그램을 각 회사 사업 계획에 포함시킨다.
- 32%는 사회봉사의 결과로서 각 부서가 받는 이익을 각 부장에게 보고한다.

셋째, 중점적으로 다루는 봉사활동의 분야는 교육 등 매우 다양하다. 많은 기업들이 특히 교육(72%)에 집중적인 봉사활동을 하며, 다음으로 보건(41%), 청소년(41%), 환경(41%), 홈리스(39%)로 조사되었다.

넷째, 기업 임직원의 자원봉사자 규모는 기업의 규모에 따라 다양하다. 기업의 사회봉사활동에 참여하고 있는 종업원의 평균수는 회사 전체로는 400명이었으며, 지사별로 200명이었다. 한 달간 사회봉사활동에 개인적으로 투자한 시간은 5시간으로 나타났다. 전체 사원 대 자원봉사자의 비율은 회사 전체로 12.5%, 계열사에서 22%로 나타났다. 각 산업체별 참여율이 상당한 격차를 보여주고 있다.

다섯째, 사회봉사 프로그램의 관리 등에 투입되는 비용은 다음

과 같다. 프로그램 담당자가 사회봉사에 할애하는 평균 시간은 근무시간의 20%이다. 41%는 프로그램 관리를 위해 한 명을 따로 고용하고, 37%는 사내 특별 전담 위원회를 두며, 1%는 외부 상담기관을 이용한다.

또 프로그램 관리비용은 기업의 규모와 프로그램의 규모에 영향을 받는 것으로 나타났다. 5천 달러 이하(37%), 5천-1만 달러 미만(14%), 1만-2만 5천 달러 미만(13%), 2만 5천-5만 달러 미만(14%), 5만-10만 달러 미만(6%), 10만 달러 이상(16%) 등이다. 절반 이상의 기업들이 연간 1만 달러 미만의 비용으로 사회봉사활동을 관리하고 있다.

여섯째, 프로그램 확대에 장애가 되는 요인들도 시간 부족 등 다양하게 제시되었다. 51%는 참여하고자 하는 직원의 시간 부족을 들었다. 금융회사 19%, 기타 서비스업에서 16%에 불과한 직원의 관심도 부족은 제조업체에서 23%로, 상대적으로 높은 것으로 나타났다. 금융회사에서 33%, 제조업에서 32%에 불과했던 행정비용의 부족이 기타 서비스 업체에서는 38%로 비교적 높게 나타났다.

일곱째, 프로그램에 대한 평가 여부와 방법도 다양하게 나타났다. 1/3 이상의 응답자들은 다양한 종류의 자료들을 수집해 오고 있는 것으로 나타났지만, 그 중 5% 미만의 응답자만이 비용과 그에 따른 이윤에 관한 분석을 실시한 것으로 나타났다. 45%는 그들이 사회봉사를 실시하는 회사의 수익성을 평가하며, 47%는 평가를 하지 않는다고 한다.

여덟째, 사회봉사로부터 얻어지는 이익에 대해서는 전반적으로 긍정적인 반응이 많았다. 회사가 얻을 수 있는 이익에 대한 12개 항목의 질문에 대해 응답자들은 모든 항목에 대해 전체적으로 긍정적 평가를 내리고 있다. '강한 긍정'은 사회에 도움을 줌으로써 회사 자체에도 이익이 될 수 있다는 부분에서 나타난다. 이 부분의 4개 중 3개 항목이 총 12개 항목 중에서 '강한 긍정'의 비율이 79% 이상 가장 높은 것으로 나타났다.

직원에 대한 이익과 직원의 능력 개발에 관한 조항들도 상당히 강력한 긍정의 지지를 받는다. 사회봉사 활동을 통해서 직원들의 협동정신을 함양시키며, 도덕성 증진과 및 보다 좋은 직원들의 채용에도 도움을 주는 것으로 나타난다. 그다지 강한 지지를 얻지 못한 항목은 "회사에의 직접적 이익창출" 조항인데, 그럼에도 여기에서도 절반가량의 긍정적 호응을 얻었다.

4. 기업 사회봉사의 효과

기업은 사회봉사활동을 통해 어떤 효과를 거두고 있는가? 위에서 살펴보았던 소비자와 지역사회 이해관계자에 대해 좋은 이미지를 보여주며 이들과의 관계개선 효과만으로도 기업 사회봉사활동은 중요한 경영전략으로 인정받고 있다. 또 우수한 노동력의 확보, 교육훈련의 효과, 직원들의 팀워크 개선과 인간관계 기술 습득으로 기업의 경영과 인사에도 기여하는 높은 효과를 발휘하는 것으로 평가되고 있다(CCC 2003; Cihlar 2004).

보다 구체적인 기업 사회봉사의 효과에 대해서는 기업, 직원, 지역사회에 주는 혜택으로 구분해, 기업 사회봉사활동이 '기업시민정신' 문화로 정착되어 있는 미국과 유럽 기업들의 사례 연구로 제시되는 주요 내용을 차례로 살펴볼 만하다.

1) 기업에게 주는 혜택

기업 사회봉사는 무엇보다도 기업 자체에 주는 혜택이 많다는 것을 알 수 있다. 유럽자원봉사센터(CEV 2009b: 30)는 기업에 주는 다양한 혜택을 다음과 같이 소개한다.

- 기업이 속한 지역사회 주변의 관계를 개선한다.
- 일반인의 이미지를 개선한다.
- 지역사회 지도자들과의 협력과 관계를 개발한다.
- 직원의 채용과 유지를 개선한다.
- 직원의 동기부여 역량을 구축한다.
- 직원의 성취와 생산성을 높인다.
- 직원의 사기를 높이고 결근을 줄인다.
- 기업 사회공헌 프로그램에 정보를 제공해준다.
- 지역사회와 기업의 고객에 대한 이해를 높인다.
- 직원이 지역사회로부터 고립되는 것을 해소한다.
- 기업의 사회공헌의 효과성을 높인다.
- 건강한 지역사회를 유지하는 데 도움이 되며, 이는 기업에게 도움이 된다.
- 시장에서 기업 평판과 브랜드 평판 향상에 도움을 준다.

특히 비용절감과 생산성 향상의 효과를 주목해볼 수 있다. 기업 사회봉사는 적은 비용을 투입해서 기업경영과 실적에 높은 부가가치를 갖다 주는 전략상품이 될 수 있다. 테네코(Tenneco)사의 사회봉사 임원위원회는 자사 생산품의 판매와 이미지에 영향을 미치는 사회봉사 프로그램의 인력관리 및 소비자관계 중요성을 정기적으로 평가한다. 모노그램(Monogram) USA의 사회봉사 담당 임원은 사회봉사의 부가가치성을 두 가지로 지적한다. 하나는 직원훈련에서 강조되는 소비자 서비스 측면이 가장 직접적인 것이고, 다른 하나는 지역사회에 봉사하는 활동을 통한 간접적인 소비자 서비스라는 것이다. 나아가 일부 기업들은 지역사회 봉사를 경영활동의 필수적인 것으로 간주하고 있다. 올스테이트(Allstate) 보험사는 소비자 확보를 위해 "도움의 손길"(Helping Hands) 프로그램을 개발하였다. 1976년에 "도움의 손길 위원회"를 구성해서 전체 사원 5만 4천 명의 75%를 지역사회 일선에 투입시켜 재난구호, 지역사회 개발에 활동하게 함으로써 경쟁사에 비해 더 높은 경영실적을 올리면서 지역사회와 직원사기에 직접적인 도움을 주는 일석이조 이상의 효과를 얻었다는 것이다.

또 '비용절감'의 측면에서는 직원 교육훈련, 품질검사, 소비자 고발, 광고 등에 드는 비용을 크게 절감한다는 점이다. 사회봉사활동은 조직의 구조와 직원의 태도에 커다란 변화를 주며 신뢰감과 협력의 분위기를 창출시키는 효과를 낳는다. 워크숍, 연수 등 모임을 통한 변화보다도 더 큰 실질적인 변화를 갖다 주는 높은 효과성, 그런 모임에 투입되는 막대한 비용과 시간을 크게 절감하는 높은 효율성을 동시에 낳는 것이 사회봉사라는 지적이다.

미국 기업의 사회봉사는 사내 인력관리 부처에서 담당하는 경우가 많다. 사회봉사를 양질의 노동력을 확보하고 관리하기 위한 경영전략으로 활용하는 것이다. 또 별도의 재교육과 훈련보다도 현장경험을 팀 단위로 익히면서 보다 생산적이고 효과적인 교육훈련이 되고 있기 때문이며, 무엇보다도 직원들이 스스로 기업에 대한 애정을 갖고 비즈니스에 필수적인 생산활동 및 고객에 대한 서비스 정신을 무장하는 것이 기업경영에 핵심이기 때문이다. 미국의 경우,

생산직 직원을 대체시키는 데 직원 일인당 연봉 20%가 소요되고 이사급 임원은 그 연봉의 다섯 배가 소요된다고 한다. 새로운 직원을 채용하는 데 일인당 평균 3,450달러가 소요된다고 한다. 이처럼 신규 채용과 현재 직원을 유지하기 위한 인력관리 비용은 기업에게 커다란 부담이 된다.

다음 몇 가지 사례들이 사회봉사의 가치를 실증적으로 보여준다. MIT, 펜실바니아 대학 워튼 스쿨(Wharton School) 등 비즈니스 스쿨 출신은 직장을 선택할 때 사회봉사 프로그램이 있는지를 타진하는 경우도 있다고 한다. 또 1989-92년 기간에 IBM과 UCLA가 공동으로 조사한 156개 기업체 조사결과를 보면, 기업 사회봉사가 활성적인 기업에서 그렇지 않은 기업에 비해 직원사기가 세 배 이상 높다고 한다. 또 직장을 찾는 사람들은 기업평판과 사회책임감이 높은 기업에서 일하기를 선호한다고 한다. 또 1988년 전국 기업체 조사에서는 직장인 51%가 임원들이 사회봉사를 한다면 직장충성도가 더 높아질 것이라고 답했다. 또 퍼시픽 노스웨스트 벨(Pacific Northwest Bell)의 직원 5천 명을 대상으로 실시한 조사에서는 직원 봉사활동이 직장만족과 조직에 대한 헌신과 통계학적으로 유의미한 관련성이 있다고 보고한다. 직장에 대한 만족과 조직에 대한 헌신은 직무성취도와 생산성에 직접 관련되므로 결국 사회봉사가 기업에 이윤을 낳게 해준다고 볼 수 있다. 최근에 와서는 일부 기업이 사회봉사 휴직제(sabbatical)인데, 직장인들이 기업과 지역사회에 기여하는 장기적인 결실을 맺기 위해 장기간 3개월 이상 1년까지 정상급여를 받으며 지역사회 협력기관으로 출퇴근하는 제도이다.

2) 직원에게 주는 혜택

직원 개인의 태도 변화, 팀워크 기술의 향상, 대인관계 기술 개발 등 사회봉사활동이 갖다 주는 비즈니스에 대한 혜택은 무수하며, 또 장기 지속적으로 실시되면 누적적인 효과를 낳고 있다. 1993년 11월 23일자 월스트리트 저널의 보도기사는 직원의 사기 증진, 동료와의 업무협력 증대뿐 아니라 전문적인 관리기술의 개발을 장점으로 꼽으며 다음과 같이 소개한다. "세심하게 선택된 사회봉사 경험은 잠재력이 높은 매니저들에 새로운 급속한 경력이 되고 있다. 그 경험은 훈련의 장이 되며 기업의 최고급 인력에게 증명된 훈련장이다. 3-5년 가량의 사회봉사 경력이면 대부분의 기업들이 20년을 두고도 성취해낼 수 없었던 관리경력을 쌓는 효과를 낳을 수 있다."

인텔(Intel)의 사회봉사 담당 임원은 사회봉사가 국제경쟁력을 키워주는 효과적인 전략이라고 강조한다. 그는 "타국의 임금격차로 국제경쟁력을 키우기 위해서는 미국 노동자는 세 배의 기술력을 갖춰야 하고, 세 배의 교육을 받아야 하며, 세 배의 적극성과 책임감을 갖춰야 한다."고 주장한다. 그에 의하면 사회봉사를 경험한 직원들이 작업현장에 새로운 작업태도와 기술, 신선한 시각과 실천력을 발휘한다고 보고한다.

유럽자원봉사센터(CEV 2009b: 32)는 사회봉사에 참여한 직원들은 다음과 같은 혜택을 받는다고 소개한다.

- 리더십과 대인관계 기술을 개선한다.
- 새로운 기술 분야를 개척하는 기회를 제공해준다.
- 기업의 다른 부서 다른 직급의 직원들과의 관계를 개선한다.
- 다양성과 성취력을 높이고 자신감을 높인다.

- 직원과 가족들이 활용하는 지역사회 서비스를 개선한다.

또 미국에서도 사회봉사를 경험한 직원들의 기술향상에 대해 다음과 같이 소개한다(Conference Board 1993; Pidgeon 1998; Cihlar 2004).

- 문서 및 구두상의 커뮤니케이션 기술
- 조직 관리 및 시간 관리 기술
- 인간관계 기술 - 돌보고, 듣고 타협하는 기술
- 일에 대한 책임감 및 평가업무 보고 기술
- 기획력, 단기 및 장기 목표 설정 기술
- 예산 책정 및 분배 기술
- 생존 기술 - 스트레스 관리 등

아울러 직원의 직무태도 면에서도 다음과 같은 두드러진 변화가 있다는 보고가 쌓이고 있다(Conference Board 1993; Pidgeon 1998; Tschirhart and Clair 2003).

- 동료 직원에 대한 이해 증진 및 출신, 인종 등의 다양성 존중
- 어려움을 대처하는 데 보다 혁신적인 접근
- 위험 부담을 추정하는 능력의 향상
- 고용주로부터 받는 혜택에 대한 고마움
- 지역사회에 대한 애정과 사회적 책임의식
- 기업체 각 부서의 사회공헌에 대한 인정
- 개인의 능력과 가치에 대한 인정
- 자신감과 책임감에 대한 습관의 개발
- 고립과 소외감에 대한 배척

사회봉사활동은 기업이 필요로 하는 직원의 기술 향상과 근무태도의 변화에 기여할 뿐 아니라 직원의 전문성 개발에도 적지 않은 혜택을 준다. 기업의 영업활동의 범위를 정부기관, 타기업, 그밖에 시장 가능성이 있는 대상에 확대시켜 주는 기회들은 직원의 사회봉사활동과 경험에서 얻어지는 네트워킹에서 생산된다는 것이다. 그만큼 사회봉사활동은 시야를 넓혀주며, 무수한 기업관련 사람들과의 폭넓은 접촉의 기회를 기업의 사업으로 연장시켜 줄 수 있는 것이다.

한편 캐나다의 조사에 따르면, 사회봉사활동에 참여한 직원들은 다음과 같은 기술적 혜택을 받는다고 한다(Volunteer Canada 2010: 23).

- 대인관계 기술 67%
- 커뮤니케이션 기술 45%
- 조직적 기술 39%
- 모금 기술 32% 등

3) 지역사회에 주는 혜택

기업의 사회봉사활동은 기업과 직원뿐 아니라 기업이 속해 있는 지역사회에도 직접적인 혜택을 갖다준다. 기업은 지역사회로부터 다양한 혜택을 받고, 동시에 지역사회는 기업으로부터 적지 않은 혜택을 받는다. 양자가 공생적 관계에 있는 것이다. 기업이 주는 다양한 사회공헌 활동에 대해 유럽자원봉사센터(CEV 2009b: 32)는 다음과 같은 혜택들을 소개한다.

- 자원봉사자의 증가와 다양한 기술 인력풀의 증대로 지역사회에 도움을 준다.
- 기업과 지역의 비영리부문 사이의 이해를 높인다.

- 지역사회 삶의 질 향상에 기여한다.
- 지역사회 문제 해결과 욕구 충족에 도움을 준다.
- 기업이 도움을 주지 않으면 불가능한 지역사회 봉사활동에 역량을 제공한다.

5. 한국 기업의 사회봉사

한국 기업의 사회봉사활동은 최근 몇 년 사이에 제도화되고 있는 특징을 보여준다. 많은 기업들이 최근 몇 년 사이에 봉사활동의 제도화를 추진해온 것으로 확인되고 있다. 삼성 전자가 2005년 한국 기업 최초로 포춘(Fortune)이 선정하는 '세계에서 존경받는 50대 기업'에 선정된 것도 10년 이상 꾸준한 사회봉사와 사회공헌 활동이 갖다준 결과라고 볼 수 있다. 이제는 거의 모든 대기업들이 전사적인 직원봉사 프로그램을 시행할 정도로 사회봉사는 한국 기업의 사회공헌을 대표하는 나눔문화로 정착되고 있다.

1) 기업시민정신 실천

기업 사회공헌에서 사회봉사가 점차 높은 비중을 차지하고 있다. 전경련(2003b)이 조사한 한국 기업의 사회공헌을 살펴보면, 현금과 현물 중심의 직접지원이 가장 높은 비중(88%)을 차지하고 있지만 임직원 사회봉사활동(52%)은 그 다음으로 높은 비중을 차지하며, 또 향후 더 중시되어 직접지원과 거의 비슷한 비중으로 높아질 것으로 조사되었다.

또 최근 전경련(2011)이 기업 사회공헌 담당자를 대상으로 실시한 사회공헌 활동 기획 및 평가에 관한 조사 결과는 다음과 같은 몇 가지 정보를 제공해준다.

첫째, 사회공헌사업 계획 수립에서 응답기업 200개사 중 90% 이상이 연도별 사업계획에 따라 사회공헌사업을 추진하고 있다. 이 중 절반가량은 사회공헌 활동 추진을 위한 중장기적 로드맵을 갖고 있으며, 이 로드맵에 따라 연도별 사업계획을 수립하는 것으로 조사되었다. 한국 기업의 사회공헌 활동이 일시적이고 시혜적인 활동에서 벗어나 장기적인 관점에서 체계적으로 추진되고 있다는 것을 보여준다.

둘째, 경영전략과의 연계 추진에서는 응답기업의 80% 이상이 경영전략을 고려하고 있다고 답했다. "사회공헌 전략을 경영전략과 연계하여 추진하고 있는가"에 대한 질문에 응답기업의 45.5%가 "전체 사회공헌 전략이 경영전략을 바탕으로 수립되어 밀접하게 연계추진되고 있다"고 답했고, 34.5%는 사회공헌 전략에 경영전략의 핵심가치가 반영되어 있으며, 사안에 따라 제한적으로 연계 추진되고 있다고 응답하였다.

셋째, 추진준비와 관련해서 어떤 준비를 하는가에 대한 질문에 대해, 조사 참여기업들의 23%는 사회적 이슈 파악을 위해 자료 수집 및 전문가 면담을 실시한다, 12%는 지원 대상자의 현황 및 욕구 파악을 위한 실태조사를 실시한다고 답했다. 이 두 방법을 모두 병행하고 있는 기업들은 54%로 조사되었다. 한편, 해당기업들이 사회공헌 추진시 가장 중요하게 고려하는 점은 자사의 사회공헌사업이 '해당 사회문제 해결 및 인식개선에 기여할 수 있는가'(60%)로 나타났다. 그밖에도 '기업의 이미지 제고' 28%, '대상자의 만족' 12%로 나타났다.

넷째, 계량적 목표 설정 및 사후평가와 관련해서는 응답기업들의 80%가 사회공헌사업에 대한 계량적 목표를 설정하고 추진하는 것으로 조사되었다. 또한 사회공헌사업 추진이 완료된 후, 사후평가를 진행하고 있는 기업도 80%로 높게 나타났다. 이 중 33%는 임직원을 대상으로 정례적인 만족도를 조사하는 등 사내평가를, 28%는 프로그램 대상자를 대상으로 만족도 조사를 하였고, 또 자체 평가가 아닌 외부평가를 받는 기업은 19%로 조사되었다.

2) 기업 사회봉사 프로그램

한국 기업들은 2000년대에 와서 임직원 봉사활동에 대한 관심과 노력을 지속해왔다. 최근에는 전사적인 사회봉사 프로그램을 운영하거나 기업 사회봉사단을 창단하는 기업들이 늘고 있다. 2010년 응답기업 145개사의 평균 사회봉사 건수는 1,788건으로 조사되어 점차 증가한 것으로 조사되었다. 2010년 임직원 사회봉사활동 참여율을 살펴보면, 전체 직원의 76% 이상이 참여하고 있다고 응답한 기업수가 43%, 직원의 50% 이상이 봉사활동에 참여하고 있는 기업은 53.7%로 조사되었다. 이 같은 사회봉사 참여율의 증가추세는 기업 사회공헌 활동이 담당 부서의 업무차원을 넘어서 전체 임직원이 참여하는 전사적 차원에서 전개되고 있음을 시사한다.

그럼에도 직원 사회봉사 참여율 추이를 분석해보면, 2008년을 정점으로 이후 점차 감소추세를 보여준다. 전경련(2011)의 회원 기업들(주로 대기업)의 직원봉사 프로그램 참여율을 분석해보면, 직원 75% 이상과 50% 이상 참여를 기록하는 대기업들의 추이는 하락국면의 추이를 보여준다(그림 10-1). 2008년 이후 경제침체의 영향인지, 직장인들의 참여의식의 변화에 따른 것인지, 분석이 필요하다. 전국적으로 일반인 참여율도 같은 하향세를 보여준다는 점에서 기업 내부

〈그림 10-1〉 한국 주요 기업들의 직원봉사활동 참여율: 2004-2010

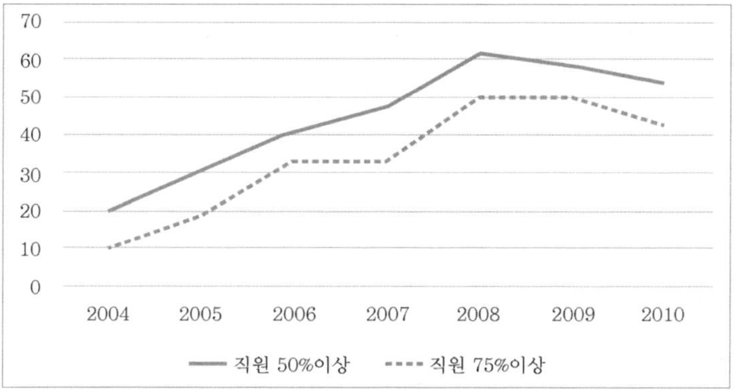

요인이라기보다는 경제, IT혁명, 기부와의 관계 등 사회경제적 요인들에 대한 분석이 필요하다.

한국 기업의 사회봉사활동을 촉진시키는 주요한 제도로 '전사 차원의 사회봉사조직 운영'은 조사 응답기업의 대부분(86%)에서 시행되는 것으로 조사되었다. 그밖에도 우수한 자원봉사자를 표창하는 '자원봉사자 표창제도'와 사회봉사활동을 희망하는 직원들을 위한 '자원봉사자 등록제도' 그리고 봉사활동 참가와 관련해 휴가를 인정해주는 '봉사활동 휴가제도' 등은 60% 이상의 기업들이 시행하는 주요 제도이다. 〈그림 10-2〉를 보면, 2000년 이후 이와 같은 사

〈그림 10-2〉 한국 기업의 직원사회봉사 제도화

전사 차원의 사회봉사조직 운영	86.3%
자원봉사자 표창제도	66.5%
자원봉사자 등록제도	65.0%
기타 사회봉사 촉진제도	64.0%
사회봉사 휴가제도	60.9%
사회봉사 교육훈련 프로그램	58.4%

자료: 전경련 2011: 82.

회봉사활동 촉진제도의 도입비율이 꾸준히 증가해왔다는 것을 엿볼 수 있다.

한국 기업들은 어떤 동기에서 사회봉사활동에 참여하게 되는가? 기업들을 대상으로 한 전경련의 조사결과를 보면, 다양한 동기들이 있다는 것을 엿볼 수 있다. 먼저 지역사회에 대한 기여라는 사명감(50%)이 가장 중요한 동기로 나타났고, 다음으로 기업 내부적 요인들인 임직원간의 화합과 충성도 제고(25%), 기업 이미지 제고(12%), 언론홍보 활용(7%), 임직원 능력 개발(4%) 등의 동기들로 조사되었다(전경련 2007: 14).

한국 기업의 사회봉사활동의 주요 분야로는 넓은 의미의 사회복지라는 것을 알 수 있다. 복지국가를 갖추고 있지 않은 한국 사회에서 사회적 수요와 욕구가 가장 높은 분야가 사회복지이기 때문이며, 공급측인 기업과 직원들 또한 사회복지 분야의 봉사활동을 선호하는 것으로 볼 수 있다. 사회복지는 활동시간 80%와 활동인원 74%가 투자될 정도로 절대적 비중을 차지하며, 그 다음으로 환경이 각기 11%와 19%로 나타났다(앞글: 13). 앞에서 살펴보았듯이 서구의 경우, 교육분야가 제1의 기업 사회봉사활동 분야인 것과 비교하면, 커다란 문화적 차이가 있다는 것을 알 수 있다. 특히 기업 자체가 교육봉사활동을 어떻게 수행할 수 있는지, 전문성과 정보가 갖춰지지 않기 때문에 교육 등에 대한 투자보다 사회복지에 많은 기업들이 몰려 있다.

3) 기업 사회봉사활동의 과제

기업 사회봉사활동은 위에서 서술했듯이 기업과 직원, 지역사회 모두에 대해 많은 혜택을 주고 있지만, 보다 넓은 사회적, 국가적 차원에서 다음과 같은 몇 가지 문제점을 가지고 있다고 평가해볼 수 있다. 먼저 거시적 차원에서 기업 사회봉사의 의미를 직원 주도적 시각에서 그리고 기업시민정신 시각에서 평가해볼 수 있다.

(1) 직원 주도의 자발적 활동

첫째로 가장 심각한 문제는 직원들의 의사가 반영되지 않고 또 직원들이 봉사활동 업무를 자유롭게 선택할 없는 한계이다(VC 2010: 142). 기업 사회봉사활동이 직원 개인들의 자유로운 선택에 의해 추진되고 이에 대한 기업의 지원이 뒷받침된다면 이런 '강제성' 논란은 사라질 수 있다. 그러나 한국, 캐나다, 미국 등지에서 추진된 기업 사회봉사활동은 팀워크, 또는 팀스프리트로 볼 것인지, 아니면 기업의 경영전략 등의 수익성 목적 추구를 위한 강제성을 가진 활동인지를 판단하는 것은 쉽지 않다.

한국 기업도 동일한 문제에 직면해 있다고 볼 수 있다. 한국 기업들의 사회봉사활동 문제를 평가한 전경련(2007)의 보고서는 직원들의 자발적인 참여 분위기 조성이 필요하다고 지적한다. 기업의 사회봉사활동을 선도하고 있는 주요 기업들의 활동이 정착되고 전 사회적으로 확산되기 위해서는 임직원들이 자발적으로 참여하게 하는 분위기 조성이 필요하며, 사회봉사활동은 현재의 주요 기업 중심에서 벗어나 중견 기업 및 중소기업으로까지 파급되어야 한다는 것이다.

(2) 기업시민정신과 사회봉사

또한 기업 사회봉사가 기업의 총체적인 사회적 책임 또는 기업시민정신 실천의 일환으로 기획되지 않으며, 기업의 사회적 책임이나 기업시민정신을 실천하지 않고 직원 사회봉사로 대신하려는 기업의 의도도 심각한 문제가 될 수 있다(VC 2010: 142). 기업 사회봉사는 기업시민정신 실천의 주요 부분이 되지만, 직원이나 지역사회에 대한 책임있는 윤리경영과 사회공헌 활동을 경시한 채 사회봉사 중심으로 기업시민정신을 실천한다고 볼 수 없다.

(3) 호혜적인 사회적 환경

또 사회적 환경에 비추어 기업 사회봉사의 문제를 평가해볼 수 있다(전경련 2007: 20-21). 사회적 환경과 관련된 문제로는 첫째, 기업 사회봉사에 대한 오해와 사회적 인정 미흡 문제가 있다. 봉사활동을 포함한 기업 사회공헌에 대한 오해는 기본적으로 한국 사회의 척박한 기부문화와 자발적인 봉사활동이 활발하지 못한 풍토에 기인한다는 것이 전경련의 분석이다. 기부 또는 사회봉사활동에 적극적인 개인일수록 기업 기부활동에 대한 인식도 높고 기업 사회공헌에 긍정적이라는 조사결과가 있다. 개인 스스로 관련 활동에 대한 경험이 없을 경우 관련 활동에 대한 인식 자체가 낮다는 것이다. 그리고 둘째로 기업 사회봉사에 대한 과도한 기대 및 요구수준도 문제로 부각된다. 기업별 특성이나 사정을 고려하지 않고 기업에게 과도하게 기대하고 요구하는 사회적인 분위기도 문제가 있다고 볼 수 있다. 인력, 자금, 시간 등 기업이 동원할 수 있는 가용자원 이상을 요구하는 사회적 분위기가 기업의 자발적인 봉사활동 의욕을 저하시킬 우려가 있다는 것이다.

(4) 기업 내부의 환경

한편 기업 내부의 환경에 초점을 맞춰보면, 첫째, 다양하고 장기적인 사회봉사 프로그램의 부족 문제가 있다(앞글: 19). 조직적으로 단련된 인적자원인 임직원들의 역량을 최대로 활용하고 기업의 특성이 반영된 고부가치를 생산하는 사회봉사 프로그램이 부족한 상태에 있다. 앞에서 살펴보았듯이 사회봉사활동의 분야가 사회복지와 환경 부문에 치중되어 있고, 프로그램 간에 차별성이 별로 없고 매번 유사한 내용의 프로그램이 주를 이루고 있다. 이처럼 "지속적인 프로그램보다 단일성 행사 수준에 머무를 경우 회사의 경영실적에 영향을 받게 되는 문제"가 있다는 것이 전경련의 지적이다. 또한 전사적인 공감대 부족으로 사내 확산의 어려움도 있다(앞글: 20). 기업 사회봉사활동의 전사적인 확산은 CEO와 담당부서의 노력만으로 부족하며 중간관리자를 포함한 기업 내부의 원활한 커뮤니케이션을 통해 공감대를 형성해 갈 필요가 있다. 기업 사회봉사에 장애가 되는 주요인으로 사내 분위기 조성의 문제가 있다는 것도 주목할 만한 사안이다.

둘째, 다양하고 창의적인 고부가가치의 장기 프로그램의 개발이 선행되어야 한다. 기업의 사회봉사활동이 지속성을 유지하기 위해 기업별로 특성화된 장기적이고 지속가능한 봉사활동 프로그램의 개발이 필요하다. 다양한 프로그램의 개발과 함께 현재 사회복지에 편중된 봉사활동 영역을 다른 분야로 확대가 요구된다. 기업 고유의 영역인 경영 자체의 노하우를 활용할 수 있는 창의적인 봉사 프로그램도 개발할 필요가 있으며(CEO들의 경영 강의 등), 전문봉사활동과 프로보노 프로그램 개발도 주요 과제가 된다.

(5) 시민사회와의 파트너십

그리고 마지막으로, 직원봉사 프로그램은 시민사회단체들과 더불어 진행되는 것이 바람직하다. 시민사회단체들은 전문성을 갖추고 시민들의 참여로 다양한 프로그램을 운영하므로, 여기에 직원들이 참여해 다양한 나눔활동과 네트워킹을 할 수 있는 장점이 많다. 이 때문에 미국, 영국 등지의 기업들은 시민사회단체와의 든든한 파트너십을 통해 보다 효과적이고, 체계적인 봉사활동을 추진하면서, 동시에 시민사회의 성장을 지원해주는 이중의 기업시민정신을 실천한다.

그러나 한국의 일부 기업들은 기업 브랜드 가치나 이미지 제고 등 경영전략을 우선시해서, 시민사회와 관계없이 직접 프로그램을 개발하고 운영하는 직접사업을 많이 한다. 기업뿐 아니라 기업재단이나 개인들이 설립한 공익재단들도 마찬가지로 시민사회와 더불어 하기보다는 직접운영을 선호해 직접 추진하고 있다. 직접운영은 사업의 목적 달성이 자기조직의 홍보나 이미지 제고에 치우쳐 공익성을 실천하지 못할 수 있고, 사업의 효과성이나 효율성도 뒤질 수 있다. 이 같은 직접운영에 대해 결국 소비자이자 시민들이 기업들의 과욕에서 비롯된 것이라는 부정적인 평가로 기울게 되면, 기업들이 의도한 기업 브랜드 가치나 이미지 제고 등의 경영전략 추진에도 심각한 착오가 발생할 수 있을 것이다. 따라서 직접사업 추진은 기업의 신중한 판단을 요청한다.

XI. 교육기관의 봉사학습

교육기관은 자원봉사제도의 기초 인프라에 해당된다. 청소년기부터 자원봉사활동에 참여한 사람은 평생 자원봉사자로 활동하는 경우가 많기 때문에, 교육기관의 기능과 역할이 중요하다고 볼 수 있다. 청소년 봉사활동은 많은 국가에서 중고교와 대학의 정규 교육과정을 통해 실시되고 있다. 한국에서는 중고교 봉사활동이 처음 도입되면서 학생들에게 자원봉사를 강요한다는 반론이 제기되어 일부 뜨거운 논쟁이 있음에도 각계각층의 폭넓은 지지를 받고 있는 것도 다음과 같은 기대가 사회적 공감대로 형성되어 있기 때문이다. 청소년은 자라나는 세대로서 자신들이 소속된 사회적 특성을 이해하고 사회를 위해 무엇인가 보람된 일을 한다면 청소년 자신뿐 아니라 사회에도 긍정적인 영향을 미칠 것이라는 확신이 지배적이다. 청소년 시기부터 시민사회의 중요성을 이해시켜 올바른 시민의 역할을 할 수 있도록 하는 시민교육 차원에서도 자원봉사는 소중한 봉사학습 활동이 된다.

1. 봉사학습의 의미와 목표

'봉사학습'(service learning)은 미국에서 유래되어 가장 활발하게 진행되는 청소년 교육 제도로 아래에서는 미국 사례를 중심으로 봉사학습에 대해 살펴본다. 미국의 청소년 자원봉사 활동은 오랜 전통을 지닌 미국 특유의 문화에서 배양된 교육문화를 밑거름으로 제도화되었다. 이민의 역사로 세워진 미국 사회는 다민족, 다인종이 각종 사회적 문제를 공동으로 극복해가야 하는 일차적인 과제를 안고 있고, 각급 학교는 이런 사회적 바탕에 대한 이해와 관심에 적지 않은 교육적 노력을 기울이고 있다.

1) 봉사학습의 의미

중고교와 대학의 자원봉사교육은 '봉사학습' 개념으로 이해되고 있다. '봉사학습'이란 봉사와 학습의 동시적인 효과를 거두는 데 목표를 둔다. 따라서 봉사학습의 개념을 '봉사'와 '학습', 두 개념으로 나누어 살펴볼 필요가 있다. '봉사' 또는 '서비스'란 남과 함께 나누는, 남에게 베푸는 행동 또는 행위를 뜻하며, '학습'이란 새로운 지식이나 기술, 태도를 습득하는 과정으로 학습 이전에 해낼 수 없는 어떤 일을 수행할 수 있는 상태를 의미한다. 따라서 봉사와 학습 두 개념의 접목은 '봉사'라는 특정의 학습의 필요성을 중시하는 경험교육 학풍이 만들어낸 개념이다.

먼저 봉사학습과 일반 자원봉사를 구분해볼 필요가 있다 미국국가봉사단(CNCS 2009b)에 따르면, 봉사학습이 사회봉사(community service)로부터 구별되는 특징은 다음과 같다. 먼저 사회봉사란 a) 교과와 관계없이, b) 학교가 인정하는, c) 의무적 또는 자발적인, d) 학교가 직접 또는 지역의 단체들이 대신 운영하며, e) 분명한 학습의 목표나 학습의 평가를 포함하지 않을 수 있으며, f) 교내에서 또는 교외에서 행해지는 활동이라는 특징을 가지고 있다. 이런 사회봉사와 달리 봉사학습은 교과 중심의 사회봉사를 의미한다. 교과수업과 관련해서 이뤄지는 지역사회 봉사활동이 봉사학습이다(앞글: 13). 봉사학습은 사회봉사처럼 a) 의무적이거나 자발적일 수 있고, b) 교내 또는 교외에서 수행되는 활동이지만, 지역사회봉사와 달리, d) 교과와 관련된 활동이며, e) 학습의 목표가 분명하며, f) 활동에 대한 반성과 평가의 과정이 수업시간의 토론, 발표, 작문 등으로 제시되는 봉사활동이다(앞글: 14).

또 '봉사학습'의 개념은 그 특성에 따라 살펴볼 수 있다. 먼저, 봉사는 자원봉사자의 봉사 경험이 봉사자와 수혜자, 양측의 삶을 개선하는 상호호혜성 요소를 지니므로 전통적인 교실이나 강의실 학습과 다른 독특한 차원을 갖는다. 아울러 봉사자의 직접적인 경험은 자신의 경험에 비춰본 교육적 '반성'(reflection) 요소를 지니기 때문에 단순한 자원봉사와 구별될 수 있다. 반성의 요소는 봉사 행위를 실제적인 사회적, 정치적, 경제적 상황에서 이루어지도록 만들어 지적인 또는 시민으로서 또는 인종적, 비교문화적인 측면에서의 반성을 중시하는 학습목표를 지닌다. 미국 전국청소년리더십협의회(NYLC 1991)의 분석에 따르면, '반성'이 실천되는 3단계 과정을 '무엇'(What)을, '그래서 무엇'(So What)을, '이제는 무엇'(Now What)을 등으로 구별된다. 먼저, 봉사경험을 정리하는 '기술적' 단계로부터 경험이 부여하는 의미를 고려하는 '실천적' 단계를 거쳐 마지막으로 봉사경험을 보다 포괄적인 사회적 배경에서 평가하는 '비평적' 단계로 마무리된다.

결국 봉사학습이란 봉사학습의 목표에 따라 중고교 교육현장에서 또는 대학 교육의 장에서 다소 달리 정의될 수 있다. 중고교의 경우, 봉사학습은 일반적으로 학교 내에서 또는 지역사회에서 봉사하며 봉사경험에 대해 적극적으로 반성하는 경험에 의한 학습의 과정이라고 정의되고 있다. 대학의 경우, 학생 입장에서의 학습뿐 아니라 교수, 연구 등 보다 포괄적인 광의의 개념으로 이해되고 있어, 봉사학습은 '학업-봉사 연계', '봉사에 기초한 교수/학습/연구', '아카데미에 기초한 봉사'와 같은 의미로 통용되고 있다(Campus Compact

2002).

봉사학습의 개념은 경험교육의 철학에서 유래된 것으로 알려지고 있다. '행동에 의한 학습'(learning by doing) 또는 '경험에 의한 학습'이라는 교육적 가치를 중시하는 경험교육(experiential education) 철학에서 유래되었다. 교육학자 존 듀이(Dewey)가 창안한 개념은 아니지만, 듀이는 학습이 경험에 직접적으로 연관되어 있다는 점을 그리고 교육학자들이 경험과 교육의 관계에 면밀한 연구가 필요하다는 점을 최초로 지적했던 인물이다. 그 후 윌리암 킬패트릭(Kilpatrick)은 학습의 핵심적인 방법으로 '프로젝트' 개념을 창안해냈고, 1930년대를 풍미했던 진보운동이 '지역사회 프로젝트'를 통해 사회개혁을 주창하는 진전을 이뤄냈다. 2차 대전 기간에는 침체기를 거친 다음, '시민교육 프로젝트'와 같은 직접적인 지역사회 참여 프로젝트가 1950년대와 60년대를 통해 활성화되기에 이르렀다. 특히 1980년대 초에 와서 학교개혁과 관련된 교과개편 작업이 확산되었고, 이 과정에서 봉사학습의 교육적 가치를 확인하는 논의가 활발해지며 많은 중고교와 대학들이 자원봉사 활동을 교과에 포함시키는 제도화를 서둘렀다.

결국 오늘날 '봉사학습'으로 일컬어지고 있는 자원봉사 교육은 그 뿌리를 20세기 초의 경험교육 학풍에 두고 있으면서도 학교와 지역사회가 공동으로 당면한 무수한 현실적인 사회적 문제들을 공동노력으로 해결해가는 시대적 요청을 받고 있다.

2) 봉사학습의 목표

봉사학습은 경험교육에 기초하면서도 순수 경험교육과 구별된다. 먼저, 봉사학습이 지향하는 교육적 목표는 학습자를 봉사가 우선적인 동기가 되는 실제상황에서 학습이 이뤄지도록 하는 데 있다. 또 봉사학습은 봉사경험 과정에서 발생한 일들과 결과로 나타난 일들에 대한 반성을 학습의 목표로 삼고 있다는 점이다.

봉사학습은 ① 행동 경험을 통해, ② 봉사활동으로, ③ 봉사경험에 대한 반성으로 학생들의 학습 효과를 가장 잘 높일 수 있는 방법으로 이해될 수 있다.

다음으로, 봉사학습이 지향하는 보다 구체적인 교육적 목표를 학생 개인 차원에 비추어 정리해보면 아래와 같이 무수하다(Witmer & Anderson 1994: 5-7).

첫째, 학생 개인의 지적 발전을 꾀해 준다. 예컨대 자원봉사 현장과 같은 특정 상황에 대한 문제의식을 갖추고, 문제를 합리적으로 해결하기 위한 문제해결 능력을 키워준다.

둘째, 학생 개인의 기본 기술의 습득을 도와준다. 자원봉사활동을 통해 자신과 다른 계층의 사람과의 커뮤니케이션 기술과 같은 능력을 키워준다.

셋째, 도덕과 윤리의 중요성을 일깨워준다. 학교교육이 추구하는 교양교육 중 가장 중요한 부분이 곧 도덕과 윤리에 대한 교육이라면, 자원봉사활동은 자신의 직접 체험을 통한 도덕과 윤리적 가치판단 능력을 자연스럽게 갖추도록 하는 교육적 효과를 잘 발휘한다.

넷째, 시민으로서의 사회적 책임감을 갖도록 한다. 학교를 졸업하여 시민의 자격을 얻기 위한 준비를 자원봉사활동으로 익힐 수 있다. 예비시민으로서 사회적 책임의식을 갖추고, 더불어 사는 공동체를 만들기 위한 방안에 대한 탐구와 같은 교육적 가치를 지닌다.

다섯째, 경력을 쌓기 위한 준비를 갖추게 해준다. 사회진출을 앞둔 학생들은 먼저 사회가 어떻게 움직이고 있는지, 사회에 대한 이해와 더불어 장차 사회에 진출해서 자신은 어떤 일을 직업으로 선택할 수 있는지, 자원봉사활동을 통해 넓은 안목을 갖출 수 있다.

여섯째, 다양한 문화에 대한 이해를 갖출 수 있다. 자신의 출신 배경을 초월해서 다른 문화권에 있는 사람들에 대한 이해를 넓힘으로써 다양한 문화적 배경을 갖고 있는 사람들이 대립과 갈등의 소지를 줄이고 함께 더불어 사는 지혜를 넓힐 수 있는 기회를 가질 수 있다.

마지막으로, 개인적 성장에 적지 않은 도움이 된다. 자원봉사활동과 같은 직접 체험이 갖는 교육적 장점은 자신의 자유의지로 자원봉사자가 되어 스스로 배움으로써 성인으로 성장하는 과정에 많은 도움을 준다는 데 있다.

나아가 봉사학습의 필요성에 대해 공립학교 설문조사 결과를 참고해볼 만하다. 〈표 11-1〉 자료는 초등학교 1학년부터 12학년까지 전국 공립학교 사례를 보여주는 자료로, 특히 공동체에서 개인의 역할을 중시하는 학생들의 인성교육과 시민교육에 봉사학습의 초점이 맞춰져 있다는 것을 엿볼 수 있다.

〈표 11-1〉 미국 공립학교 봉사학습의 가장 중요한 이유

공동체의 적극적인 구성원이 되려고	53%
공동체에 대한 지식과 이해 증진	51%
공동체 욕구충족과 학교-공동체 관계 증진	48%
이타주의와 남에 대한 배려를 갖도록	46%
학생 개인의 개인적, 사회적 발달	26%
비판적 사고와 문제해결 기술을 익히도록	19%
직업 세계에 대한 인식과 관심 유도	18%
학교에 대한 참여와 태도를 개선하기 위해	16%
필수 교과목의 성취도를 증진	12%
위험 행동에 가담하는 것을 줄이기 위해	10%

자료: Skinner & Chapman 2000.

3) 봉사학습의 자발성과 도구주의

청소년 봉사활동에 대한 찬반 논쟁보다는 봉사활동의 효과를 높이기 위한 방법에 관한 논의를 활발히 전개하고 있는 단계에 있다. 1992년 메릴랜드 공립고교들이 사회봉사 졸업필수제를 도입하는 과정에서 발생한 자발성-강제성 문제가 뜨거운 논쟁으로 번졌던 일도 있었으나, '봉사학습'의 개념에 대한 폭넓은 수용이 지배적인 '사회적 판결'로 결론지어졌다. 이제는 봉사와 학습, 양면 모두의 교육적 효과를 높이기 위한 전문적인 학문활동, 협의회의 운영, 프로그램 개발 등이 활성화되고 있다. 또 세계 21개국의 자원봉사 현황을 소개하는 연구자는 "교육 프로그램의 일부로 해야 하는 의무적인 봉사활동은 진정한 자원봉사 활동의 서곡이 될 수 있다"고 강조한다(볼런티어21 2002: 26).

많은 공립고교와 대학들이 봉사학습을 졸업필수제로 제도화하는 사례들이 늘고 있고, 이에 대한 비판론 또한 대단했다. 미국 대학의 경우, 스탠포드 대학, 펜실바니아 주립대학 등 일부 대학들이 자원봉사 졸업필수제를 실시하고 있고, 공립고교의 경우 절반 가까운 주에서 공립고교의 자원봉사 졸업필수제를 허용하고 있다. 이 고교들은 적게는 10시간에서 많게는 200시간 이상 학생들이 자원봉사를 해야 졸업장을 주고 있다. 일례로 세인트 루이스 시의 메트로 고교는 20여 년전 개교 때부터 학점을 인정하지 않는 240시간 사회봉사를 졸업필수로 의무화시켜왔다. 디트로이트 시에서는 주로 직업교육과 관련된 200시간 이상의 보수 또는 무보수 자원봉사를, 애틀랜타 시의 경우 75시간 이상의 무보수 자원봉사를 각기 고교 졸업요건으로 요구한다. 또 보스턴 시의 15개 공립고교는 60시간 이상, 메릴랜드 주의 203개 공립고교는 75시간 이상 사회봉사를 해야 졸업을 인정하고 있다.

여기에서 메릴랜드 주와 애틀랜타 시와 디트로이트 시의 사례를 차례로 살펴볼 만하다. 메릴랜드 주의 공립고교들은 1993년 가을학기부터 9학년이 되는 학생들이 고교 졸업 때까지 75시간 자원봉사를 해야 하는 졸업필수제를 도입했는데, 보다 구체적인 내용은 다음과 같다(MSDE 1992).

a) 학생들은 각급 학교가 마련한 자원봉사 실습에 앞선 준비과정, 실습 및 평가과정을 포함한 75시간의 봉사활동을 하거나 주 교육감이 승인한 지역사회학생봉사 프로그램에 참여해서 같은 75시간의 활동을 해야 한다.

b) 자원봉사활동은 탄력적으로 지역사회의 공공기관이나 사회단체가 마련한 프로그램에 학생들이 선택해서 참여할 수 있는 기회를 준다.

c) 자원봉사 프로그램의 기획 등 준비 단계에서부터 학생들의 참여를 유도하여 책임감을 부여하며, 교사, 학생, 행정직원 세 주체가 유기적으로 프로그램의 기획 및 운영에 참여한다.

다음으로 애틀랜타 시의 경우도 75시간의 사회봉사활동을 졸업필수로 요구하고 있다. 봉사활동은 교과시간에 포함되지 않은 방과후, 주말, 휴일, 여름방학 기간에 이루어지고 있다. 시 교육청은 200여 개의 기관단체를 자원봉사기관으로 승인하여, 학생들은 각 기관에서 마련한 활동내용, 시간, 장소를 선별해서 활동하도록 권장하고 있다. 디트로이트 시의 경우는 학생들에게 200시간 이상의 봉사활동을 요구하면서 학생들이 실습결과 보고서를 제출하도록 하고 있지는 않다. 많은 프로그램이 졸업후 직장진출과 관련된 일종의 인턴십 형태로 이뤄지고 있다.

공립고교 졸업필수제를 둘러싼 찬반 논쟁은 1992년 메릴랜드 주가 주 차원에서는 최초로 합법적 인정을 하고 나섬으로써 그 열기는 전국적으로 확대될 정도로 뜨거웠다. 졸업필수제를 찬성하는 측은 학생들로 하여금 자원봉사를 하는 정신과 행동을 교육시켜야 한다는 필요성과 학생들은 배워야 할 의무가 있다는 당위성을 강조한다. 이에 맞서 반대측은 '자원봉사는 강요될 수 없다'는 자발성의 원칙론을 고집하는 사람들도 적지 않고, 학교의 자원봉사 교육의 필요성은 수긍하나 강제성은 수긍할 수 없다는 사람들도 많다.

졸업필수를 찬성하는 측의 이유들을 먼저 정리해보면 다음과 같다. 첫째, 사회 기초단위가 되는 가정의 변화를 지적하는 '인구동태적' 설명이 있다. 미국 가정이 이혼으로 인해 점차 어머니나 아버지밖에 없는 가정이나 부모가 모두 직장을 갖고 일하는 가정으로 변화되고 있어 학생 자녀와 함께 하는 시간이 줄고, 부모의 책임과 관심 또한 약화되고 있다는 사실에서 가정교육을 보충하는 학교의 인성교육이 보다 중시될 필요가 있다는 것이다. 둘째, 개인의 사회적 가치관을 중시하는 '사회적' 설명도 있다. 지금의 학생 세대는 이전의 세대보다 사회에 대한 바른 가치관을 갖고 있지 않기 때문에 자원봉사 활동과 같은 체험으로 사회를 이해하고 사회를 위해 개인이 할 수 있는 일이 무엇인지를 깨우칠 수 있는 좋은 기회가 될 수 있다는 설명이다. 셋째, 학교의 교육현실이 문제라는 '교육적' 설명은 학교교육의 인성과 교양교육의 중요성을 꼬집는다. 학교는 점차 교육필수 영역에서 벗어난 운전교육, 성교육 등에 많은 시간을 할애하므로, 보다 생산적인 동시에 교육적 가치가 높은 봉사학습으로 대체해가는 것도 바람직하다는 주장이다. 넷째, 많은 학교들이 어떤 형태로든 봉사학습을 실시하고 있으나, 일반적으로 자원봉사 활동을 하는 학생보다 그렇지 않은 학생들이 더 많아 자원봉사의 활성화를 위해서도 졸업필수제 도입을 지지한다는 것이다. 한 조사에 의하면 560개 고교 중 106개 정도에서 25% 이상의 학생 참여도를 보인다고 한다. 끝으로, 사회문제의 확대 심화가 진행되고 있어 보다 많은 봉사활동이 요구되며, 그럼으로써 문제해결의 방안을 모색하는 기회가 늘릴 수 있다는 주장이다.

이상에 대해 반대론을 제기하는 측의 주장 또한 다음과 같은 문제를 지적한다. 첫째, 기존의 자발적인 자원봉사에 열중하고 있는 학생들에게 강제적으로 해야 한다는 조건을 부여함으로써 그들의 자발의지에 의한 사기를 해친다는 주장이며, 둘째, 전체 학생이 무차별적으로 자원봉사를 해야 하는 문제는 학생 개인이 하고 싶은 일을 적절히 잘 연결시켜 주어야 하는 문제와 학생들이 교내와 지역사회에서 자원봉사를 하는 기관단체 이외에 일거리를 마련하는 일이 적지 않은 문제가 될 수 있다는 점이다. 셋째, 보다 근본적인 문제는 학생들은 학교에서 읽고 전공을 수업하는 일에 게을리 해서는 안 되는 것이 기본인데, 이러한 기본교육이 소홀해질 수 있는 문제점도 있다는 지적이다. 그리고 넷째, 위의 문제와 관련해서 기본 전공교육을 제대로 이수한 학생들이 전공내용을 사회봉사활동으로 잘 응용할 수 있기 때문에 기본 전공교육에 더욱 충실해야 하는 것이 현재 고교의 실정이라는 주장도 있다. 다섯째, 학생들에게 아르바이트 할 일을 무보수 봉사로 강요하는 것은 바람직하지 않다는 주장도 있다. 더욱 심각한 것은 헌법에 보장된 표현의 자유를 침해하며, 미성년자 강제노동과 최저임금법에도 저촉된다는 헌법소원이 제기된 일이다. 어느 학부모는 "범죄자는 형벌로 사회봉사를 하고, 학생들은 졸업하기 위해 자원봉사를 한다는 것은 아이러니"

라고 주장했다. 펜실베니아 공립고교가 결정한 60시간 이상의 자원봉사 졸업필수제에 대한 이의를 법원에 제소한 결과, 법원은 봉사학습 필수요구가 교육적 목적과 부합된다는 판결을 내리기도 했다.

한편 캐나다에서도 학생봉사활동의 자발성에 관한 다양한 논의들을 참고해볼 만하다. 캐나다 자원봉사협회(Volunteer Canada 2010)의 조사결과를 보면, 15-24세의 청소년(일반인) 자원봉사 참여율은 2000년 29%(27%) → 2004년 55%(45%) → 2007년 58%(46%)로 대폭 증했는데, 이는 주로 청소년 사회봉사를 자원봉사로 포함한 결과라는 분석이다. 캐나다에서 의무적 자원봉사활동은 1990년대 중반 이전에도 있었지만, 그 이후로 확대된 추세에 있다. 가장 많은 의무적 자원봉사활동은 고교생의 사회봉사활동이다(앞글: 123).

2. 봉사학습의 유형과 제도화

봉사학습을 통해 얼마나 많은 학생들이 봉사활동을 하는가? 또 이들은 어떤 경로를 통해 봉사활동을 하는가? 아래에서는 미국 학생들의 봉사학습 자료를 참고해 살펴본다.

1) 학교의 자원봉사교육

미국의 고등학교에서는 1970년대부터 학생들의 봉사활동을 지원하는 제도를 갖추고 있는 것으로 알려지고 있다. 1979년의 조사에 따르면 고등학교 92%가 학생들이 특활활동으로 지역사회 봉사활동에 참여할 수 있었다. 그 비율은 오늘날에도 86%로 유지되고 있고, 초중고교 전체로는 68%에 이른다. 미국 정부의 공식통계인 노동통계청의 조사에서는 16-19세의 학생 봉사활동 참여율은 1989년

13%에서 2005년 28%로 두 배 이상 늘었다.

학생들의 수업과 연계된 봉사학습 제도의 경우, 1979년 전체 고교의 15%가 프로그램을 갖고 있었고, 그 비율은 20년이 지난 1999년에는 46%로 세 배 이상 확대되었다. 그러다 2004년과 2008년에 실시된 조사에서는 그 비율이 점차 줄어드는 감소세를 보였다. 이 같은 감소추세는 주 차원의 커리큘럼으로 봉사학습의 교과 배정을 할 여유가 없다는 것이며, 또 봉사학습을 지원하는 데 소용되는 재정을 확보하기 어렵다는 것이다(CNCS 2008b: 7). 학교들은 봉사학습 대신 학생들의 자율적인 봉사활동을 단순히 지원하는 소극적인 역할을 수행해왔다. 연방 교육부가 조사한 자료에는 6학년부터 12학년, 즉 12-18세 청소년 52%가 봉사활동에 참여한 것으로 나타났다. 이는 1996년에 비교하면 3% 증가한 결과로, 학교가 학생 봉사활동을 의무적으로 요구하거나 지역사회 단체들과의 봉사활동 준비를 갖추고 알선 역할을 하는 학교에서 학생 봉사활동이 활성화되고 있는 것으로 나타났다. 학생들이 스스로 알아서 하도록 하고 학교가 봉사학습 제도나 알선의 역할을 하지 않은 학교에서 가장 저조한 실적을 보여준다. 청소년이 봉사활동을 처음 배운 사회기관도 다양하게 나타났는데, 종교기관의 역할이 가장 중요한 것으로 밝혀졌다. 종교기관이 68%로 가장 높고, 그 다음으로 학교/대학(28%), 자원봉사단체(22%), 서비스/회원단체(6%), 직정/고용주(6%), 사교 집단(5%) 등이 뒤를 잇고 있다.

한편 미국국가봉사단(CNCS 2008b)의 조사에 따르면, 학교는 다양한 방법으로 학생의 지역사회봉사활동을 지원하고 있다. 가장 일반적인 형태로는 학교가 학생봉사활동을 인정해주는 형태로, 2008년 현재 초중고교 공립학교 전체의 68%가 여기에 해당되는데, 이는 9

〈표 11-2〉 미국 초중고교의 지역사회봉사와 봉사학습

	봉사활동 인정		봉사활동 운영	봉사학습 실시	
	1999	2008	2008	1999	2008
전체 평균	64%	68%	58%	32%	24%
초등학교	55%	60%	51%	25%	20%
중학교	77%	74%	65%	38%	25%
고등학교	83%	86%	72%	46%	35%

자료: CNCS 2008b.

년전에 비해 4% 증가했다(표 11-2). 초등학교와 중학교에 비해 고등학교가 가장 높은 86% 수준에 있다. 보다 제도화된 유형으로는 학생봉사활동을 지원하는 학교의 제도가 갖춰져 학교가 중개 역할을 수행하는 형태로, 초중고교 전체의 58%가 여기에 해당되며 고등학교가 72%로 가장 높은 수준을 보여준다.

봉사학습은 지역사회봉사보다 더 많은 학교의 준비와 책임이 수반되기 때문에 많은 학교가 참여하고 있는 것은 아니다. 또 이런 부담 또는 지원부족 등으로 봉사학습이 점차 줄고 있는 추세에 있다. 1999년에 비해 2008년에는 초중고교 전체 평균이 32% → 24%로 크게 줄었다(표 8-2). 가장 높은 수준의 고등학교의 경우, 46% → 35%로 크게 줄었다. 이렇게 봉사학습이 줄어든 가장 큰 이유는 a) 주정부의 커리큘럼 정책으로 인한 봉사학습 시간 배정의 어려움(48%), b) 봉사학습에 대한 재정 및 기타 자원 지원의 부족(38%), c) 봉사학습 코디네이터의 부재(34%)가 학교 설문조사 결과로 나타났다(앞글: 15). 실제로 봉사학습을 실시하는 학교들 74%가 코디네이터가 없는 것으로 조사되었다.

2) 봉사학습의 제도화

봉사학습의 참여 측면을 살펴보면, 전체적으로 학생 36%, 교사 32%가 봉사학습에 참여한 것으로 집계된다. 초, 중, 고교가 각기 25%, 38%, 42% 비율로 봉사학습을 시행하고 있어(앞글: 17), 봉사학습은 학년이 낮을수록 실시하기 어려운 환경이라는 것을 엿볼 수 있다.

한편 봉사학습을 실시하는 학교에서 사회와 과학 교과가 가장 많은 봉사학습을 하고 있고 있으며, 〈그림 11-1〉에서 볼 수 있듯이 다른 많은 교과들이 다양한 봉사학습을 진행하고 있다.

나아가 봉사학습의 제도화 수준을 살펴볼 수 있는 몇 가지 지표를 참고해볼 수 있다. 첫째는 봉사학습이 한 학교, 한 과목 이상의 교과에서 진행되며, 이는 학교의 이사회의 커리큘럼 정책의 일부인 경우로, 전체 학교의 39%가 여기에 해당된다. 다음으로, 학교의 전

〈그림 11-1〉 봉사학습의 필수 교과목의 일부

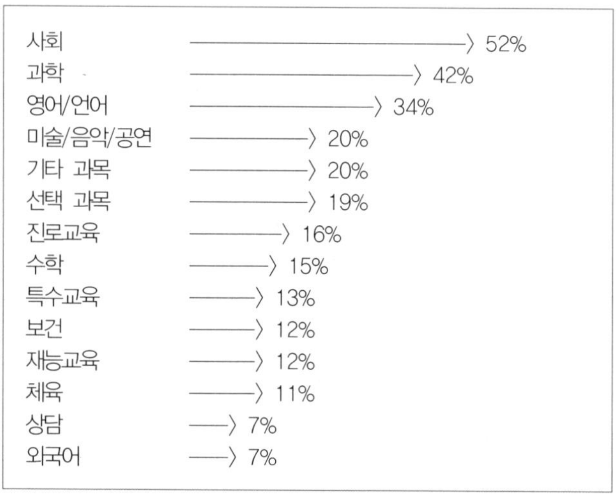

자료: CNCS 2008b: 19.

략적 계획에 포함시킨 학교는 47%, 봉사학습을 교사와 직원 O/T에 또는 평가에 포함시킨 경우는 각기 24%와 15%이다. 이상 네 가지 모두를 학교정책으로 추진하는 학교는 8%에 지나지 않는다.

한편 봉사학습을 실시하는 학교에서 봉사학습을 모든 학생 또는 특정 학년의 필수로 실시하는 학교는 41%로 비교적 높은 비중을 차지하지만, 봉사학습보다 지역사회봉사를 필수로 요구하는 학교 비중은 23%로 비교적 낮게 나타난다. 봉사학습을 필수로 하는 고등학교는 58%, 중학교는 45%, 초등학교는 27%로 학년이 높을수록 봉사학습의 필요성은 높게 나타났다(앞글: 27).

3) 봉사학습 교과 운영

정규 교과로서 봉사학습은 몇 가지 교과 유형으로 구분될 수 있다. 먼저 가장 커다란 분류는 봉사학습을 졸업필수로 요구하는 제도로 정착할 것인가, 또는 선택과목으로 학생들이 자유롭게 선택하도록 할 것인가 하는 문제다. 이 양대 분류에 따라 다시 ① 자원봉사와 같은 별도의 교과로 개설할 것인가, 또는 ② 자원봉사 관련 교과목에서 자원봉사를 하는 체험을 통해 과제를 수행하는 형태로 할 것인가, 아니면 ③ 학생자치 활동과 같은 교과에 관련되지 않은 특별활동으로 할 것인가 하는 세 유형의 선택으로 나눠볼 수 있다(주성수 1996).

이상과 같은 필수-선택 두 가지 유형에다 독립과목-과목과제-교과외활동 세 가지 유형을 조합한 결과를 아래와 같이 제시해볼 수 있다(Witmer & Anderson 1994).

(1) 먼저 '자원봉사' 독립과목을 개설한 경우, 졸업필수로 요구하

는 방법도 전교생에 해당될 수도 있고, 예컨대 고교 신입생에게만 해당될 수도 있다. 마찬가지로 '자원봉사' 선택과목을 개설해서 전교생 각자가 자유롭게 선택할 수 있도록 개방할 수도 있고, 예컨대 1학년에 국한시켜 자유선택을 하도록 할 수도 있다.

(2) 과목내 과제 수행 형태로 하는 경우, 졸업필수제에서는 모든 과목에 자원봉사 실습을 하도록 교과개편을 할 수도 있고 또는 일부 자원봉사 과목에 한정시켜 볼 수도 있다. 또 자유선택제에서도 전과목-일부과목 두 가지 선택이 적용되고 있다.

(3) 교과에 관련 없는 특별 활동의 경우, 졸업필수로 요구하는 방법은 학점을 따도록 하는 형태, 학점과 무관한 형태 등, 두 가지가 있다. 한편 자유선택제에서는 학점관련 사항보다 동아리 관련 사항이 선택사항이 된다. 하나의 독립된 학생자치 자원봉사센터 중심으로 할 것인가, 아니면 교내 일부 동아리들의 특별활동으로 할 것인가 하는 선택이 있다.

〈표 11-3〉 미국 공립 중고교의 봉사학습 제도

	봉사활동자의 봉사학습 참여	봉사활동 학급토론	봉사활동 수필작성	봉사활동 성적반영
전체	57%	45%	19%	24%
6-8학년	62	50	22	27
9-10학년	52	40	15	23
11-12학년	56	45	19	22
학교 방침				
의무교육/알선	70	52	32	38
의무교육만	50	41	15	13
알선역할만	56	45	16	22
아무 방침 없음	34	23	11	9

자료: Skinner & Chapman 2000.

봉사활동에 참여한 학생들은 학교의 교과목에 제도화된 봉사학습 활동에 대부분 참여하는 것으로 조사되었다. 또 교과 참여유형은, 학급 토론에 참여, 봉사활동에 관한 기사 또는 수필의 작성, 또 봉사활동을 성적에 반영하는 등 세 가지로 나타난다. 학급 토론이 활성화되어 있는 편이며, 자원봉사를 의무로 규정하거나 봉사활동을 알선하는 학교에서 비교적 활발하게 봉사학습이 진행되고 있다는 것을 알 수 있다.

또 봉사학습의 성패는 교사의 역할에 달려 있다고 해도 지나친 말이 아니다. 학생들의 단순한 봉사활동에 그치는 것이 아니라, 교사들이 정규 교과목 또는 특별활동에 학생들의 이해와 관심을 유도하는 다양한 방안들을 활용하게 될 때 봉사학습의 효과가 나타날 수 있다고 볼 수 있다. 미국 공립학교의 경우 다음과 같은 다양한 봉사학습 교사들을 위한 다양한 인센티브가 부여되고 있는데, 전체 공립학교 83%가 제시된 인센티브 중 하나 이상을 지원하는 것으로 조사되었다.

- 교외의 봉사학습 교육, 회의 참여 지원 66%
- 봉사학습 프로그램 비용 지원 58%
- 봉사학습 프로그램 및 교과 개발 지원금 45%
- 봉사학습 교육에 대한 인정 빛 표창 29%
- 파트타임 봉사학습 보조자 배정 18%
- 봉사학습에 필요한 별도 준비시간 배려 15%
- 봉사학습에 필요한 교과부담 경감 11%
- 풀타임 봉사학습 보조자 배정 3% 등이다.

마지막으로, 봉사학습 제도와 현황을 통해 정부와 사회기관들의 청소년 자원봉사 지원방안을 검토해볼 수 있다. 학교 봉사학습을 지원하는 정부의 지원뿐 아니라 민간재단과 기업의 역할도 있다는 것을 알 수 있다. 공립학교의 경우 봉사활동에 대한 지원은 가장 중요한 재정적 지원을 살펴보면 정부와 민간의 역할이 균형을 이루고 있다는 것을 알 수 있다. 기업의 지원금과 민간재단의 후원금이 각기 43%와 37%로 매우 높은 비중을 차지하고 있고, 전국 차원의 어메리코어(AmeriCorps)와 봉사학습은 각기 10% 정도로 비교적 작은 비중을 차지한다. 또 여기에 교육부, 주택복지부 등의 연방 및 주정부 지원을 더하면 정부의 재정지원은 결코 적지 않은 비중(38%)을 차지한다.

그러나 전국 학교 조사자료를 보면, 외부의 재정지원을 받는 학교는 66%에 불과하다(CNCS 2008b: 29). 봉사학습에 필요한 재정 자원이 부족한 학교들은 이를 보충하기 위해 자원봉사자를 활용한다. 학교들 85%가 자원봉사자를 활용하는데, 이들 중 학생과 직접 관련된 학부모나 가족이 참여하는 경우가 가장 많고(76%), 다음으로 지역주민 자원봉사자(67%), 그리고 대학의 장학 프로그램(Work Study)으로 참여한 대학생(14%) 또는 국가봉사단인 어메리코어 봉사자들(8%)도 일부 있다(앞글: 31).

3. 중고교 봉사학습 프로그램

많은 중고교는 전국청소년리더십협의회(NYLC 1991)가 개발한 다양한 유형의 중고교 자원봉사 프로그램을 시행하고 있는데, 그 유형은 매우 다양하다. 과목과 관련된 자원봉사 프로그램들이 있고, 교과외 특별활동으로 활용될 수 있는 것들도 다양하다(주성수 1996).

1) 봉사학습 프로그램 과정

중고교 봉사학습은 체계적이고 조직화된 프로그램에 크게 의존한다고 볼 수 있다. 봉사학습 프로그램의 개발은 아래와 같이 몇 단계를 거쳐 체계적으로 개발될 필요가 있다(POLF 2004).

첫째는 지역사회 욕구와 요구이다. 학생들의 의미있는 봉사활동이 되기 위한 첫 번째 조건은 학교가 지역사회의 욕구를 파악하고 요구에 경청하고 있다는 것을 보여주고 명확히 할 필요가 있다. 이를 위해 학생들이 지역사회를 둘러보고 이슈가 무엇인지, 문제의 원인이 무엇인지, 그리고 개인과 지역사회에 미치는 영향이 무엇인지를 파악하는 활동도 사전 봉사활동으로 중요한 부분이 된다.

〈그림 11-2〉 봉사학습 프로그램 진행과정

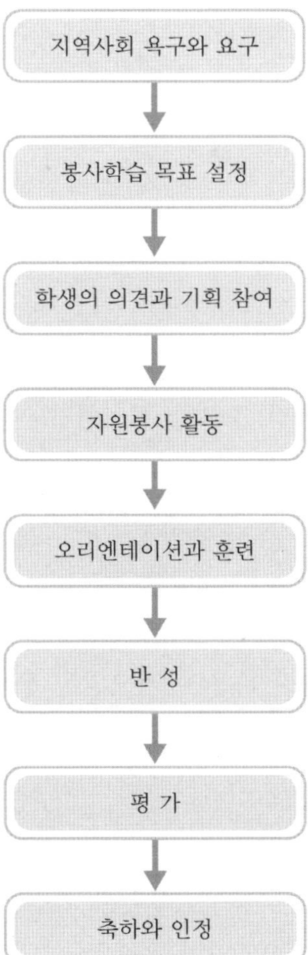

둘째는 봉사학습 목표설정이다. 봉사학습이 추구하는 목표는 무엇인지를 분명히 설정해서 학생들이 봉사활동을 통해 개인적, 사회적, 지적 수준에서 학습할 수 있도록 기획하는 일이 중요하다.

셋째는 학생들의 의견 수렴

과 기획참여이다. 봉사학습에 참여하는 학생들이 무엇을 생각하고 기대하는지를 경청하고, 이들이 프로그램 기획 단계부터 참여해서 프로그램의 소유의식을 갖도록 하는 일이 중요하다. 학생의 자치역량(empowerment)이 프로그램의 성패를 가늠한다고 볼 수 있다.

넷째는 오리엔테이션과 훈련이다. 학생들은 조직을 이해하고 봉사활동 이슈가 무엇이며, 어떤 구체적인 기술이나 도구가 필요로 하는지를 파악함으로써 효과적인 봉사활동과 학습효과를 동시에 기대할 수 있다. 학생 대표들이 또는 상급생이 하급생을 지도하고 교육을 보조하는 형태로 학생 대표의 참여를 적극 유도하는 것도 중요하다.

다섯째는 자원봉사 활동이다. 실제적인 자원봉사 활동은 철저한 기획과 사고력을 필요로 한다. 특히 교통수단, 수퍼비전, 위기관리 등을 봉사활동에 필요한 기본 지침으로 유지되어야 한다. 학생들의 현장 배치를 돕는 기관단체와의 사전 협의가 매우 중요하다.

여섯째는 반성이다. 봉사학습의 가장 중요한 목적이기도 하다. 학생들이 봉사활동을 통해 무엇을 배웠는지를 비판적으로 반성함으로써 개인적, 사회적, 지적 수준의 성장을 도와주는 효과를 낳는다. 학생들의 자치적인 모임을 통해 교육적 반성을 하는 과정이 필요하다.

일곱째는 평가이다. 봉사활동을 마친 다음, 평가모임을 통해 (무엇을 잘하고, 무엇을 더 잘 할 수 있었는지) 과정을 평가하고, 동시에 (봉사활동 학생들과 지역사회가 어떻게 변화되었는지) 성과를 평가한다. 교사와 학생 대표가 고루 참여하는 것이 중요하다.

마지막은 축하와 인정이다. 학생들이 지역사회에 의미있는 봉사활동을 제공하는 데 대해 자신들의 노력이 어떤 형식으로든 인정되고 축하될 필요가 있다. 그럼으로써 학생들은 보다 강한 정신적 보람을 갖게 되고 또 지속적인 봉사활동 참여자가 될 수 있다. 학교와 지역의 파트너 기관단체가 공동으로 하는 작은 행사를 준비해볼 필요가 있다.

2) 봉사학습 프로그램

먼저 일반적인 프로그램 유형들을 정리해보면 다음과 같이 다양하다.

- 자전거 수리장: 학생들이 운영하는 교내 가게에 자전거 수리와 같은 특정 기술을 활용할 수 있는 교내 자원봉사 활동으로 문제 학생들을 교육시킨다.
- "빅 버디": 초등생 아동의 지원과 지도를 위한 모임에서 "빅 버디"와 같은 자원봉사 역할을 맡긴다.
- 헌혈운동 보조: 적십자사의 헌혈운동에서 보조하는 역할을 수행한다.
- 행정보조: 공공기관이나 비영리 공익단체에서 행정보조역을 맡는다.
- 건축공사: 집, 공원, 놀이터, 공공시설 등 공사장에 가서 건축공사 일을 한다.
- 옷가지 수집: 공익, 자선단체가 주관하는 옷가지, 음식, 장난감, 기타 물품을 수집하는 일을 돕는다.
- 주민교육: 주민을 위한 컴퓨터교육, 예술활동 교육에 보조교사로 참여한다.
- 지역역사교육보조: 지역사회 교육센터에서 지역사회에 관한 역사자료의 수집, 조사활동 및 연구과제를 수행해서 발표하는

일도 맡는다.

- 음식요리: 공익단체에서 또는 주민을 위해 주방 음식요리에 참여한다.
- 보호소 활동: 부녀보호소, 긴급보호소 등에서 행정보조 역할을 한다.
- 아동보육: 탁아소, 보호소 등에 마련된 아동 보육활동을 맡는다.
- 응급구호지원: 응급구호 교육을 받은 학생들은 응급 의료, 화재, 홍수 발생시 활동한다.
- 환경조사: 산성비, 수질오염과 같은 환경 조사활동을 한다.
- 환경보호: 강, 호수, 공원, 거리에서 환경오염물 청소를 한다.
- 모금활동: 자선기금을 마련하는 캠페인 활동에 참여한다.
- 정원공사: 지역사회 공공 정원 공사에서 일한다.
- 재가봉사: 노인, 장애인 가정을 돌보는 일, 집단장, 집수리 등을 맡는다.
- 핫라인봉사: 청소년 상담, 미혼모 상담 등 각종 핫라인 업무에 참여한다.
- 구호품배달: 저소득층 가정에 구호품을 배달하는 일을 한다.
- 해외봉사: 제3세계 난민을 위한 의료, 교육, 기술 교육을 받고 현장 활동을 맡는다.
- 모금캠페인: 대규모 지역사회봉사 프로젝트를 만들고, 모금활동을 수행한다.
- 후배돕기: 커뮤니케이션, 상담 등 특정 기술을 익힌 다음 후배를 위해 다음과 같은 일을 수행한다.
  - 신입생 오리엔테이션을 맡는다.
  - 문제 학생을 위한 상담 활동을 한다.

• 특수교육대상 학생들과 "빅 버디" 모임을 갖는다.
• 학업미진 학생을 위한 개인교사 역할을 한다.
• 대인간 갈등을 처방하는 일을 해낸다.
• 예술봉사: 청소년을 위한 음악, 연극, 댄스 등 예술봉사 활동을 한다.

- 나무심기: 나무심기, 화단꾸미기, 야생조류 돌보기 활동을 한다.
- 홍보활동: 청소년에게 보건, 안전, 사회문제 등에 관해 홍보하는 일을 수행하며, 연극, 비디오 제작, 캠페인 활동으로 효과성을 높인다.
- 홍보제작: 사회문제 심각성을 알리고 대처하는 내용의 신문, 홍보물을 제작한다.
- 시각장애인봉사: 시각장애인을 위해 책, 인쇄물을 읽어준다.
- 오락활동: 청소년 오락을 위한 오락동아리를 조직해 활동한다.
- 재활용: 재활용 홍보활동과 재활용 활동을 조직한다.
- 조사활동: 시장조사 등 공익단체의 조사활동을 돕는다.
- 장애인봉사: 장애인의 휠체어 통로 램프(ramp) 공사를 하는 일을 한다.
- 장애아동돕기: 장애아동을 위한 특별 올림픽 행사 등을 마련한다.
- 세금보고지원: 비영어권 소수민, 저소득층의 세금보고서 작성 일을 돕는다.
- 개인교사: 특수 개인교사를 필요로 하는 개인교사 역할 또는 보조 역할을 맡는다.
- 피해자보호: 범죄 혹은 사고 피해자의 안정과 회복을 위한 활동을 한다.
- 시설보호: 노인시설, 장애인시설, 교도소 등 시설에 있는 사람

들을 위한 활동을 기획하고, 서비스 활동을 한다.

- 미술활동: 비영리단체의 포스터 제작, 공원이나 공익시설물 디자인, 거리 벽화작업, 카드 만들기 등 미술활동을 맡는다.
- 유권자교육: 유권자등록 안내문 배포, 유권자등록 행정보조 일을 한다.
- YMCA, YWCA, 4-H, 보이스카웃, 걸스카웃 등 청소년단체 조직을 결성하여 활동한다.
- 청소년리더십: 청소년리더십 교육훈련 행사를 조직하는 활동을 맡는다.
- 청소년 스포츠: 체육 특기생들이 청소년 스포츠 활동을 지도한다.

3) 봉사학습 교과 프로그램

이상과 같은 봉사학습 활동은 교과목에 관련되거나 교과외 특별활동으로 할 수 있는 것들이며, 아래 예들은 특정 교과목에서 봉사학습을 겸할 수 있는 프로그램들이다(NYLC 1991; 주성수 1996).

(1) 영작문

- 시사 문제를 작문해서 학생들과 지역사회에 알리는 안내문으로 만든다.
- 자원봉사 관련 문학작품을 읽고, 작품 내용에 비추어 자신의 체험을 정리한다.
- 자원봉사를 체험한 다음, 체험담을 시, 수필, 대본으로 작성한다.
- 노인에게 편지를 쓴다.
- 장애인의 편지 쓰기, 서류작성 등을 돕는다.

(2) 저널리즘

- 비영리단체의 언론보도 자료를 작성한다.
- 지역사회 혹은 마을단위 주간지 내용을 얘기로 꾸민다.
- 지역사회의 각종 모임, 행사의 안내문, 기사문을 작성한다.
- 지역사회 신문을 발행한다.

(3) 언어교육

- 영어가 제2외국어인 최근 이민자에게 영어를 가르친다.
- 최근 이민자를 위해 전화받기, 대중교통 이용, 공문서류 작성 등을 돕는다.
- 정부 공문 등을 지역주민과 관광객이 주로 사용하는 언어로 번역한다.
- 자원봉사를 필요로 하는 해외에 가서 봉사체험을 갖는다.
- 구호를 필요로 하는 사람들에게 의류, 기타 구호물을 전달한다.

(4) 사회/심리

- 시사적인 사회문제에 관해 청소년 상담 활동을 한다.
- 이민자와 인터뷰를 하여 이들의 의견을 청취해서 보고서를 작성한다.
- 시사문제를 현장조사해서 청소년에게 정보를 전달해준다.
- 공원, 도서관 및 지역사회 조직단체를 알리는 안내약도를 만든다.
- 신문, 정부문서 등을 조사해 지역사회 문제와 문제해결 방안을 제시한다.

(5) 역사

- 기성세대의 경험을 인터뷰해서 지역사회 역사 자료집을 꾸민다. 홍수와 같은 재난, 산업체, 특정 지역인사에 관한 얘기를 담는다.
- 지역사회 개발계획에 관한 부동산 등의 자료를 정리한다.
- 지역사회 주요 역사적 사건 등을 연극으로 꾸민다.
- 작은 마을들을 산책하는 코스를 개발한다.
- 지역의 농장, 주요인사, 공장 등의 역사적/고고학적 위치를 정리한다.

(6) 정치

- 유권자 등록 업무를 보조하고 유권자에게 민주적 과정을 교육시킨다.
- 공공문제나 후보자 초청 포럼을 개최한다.
- 청소년의 욕구, 의견을 수합해서 정책결정층에 전달한다.
- 지방정부와 약물복용, 범죄 등에 관한 해결방안을 탐구한다.
- 비정파적 공공의제를 공중교육으로 활용한다.
- 정부관리의 공문작성 기술을 돕는다.
- 이민자가 시민 과정을 받는 과정을 돕는다.
- 학교나 지역사회에서 갈등을 해소하는 중재자적 역할을 수행한다.
- 신문사 편집자에게 의견을 편지로 보낸다.
- 외국정부에 인권문제에 관한 문의, 항의 서신을 보낸다.

(7) 경제/경영

- 지역사회 자원개발에 관한 조사활동을 한다.
- 특정 산업, 마을 혹은 지역의 경제사를 정리한다.
- 지역사회나 지역의 시장조사를 위해 전화 또는 우편 설문조사를 한다.
- 지역관계자와 지역사회 욕구와 자원의 연계를 다루는 문제를 토의한다.

(8) 수학

- 청소년 수학 담당 개인교사가 된다.
- 세금보고 서류작성을 돕는다.
- 지역사회 요구를 조사, 분석, 보고한다.
- 정부의 환경부나 농림부 업무지원으로 동식물 종류 수량을 계산한다.
- 휠체어 램프와 같은 특수 시설의 건축자재 소요량을 산출한다.
- 기업의 회계 장부 처리를 돕는다.

(9) 컴퓨터

- 노인들의 컴퓨터 사용 교육을 맡는다.
- 장애인, 청소년에게 컴퓨터 교육을 실시한다.
- 지역 농민 혹은 비영리단체의 컴퓨터 프로그램 지원을 한다.

(10) 공학계열

- 장애인 휠체어 램프 시설과 같은 시설물을 건축한다.

- 노인, 저소득층 소유 소형 기계 엔진을 수리해준다.
- 청소년에게 자전거 수리, 기계수리 기술을 가르친다.
- 노인, 장애인 가정 집수리를 맡는다.
- 놀이터 등 공공시설물 설계, 건축 일을 맡는다.
- 교통혼란과 같은 지역 문제를 조사, 대안을 마련한다.

(11) 가정경제

- 공공보호소나 시설물을 재설계, 수리하는 일을 돕는다.
- 의류, 가사용품을 수집, 수리해서 필요한 집단에 배달한다.
- 이민자의 안정적 정착을 위해 집단장, 집기구입 등을 돕는다.
- 노인, 장애인의 가계부 정리, 쇼핑 등을 돕는다.
- 저소득층에게 식품 영양 정보 등을 알려준다.
- 노인, 장애인을 위한 식단마련, 음식배달을 한다.
- 미혼모에게 육아, 영양 정보 등을 전한다.
- 소비자의 불편 처리를 돕는다.

(12) 보건계열

- 청소년에게 성교육, 가정생활 등에 관한 정보를 전달한다.
- 청소년에게 성병, AIDS 등에 관한 교육을 맡는다.
- 응급의료기술 교육을 받아 응급의료진을 돕는 활동을 한다.
- 적십자사의 헌혈 캠페인을 돕는다.
- 청소년에게 응급처치 요령을 가르친다.

(13) 예술계열

- 공원, 거리담장 벽화작업을 한다.
- 미술전시장 업무를 지원한다.
- 지역사회교육의 일환으로 청소년, 성인 대상 미술 교육을 맡는다.
- 청소년, 장애인 등 특수집단에 공연 기술을 가르친다.
- 지역 청소년과 성인 연주자와 공동으로 지역사회 음악공연을 연다.
- 지역사회 밴드를 조직해서 활동한다.
- 지역사회나 단체의 주제곡을 작사, 작곡하는 일을 돕는다.
- 지역사회 특성을 살리는 연극공연을 개최한다.

(14) 체육계열

- 청소년 스포츠 활동 코치 역할을 맡는다.
- 교통사고 피해자 등의 회복을 위한 활동을 보조한다.
- 장애인 특별 올림픽 행사를 개최한다.
- 지역사회 생활체육 보조 역할을 한다.

4. 대학의 봉사학습 제도

대학의 역사적 발전을 살펴보면, 문화권에 따라 다양한 차이가 있는 교육과 봉사 기능을 주목해 볼 수 있다. 영미 대학들은 20세기에 접어들어 대중화 교육을 지향하면서 사회발전과 국가발전에 기여하는 '사회봉사' 기능을 잘 수행해 왔으나, 유럽 대학들은 순수 아카데미즘의 고집 풍토 때문에 캠퍼스 밖에 나가는 대학교육의 실용화를 통한 사회봉사 기능을 제대로 발휘하지 못했다(주성수 1997a). 20세기에 접어들면서 존 듀이의 '경험교육' 이론과 윌리암 킬패트릭의 '프로젝트'에 의한 진보적 교육운동 등 일련의 경험과 실습교육을 중시하는 교육개혁 운동이 활발히 전개되었다.

이 같은 교육개혁 경험을 겪어오면서 미국 대학들은 1970년대에 와서는 정규교과에 자원봉사를 접목시키며 보다 실용적인 대학교육을 실험하는 일대 교육개혁을 이룩해 놓았다. 교육개혁의 시각에서는 대학은 유니버시티(University)보다는 교수, 연구, 사회봉사 3대 기능이 복합적으로 조화를 이루는 멀티버시티(Multiversity)로 이해되고 있다. 대학은 캠퍼스 울타리에 갇혀 현실적, 현세적 문제를 초연하는 소극적인 때로는 도피적인 입장에 선다는 아이보리 타워(Ivory Tower)가 아니라 캠퍼스 밖의 사회, 지역공동체에 참여하고 기여하는 적극적인 대학, 트랜스버시티(Transversity)로 표상되기도 한다(주성수 1997a).

지금은 대학교육에 자원봉사를 접목시키는 다양한 교과개혁안들이 시행되고 있고, 대학간의 긴밀한 협의와 공조를 꾀하기 위한 전국대학 협의체로 쿨(COOL: Campus Outreach Opportunity League)과 캠퍼스 컴팩트(Campus Compact)가 구성되어 있다. COOL은 1984년에 설립되어 대학생 중심으로, 캠퍼스 컴팩트는 대학 총장들을 중심으로 각기 전국 대학을 가맹대학으로 운영되고 있다. 한국의 한국대학사회봉사협의회가 미국의 캠퍼스 컴팩트와 같은 형식으로 1997년에 조직되어 지금 200여 대학들이 회원 대학으로 가입해 있다.

1) 봉사학습 교과개설

대부분의 미국 대학들은 여러 형태로 대학 정규교과에 자원봉사활동을 연계시켜 교양교육에 열중하고 있다. 대학의 정규교과에 자원봉사를 접목시키는 방안에는 다음 몇 가지 과제가 연구되었고, 이 연구결과를 바탕으로 많은 대학들은 다양한 자원봉사 교과를 개설하였다(Kupiec 1993; 주성수 1997a).

첫째, 어떻게 하면 자원봉사 교육으로 교수(teaching)와 학습(learning)의 효과를 높일 수 있을까? 이 문제에 대해서는 아래의 세 가지 측면에서 살펴볼 수 있다. 하나는 교수와 학습의 효과를 입증하는 몇 가지 사례보고가 있으며, 또 하나는 교수와 학습의 효과적인 방법으로 확인되었고, 다른 하나는 교수와 학습의 철학으로 바람직하다는 것이다.

먼저 자원봉사 교육은 교수와 학습의 효과를 높여주는 긍정적인 효과를 발휘한다는 다양한 증거가 있다. 행동에 의한 학습(learning by doing)을 통해 학생들이 배우는 대상이나 현상에 대한 이해력을 높여주고, 학생들이 직접 기초적인 관찰과 체험을 통해 연구과제를 수행할 수 있는 능력을 높인다는 각종 연구보고가 있다. 또 교수법 향상 효과가 있다는 보고가 담당교수들의 사례발표를 통해 확인되고 있다. 아직 체계적인 학문연구는 정리되어 있지 않으나, 자원봉사교육 관련 석박사 학위 논문들이 하나 둘 늘면서 교수와 학습 효과의 상승을 검증한 연구결과물이 쌓이고 있다.

또한 자원봉사 교육은 교수와 학습의 효과적인 방법으로 간주되고 있다. 학생들은 강의실에서 교육받은 이론들을 검증할 수 있는 현장대상을 발견하여 추상적 이론이나 사상을 구체적 사례를 통해 검증하는 생생한 경험적 학습을 수행할 수 있어 교수와 학습의 효과적인 방법으로 활용될 수 있다는 것이다. 또 과목의 한 단원으로 자원봉사 실습을 설정해서 학생들은 강의실에서 이론적 틀로 설계된 과목의 연구과제를 현장실습을 통해 검증하는 기회를 가질 수 있다. 담당교수는 학생들 개개인의 실습결과를 다시 강의실에서 정리하고 요약하는 과정을 통해 사례 중심으로 '실증적인' 이론 검증을 확인함으로써 보다 효과적인 교수법이 될 수 있다.

나아가 자원봉사 교육은 교수와 학습의 철학으로 간주될 수 있다는 점이다. 자원봉사 교육은 하나의 교육철학으로 사회적 책임의식과 문화적 인종적 다양성에 대한 이해를 높여주는 가치를 지닌다. 학생들은 사회참여를 통해 사회문제에 대한 이해와 문제해결을 위한 대안의 모색을 시민으로서 사회적 책임의식을 지닐 수 있도록 교육받는다. 다른 문화적, 인종적 배경을 지닌 사람들에 대한 이해를 갖추고, 같은 사회구성원으로서 더불어 사는 지혜를 짜낼 수 있는 기회를 갖는다. 대학교육은 이와 같은 사회성을 지닌 교양교육을 기본으로 삼아야 하며, 이는 곧 대학의 존재이유가 된다. 일반학생 대다수에 대한 교육은 학문적 연구에 앞서 사회 진출을 앞둔 예비사회인 교양교육을 기본전제로 삼는다.

둘째, 어떻게 하면 자원봉사 교육으로 자원봉사의 효과를 높일 수 있는가? 자원봉사 그 자체의 효과를 높일 수 있는 문제는 앞의 문제만큼 중요하다. 자원봉사 교육은 교육적 목적과 자원봉사 목적, 두 가지를 같은 비중으로 중시해야만 한다. 교육적 효과와 자원봉사 효과를 함께 거둘 수 있는 자원봉사 교육이 되어야만 한다. 따라서 "학습목표는 자원봉사 효과를 높이기 위한 조건들의 범위에서 설정된다."는 원칙이 세워질 수 있다. 교육적 효과를 기대하기 어려운 자원봉사 교육, 자원봉사 효과를 지니지 않은 자원봉사 교육, 양자 모두가 바람직하지 않다. 학생들이 학습과 봉사를 동시에 경험할 수 있을 때 보다 사려깊고 신임받는 자원봉사자가 될 수 있다.

자원봉사자 스스로가 자신의 자유의지로 선택한 활동을 통해 자원봉사 가치를 강하게 느낄 수 있고 동시에 자신의 가치관, 인생관, 사회관을 스스로 터득할 수 있을 때, 그래서 자원봉사 활동을 스스로 결정하고 지속적으로 실천해 낼 수 있을 때, 자원봉사 교육의 효과는 최대값을 기록할 수 있다. 따라서 교육적 범위를 벗어난 자원봉사 활동이나 자원봉사 효과에 미치지 못하는 자원봉사 활동은 교과 설정에서부터 면밀히 기획되어야 한다.

끝으로, 대학은 어떻게 지역사회와 공동노력으로 지역사회에 기여할 수 있을까? 대학과 지역사회가 지역사회를 위한 공동노력의 효과를 높이는 방안은 대학이 지역사회의 중심적 역할을 하는 배경에서 찾을 수 있다. 예를 들면, 브라운 대학의 '환경실습' 과목은 대학이 위치한 프로비던스 지역사회의 환경 및 주거에 관한 기초조사를 위해 프로비던스 관리청과 공동으로 환경오염의 실태를 파악하고 자료를 정리해서, 대학과 지역사회가 공동으로 환경 및 주거 개선을 위한 방안을 모색하기 위한 보고서를 작성하기도 하였다. 또 '환경실습' 과목 담당 교수진은 그 보고서를 바탕으로 다음 학기에 학생들에게 기본교육을 시킨 후, 기업의 환경오염방지 노력 등 새로운 문제점들에 관한 프로젝트를 수행하도록 과제를 부여한다. 이런 식으로 지역사회 환경문제에 관한 기초조사, 문제점 정리, 대안 설정 등 일련의 작업을 대학의 교수진과 학생 그리고 지역사회 공공기관이 공조하는 자원봉사 교육이 추진된다. 하버드대학의 필립스 브룩스 자원봉사자들은 보스턴 시와 공동으로 보스턴 빈민가의 빈곤실태, 청소년지도, 소수민족 인권보호 활동을 수행한다(PBH 1994).

2) 대학 봉사학습의 목표

'다원사회'로 특징지을 수 있는 미국 사회의 '다원성' 특징은 대학 교육의 모형에서도 적절히 잘 반영되고 있다. 대학마다 특이한 교육모형으로 특성화를 이루고 있다. 자원봉사교육 모형 또한 지극히 다양해서 자원봉사 활동을 학점으로 인정해주는 대학이 있는가 하면, 그렇게 하지 않은 대학들도 적지 않다. 일부 대학들은 졸업필수로 요구하는 정책을 추구하고 있고, 많은 대학들은 그렇게 하지 않는다. 또 적지 않은 대학들이 학과의 전공필수로 자원봉사 교육을 시키고 있으나, 그렇게 하지 않은 대학들이 오히려 더 많기도 하다(주성수 1997a).

보다 적극적인 대학들은 신임교수 채용에서 자원봉사교육 경력자를 우대하기도 하고, 자원봉사 교육에 적극적인 교수에 대한 호의적인 교수평가 점수를 주고 있다. 이런 대학들은 총장부터 자원봉사 교육을 대학교육의 기본지침으로 중시하며, 전담센터의 운영이나 예산 지원에서도 대단히 적극적이다. 그러나 100년 이상의 자원봉사 전통을 지닌 하버드대의 경우 사회봉사센터인 필립스 브룩스 하우스에서 활동하는 학생들의 자원봉사 활동을 학점으로 인정해주지 않는 교육철학을 고집하면서도 학생들의 자발적인 자치활동으로 프로그램 기획과 운영을 전담하도록 맡기고, 대학은 나름대로 행정 및 재정지원을 아끼지 않는 전통을 유지하고 있는 특이한 모형을 보여준다(PBH 1994). 학점을 인정받지 않아도 전교생 1/3에 달하는 학생들이 열심히 활동하는 것을 보면 명문대학다운 전통을 유지하려는 학생들과 대학당국의 노력은 대단하다고 평가할 수 있다.

미국의 전국경험교육협회의 연구진은 자원봉사교육이 지향하는 교육적 목표와 이를 바탕으로 프로그램 내용이 추구해야 하는 10

대 기본원칙을 제시한다(Kupiec 1993).

첫째, 자원봉사 프로그램은 공동선을 추구하기 위한 책임있고 진취적인 행동을 취하는 인물들이 가담되어야 한다. 자원봉사교육 프로그램 참여자들은 자신들과 사회가 중요하다고 인식하는 과제를 선정해야 한다. 이런 행동을 취하기 위해서는 개인의 선험적 지식이나 경험의 수준을 넘어서야 한다. 소극적인 관찰자가 아닌 적극적인 참여자가 되기 위해서는 개인의 행동에 대한 책임감이 필요하고 과제를 수행할 권한을 지니며, 그런 과제의 수행이 참여자들에게 자신들과 다른 사람들에게 미치는 영향을 경험할 수 있는 기회가 부여되어야 한다.

둘째, 자원봉사 프로그램은 사람들에게 자신들의 자원봉사 경험을 평가할 수 있는 조직화된 기회를 부여해야 한다. 참여자들은 도덕적인 문제, 이와 관련되는 문제들에 관해 다른 사람들과의 토론, 개인적인 반성을 통해 사회적 책임감, 옹호 및 적극적인 시민의식에 관한 보다 바람직한 태도를 갖출 수 있다. 이런 반성을 통해 지적 성장과 비평적 사고의 기술을 터득할 수 있으며, 이는 의도적이고 지속적인 경험을 통해 또 피드백 기회가 주어질 때 가장 효과적일 수 있다.

셋째, 자원봉사 프로그램은 참여자 모두에게 분명한 자원봉사와 학습의 목표를 구체화시켜야 한다. 프로젝트의 시작 단계부터 참여자와 수혜자 모두가 어떤 일이 달성되어야 하며, 무엇을 배울 것인가에 관해 확고한 의식을 갖춰야 한다. 참여자와 수혜자 모두가 이 점에 대해 창의적인 의견교환을 통해 분명한 타협점을 찾아야 한다.

넷째, 자원봉사 프로그램은 자원봉사 수혜자가 봉사의 필요성을 인식할 수 있는 욕구를 갖도록 해야 한다. 자원봉사 필요성에 대한 명확한 정의는 일차적으로 수혜자가 되며, 그밖에 프로그램 담당자, 정부 관리와의 공동노력으로 이루어진다.

다섯째, 자원봉사 프로그램은 해당 개인 및 조직의 책임을 분명히 밝혀야 한다. 학생과 교사, 지역사회 지도자, 감독관, 후원 조직, 프로그램 수혜 개인과 집단 등 모든 참여자의 역할과 책임이 프로그램 초기 단계부터 세심한 협상과정을 통해 규명되어야 한다.

여섯째, 자원봉사 프로그램은 상황의 변화를 감안하는 준비과정을 통해 서비스 제공자와 서비스 욕구를 연계시켜야 한다. 자원봉사 프로그램이 제공하는 서비스와 학습을 통해 변화되는 상황을 예측해서 서비스 욕구의 변화와 서비스 기술의 변화에 대한 지속적인 피드백 제시 기회를 제공해야 한다. 자원봉사 교육에 참여함으로써 지성, 윤리, 타문화권에 대한 이해, 리더십, 시민의식 면에서 진전이 이루어지는 이상적인 변화가 기대되어야 한다.

일곱째, 자원봉사 프로그램은 조직의 진지하며 적극적이고 일관된 실천을 기대해야 한다. 프로그램의 효과성을 높이기 위해서는 후원조직과 수혜조직 모두로부터 강력한 지속적인 실천이 뒷받침되어야 한다. 해당 조직들의 행정적, 재정적 지원과 함께 적절한 물리적인 공간, 시설, 수송 등이 제공되어야 한다.

여덟째, 자원봉사 프로그램은 목표 달성을 위해 훈련, 감독, 모니터링, 지원, 인정 및 평가가 뒤따라야 한다. 이는 프로그램 제공자와 수혜자, 양측의 쌍방적인 책임과 긴밀한 커뮤니케이션에 달려 있는 문제이다.

아홉째, 자원봉사 프로그램은 시간적 여유를 지녀야 하고, 이해관계자 모두의 이해에 부합되어야 한다. 프로그램마다 경험의 기간과 시간의 양이 융통적으로 결정되어야 한다.

마지막으로, 자원봉사 프로그램은 보다 다양한 계층의 참여와 역할을 기획하여야 한다. 연령별, 성별, 경제계층별 다양성뿐 아니라 민족적, 인종적, 종교적 배경의 다양성이 반영될 수 있도록 기획되면 더욱 바람직하다.

3) 대학 자원봉사 유형

대학 자원봉사 유형이란 대학이 직접 운영하는 봉사학습 등의 제도, 외부 기관과의 파트너십으로 추진되는 프로그램, 대학생 개인의 봉사활동을 지원하는 다양한 제도 등 여러 유형들이 있다.

(1) 대학 자원봉사 유형

자원봉사 유형에 대해 미국의 전국청소년리더십협의회(NYLC 1991)는 아래와 같이 몇 가지 유형을 제시하는데, 이를 바탕으로 대학의 자원봉사교육 모형을 정리해 볼 수 있다. 그림의 왼편에서 오른편으로 이동할수록 대학의 관여와 책임의 폭이 점차 넓어진다. 또 대부분의 대학들이 이런 방향으로 자원봉사 교육을 강화시키는 추세에 있다.

| 클럽활동 | 중개알선 | 학점인정 | 교과실습 | 과목확대 | 교양과목 | 전공필수 | 졸업필수 |

a) 클럽활동: 기존의 학생회나 동아리 차원의 자원봉사 활동을 대학이 지원하고 보조하는 역할로 그칠 수 있다. 많은 대학들이 학생회 활동을 자원봉사 활동으로 유도하기 위한 각종 지원 방안을 활용하고 있다.

b) 중개알선: 대학의 일부 행정부서에서 '자원봉사중개센터'와 같

은 운영 책임을 맡아 학생들의 자원봉사 활동을 지원하는 모형이다. 이를 전담부서로 마련하는 경우도 있고, 기존의 학생 업무 지원부서에서 외부 단체로부터의 모집광고 등을 전달해 주는 중개 역할을 하는 경우도 많다.

c) 학점인정: 이상의 자치적인 활동에 대해 학과 또는 특정 교과목의 차원에서 학점을 인정해주는 제도가 도입되고 있다. 미국의 캠퍼스 컴팩트 가맹대학 대부분과 한국 대학 대부분이 이 제도를 활용하고 있다.

d) 교과실습: 기존의 전공 혹은 교과목의 일부로 자원봉사 활동을 포함시키는 경우다. 교수 개인이 선택하는 경우도 있고, 단과대학 또는 대학 전체 차원에서 장려되는 경우도 있다. 예컨대 사회학의 '도시빈곤문제' 과목의 실습을 도시빈민 지역에 자원봉사자로 나가 실태를 파악하고 경험을 통해 학습하도록 하는 경우도 있다.

e) 과목확대: 위와 같은 자원봉사 '교과실습'을 학과나 단과대학 차원에서 확대하는 정책을 실시하는 경우다. 예컨대 법과대학에서 모든 법대생이 교도소에 가서 전공실습을 겸하며 자원봉사 경험을 할 수 있도록 교과개편을 결정하는 경우다.

f) 교양과목: 특정 학과나 단과대학에서 자원봉사와 같은 독립과목을 개설해서 자원봉사 이론과 실습을 겸할 수 있도록 하는 교육을 실시하는 경우다. 대부분 사회복지/사회사업 계열의 학부에서 전체 대학생을 대상으로 일종의 교양과목을 개설하는 경우다.

g) 전공필수: 보다 적극적인 방법은 학과나 단과대학에서 해당 전공의 필수과목으로 자원봉사를 교과에 포함시키는 경우다. 미

시간 주립 대학(Michigan State University)에서 인간생태학 전공학생은 '지역사회 휴먼서비스' 과목을 반드시 이수해야 한다.

h) 졸업필수: 끝으로 대학의 교육정책상 자원봉사를 '졸업필수'로 요구하는 경우다. 스탠포드 대학을 포함한 캠퍼스 컴팩트 가맹대학 중 9%에 이르는 대학들이 이런 강력한 정책을 펴고 있다.

(2) 지역사회와의 파트너십

대학의 봉사활동은 지역사회와의 다양한 파트너십으로 진행되고 있다. 미국 대학들의 가장 든든한 파트너는 지역사회의 비영리조직들이라는 것을 알 수 있다. 캠퍼스 콤팩트(Campus Compact 2004)의 자료를 보면, 대학 95%가 비영리조직들과의 파트너십에 의존하고, 다음으로 초중고교와의 파트너십(90%)으로 학생 봉사활동을 다양하게 지원하는 역할을 맡고 있다. 또 지역의 종교기관들(62%)과 다양한 지역사회 복지, 취약층 보호 등 프로그램에 참여하며, 지방정부기관들(52%)과의 공조로 공공 서비스 제공의 역할도 담당한다. 그밖에도 다른 대학(41%), 기업(36%) 등으로 조사되었다.

(3) 봉사학습 제도 교과 개설

미국 대학의 봉사학습 현황에 대해 전국협의기구인 캠퍼스 컴팩트의 통계자료를 통해 교과개설, 교수와 대학의 지원, 학과별 제도화, 봉사활동 대상층 등을 차례로 정리해본다. 아래의 자료들은 캠퍼스 컴팩트가 회원 대학들의 설문을 통해 정리된 것이다.

첫째, 봉사학습의 교과는 광범위하게 개설되어 있다. 봉사학습 교과를 도입하고 있는 대학이 전국 87%에 달해, 2000년 79%에 비해

〈그림 11-3〉 미국 대학의 봉사학습 과목 개설

봉사학습 학점 인정	69%
학과 교과에 통합	47%
봉사학습 센터 운영	44%
전공 과목 인정	32%
전공필수에 통합	32%
전공교과에 도입	25%
장학 프로그램 시행	19%
졸업 필수제	9%

참고: 수치는 시행하는 대학들의 비율. 자료: Campus Compact 2004.

8% 증가한 것이다. 또 봉사학습 센터를 개설해서 운영하는 대학들도 44%에 달하며, 전공필수 과목의 일부로 도입한 대학도 32%에 이른다. 봉사학습을 졸업필수로 고집하는 대학들도 9%에 달한다.

어느 학과에서 가장 많은 봉사학습이 전공 또는 교양교과로 진행 중인가? 캠퍼스 콤팩트(Campus Compact)의 자료를 보면, 교육학이

〈그림 11-4〉 미국 대학 학과별 봉사학습 교과 운영

교육학	69%
사회학	56%
심리학	55%
영어	55%
커뮤니케이션	46%
보건학	46%
경영/회계	46%
정치학	43%
생물학	37%
간호학	37%
사회복지	38%
외국어	34%
예술/연극	30%
역사	29%

참고: 수치는 시행하는 대학들의 비율. 자료: Campus Compact 2004.

69%로 가장 높고, 다음으로 사회학, 심리학, 영어가 55%, 커뮤니케이션과 보건학과 경영/회계학 46% 순서로 나와 있다.

4) 대학의 봉사학습 지원정책

미국 대학들의 93%가 어떤 형태든 봉사학습제도를 갖추고 있다고 답했고, 참여 교수진은 7%에 이른다고 한다(Campus Compact 2010: 3). 대학은 학생들의 봉사활동을 지원하며, 교수진의 봉사학습 참여를 지원하는 등 다양한 봉사학습 지원제도를 갖추고 있다.

(1) 학생 봉사활동과 봉사학습 지원

〈그림 11-5〉처럼 학생 봉사활동과 봉사학습에 대한 대학의 지원은 다양하다. 토론회 주관/후원(75%)부터 우수 봉사학생 표창, 봉사활동 촉진활동 등도 대학의 주요 지원제도이다.

(2) 교수/대학/총장의 지원

대학은 봉사학습을 지원하기 위해 다양한 제도와 정책을 추진하고 있다. 〈표 11-4〉는 교수와 총장의 역할, 대학 차원의 지원현황을 보여주고 있는데, 아직 적극적인 입장은 아니지만 상당히 진전된 제도화 측면을 엿볼 수 있다. 봉사학습 교과지도를 교수의 종신제와 승진에 반영하는 경우 적극적인 사례는 3%에 지나지 않지만 중간수준 19%는 적지 않은 비중으로 참고해볼 만하다. 또 지역사회와의 교과개설, 연구와 조사 등의 공조도 활발하다.

〈그림 11-5〉 대학의 학생 자원봉사와 봉사학습 지원제도

현안 이유에 관한 토론회 주관 /후원	75%
우수 봉사학생 표창	71%
학생 봉사활동과 시민참여활동 촉진활동	66%
교내에 학생 정치조직 활동 공간 제공	65%
장학생 선발에 자원봉사자 배려	63%
지역사회봉사/봉사학습/사회참여 재정지원	61%
봉사학습 교과 운영	60%
현장배치와 관련된 안전문제 관리	59%
지역사회 현장 방문 운송수단 제공	57%
봉사학습을 전공필수 교과의 일부로 규정	51%
지역사회봉사/사회참여에 대한 점수 배정	50%
평화로운 저항을 위한 공간/장비 제공	48%
사회운동/주창활동 교과 개설	40%
교과안내에 봉사학습 교과 소개	35%
자원봉사 관련 학생 프로젝트 소액 지원	35%
입학 선발에 자원봉사활동을 공식화	24%
자원봉사 교과를 개설	23%
성적기록표에 자원봉사활동을 표기	20%
지역사회봉사/시민참여 전공/부전공 운영	14%
자원봉사 졸업 필수제	12%

자료: Campus Compact 2010: 4.

〈표 11-4〉 미국 대학 봉사학습에 대한 교수, 총장, 대학의 지원

	소극적	중간수준	적극적	무응답
교수의 관여와 참여	41%	44%	7%	8%
교수의 참여 승진 반영	66	19	3	12
총장의 봉사학습 지원	12	39	40	9
대학 전체 봉사학습 지원	32	45	15	8
대학생의 봉사학습 지지	30	44	16	10
다양한 봉사학습 교과	42	32	16	10
다양한 교과선택	42	34	14	10
지역사회와 교과 등 공조	15	41	36	8

참고: 수치는 시행하는 대학들의 비율. 자료: Campus Compact 2002.

그렇다면 대학 봉사학습의 진행에서 나타나는 문제 또는 장애요인들은 무엇인가? 캠퍼스 컴팩트(Campus Compact 2004)의 조사에 의하면, 담당 교수의 시간 부족(86%), 재정지원 부족(62%)이 가장 결정적인 요인으로 지적되었고, 그밖에도 이해부족(58%), 교수의 반대(42%), 교수의 이해부족(37%), 학과 지원 미흡(39%) 등으로 나타났다.

(3) 봉사학습 교수진 지원

봉사학습은 교수진의 적극적인 참여에 의해 진행되므로, 교수진에 대한 대학의 지원은 중요한 인센티브가 된다. 미국 대학들의 경우, 봉사학습의 참여를 위해 교수진에게 워크숍과 지원금 제공부터 교자재 지원. 학술회의 발표/참여 지원금 제공 등 다양한 지원을 하고 있지만, 교수진 7%만이 봉사학습에 참여하는 낮은 참여율을 보여준다.

(4) 봉사학습 영역과 대상

대학 봉사학습의 영역은 매우 다양하다. 대학의 학과의 다양성만큼 대학생들의 관심과 재능의 영역도 다양하기 때문이다. 미국

〈그림 11-6〉 봉사학습 담당 교수진에 대한 대학의 지원

봉사학습 담당 교수에게 워크숍과 지원금 지원	70%
봉사학습 토론과 평가에 필요한 교자재 제공	67%
커리큘럼과 교과개발 모델 제시	64%
봉사학습 학술회의 발표/참여 지원금 지급	61%
봉사학습 커리큘럼 디자인 지원금 지급	44%
봉사학습 우수 교수 표창	44%
교수진 OT에 봉사학습 포함	41%
봉사학습 교과개발, 연구 안식년 배려	24%

자료: Campus Compact 2010: 5.

대학생들의 경우, 초중고교 교육지원에 가장 많이 활동하며, 기아와 빈곤, 홈리스 지원 등 미국의 사회 문제 해결에 적극적인 활동을 하고 있다는 것을 다음에서 엿볼 수 있다.

- 초중고교 교육 88%
- 기아 83%
- 튜터링 83%
- 빈곤 83%
- 환경/지속가능 82%
- 주택/홈리스 82%
- 보건의료 80%
- 작문/독해 77%
- 노인 서비스 71%

대학생들은 주로 소외층을 위한 봉사활동을 하는 것으로 알려지고 있다. 주요 대상층으로는 저소득층과 초등학생이 같은 89%로 가장 우선하며, 중학생 80%, 소수민족 77%, 홈리스 76%, 노인 74% 등 소외층 보호가 그 다음 우선 대상층이다. 그밖에 고교생 70%, 발달 장애인 64%, 취학전 아동 64%, 비영어권 민족 62%, 신체장애인 58%, 성인교육 56%, 재소자 32%로 조사되었다.

한편 미국국가봉사단(CNCS 2006)의 보고서에 따르면, 대학생 봉사활동이 최근까지 크게 활성화되고 있다. 같은 연령대의 청년층 가운데 대학 재학생들의 봉사활동 참여가 높으며, 또 2001년 9·11사태 이후 일반인에 비해 대학생 자원봉사활동이 크게 늘었다. 2005년 조사에서 미국 대학생 자원봉사 참여율 30.2%는 전국 평균(28.8%)를 앞선 것이며, 다른 연령층 참여율(25-34세 25.3%, 65세 이상 24.8%)을 앞서는 수준이다. 또 같은 연령층인 16-24세의 참여율(15.1%)을 두 배 이상 능가한다. 이 같은 성장세는 대학들의 자원봉사 지원과 진흥 역할의 결실로 볼 수 있고, 또 대학과의 파트너가 되는 비영리조직들의 공조적 활동과 정부의 지원과 진흥정책의 결과로 보여진다(CNCS 2006: 4).

그러나 대학생 자원봉사활동은 일반 자원봉사자에 비해 봉사활동 기간이 단기적이며, 활동시간도 단시간에 그치는 단점을 갖고 있다. 다양한 활동을 하고 있는 청소년들에게 장기적으로 지속적인 봉사활동을 기대하기는 어려울 것이다. 이는 새로운 포스트모던 자원봉사의 한 특징이라는 것을 제1장에서 살펴보았다. 그래서 연간 2주일 이하의 봉사활동을 하는 단발적인 특성을 가지고 있다(앞글: 7). 대학생 가운데 가장 많은 그룹(27%)이 연간 15-49시간 봉사활동을 한 것에 비해, 일반인 중 가장 많은 그룹(28%)은 연간 100-499시간 봉사활동을 하였다. 대학생 44%가 연간 12주 이상 봉사활동을 한 '정기 봉사자'였고, 24.4%는 연간 100-499시간 봉사활동을 했다.

대학생 봉사활동의 영역으로는 가장 많은 31.6%가 초중고교 교육활동에 참여했고, 다음으로 23.4%가 종교기관 프로그램에 참여해 활동했다(앞글: 11). 단체 유형별로 살펴보면, 스포츠, 여가 관련 조직 활동이 56.7%로 가장 많았다. 자원봉사자의 주요 역할로는 튜터링 26.6%, 멘토링 23.8%로 가장 많았고. 모금활동(23.1%), 음식수집/준비/배분/제공(20.5%), 업무와 운송수단 제공(20%) 등으로 나타났다. 남녀간의 차이도 있어 보건의료 분야에는 여학생 봉사자가 65%를 차지했고, 여학생들은 모금활동에 더 많이 참여하는 차이점을 보였다.

5. 한국 대학의 사회봉사

대학의 자원봉사 활동은 최근 한국 사회에서 가장 두드러진 추세 가운데 하나이다. 대학생은 손발과 머리가 가장 왕성하게 활동하는 연령층으로 많은 자원봉사단체가 우선적으로 필요로 하는 우수 자원봉사자들이다. 전통적으로 대학 봉사활동은 농촌봉사활동, 야학, 동아리 봉사활동 등으로 대부분 학생자치활동으로 이뤄졌다. 그렇지만 1990년대 중반부터 대학 봉사활동이 크게 활성화되면서 학생자치활동보다는 대학의 교과개설 등으로 제도화되는 변화를 겪었다. 최근까지 한국 사회에서 자원봉사가 붐을 일으키게 된 데 대학이 기여한 바가 적지 않다. 대학의 자원봉사 교육은 정규 교과의 하나로 통합되는 제도화가 이뤄지고 있지만 단순한 교양교육 차원에 머물러 있어 전공 교과에 통합되는 봉사학습 사례는 거의 찾아볼 수 없는 것이 한국 대학의 현실이다.

1) 대학 사회봉사의 제도화

지난 15년 정도 짧은 기간에 대학이 선도해온 자원봉사운동이 지금도 지속되고 있다. 전국적으로 여기에 참여하지 않은 대학이 없을 정도로 자원봉사는 이제 대학의 새로운 문화로 정착되어 있다. 1995년 한양대 등 일부 대학들이 선도적으로 사회봉사 학점제를 도입해서 학생들의 현장 자원봉사 활동을 '사회봉사' 등의 명칭을 가진 교과 형식으로 운영해 온 것이다. 전국적으로 169개 대학에서 다양한 자원봉사 교과목이 개설되어 운영되고 있다.

대학 사회봉사가 교과 개설을 통해 활성화되고 있지만, 한양대 등 일부 대학들은 보다 조직적이고 체계적인 자원봉사 활동을 지원하기 위해 자원봉사센터 또는 사회봉사단이라는 전담조직을 갖추고 있다. 자원봉사센터는 교과개설뿐 아니라 봉사활동 프로그램 개발, 시민사회단체 지원, 해외파견, 자원봉사 축제와 행사 등 전문화된 활동을 지원하기 위해 설립되어, 연간 수천만 원의 예산을 갖고 전담 교수와 2-3명의 전담 직원을 두고 있다.

(1) 학점제와 교과 개설

대학사회봉사협의회(2010)가 조사한 전국 대학의 실태조사를 보면, 사회봉사 교과목을 개설하고 있는 대학은 설문에 응한 169개 대학의 81%인 138개 대학으로 나타났다. 대학들 대부분은 1~3개의 과목을 개설하고 있는데, 1과목 개설이 42.8%, 2과목 34.8%, 3과목 12.3% 등으로 조사되었다. 자원봉사 관련 교과명도 다양해서, 그 중 사회복지(35.9%), 사회봉사(25.5%) 교과명이 가장 많이 사용되고 있다. 또 대학들은 사회봉사 교과목을 교양과목으로 운영하고 있는 경우가 많았으며, 과목 이수에 따라 학점을 부여하고 있었다. 학점은 1학점이 46.3%로 가장 많으며, 2학점은 22.1%, 3학점은 21.4%로 조사되었다. 또 교양이나 전공, 선택이나 필수로 구분해보면, 교양선택이 35.8%로 가장 많으며, 교양(17.8%), 교양필수(9.8%), 교양/전공선택(6.5%)으로 대부분이 '교양'으로 과목을 개설하고 있다.

(2) 자원봉사활동 영역

대학은 사회봉사 교과운영 외에도 다양한 사회봉사 프로그램을 운영하고 있다. 그 가운데 소외계층지원과 지역 초·중고등학교 지원 프로그램을 중점적으로 살펴보면 다음과 같다. 소외계층지원 프로그램을 운영하는 학교는 169개교 중 71개교였으며, 이들 학교는 독거노인/노인, 아동/청소년, 음식봉사 등의 프로그램을 진행하고 있었다. 지역 초·중고등학교 지원 프로그램은 64개교가 시행하고 있었으며, 그 내용은 주로 교육봉사, 멘토링, 방과후 교실이었다. 기타 프로그램으로는 해외봉사, 병원 및 의료지원, 농촌봉사 등이 있었다.

소외계층을 지원하고 있는 대학은 169개 대학중 71개이며, 나머지 98개 대학(58%)은 소외계층 지원을 하지 않는 것으로 나타났다. 응답한 71개 학교의 소외계층 지원수를 보면 1개가 49.3%로 가장 많으며, 그 다음으로 11개(15.5%), 3개(11.3%), 4개(7.0%)의 순으로 나타났다. 그 외에도 10개 이상 36개까지 소외계층 프로그램을 운영하는 학교도 있다. 소외계층지원 프로그램도 매우 다양해서, 마라톤, 교외봉사, 농촌봉사, 이동목욕, 가족역할 강화프로그램, 나눔축제, 수예 및 공작활동, 서울시청 동행, 재활원 위문 등이 있다. 그 다음으로 독거노인 & 노인과 관련된 봉사가 11.7%로 나타났고, 음식봉사로 김장담그기, 음식나누어주기 등(11%), 아동 & 청소년(11%), 장애인(8%), 학생 및 학교봉사(8%)의 순으로 나타났다.

지역의 학교 교육지원 또한 대학생들이 많이 참여하는 봉사활동 영역이다. 169개 대학 중에서 64개 대학만이 지역 초·중등학교를 지원 프로그램이 존재하는 것으로 나타났다. 64개 대학의 지원수를 살펴보면, 1개가 67.2%로 가장 많고, 다음으로 2개(15.6%), 3개(6.3%)의 순으로 나타났다. 지역의 초·중등학교 지원 프로그램을 살펴보면, 교육봉사가 28.4%로 가장 많으며, 그 다음으로 멘토링(25.5%), 방과후 교실(10.8%), 체험(5.9%)의 순으로 나타났다. 기타 프로그램으로는 15개의 다양한 프로그램들이 있다.

이 외에도 대학들은 많은 다양한 프로그램을 진행하고 있다. 해외봉사(11%), 병원 및 의료지원(9%), 농촌봉사(8%), 학교봉사단(7%), 청소년봉사(6%), 단체봉사(6%) 등이 일반적인 프로그램들이며 그밖에도 교회내 봉사, 금연클리닉, 국제교류도우미 등이 진행되고 있다.

(3) 학생 봉사활동 지원

학생들의 봉사활동에 대한 대학의 지원 방법은 학점인정뿐 아니라 다른 다양한 지원이 뒤따른다. 장학금 지원(17%)이 가장 많고, 상장 수여 및 시상(14%) 순으로 나타났다. 이 이외에도 해외봉사 기회부여, 종합 시스템 정보내역 기록 등이 부족한 것으로 나타났다. 사회봉사 전담 조직으로는 학생(복지)과 49%, 사회봉사단 37%이며, 그밖에도 교무처, 학과 사무실 등 다양한 전담 부서가 있다. 또 사회봉사 담당 행정인원은 단 한명이 절반 가량되며, 두 명이 27%, 세명이 10%로 나타나, 전문 행정인력의 뒷받침이 부족한 것을 알 수 있다.

2) 대학 사회봉사의 과제

대학 사회봉사활동은 이제 참여하는 대학뿐 아니라 학생 모두에게 적지 않은 혜택을 주고 있다. 지금까지 대학 사회봉사활동의 급성장 배경은 참여하는 학생들의 다양한 동기들과 대학들이 추구하는 교육목표의 실천에 있다는 것을 알 수 있다. 그럼에도 대학 사회봉사활동은 소유권, 자발성, 무급성 원칙에 비추어 볼 때 몇 가지 심각한 문제를 안고 있다.

(1) 학생 자치의 참여활동

대학생 자원봉사 교육의 목표는 시민교육에 있다고 볼 수 있다. 시민으로서 사회를 이해하고 경험하는 다양한 기회와 프로그램들이 마련될 필요가 있지만, 학생들의 다양한 기대와 욕구를 반영하는 프로그램들이 부족한 것이 현실이다. 대학에서 마련한 프로그램에 학생들이 참여하는 형태가 주를 이루면서, 학생 자치가 실종되고 있다. 프로그램 기획 단계부터 학생들이 주도해 다양한 욕구와 이해를 프로그램에 반영할 수 있도록 학생 자치의 방향으로 대학 사회봉사의 제도화가 필요하다. 미국의 하버드, 브라운 대학 등지에서는 대학 자원봉사활동은 대부분 학생자치의 봉사단 운영으로 진행되고 있다. 이런 학생자치의 활동을 볼 수 있는 국내의 사례는 아직 찾아볼 수 없다. 기업 사회봉사의 소유권이 직원에 있듯이, 대학 사회봉사의 소유권도 학생에게 있어야 할 것이다.

(2) 봉사활동의 자발성

여전히 자발성 문제도 심각한 것으로 보여진다. 앞의 캐나다 사례에서 엿볼 수 있듯이 대학생 봉사활동은 자의반, 타의반 하지 않을 수 없는, 회피할 수 없는 중요한 활동이라는 인식이 학생들 사이에서는 강한 참여의 배경이다. 취업을 위한 스펙쌓기 활동이라는 것이 일반적인 인식이다. 또 일부 대학들은 점차 교양선택에서 교양필수로 자원봉사활동을 강제하는 제도를 도입하고 있는 것도 심각한 문제이다. 한양대 등은 리더십을 교양필수로 설정하면서 리더십 교육에 사회봉사를 필수로 포함시켜 결국 학생들이 자원봉사를 해야 졸업하게 되기 때문에, 피할 수 없는 것이 사회봉사 과목이다. 그러다보니 자원봉사를 담당하는 강사진과 현장의 담당자들 사이에서 자발성이 결여된 학생들의 활동에서 적지 않은 문제들이 있다고 지적한다.

(3) 이타주의와 도구주의

또 다른 문제는 자원봉사가 취업을 위한 수단이 되는 사회적 추세이다. 취업을 위해서도 하지 않을 수 없는 스펙에 자원봉사가 포함되어 있는 것이 엄연한 현실이다. 그러다보니 소외된 이웃을 위한 이타주의 교육이 상실되고 있는 것이 아닌지, 우려하지 않을 수 없다. 벨라 등(Bellah et. al. 1996)의 얘기대로, 자원봉사의 시각과 동기가 이타주의에서 도구주의로 이동하고 있는 것은 아닌지, 분석이 필요하다.

XII. 자원봉사조직과 인프라

자원봉사조직은 자원봉사 제도를 대표한다. 자원봉사조직을 통해 자원봉사자들이 모집되고 공급되고 관리되며 활동이 평가되고 있다. 자원봉사조직들은 자원봉사센터처럼 중개기관이 있고, 자원봉사자를 모집해 공급하는 공급기관과 자원봉사자를 활동 현장에 배치해 관리하는 수요기관이 있다. 그밖에도 자원봉사와 관련된 활동을 하는 다양한 시민사회조직 전체를 자원봉사조직으로 간주할 수 있다. 앞서 살펴보았던 정부, 기업, 교육기관 등은 사회적 책임의 실천 차원에서 '사회봉사'에 초점을 맞춰 자체 자원봉사조직을 갖고 있지만, 일반적으로 시민사회와 지역사회에서 활동하는 대다수의 조직들은 시민들의 자발적인 참여에 의존하는 자원조직으로서 시민들의 자원봉사활동을 지원하며 동시에 단체의 활동을 지원하는 자원봉사 인프라를 구성하고 있다.

1. 자원봉사조직

자원봉사조직과 관련된 용어들은 다양하다. 지역사회 집단(community group), 시민사회단체(civil society organization), NGO(Non-governmental organization), NPO(Non-profit organization), 제3섹터 결사체(third sector association) 등이 대표적이다. 이 용어들은 모두 국가와 시장을 넘어선 제3의 공간, 즉 시민사회 또는 제3섹터를 구성하는 조직체를 칭하는 용어들이다. 한국의 경우 '자원봉사'라는 용어와 '자원봉사단체'라는 용어는 우리 고유의 용어가 존재하지 않은 가운데 영어권에서 사용되는 단어를 우리말로 옮기면서 등장한 것이다.

1) 자원봉사조직의 의미

자원봉사조직은 'voluntary organization'이 아니라 'volunteer organization'에 해당된다. 전자는 주로 영국 등 영연방 국가에서 사용되는 용어로, 시민사회단체 또는 비정부단체의 성격으로 사용되는 NGO와 같은 의미로 통용된다. 정부, 기업 섹터와 구분되는 제3섹터 또는 시민사회에 소속된 단체들이라는 의미를 갖고 있는 용어가 'voluntary organization'이다. 이런 의미에서 영국 등지에서는 '제3섹터'나 '시민사회' 용어보다는 '자원섹터'(voluntary sector)라는 용어를 널리 사용한다. 'voluntary organization'에는 자원봉사단체뿐 아니라 자원봉사를 주요 업무로 하지 않는 무수한 시민사회단체들이 포함되어 있기 때문이다.

'자원봉사단체'보다 '자원봉사센터'라는 용어가 미국, 영국 등지에서 널리 사용되어 왔다. 지역사회 단위에서 자원봉사센터가 가장 중요한 자원봉사 업무를 담당해 왔기 때문이다. '자원봉사센터'라는 용어는 미국에서는 'volunteer center', 영국에서는 'volunteer bureau'로 가장 많이 사용된다. 미국의 경우 전국자원봉사센터의 협의체 역할을 하는 촛불재단(POLF 1999)이 실시한 "자원봉사센터 서베이" 결과를 보면, Volunteer Center 54%가 가장 많은 가운데, Volunteer Action Center, Volunteer New York(뉴욕 등 지역명칭), Volunteer Services, Connection 등으로 조사되었다. 영국의 경우, 전국자원봉사센터협회(NAVB)에 소속된 회원단체들의 명칭은 Voluntary Center, Volunteer Bureau 등 무려 40개가 넘는다. 이들은 2002년에 전국적인 자원봉사 통합기구인 영국자원봉사협회(Volunteering England)의 창설로 일제히 'volunteer center'로 통일되었다.

자원봉사조직을 대표하는 명칭으로 자원봉사센터(volunteer center)는 이제 자원봉사조직을 대표하는 자원봉사 중개조직이다. 미국은 자원봉사 전국조직이 PLI(Points of Lights Institute)로 통합되면서 전국 250개 자원봉사센터로 통일되었다. 영국도 2002년 전국적인 자원봉사 통합기구인 Volunteering England의 창설로 일제히 'volunteer center'로 명칭이 통일되었다. 유럽 국가들의 자원봉사 네트워크 조직의 공식 명칭도 '유럽자원봉사센터'(European Volunteer Center: CEV)(http://www.cev.be)로 통용되고 있다.

2) 자원봉사조직의 유형

자원봉사단체의 형태는 다양하다. 유럽연합의 조사에 따르면 자원봉사조직에 대한 법적 규정을 갖고 국가는 거의 없다. 대부분의 국가들은 자원봉사조직의 특성을 비영리(nonprofit)와 공익을 추구하는 조직으로 간주한다(GHK 2010: 81). 따라서 자원봉사조직은 일반적으로 시민사회조직으로서 a) 공식성, b) 비정부성, c) 비영리성, d) 자율성의 특성을 공유한다. 일례로 스페인에서는 자원봉사조직은 비영리조직이며, "보편적 이해"를 추구하는 조직으로, 사회복지서비스, 인권, 교육, 문화, 과학, 스포츠, 보건, 개발협력, 환경, 경제, 연구, 결사체 발전에 관련된 조직이라 정의한다.

자원봉사단체는 대부분 비정부, 비영리단체들이다. 그러나 동구 국가들, 예컨대 불가리아나 슬로바키아에서는 이들 중 약 10% 정도가 정부에 의해 운영되는 조직들이다. 전국적 조직망을 가진 단체들은 동유럽 국가에서 많이 찾아볼 수 있는데, 슬로바키아의 경우 4/5 정도가, 불가리아의 경우 3/4 정도가 이러한 형태를 유지한다. 반면, 독일에서는 대부분의 자원봉사단체들이 여섯 유형의 전국적 사회복지자원봉사협회 중 하나에 소속되어 운영되고 있다. 자원봉사활동은 전국적 조직체의 지부 차원에서 이루어지고 있으며, 이들은 나름대로의 자율성과 독립성을 유지하며 운영되고 있다. 영국 역시 1/5 가량이 전국적 조직체의 본부이고, 1/5 이상이 그 하위조직들이다. 스웨덴에서도 1/10 가량의 기관들이 전국적 조직의 지부로 간주되고 있으며, 덴마크에서는 자원봉사단체의 절반 정도가 각 지역에 지부를 두고 있다(Smith 1993). 반면에 독립적인 지역단체들 또한 많은 국가에서 중요한 위치를 차지하고 있다. 벨기에와 아일랜드에서는 자원봉사단체의 절반가량이 지역단체들에 속하며, 프랑스, 네덜란드, 영국에서는 1/3 정도가 지역공동체에 소속된 단체들이다.

자원봉사조직 유형은 정부 주도형과 시민사회 주도형으로 구분해볼 수 있다. 영국과 영연방에서 정부 주도형이 많고, 미국은 시민사회 주도형과 다수 기업들이 참여하는 시장형도 적지 않다. 한국은 뒤에서 살펴보겠지만 대부분의 지역 자원봉사센터들이 정부 주도형에 해당되며, 기업과 시민사회의 자원봉사조직과 활동은 미약한 수준에 머물러 있다. 그럼에도 최근에 와서 기업과 시민사회 중심의 자원봉사활동이 활성화되는 동향에 있다.

3) 자원봉사 인프라

서구에서는 복지국가의 한계를 극복하기 위한 대안으로서 자원봉사 인프라의 중요성이 부각된 역사적 배경이 있다. 시민사회의 중요성을 깨닫게 되면서, 민간단체나 정부 모두, 시민들의 자원봉사 참여를 촉진하기 위해 지역과 전국 단위의 자원봉사 인프라에 투자가 필요하다는 공통 인식을 갖게 된 것이다.

최근 유럽자원봉사센터(CEV)에 보고된 8개국의 자원봉사 인프라에 관한 조사결과는 아래와 같다(van den Bos 2008).

(1) 자원봉사센터의 설립연도, 독립재정의 중요성

자원봉사센터는 정부의 자원봉사 정책에 많은 영향을 받아왔다. 2001년 UN의 세계 자원봉사자의 해에는 많은 국가에서 자원봉사센터를 설립했지만, 이후 재정적 어려움으로 인해 새로 설립된 여러 자원봉사센터들이 문을 닫기도 하였다. 정부의 재정에 전적으로 의존했을 때의 한계를 드러내주며, 자원봉사센터의 독립적인 재정 확보의 중요성을 시사해준다.

(2) 독립적 센터와 부속 센터, 독립성 확보의 중요성

독립적 자원봉사센터도 있고 대형 복지 재단 또는 지자체의 한 부분인 형태도 있다. '누가 자원봉사센터의 주인인가?' 자원봉사센터의 독립적 인프라 구조는 매우 중요하지만, 다양한 이해관계자의 기대가 다르므로, 자원봉사가 사회통합, 사회봉사명령, 봉사학습, 기업의 소통 수단 등 다양한 수단으로 사용되기도 한다. 일반적으로 부속 기관의 형태인 자원봉사센터는 독립형태의 센터보다 구속을 많이 받지만, 독립적 센터일지라도 이해당사자와의 특수한 관계 때문에 자유롭지 못한 경우도 있다.

(3) 전국 자원봉사 네트워크의 중요성

국가마다 자원봉사센터의 기능, 능력, 영향력이 각기 다르며 네트워크도 차이가 있다. 미국, 영국, 네덜란드의 경우 여러 차례의 합병으로 이전의 독립적인 자원봉사센터에서 현재의 전국네트워크로 변화되었으며, 합병으로 지역자원봉사센터들은 전국네트워크의

정책에 대한 일정한 영향력을 포기하기도 하였다.

(4) 공통의 목표와 표준운영지침 수행 정도

국가별로 자원봉사센터들이 공통의 목표와 표준 운영 지침을 가지고 있다. 대부분의 국가에서는 특정한 전국적인 프로그램들이 표준 운영지침의 정의와 이에 대한인가를 자극, 촉진하고 있다. 목표와 표준운영지침의 수행 정도는 나라마다 차이가 있다. 자원봉사센터들에 대해 국가가 재정 지원을 하고 있는 경우, 표준운영 지침을 따를 것을 요구하고 있다.

(5) 자원봉사센터의 성과 측정 여부

덴마크와 독일을 제외하고는 모든 나라에서 센터의 성과에 대해 정기적인 평가를 실시하고 있다. 자원봉사 센터의 수, 기능, 역할, 영향력, 성과, 구조, 재정현황, 직원, 설비, 지리적 분포 등이 조사대상이다.

주요국 사례를 살펴보면, 미국과 영국의 자원봉사센터가 가장 오랜 역사적 전통을 갖고 있다(표 12-1). 반면에 대부분의 유럽 국가에서 자원봉사센터가 조직된 것은 1980-90년대의 일이다. 자원봉사센터들은 대부분 전국 단위의 조직에 소속된 부속센터가 대부분이지만, 덴마크의 경우 전체가 독립센터로 존재한다.

2. 자원봉사 파트너십 유형

자원봉사조직의 설립, 운영, 재정 측면에서 특이한 유형으로 구분해 볼 수 있다. 정부주도형, 민간자율형, 민관혼합형이 그것이다.

〈표 12-1〉 OECD 주요국의 자원봉사 인프라 비교

나라	최초설립 년도	센터수 (개)	독립센터와 부속센터 비중(%, 년도)		전국자원봉사 네트워크	표준운영지침수행 (존재유무, 비중)		
			독립센터	부속센터		자율	강제	인가
미국	1919	365	46%	54%	Points of Light & Hands On Network	o		o (70)
덴마크	1992	75	100%	0%	Frivilligcentre og Selvhælp Danmark (Frise)	o		
영국	1964	324	60% (1991)	40% (1991)	Volunteering England	o		
핀란드	1993	37	0%	100%	Kansalaisareena		o	
독일	1980	150	30% (2002)	70% (2002)	Bundesarbeitsgemeinschaft Freiwilligen-agenturen (BAGFA)	o		o (22)
이탈리아	1991	72/346	85% (2005)	15% (2005)	Csv.net	o		o (60)
네덜란드	1972	238	25% (2001)	75% (2001)	Movisie /Coöperatie	o		o (17)
노르웨이	1991	275	63% (04/2008)	37% (04/2008)	Ministry of Culture and Church affairs		o	

자료: van den Bos 2008.

정부주도형의 경우, 정부가 설립하고 재정의 대부분을 지원하는 유형이고, 민간자율형은 설립과 운영 모두에서 민간의 자율성이 주도적이지만, 재정의 일부는 정부의 지원을 받는다. 또 민관공조형은 설립과 운영에서 정부기관인 지자체와 민간의 재단, 시민사회단체가 독자적으로 또는 연합으로 이뤄지는 유형이다.

아래에서는 대표적인 국가들의 사례를 중심으로 정리해볼 수 있는데, 정부주도형과 민간자율형은 일부 국가의 사례들이 있지만, 민관공조형이 대부분의 국가에서 찾아볼 수 있는 보편적 유형이다.

이에 비추어 보면 한국의 자원봉사조직들은 대부분이 시민사회의 자율에 기초하는 민간자율형이지만, 자원봉사센터들의 경우 지자체와 중앙정부의 주도로 전국 시도, 시군구에 일제히 설치되었고 재원의 대부분을 정부에 의존하는 정부주도형이다.

1) 정부주도형

(1) 오스트리아

2001년 "세계 자원봉사자의 해"의 영향으로 2002년 새로운 결사체법이 시행되면서, 정부지원이 확대되었다. 전체 시민사회조직의 재정 47%가 공공 지원이며, 나머지가 민간 지원이다. 시민주창조직들도 재정의 80%를 정부지원에 의존하며, 사회서비스 부문은 44%를 의존한다. 그러나 최근 정부의 재정 악화로 지원금이 줄면서 많은 시민사회조직들은 모금 자원봉사활동에 의존한다.

정부조직으로는 연방 사회보장성이 주무부서로 1997년에 지자체에 시민국(Citizen's Bureau)을 신설해 자원봉사조직 역할을 맡긴다. 전국 자원봉사대표기관으로 2002년 오스트리아 자원봉사위원회가 설치되어, 연방 정부 대표 13명, 기업과 노조 대표 6명, 시민사회 대표 19명, 의회의 정당 대표 4명으로 구성되어 있다. 전국 28개 지역에 시민국이 설치되어 자원봉사센터 역할을 수행한다.

(2) 스페인

시민사회의 자원봉사활동이 발달하지 않은 스페인에서는 자원봉사활동은 자원봉사센터 중심으로 활성화되고 있다. 정부의 적극적인 개입으로, 1991년 카탈로니아 지역부터 최초의 자원봉사센터가 개설되었다. 지자체의 조례에 의해 개설된 센터들을 중앙 정부가 관장하기 위해 1996년 국가자원봉사법이 시행되었다. 자원봉사센터들은 정부재정 지원에 크게 의존하고 있다. 전체 56% 자원봉사조직들이 재정의 절반 이상을 정부 지원에 의존한다. 중소조직들의 경우 의존도가 더 높은 89%를 보여준다. 중앙정부와 광역 및 기초지자체로부터 지원금이 온다. 또 회원 회비 의존도도 적지 않다. 66%의 조직들이 회비에 의존하며, 또 50%가 개인의 기부, 25%와 19%가 기업이나 재단의 지원에 의존한다.

2) 민간자율형

민간자율형은 초기 센터의 설립부터 정부의 재정지원 등 개입을 최소화하며, 센터의 독립적인 자율성을 보장하되 정부의 재정지원이 지속되지만 민간 기금이나 모금을 중심으로 하는 유형이다.

(1) 미국

미국의 자원봉사센터들은 기본적으로 민간주도로 설립되어 운영되고 있다. 1990년 부시대통령의 선거공약으로 자원봉사 전국협의회인 VOLUNTEER와 통합하여 민간 전문 협의체인 촛불재단(POLF)이 설립되어, 1991년 전국자원봉사센터(National Volunteer Center)를 흡수, 지방에 450여 개의 자원봉사센터와 4,000개의 지부를 두었다.

촛불재단은 민간기구로서 정부의 지원금과 기업후원금으로 재정을 조달하였다. 초기에 정부로부터 전액 지원을 받다가 1996년 이후 기업후원금 등을 통해 예산의 절반가량을 조달함으로써, 재정에서도 민간주도 형태를 갖춰왔다. 500여 개의 지역 자원봉사센터는 독립된 주민조직이거나 지역공동모금회 혹은 개별 비영리단체들이 공동 운영하는 형태이다. 최근 2007년 8월에는 자원봉사 연구, 홍보, 교육, 컨설팅, 네트워킹 등의 중요한 역할을 해온 미국 전국자원봉사센터인 촛불재단과 민간 자원봉사운동네트워크인 핸즈온 네트워크(Hands-On network)가 합병이 이뤄냈다. 미국 정부는 각 지역의 자원봉사 활성화를 위해 촛불재단에 재정을 지원하고, 이를 점차 줄여가면서 자생적으로 운영할 수 있도록 돕는 일몰제 형식으로 지원해 왔다.

현재 미국의 자원봉사센터들은 핸즈온 네트워크와 미국공동모금회(United Way of America)가 지원하는 자원봉사센터들의 네트워크로 들어와 있는데, 경우에 따라서는 이 두 기관 모두에 소속되기도 한다. 새로 합병된 핸즈온 네트워크는 140여개의 자원봉사센터들이 소속되어 있다.

(2) 이탈리아

1990년 새로운 법의 제정으로 공공은행들의 특별기금의 20%를 자원봉사센터에 지원하도록 규제함으로써 공공은행을 많이 갖고 있는 북부 지역의 자원봉사센터들은 이들의 지원으로 활성화되었다. 자원봉사센터에 지원된 특별기금은 1991년 9백만 유로에서 2000년 5,900만 유로로 크게 늘었다. 기금의 영향으로 2001년 55개 센터가 2005년 77개로 늘었다. 자원봉사센터는 지역의 비영리조직들이 운영하고, 전국조직(CVS.net)이 다양한 교육훈련, 자문 역할을 수행한다. 전국 72개 자원봉사센터의 경우도, 북부에 43개로 가장 많고, 중부 6개, 남부 23개로 분포되어 있다. 공공은행의 특별기금의 영향으로도 볼 수 있지만, 북부가 전통적으로 시민사회가 활성화된 지역이다. 이탈리아 시민사회를 분석한 풋남(Putnam 1993)의 연구는 남부와 북부의 자원봉사 등의 시민사회활동의 차이를 시민들 사이의 유대와 신뢰 등 사회자본의 차이로 설명하였다.

3) 민관공조형

민관공조형의 특징은 초기 자원봉사센터의 설립과 운영에 정부가 주도하며 많은 재원을 투입하지만 시민사회의 자율성을 인정해 센터의 자율적 운영을 최대한 보장하면서, 정부의 재정지원도 점차 줄이며 센터의 독립성을 보장하는 유형이다.

(1) 영국

영국의 자원봉사센터는 1969년 23개 지역 센터에 불과했지만 2000년대 중반에 자원봉사 기구들의 통합으로 새로운 전국기구(Volunteering England)의 체제로 324개 센터들로 조직화되었다. 정부의 적극적인 지원정책의 영향이다.

2004년 전국적으로 통합된 영국자원봉사센터(Volunteering England)가 탄생되었다. 전국자원봉사센터(National Center for Volunteering), 영국 자원봉사개발(Volunteer Development England), 자원봉사 컨소시움(Consortium of Opportunities for volunteering) 등이 하나의 통합기구로 새로 탄생한 것이다. Volunteering England는 산하에 300여 개의 지역 자원봉사센터를 두고 영국의 내무성과 보건성으로부터 각기 많은 재정지원을 받으면서 창립되었다.

2008/9년 현재 자원봉사센터의 운영은 독립 조직을 유지하는 센터들이 32%이며, 대다수가 지역의 자원봉사위원회(CVS: Council of Voluntary Service)의 조직에 소속된 센터들이다. 설립과 운영에서 민간주도적이지만, 재정지원은 대부분이 시정부 등의 정부주도적이다. 중앙정부 7%, 광역 정부 2%, 지자체 39 %이며, 또 많은 재원이 지

자체가 대부분을 차지하는 지역용역기관 27%, 지자체협의체 9% 등이다. 따라서 전체 80% 이상의 재원이 정부지원금이라고 볼 수 있다.

(2) 독일

독일 자원봉사센터의 설립과 운영은 민관 파트너십에 기초한다. 엄밀하게 얘기하면 '보충주의' 원칙에 따라 민간이 일차적인 중요한 역할을 하고, 민간 역량이 미치지 못하는 경우, 정부는 재정지원 등을 하는 역할을 분담하고 있다. 자원봉사센터의 설립과 운영 또한 이 같은 보충주의 원칙에 기초한다.

독일의 6대 사회복지협의체를 대표하는 카리타스는 조직의 재정 80%를 정부에 의존하는 조직으로, 1996년 선도적으로 자원봉사센터 16곳을 개설하며 사회복지 서비스에 본격적인 자원봉사활동의 활성화에 착수하였다. 2008년 현재 전국 45곳에 자원봉사센터를 두고 있다. 뒤이어 다른 사회복지 협회들도 카리타스의 모델을 따라 자원봉사센터를 개설하거나 프로그램을 운영하고 있다.

독일에는 세 가지 유형의 자원봉사센터가 있다. 가장 보편적인 유형은 시정부 단위에 설치된 자원봉사센터들이다. 전국 300개 중 절반인 150개가 이 유형에 해당된다. 이들의 운영주체는 15%만이 시정부이며 독립협회가 30%로 가장 많으며, 그리고 6%는 시정부와 시민사회조직, 교회 등의 복합으로 운영된다. 둘째 유형은 6개 전국단위의 복지협회들이다. 이들은 전체 자원봉사센터의 1/3을 직접 운영하지만, 다른 시민사회조직이나 시정부, 또는 교회 등과의 연합으로 운영하는 조직들을 합치면 전체 자원봉사센터의 절반 이상을 차지할 정도다. 셋째는 노인사무실로 전국에 250개가 존재하며, 이들의 운영과 재원은 대부분 시정부에 의존한다. 그밖에도 최근 번성하는 많은 지역재단들이 자원봉사조직의 역할을 수행한다. 전국적으로 200개에 달하는 지역재단들이 있어, 여기에서도 자원봉사자들이 다양한 봉사활동에 참여하고 있다.

(3) 스웨덴

스웨덴에서 자원봉사센터가 설립된 것은 1990년대의 일이다. 1993−98년 기간에 자원봉사센터들이 대거 등장한 것은 정부의 시민사회조직 지원금의 영향 때문이었다. 1993년에 하가(Haga) 시에 최초의 자원봉사센터가 개설된 다음, 2005년 기준 69개의 자원봉사센터가 지역에 개설되었는데 이중 2000년 이전에 개설된 것이 60%, 그 이후가 40%에 달한다.

전국센터는 4년 반 기간에 전국 700개 이상의 시민사회조직들과 파트너가 되어 1만개가 넘는 자원봉사 활동을 수행했고, 온라인 사이트에는 777개 파트너 조직들에서 2559개의 자원봉사 미션들이 소개되어 있다.

(4) 노르웨이

노르웨이에서는 1991년 자원봉사센터가 설립되었다. 정부는 복지국가의 서비스 지원을 위한다는 목적에서 센터의 설립을 주도해 지원금을 제공했지만, 자원봉사센터에 대한 이해와 정책목표가 분명하지 않은 상태에서 각 지역의 특수성과 민간의 창의력을 존중해 센터의 개별적인 사업과 활동을 존중해왔다. 센터는 1991년 91개로 출발해 2007년 260개 이상이 되었다. 2006년 현재 시정부 직영이 가장 높은 비중(37%)을 차지하지만 대부분이 민영으로 운영되고 있다. 시민사회협회(14%), 시민사회단체(22%), 재단(19%), 종교기관(5%) 등 민영이 대부분이다(Lorentzen and Dugvtad 2008).

(5) 덴마크

덴마크 정부는 2000년에는 '사회서비스법'을 통해 지자체들이 재원을 마련해 자원봉사센터들과 사회서비스 공동사업을 추진하도록 규제하였다. 또 2005년에는 의회의 입법을 통해 자원봉사센터의 기능강화를 위한 3년의 투자사업이 추진되어, 새로운 정부주도적 활성화 정책이 추진되었다. 이를 계기로 덴마크의 자원봉사조직들과 자조집단들의 조직화가 가속되는 조직의 붐을 맞았다. 전국에 75개의 자원봉사센터 중 순수한 자조조직의 성격의 20개를 제외하면 55개가 있다. 2007년 지방정부의 개편으로 지자체가 275개에서 98개로 통합되면서 새로 통합된 지자체에 자원봉사센터 개설이 추진되고 있다.

자원봉사센터의 운영주체는 다양하다. 시정부 등 정부의 직접적인 주도 역할도 있지만, 대부분이 시민사회 주도적이라는 것을 알 수 있다(Henriksen 2008).

a) 개인 또는 다수의 개인집단 51%

b) 결사체 또는 결사체 협회 13%

c) 위의 a)와 b)의 결합 4%

d) 지자체 7%

e) 지자체와 a) 또는 b) 결합 18%

f) 기타 5%

(6) 네덜란드

네덜란드의 경우, 정부는 1970년대부터 적극적인 관심을 보였다(볼런티어21 2002). 1970년대 중반에 정부 주도로 자원봉사 관련 연구 보고서들이 등장했고, 정부 주도로 30개의 자원봉사센터가 설립되었다. 또한 1980년대에 와서는 시민사회와의 파트너십 전략으로 자원봉사활동을 위한 국가적 인프라를 구축해, 주요 자원봉사조직들이 정부의 재정지원으로 설립될 정도였다. 주창활동과 네트워크 개발의 목적을 가진 네덜란드 자원봉사조직(NOV), 자원봉사관리재단(sVM), 교육훈련상담(VTA) 등이 대표적이다.

또 중앙정부는 재가간호 등의 자원봉사활동에도 적극적인 지원을 하였다. 그러다 1980년대 이후 자원봉사는 탈집중화, 분권화의 영향으로 중앙정부의 권한에서 지자체로 이양되었다. 특히 지방정부는 시민사회의 자율적인 역할을 중시하며, 재정지원은 하면서도 민간 주도의 자원봉사센터의 운영에 자율권을 인정하였다.

3. 자원봉사조직의 재정

자원봉사단체들은 다양한 수입원을 통해 재정을 조달한다. 정부로부터의 지원, 기업 등의 기금, 그들 자신의 기금조성(fundraising), 회비와 수수료(fees) 등 자체수입이 그것이다.

1) 민관 혼합의 재원

유럽에서는 특히 정부 재정지원의 문제가 쟁점이 되고 있다. 동유럽 국가의 자원봉사단체 중 3/4 정도는 정부로부터 아무런 재정적 지원을 받지 못하기 때문에 극심한 경제적 어려움을 겪고 있다.

이들 중 1/5 가량은 국가에 의해 운영되는 기관이라든가 오랜 전통을 갖는 대규모 조직들로 이들만이 정부로부터 재정의 50% 이상 지원을 받는다. 벨기에와 아일랜드의 경우에는 자원봉사단체의 절반 정도가 정부로부터 재정적 지원을 받지만, 이들 중 절반 정도는 정부지원 비중이 전체 재원의 절반에 미치지 못한다.

그럼에도 많은 국가에서 자원봉사단체들은 정부 재정에 크게 의존하는 실정이다. 덴마크, 프랑스, 독일, 네덜란드, 스웨덴, 영국의 자원봉사단체들은 대부분(거의 80%정도) 정부로부터 재정적 지원을 받고 있으며, 그들 중 2/3 가량이 수입의 절반 이상을 정부로부터 조달을 받는다(Smith 1993). 네덜란드의 경우, 전체 1/5 가량의 단체들이 정부지원을 통해 수입의 대부분을 충당하고 있다. 영국의 경우, 2001년의 추산으로는 정부가 시민사회(영국에서는 자원섹터)에 대한 지원금이 전체 3억 파운드로 알려지고 있는데, 이 중 40%에 해당하는 1억 2천만 파운드가 공공 자원봉사활동 지원금으로 지출되고, 또 다른 7천만 파운드는 지역사회 빈곤퇴치 활동에 사용되며, 나머지 1억천만 파운드가 각종 시민사회 활동 지원금으로 지출된다(Kendall 2003: 68-9). 이 중 순수 자원봉사단체 활동에는 1천 5백만 파운드가 지출되는 것으로 추산된다. NGO들의 재원을 보더라도 정부에 대한 의존도가 점차 높아지고 있다는 것을 알 수 있다. 영국 NGO들의 정부재정 의존도는 1990년 41%에서 92년 50%, 94년 58%로 꾸준히 증가했다(Richards & Smith 2002: 193).

반면, 상대적으로 아주 적은 수의 단체들만이 자신들의 모금활동을 통해 재정을 마련하고 있다. 이러한 재정조달 방식은 영국과 아일랜드에서 보편적인 것으로, 이 국가 조직들 중 1/4 이상이 모금활동을 통해 거의 모든 재정을 충당하고 있다. 이것이 가능한 이유는 이들 국가에서는 모금활동이 중요한 자원봉사활동이기 때문이다. 다른 국가들의 경우에는 1/3 가량의 조직만이 기금조성 활동을 통해 일정 정도의 수입을 거두고 있을 뿐이다. 서비스에 대한 수수료를 통해 수입을 얻는 것은 유럽에서는 매우 드문 재정조달 방식으로, 독일, 벨기에, 네덜란드에서나 드물게 찾아볼 수 있다. 또 이 단체들에 있어서도 이러한 수수료 수입은 총수입의 아주 적은 부분을 차지할 뿐이다.

국가마다 정부 등 외부에 대한 재정의존도가 매우 다르다. 최근의 국제비교 결과를 보면, 유럽의 자원봉사단체를 포함한 일반 시민사회단체와 기관들은 정부 재정에 크게 의존하고 있다는 것을 알 수 있다. 핀란드가 36%로 가장 적은 의존도를 보여주지만, 나머지 국가들은 50% 이상의 높은 재정의존도를 보여준다. 아일랜드(77%), 벨기에(77%)를 비롯해서 독일(64%), 네덜란드(59%), 프랑스(58%), 오스트리아(50%), 영국(47%) 순으로 조사되었다(Salamon et al. 1999).

자원봉사센터의 경우, 재정수입원은 정부뿐 아니라 민간의 재단, 개인의 기부, 기업의 후원, 수수료 등 복합적이다. 사례로서 서구 8개국의 자원봉사센터의 수입원을 살펴보면, 주로 지방정부의 재정지원을 받으면서도, 정부에 대한 일방적인 의존보다는 NGO, 자선기관, 기업 등의 후원과 모금 등 수입원의 다원화로 안정적인 운영을 하는 특징이 있다.

그럼에도 뒤에서 각국의 사례를 살펴보면, 재정의 절반 이상을 정부지원에 의존하는 자원봉사센터들이 대부분이며, 반면에 민간모금기관의 지원에 의존하는 경우는 소수에 지나지 않는다. 전자는 영국, 독일, 덴마크, 노르웨이, 스페인 등이, 후자에는 미국과 이탈리아 사례를 들 수 있다.

〈표 12-2〉 OECD 8개국 자원봉사센터의 주요 수입원

구분	중앙정부	광역자치단체	지방자치단체	NGO	자선기관	기업
미국		○		○	○	○
덴마크	○		○		○	
영국			○	○	○	
핀란드			○	○	○	
독일		○	○	○	○	○
이탈리아						○
네덜란드			○		○	○
노르웨이	○					

자료: van den Bos, 2008.

2) 정부의존 유형

재정의 과반수이상을 정부(중앙, 지자체)에 의존하는 국가들은 많지 않지만, 대표적으로 영국, 독일, 덴마크, 스페인을 꼽을 수 있다. 미국과 이탈리아의 경우는 재정의 일부를 정부에 의존하지만 기본적으로 민간모금으로 이뤄지는 민간모금형 국가로 분류해볼 수 있다.

(1) 영국

영국 자원봉사센터의 수입원은 정부가 압도적이다. 중앙, 광역, 기초 정부의 의존도가 48%라는 높은 비중을 차지하며, 또 27%를 차지하는 지역용역기관의 경우 대부분 지자체가 해당되며, 다른 9%를 차지하는 지자체협의체의 재원 또한 지자체들이 주로 기여하며 지역의 소방서, 경찰서 등이 지원하기도 한다(Volunteering UK 2009). 이상을 모두 정부기관의 지원과 합치면 80%가 넘는 매우 높은 비

중이라는 것을 알 수 있다. 특히 기초단위의 지자체에 의존하는 자원봉사센터들이 84%라는 높은 비중을 차지하고, 또 활동 프로그램을 지원하는 지자체협의체에도 센터의 절반 이상이 의존하는 것을 보면, 지역의 지자체 중심의 재정지원에 의존하고 있다는 것을 알 수 있다.

(2) 독일

독일 자원봉사 조직의 재원 또한 정부주도적이다. 가장 많은 재원은 전체의 31%를 차지하는 공공고용 인센티브 프로그램으로 실업자의 취업훈련의 기회로 자원봉사를 활용한다. 또 다른 정부지원금은 시정부(26%), 연방정부(19%)로, 정부 차원의 지원금은 전체 76%를 차지하는 높은 비중이다. 다른 재원들로는 재단(5%), 개인기부(5%), 회원 회비(4%), 복권기금(2%), 기업 스폰서(1%), 서비스비용(1%), 기타(26%)로 매우 복합적인 재원구조를 보여준다(CEV 2004).

(3) 덴마크

덴마크 자원봉사조직의 재정 또한 국가에 대한 의존이 매우 높다. 시민사회조직들이 일반적으로 국가로부터 재정적 독립성을 유지하고 있는 것과는 매우 대조적이다. 자원봉사센터의 재정적 의존이 높지만 운영과 사업추진의 자율성은 보장받는다. 중앙정부 36%를 비롯해 지방정부 40% 등 전체 76%를 정부의 재정지원에 의존하기 때문에 재정적 지속가능성이 취약하다. 나머지는 회원 회비와 모금 등이다.

(4) 스페인

자원봉사조직 56%가 재정의 절반 이상을 정부 지원에 의존한다. 중소조직들의 경우 의존도가 더 높은 89%를 보여준다. 중앙정부와 광역 및 기초 지자체로부터 지원금이 온다. 또 회원 회비 의존도도 적지 않다. 66%의 조직들은 회비에도 의존하며, 또 이들 50%가 개인의 기부, 25%와 19%가 기업이나 재단의 지원에 의존한다.

3) 민간모금 유형

앞의 자원봉사센터 유형에서 보았듯이 미국과 이탈리아는 민간주도형으로 재정 또한 정부보다는 기업 등 민간모금에 의존하는 대표적인 국가들이다.

(1) 미국

대표적인 전국기구인 촛불재단은 1991년에 창설된 민간기구로, 초기에는 재정의 전액을 정부에 의존하다 1996년 이후 기업후원금 등 민간재원을 절반 이상 조달함으로써 민간모금 형태를 갖춰왔다. 미국 정부는 지역의 자원봉사 활성화를 위해 촛불재단에 재정을 지원하면서 점차 지원액을 줄이며 자립하도록 유도하는 일몰제 지원 방식을 취했다.

최근 2008년에 새로 통합된 미국의 전국자원봉사조직(PLI)의 경우, 정부지원이 24%로 가장 많지만 나머지는 대부분 민간지원금이다. 기업 19%, 재단 16%, 개인 기부 11%, 기타 30% 등이다. 지출내역으로는 프로그램 배분에 68%를, 행정과 관리비용으로 27%, 그리고 모금활동비로 5%를 지출한다.

(2) 이탈리아

1990년 새로운 법의 제정으로 공공은행의 특별기금 20%를 자원봉사센터에 지원하도록 규제함으로써 공공은행을 많이 갖고 있는 북부 지역의 자원봉사센터들이 크게 활성화되었다. 자원봉사센터에 지원된 특별기금은 1991년 9백만 유로에서 2000년 5,900만 유로로 크게 늘었다. 기금의 영향으로 자원봉사센터는 2001년 55개에서 2005년 77개로 늘었다.

4. 자원봉사센터

자원봉사센터의 기능과 역할은 전국 차원과 지방차원으로 구분해 살펴볼 수 있다. 먼저 전국 차원에서는 미국의 촛불재단(Points of Light Institute)과 영국의 전국조직인 볼런티어링 잉글랜드(Volunteering England)의 역할을 참고해 볼 수 있다. 또 지역의 자원봉사센터의 기능에 대해서는 OECD 6개국 사례를 참고해 볼 수 있다.

1) 전국 차원의 자원봉사센터

(1) 미국 촛불재단(PLI)

먼저 미국의 촛불재단의 기능과 역할은 다음 11가지로 소개되고 있다.

a) 지역 자원봉사센터(HandsOn Network)와의 네트워크 역할: 촛불연구소(PLI)에서 가장 규모가 큰 자원봉사네트워크로, 전국의 250개의 자원봉사센터들은 전체 인구의 83%를 커버하며, 약 7만개의 기업, 종교기관과 협력관계를 유지하고 있다.

b) 사회적 기업(MissionFish)을 통한 기금모금과 배분 역할: 모금을 통

해 비영리기관에 분배하는 영리활동을 한다. eBay와 파트너가 되어 온라인 판매와 구매의 수익 일부를 기금으로 모으는데, 2003년 이래 1억 3천만 달러를 모아 19,000개 비영리기관들에 배분하였다.

c) 시민 인큐베이팅(Civic Incubator): 시민참여 활성화를 위한 혁신적인 사업과 사회적 기업 등을 통한 새로운 기업가적 아이디어 등을 지원하는 사업

d) 정책 활동: 전국 규모의 비영리연합체, 정부의 자원봉사와 비영리협의기구 등에 주도적 역할자로 참여해 활동하며, 자원봉사활동 정책형성과 집행에 관여한다. 사례로서 2009년 에드워드 케네디 상원의원의 "Serve America Act" 법안의 통과를 지원해 자원봉사센터 등을 지원하는 '자원봉사 기금'(Volunteer Generation Fund) 확보에 일조했다. 기금으로 조성된 3억 6천만 달러는 향후 5년간 자원봉사 인프라 투자만에 투입되도록 함으로써, 역사상 최초의 자원봉사조직 투자기금이 되었다.

f) 조사, 기획, 평가, 성과분석: 자원봉사활동을 체계적으로 조사, 분석, 평가하고, 성과를 측정하는 방안을 개발해 정부, 기업, 시민사회 전반에 지식과 정보를 제공하는 역할을 수행

g) 자원봉사센터 운영 매뉴얼 개발, 보급, 컨설팅 제공, 평가틀 개발 보급

h) 관리자 및 지도자 교육

i) 모범사례 수집과 보급, 자원봉사 프로그램 개발 및 보급

j) 국제적인 네트워킹: 전 세계 10개국에 네트워크 단체가 있다.

k) 자원봉사 행사와 축제: 연중 10여 차례의 국가적 행사를 전국 지역의 자원봉사센터들과 정부, 기업, 비영리 협력기관들과 공조로 시행한다.

- 1월: 마틴 루터 킹 목사 기념 지역 자원봉사활동 행사
- 4월: 1974년 닉슨 대통령의 언급으로 시작된 전국 자원봉사 주관
- 6월: 전국 자원봉사 컨퍼런스를 CNS와 공동으로 주관
- 9월: 기업들과 더불어 가을 정기(Season of Service) 자원봉사활동 실시
- 10월: 정기간행물 USA WEEKEND가 시작한 전국, 국제적 자원봉사활동

l) 인정과 보상: 개인 우수 자원봉사자들에 대한 다양한 표창 및 시상
- PLI 자체의 시상
- 대통령 표창 대행
- 우수 기업 및 기업인 시상

(2) 영국 자원봉사협회(Volunteering England)

다음으로 영국 전국자원봉사조직인 볼런티어링 잉글랜드의 기능과 역할을 참고해볼 수 있다. 주요 역할은 1998년 민관협약에 의해 규정 중개, 홍보, 교육과 훈련, 자원봉사 기회 개발, 정책수립, 전략개발 등이 있는데, 영국자원봉사협회는 대표적으로 6가지 역할을 수행하고 있다.

a) 네트워킹: 전국에 걸쳐 자원봉사활동과 지역사회 참여활동을 진흥하고 역량을 제공하는 양질의 자원봉사개발 조직들의 네트워크를 확보하고 지원

b) 연구와 정책 및 개발 활동을 수행

c) 자원봉사활동을 유지하고 개발하기 위한 재정, 지원, 자문을 제공

d) 자원봉사정책 대응 위한 대 정부 협력 창구 역할: 봉사활동을 정책

아젠다의 우선순위에 상정하며 정부와 협력해 자원봉사활동의 기회를 증진시키고 자원봉사활동을 가로막는 제도적 장애물을 제거하도록 공조

e) 자원봉사 이슈 선도: 자원봉사활동 이슈들에 대한 권위적이고 최신의 연구를 제공

f) 자원봉사활동 개발 지원: 자원봉사활동 관리를 위해, 지역 자원봉사개발 조직을 위한 인증된 양질의 프레임워크를 진흥

- 국가적 행사와 실무자 네트워크 행사를 개최
- 자원봉사 의식 제고를 위한 캠페인 활동
- 컨설팅, 교육, 훈련, 출판, 정보 및 웹 서비스를 제공
- 자원봉사자들의 활동에 재정과 전략적 지원을 제공
- 자원봉사자들의 모범적 활동을 발굴, 보급, 진흥

2) 지역 자원봉사센터의 기능

자원봉사센터는 다양한 기능과 역할을 수행한다. 서구에서는 일반적으로 자원봉사센터의 6대 기능이 주요 기능으로 구분되고, 특히 지역사회 차원에서는 자원봉사자의 활동지원뿐 아니라 자원봉사조직들에 대한 관리 지원과 다른 지역사회 지원 활동을 하며 지역사회의 중추적인 역할을 맡는다.

(1) 자원봉사센터의 주요 기능

위의 전국 단위와 다른 지역(광역, 기초) 단위의 자원봉사센터는 어떤 기능과 역할을 수행하는가? 영국자원봉사센터(Volunteering England)의 “자원봉사인프라 활성화를 위한 전략 2004-2014”에 따르면, 지역 자원봉사센터는 다음과 같은 6대 기능을 수행한다.

a) 중개(Brokerage): 자원봉사 수요처와 공급처 중개, 자원봉사자 모집

b) 홍보(Marketing): 자원봉사자 모집을 위한 광고와 홍보 활동

c) 교육, 훈련(Good Practice Development): 자원봉사자 교육과 훈련

d) 프로그램 개발(Developing Volunteering Opportunities): 자원봉사활동의 기회를 제공하는 다양한 자원봉사 프로그램 개발

e) 정책대응 및 캠페인(Policy Responses and Campaigning): 사회문제 해결을 위한 자원봉사 캠페인 활동

f) 전략적 개발(Strategic Development): 자원봉사 진흥을 위한 다양한 자원봉사 파트너십 추진과 전략적 사업 개발

(2) 주요국 자원봉사센터 기능 비교

이상과 같은 6대 기능 측면에서 주요국의 자원봉사센터는 어떤 역할을 수행하는지를 살펴볼 수 있다. 이에 관해서는 유렵자원봉사센터(CEV)가 소개하는 〈표 12-3〉을 참고해볼 수 있다. 영국, 독일,

〈표 12-3〉 지역 자원봉사센터의 주요 기능: OECD 8개국 비교

구분	중개	홍보(마케팅)	교육과 훈련	프로그램 개발	정책참여 캠페인	전략적 개발
미국	○	○		○		○
덴마크	○			○	○	
영국	○	○	○	○	○	○
핀란드	○					
독일	○	○	○	○	○	○
이탈리아		○	○	○		○
네덜란드	○	○	○	○	○	○
노르웨이	○					

자료: van den Bos, 2008.

네덜란드 자원봉사센터들이 6개 기능 모두에 적극적인 역할을 수행하고 있다. 반면에 미국의 경우, 영국 등에 비해 제한적 역할을 수행하며, 북유럽 3국의 경우, 중개 중심의 '협의'의 활동에 초점을 맞추고 있다.

(3) 자원봉사자와 지역사회 지원

자원봉사센터는 다음 세 가지 주요활동으로 "주로 지역에서 일반적으로 자원봉사활동을 진흥하고 개발하는 인프라를 제공하는 조직들"로 존속한다.

a) 자원봉사자 지원: 자원봉사활동을 희망하는 개인들을 접촉하거나 자원봉사자를 필요로 하는 조직들에게 연결시켜주는 지원 역할

b) 관리 지원: 자원봉사조직들에 대한 컨설팅과 지원 역할로 조직들의 활동과 자원봉사자 활용을 지원

c) 지역사회 지원: 지역사회의 자원봉사 활동이나 시민참여 활동을 활성화시키는 조건들과 지원 방안들을 제시

이상과 같은 세 가지 기능과 역할을 8개국 사례로 살펴보면 〈표 12-4〉와 같다.

- 영국, 독일, 네덜란드가 자원봉사자, 자원봉사조직의 관리, 지역사회 공동체 지원을 위한 제도로서 자원봉사센터를 갖추고, 센터는 전문성과 안정적인 예산을 확보하고 있다.
- 덴마크의 자원봉사센터는 시민들과 시민단체들이 새로운 프로젝트를 수행하도록 지원하는 역할을 주로 하고, 이탈리아의 자원봉사센터는 프로젝트 기획과 재원을 제공한다.

〈표 12-4〉 자원봉사센터의 지원 유형: OECD 8개국 비교

구분	자원봉사자 활동 지원	자원봉사조직 관리 지원	지역사회 참여 지원
미국	○		
덴마크	○		○
영국	○	○	○
핀란드	○		
독일	○	○	○
이탈리아		○	○
네덜란드	○	○	○
노르웨이	○		○

자료: van den Bos, 2008.

- 덴마크, 핀란드, 노르웨이 등 스칸디나비아의 경우, 자원봉사센터는 주로 개인 자원봉사자들과 지역사회 지원에 초점을 맞춘다. 스포츠, 문화, 교육 분야의 자원봉사 관련 조직들은 자체 지원 인프라를 갖고 있기 때문에 자원봉사센터 지원을 받지 않는 것이 일반적이다.

5. 한국의 자원봉사조직

한국의 자원봉사활동기본법 또한 '자원봉사단체'와 '자원봉사센터'를 주요 자원봉사조직으로 명시하고 있다. '자원봉사단체'라 함은 자원봉사활동을 주된 사업으로 행하거나 이를 지원하기 위하여 설립된 비영리 법인 또는 단체를 말한다(제3조3항). 또 '자원봉사센터'라 함은 자원봉사활동 개발·장려·연계·협력 등의 사업을 수행하기 위하여 법령과 조례 등에 의하여 설치된 기관·법인·단체 등을

말한다(제3조4항).

1) 한국 자원봉사조직의 유형

자원봉사단체의 유형은 먼저 정부, 기업, 제3섹터 등 섹터별로 구분하고, 제3섹터를 다시 주요 영여별로 교육, 사회복지, 청소년, 시민사회단체, 구호와 종교기관, 의료기관, 국제협력 등으로 구분해 살펴볼 수 있다.

(1) 정부 전달체계

먼저 정부 전달체계로는 행정안전부의 자원봉사센터, 보건복지부의 재가봉사센터, 여성가족부의 여성자원활동센터와 청소년활동진흥센터, 외교통상부의 국제협력단(KOICA) 등을 협의의 자원봉사단체로 꼽을 수 있다. 또, 전국 읍면동에 설치된 주민자치센터가 최근 자원봉사 업무를 개시하면서 장차 자원봉사단체로서의 역할을 많이 하고 있고, 법무부의 범죄예방위원회는 범죄예방위원들의 봉사활동을 주요 업무로 하고 있다. 그밖에도 고궁, 도서관, 미술관, 박물관, 지역문화원 등 공공기관에서 봉사활동이 점차 늘고 있다.

(2) 기업 전달체계

한국의 기업들은 자원봉사 활동에 적극적이지 못한 상태에 있다. 삼성그룹 계열사 전체, SK, KT 등이 가장 적극적으로 사회봉사단체제를 정비해서 조직적인 봉사활동을 하고 있을 뿐, 대부분의 회사들은 사회공헌팀 또는 동아리, 동호회 차원에서 소규모 봉사활동이 비정기적으로 이뤄지고 있다. 또 일부기업들은 자체 지원 봉사활동뿐 아니라 대학생 봉사활동 지원사업(삼성사회봉사단, SK 써니봉사단),

중고생 봉사활동 공모사업(프루덴셜 생명보험)을 추진하기도 한다.

(3) 중고교와 대학

중고교에서는 1990년대 중반부터 전국적으로 일제히 봉사활동이 진행되었고, 대학에서도 대부분 봉사 학점제가 도입되면서 학생 봉사활동이 크게 활성화되었다. 일부 대학들은 사회봉사단 등 전담 조직을 두고 봉사활동을 지원한다. 그밖에도 학생회의 농촌봉사활동, 동아리의 야학 등의 활동이 가장 일반적인 봉사활동이다.

(4) 사회복지관과 시설

전국의 재가봉사센터와 종합, 장애인, 노인 복지관들이 사회복지 분야를 대표하는 자원봉사단체들이다. 그밖에도 각종 사회복지 이용시설과 생활시설들이 부분적으로 자원봉사자를 활용해서 아동, 노인, 장애인 등 소외층을 위한 복지서비스를 제공해주고 있다.

(5) 청소년 자원봉사센터와 단체

청소년 분야도 다양한 자원봉사단체들을 갖고 있다. 청소년 자원봉사센터가 서울과 전국 시도에 설치되어 있고, 청소년 수련관, 회관 등 시설에서 청소년을 위한 봉사활동과 청소년이 자원봉사자로 참여하는 봉사활동이 이뤄지고 있다.

(6) 시민사회단체

다음으로 많은 비중을 차지하는 단체가 시민사회단체이다. 시민사회단체의 활동을 주로 자원봉사자의 자발적인 참여에 의해 이뤄지기 때문에 시민사회단체가 자원봉사 업무를 전문화시켜 자원봉사자를 조직적으로 모집, 활용하는 동향을 보여준다. 최근에는 수도권뿐 아니라 전국 지역에 시민사회단체들이 줄지어 설립되는 추세를 보여준다.

(7) 구호/종교/멤버십 단체

구호단체, 종교기관 및 멤버십 단체들이 전통적인 자원봉사단체이다. 자원봉사자들은 적십자사와 구세군 등의 구호단체, 가톨릭, 기독교, 불교 등 종교 관련 단체에서 주로 봉사활동을 해왔다. 또 라이온스 클럽, 로타리 클럽 등 멤버십 단체들도 봉사활동을 주요 활동 중 하나로 삼아왔다. 이 단체들은 이번 조사에서 전국 대규모 단체로 분류해서 조사하였다.

(8) 병원과 보건의료기관

병원, 기타 의료기관에서 봉사활동이 이뤄지게 된 것은 최근의 일이다. 많은 병원들과 의료기관들이 자체 사회사업실 등의 부서를 통해 자원봉사자를 모집해서 병원 일반 업무와 의료에 필요한 보조 업무에 활용하고 있다. 호스피스 단체들도 주요 단체로 포함되었다. 그밖에도 암 등의 질병을 극복하기 위해 조직된 각종 자조모임들도 봉사활동을 확대해가는 추세에 있다.

(9) 국제봉사단체/국제기관

1990년대에 와서 한국의 국제봉사단체들이 조직되어 지금은 국제사회에 나가 왕성한 국제봉사활동을 한다. 또 UNICEF, UNESCO 등의 국제기구들의 한국위원회가 자원봉사자를 많이 활용하는 자원봉사단체 역할을 한다.

(10) 국제행사 단체

국제행사가 잦아지면서 다양한 봉사활동이 이뤄져왔다. 2002년의 경우 월드컵 축구대회와 아시안 게임에 수만 명의 자원봉사자들이 활동하는 등, 국제행사가 있게 되면 어김없이 자원봉사 활동을 볼 수 있다. 국제행사를 마련하는 기관과 단체들이 일시적인 자원봉사단체 역할을 하는 것으로 볼 수 있다.

(11) 자원봉사 전문단체

끝으로, 자원봉사를 전문적으로 조사연구를 하거나 교육훈련을 시행하는 단체들도 중요한 자원봉사단체들이다. 또 자원봉사센터들의 협의체, 자원봉사단체들의 협의회 등 다양한 협의기구들이 전문 자원봉사 업무를 담당하고 있다.

2) 지역의 자원봉사센터

한국의 자원봉사센터들은 전국의 기초 자원봉사센터는 아래와 같이 설립 등 조직 면에서부터 두드러진 차이가 있다(주성수 외 2009).

- 설립연도: 1997-2006년
- 설립 주체: 직영(61%), 법인(6%), 위탁(33%)
- 상근 인원: 1명(옹진군/속초시/횡성군)부터 13명(동작구)
- 직원 급여: 무급~3천만 원 이상(무급 3.8%, 1천만 원 미만 12%, 2천만 원 미만 45%, 3천만 원 미만 30%, 3천만 원 이상 9.6%)
- 지자체 재정지원: 30배 차이(울산 중구 2천만 원부터 서울 동작구 7억 5천)

이상과 같은 재정 등 조직상의 두드러진 차이는 자원봉사센터를 둘러싼 지역사회의 환경 여건의 차이가 크기 때문인 것으로 볼 수

〈표 12-5〉 한국의 자원봉사단체 유형: 협의와 광의의 단체 분류

	협의의 자원봉사단체	광의의 자원봉사단체
정부	자원봉사센터(행정안전부) 재가봉사센터(보건복지부) 여성자원활동센터(여성가족부) 청소년활동진흥센터(여성가족부) KOICA(외교통상부)	주민센터(읍면동) 사회복지관 범죄예방위원회(법무부) 도서관, 미술관 등 공공기관 공무원, 군부대 봉사활동
기업	사회봉사단, 사회공헌팀	사회봉사동아리, 프로그램 노동조합 봉사활동
중고교		중고교 자원봉사팀
대학	사회봉사단, 자원봉사센터	학생회, 동아리
기타 교육기관		사회교육원, 야학단체
언론		중앙일보 전국자원봉사축제 언론사 환경보호운동
사회복지	복지관(종합, 노인, 장애인)	복지시설/복지회관
청소년단체		수련관, 수련시설, 상담소 보이스카웃, 걸스카웃
시민사회단체	한국119유선봉사단 장애인봉사단체 한국자원봉사문화	대부분의 시민사회단체 환경단체, 소비자단체
구호단체	적십자사(구호)	적십자사(병원 등), 구세군
종교단체	불교자원봉사단	교회, 성당, 사찰 봉사팀
멤버십단체		라이온스, 로타리클럽 등
보건의료기관	한방의료봉사단	병원, 보건의료기관(호스피스)
국제구호단체	월드비전, 국제기아대책기구 굿네이버스 등	아프칸난민구호NGO연대
국제봉사단체	세계청년봉사단 태평양아시아협회	지구촌나눔운동 우리민족서로돕기
국제단체	유엔봉사단(UNV) 세계자원봉사협회(IAVE)	UNICEF, UNESCO, UNDP UNEP, UNHCR
행사단체	2001 IVY 한국위원회 2002 IAVE 서울대회	2002월드컵축구대회 2012여수세계박람회
전문단체	한국자원봉사협의회 자원봉사센터중앙회 자원봉사교육기관 자원봉사연구기관	대학 자원봉사 연구소 자원봉사포럼 자원봉사학회

자료: 주성수 2005.

〈그림 12-1〉 한국 시군구 자원봉사센터의 운영형태

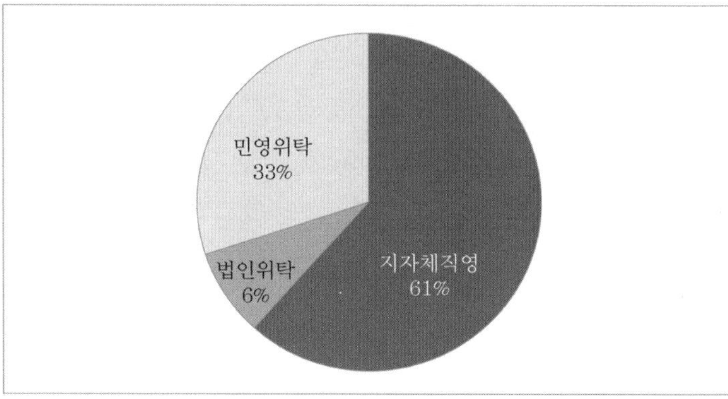

있다. 인구 규모에서 시군구의 차이가 10배에 달한다. 인천시 옹진군은 인구 1만 2천 명에 불과하지만, 경기도 수원시는 100만 명, 성남시는 90만 명이다. 또 지자체 재정자립도에서 시군구 차이는 10배에 달해, 경북 봉화군의 재정자립도는 7%는 불과하지만, 서울시 서초구는 91%에 달한다. 전반적으로 서울과 경기도 등 수도권은 재정자립도가 높은 편이기 때문에, 자원봉사센터의 재원도 비교적 안정화되어 있다. 반면에 부산시의 구군들은 재정자립도가 약해서 자원봉사센터의 재정은 모두가 1억 원 미만으로 매우 취약한 상태에 있다.

자원봉사센터의 기본 인프라가 되는 업무공간, 인력, 예산을 비교해보면 전국적으로 매우 두드러진 차이가 있다(행정안전부 2010). 업무 공간은 20평 이하가 절반 가량되고, 상근 인력은 3명 이하가 전체 70%에 달한다. 예산 규모는 5천만 원 이하가 17%이며, 2억 이하의 예산이 전체 72%에 달해, 취약 인력과 예산으로 자원봉사센터가 업무를 제대로 수행하기에는 한계가 뚜렷하다는 것을 엿볼 수 있다.

지역간 '빈익빈 부익부' 문제는 심각하다. 자원봉사 업무는 지방 고유업무로 지자체의 재정지원이 중요하지만, 재정자립도가 취약한 지역에서는 재정 문제로 자원봉사가 활성화되지 못하고 있다. 자원봉사센터가 당면한 여건의 취약성은 특히 대도시 지역이 아닌 중소도시나 농어촌 지역에서 심각하다. 이 지역 중에서 충남과 전남이 가장 취약하지만, 다른 지역들도 취약한 상태에 있다. 대도시에 비해 인구 규모가 작고 지자체의 재정자립도 또한 심각할 정도로 취약한 것이 주요 요인이 될 수 있다. 〈표 12-6〉처럼 자원봉사센터의 재정과 인력 그리고 지역의 인구 등 환경 여건에 관한 자료를 바탕으로 전국의 자원봉사센터를 〈소형〉, 〈중형〉, 〈대형〉으로 구분하면, 소형이 전체 64%를 차지할 정도로 전국의 자원봉사센터들이 매우 취약한 상태에 있다는 것을 엿볼 수 있다. 또 지역간 차이가 심각해, 부산을 제외한 대도시와 수도권의 경기도에서만 중형 이상의 조직화 수준이 높게 나타났다. 인력에서도 인천시와 전남도는 두 배 이상의 차이를 보여준다. 2010년 자원봉사센터 현황에서는, 광역 지방비가 서울시 2,121백만 원, 전남도 163백만 원, 강원도 437백만 원으로 매우 심한 차이가 있다.

자원봉사센터의 재정은 평균 국비 7.6%, 시도비 21.3%., 시군구 67.3%, 자체 3.7%를 차지한다. 기초 시군구가 2/3 이상의 재정부담을 안고 있다. 경기도가 가장 안정적으로 32개 센터의 평균이 5억3천만으로, 이중 기초 시군구가 83%라는 높은 비중을 차지하지만, 반면에 가장 취약한 부산시와 대전시의 경우 시군구의 부담률이 가장 낮아 각기 39%와 43%로 절반에도 미치지 못한다. 기초 시군구의 재정지원이 절대 부족한 것이다. 이는 또 시군구 재정자립도와 관련된다. 그럼에도 센터의 재정은 최근 5년 사이에 두 배 이상

〈표 12-6〉 한국 시도와 시군구 자원봉사센터: 모형, 센터 재정과 인력, 자원봉사율

시군구 센터	소형	중형	대형	직영 비율	센터재정	인력	자원봉사율
서울(25)	5	14	6	19/26	373	6.5	18.1%
부산(16)	15	1	0	1/17	141	4.0	18.7
대구(8)	4	4	0	1/9	340	5.1	19.6
인천(10)	3	4	3	11/11	395	7.5	18.5
광주(5)	2	3	0	0/6	355	6.2	24.6
대전(5)	2	3	0	5/6	162	5.2	19.8
울산(5)	4	1	0	4/6	280	4.0	23.2
경기(31)	8	14	9	15/32	530	4.0	19.2
강원(18)	15	3	0	17/19	182	4.0	20.7
충북(12)	11	1	0	13/13	290	4.3	18.4
충남(15)	15	0	0	6/17	227	4.6	20.8
전북(14)	12	1	1	11/15	253	4.5	20.3
전남(22)	19	3	0	21/23	174	3.7	21.0
경북(23)	18	3	2	9/24	224	5.1	24.5
경남(20)	14	5	1	18/21	232	4.0	21.6
제주(2)	0	2	0	0/3	264	4.7	23.9
전체	147	62	22	151/246			
비율	64%	27%	9%	61.4%	289백만 원	5.2명	19.8%

참고: 직영비율은 시도와 시군구에서 지자체 직영 비율. 센터 재정과 인력은 시도와 시군구 센터의 평균.

자료: 모형분류는 주성수 외 2009; 자원봉사센터 자료는 행정안전부 2011; 자원봉사율은 통계청 2011.

증가해, 정부의 재정지원 역할이 두드러지게 나타나고 있다. 전국 246개 센터에 대한 재정지원은 2005년 328억 원에서 2010년 712억 원으로 두 배 이상 크게 늘었는데, 그 가운데 국비 지원은 2006년 16억 원에서 2010년 54억 원으로 세 배 이상 늘었고, 가장 높은 비

중을 차지하는 시군비도 같은 기간에 208억 원에서 479억 원으로 두 배 이상 늘었는데, 시도 지방비가 상대적으로 크게 늘지 않은 특징을 보여준다(행정안전부 2011).

3) 시도별 참여율: 자원봉사와 기부/단체참여

통계청의 2011년 자료는 전국 평균이 2006년 14.3% → 2009년 19.3% → 2011년 17.6%로 하락세를 보여준다. 시도 참여율에서 광주시와 경상북도와 제주도가 전국 최고 수준에 있고, 서울, 충북, 인천이 최하위권에 있다. 센터의 운영형태 측면에서 앞의 세 지역은 민영 또는 혼합(민영과 관영) 지역이며, 뒤의 세 지역은 지자체 직영 지역을 대표한다. 직영비율이 높은 지역이 낮은 지역에 비해 자원봉사 참여율이 뚜렷하게 낮게 나타나는데, 이는 통계적으로 유의미한 상관관계(-0.45)를 보여준다.

그리고 자원봉사와 단체참여는 밀접한 상관성을 갖고 있다. 앞서 분서했듯이 개인 차원에서 자원봉사를 하는 자원봉사자가 단체에 참여할 확률이 높기 때문에 집합적인 시도 차원에서도 이런 자

〈그림 12-2〉 자원봉사센터의 직영비율과 자원봉사참여율(%)

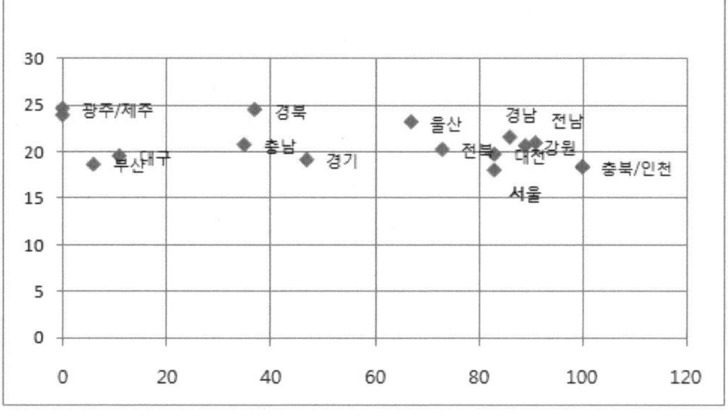

원봉사자가 많은 지역에서 자원봉사와 단체참여가 활성화되고 있다고 가정해볼 수 있다. 이는 통계적으로 유의미한 것으로 확인되어, 1999년과 2011년 모두 비교적 높은 상관성을 보여준다. 설명력이 〈그림 12-3〉에서는 50%, 〈그림 12-4〉에서는 18%로 분석되고 있다. 2011년 광주시는 전국 최고 수준의 자원봉사 참여율(24.6%)과 단체 참여율(60%)을 보여준다.

〈그림 12-3〉 1999년 단체참여와 자원봉사

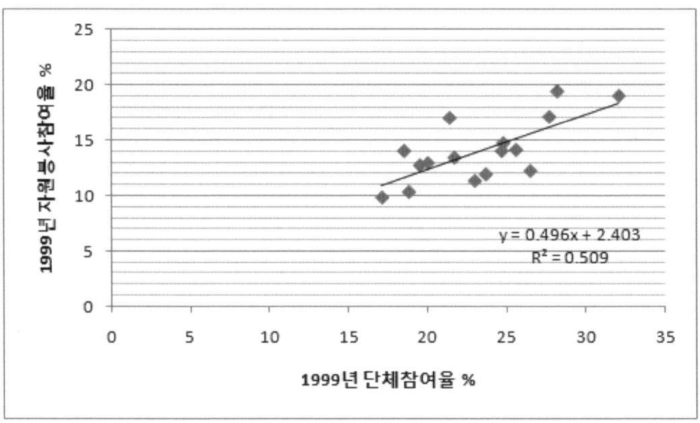

〈그림 12-4〉 2011년 단체참여와 자원봉사

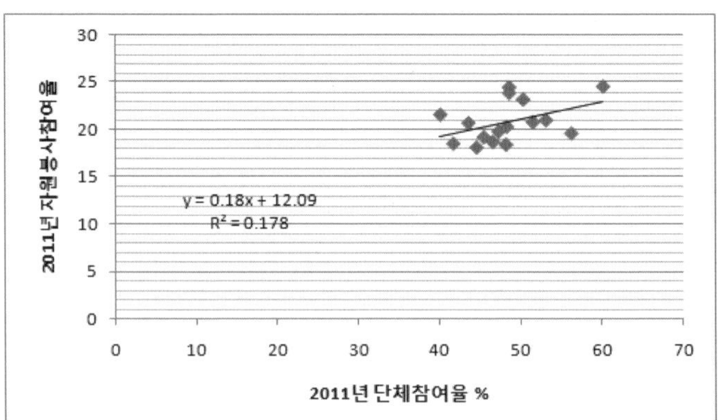

〈그림 12-5〉 전국 시도의 자원봉사 참여율: 1999년과 2009년

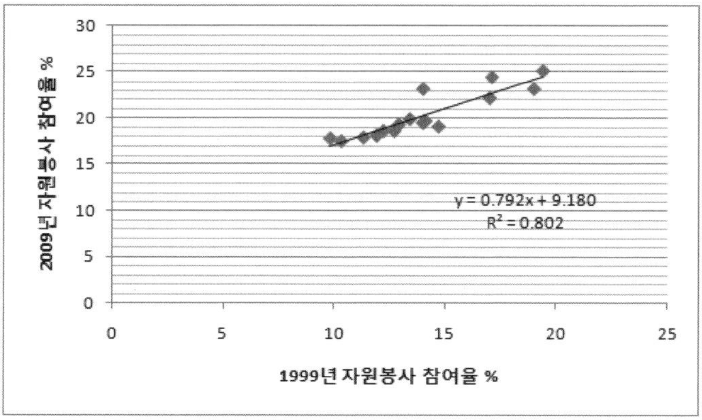

그런데 시도 지역간 수준차이는 일시적인 사회경제적 변화라기보다는 지역사회의 특성을 반영하는 것으로 볼 수 있다. 어떤 지역사회 요인들이 중요한지는 별도의 분석을 필요로 한다. 한편 자원봉사센터의 재정과 인력이 자원봉사 참여율과 어떤 의미있는 상관관계를 보여주지는 않는다. 여기에서 확인할 수 있는 간단한 분석은 시도 차이를 시기적으로 확인해보는 일이다. 〈그림 12-5〉에서 볼 수 있듯이 1999년의 시도 자원봉사 참여율 차이가 10년이 지난 2009년에도 큰 변화가 없어, 1999년 수준이 2009년 수준을 거의 결정하고 있다(R2=0.802). 그럼에도 어떤 지역사회 요인들이 중요한 영향력을 갖고 있는지에 대해서는 별도의 분석이 필요하다.

4) 정부와 시민사회 파트너십

한국의 자원봉사센터는 설립주체가 지자체의 공공기관이지만 자원봉사활동기본법에는 영리를 추구하지 않고 비영리, 정부조직이 아닌 비정부 조직임을 명시하고 있다. 비영리민간단체지원법에 명

시된 비영리민간단체의 조직인 것이다. 일부에서는 지자체가 설립해 재정을 뒷받침하고 있기 때문에 마치 지자체 직영이 당연한 것처럼 주장하는 것은 기본법을 잘 못 이해한 데서 비롯된 것이다. 일반적으로 사회복지관 등 많은 비영리조직들은 설립부터 정부의 재정지원에 절대적으로 의존하면서도 운영에는 철저한 민영의 전문성에 기초하고 감사와 평가 등 정부기관의 관리감독을 받는 '파트너십' 형태로 유지되고 있다.

자원봉사센터의 경우도 센터의 운영에 필요한 예산과 행정을 지원하도록 되어 있어, 자원봉사센터가 민관의 공조에 의해 운영되는 파트너십 조직임을 분명히 하고 있다. 자원봉사센터의 재정은 조례에 의해 매년 지방의회가 예산결정을 하도록 되어 있어, 지자체장의 정치적 결정으로부터 자유로울 수 있다.

자원봉사활동기본법은 자원봉사센터의 민영화를 기본전제로 하고 있다. 기본법에는 민영화의 기본원칙을 제시하며(19조 1항), 민영화 준비가 안 된 지역의 경우, 지자체 직영도 가능하다는 단서조항(19조 2항)을 제시하고 있다. 결국 민영화가 되지 않은 지역의 경우 민간단체들이 자원봉사센터의 운영을 맡은 역량이 미치지 않아 지자체 직영이 필요하다는 실증적 자료가 제시될 필요가 있다. 지자체가 민간위탁, 법인화 등의 민영화 노력도 하지 않은 채, 독단적인 결정으로 직영을 유지하는 것은 기본법의 정신을 훼손하는 처사로 판단해야 한다. 전국적으로도, 자원봉사센터의 민영화는 서울시를 위시해서 시도 광역 단위에서 결정되는 경우가 일반적임을 알 수 있다. 서울시, 부산시, 인천시는 직영을 대표하는 지역으로, 대구시, 광주시, 울산시는 민영을 대표하는 지역으로 구분된다(주성수 외 2007; 주성수 외 2009).

자원봉사센터의 민영화 문제는 정부와 시민사회의 파트너십 과제를 예시해주는 주요 이슈이다. 앞서 OECD 주요국 사례를 살펴보았듯이, 자원봉사센터는 비영리조직으로서 정부의 지나친 개입에서 벗어나 자율적인 조직기반을 갖출 필요가 있다. 미국의 촛불재단(POLF)는 전국자원봉사센터로서 정부재정 지원의 일몰제가 완료되면서 2008년 민간조직(PLI)으로 통합되는 변화를 거쳤다. 또 유럽 대부분의 국가들도 자원봉사센터의 설립은 정부가 지원하지만, 운영은 민간 비영리조직들이 맡는 분명한 역할분담의 공조를 보여준다. 영국은 자원봉사센터의 설립과 운영은 민간이 하지만, 재정의 80% 이상은 지자체 등 정부지원에 의존한다. 독일에서는 정부 재정에 의존하는 Caritas 등 6대 복지협회가 자원봉사센터 1/3을 운영하며, 다른 비영리조직들도 운영에 동참하고, 나머지 15%는 지자체(시정부) 직영이다. 스웨덴에서도 자원봉사센터의 설립과 운영은 시민사회조직이, 재정은 정부의 시민사회조직 지원금으로 이뤄진다. 노르웨이에서는 초기 설립은 시정부가 주도했지만, 운영은 시정부(37%), 민간(63%)로 공조적이다. 덴마크에서도 초기 설립은 정부가 주도했지만, 운영은 시정부(25%), 민간(75%)로 공조적이다. 네덜란드에서도 초기 설립은 정부가, 운영은 시민사회조직으로 철저히 분담되어 있다.

이제 한국의 자원봉사센터는 정부재정에 절대적으로 의존하는 관료 모형에서 자체 모금활동을 하는 시민사회 모형으로 발전하는 것이 바람직하다. 자원봉사센터의 인프라 구축을 위한 기초작업에는 정부주도의 장점이 있지만, 시민참여의 활성화와 기업가정신의 조직력 측면에서는 시민사회 주도의 장점이 있다. 한국의 자원봉사 참여가 최근 몇 년간 정체 또는 감소 추세를 보여주는 것도 일부가

정부와 시민사회 파트너십의 실패에 기인한 것으로 볼 수 있다. 시민사회 주도적으로 시민사회단체를 통한 조직화된 자원봉사 참여와 제도화를 기대해볼 수 있다.

참고문헌

김경동 외. 2011. "국격 제고를 위한 자원봉사 활성화 방안." 국무총리실 연구용역.

볼런티어21, 2002. 「한국인의 기부와 자원봉사 현황」.

볼런티어21, 2002. 세계의 자원봉사 활동. Volunteering Worldwide, (Netherlands Institute of Care and Welfare ed.) 번역.

볼런티어21, 2008. 「한국인의 기부와 자원봉사 현황」.

볼런티어21, 2011. 「전국 자원봉사활동 및 기부 실태조사연구」.

이현기, 2010. "노인 자원봉사활동과 사회자본." 『노인복지연구』 50, 263-290.

전국경제인연합회(전경련). 2007. 「기업의 기부문화」.

전경련. 2011. 『사회공헌백서 2010』.

주성수, 2004. 『NGO와 시민사회』, 한양대 출판부.

주성수, 2005. 『자원봉사: 이론, 제도, 정책』. 도서출판 아르케.

주성수, 2010. "한국 시민사회지표: 참여, 조직, 가치, 영향, 환경." 『시민사회와 NGO』 8/1.

주성수, 2011a. 『복지국가와 복지정책』. 한양대 출판부.

주성수, 2011b. "활성적 공동체의 노후 자원봉사활동." 『시민사회와 NGO』 9/2, 3-32.

주성수, 2012. "복지국가, 시민사회, 나눔문화: 한국과 OECD 비교." 『시민사회와 NGO』 10/2.

주성수 외, 2012. "자원봉사 진흥을 위한 제2차 국가기본계획." 행정안전부.

통계청, 2011. 「2011년 사회조사결과(나눔문화)」.

한국대학사회봉사협의회, 2010. 「전국 대학사회봉사 현황 조사결과」.

행정안전부. 2012. 「2011 자원봉사센터 현황」.

Alford, J. 2002. "Why Do Public-sector Clients Coproduce? Toward a Contingency Theory." *Administration & Society*, 34(1).

Anheier, Helmut K. and L. M. Salamon 1998. *The Nonprofit Sector in the Developing World: A Comparative Analysis.* Johns Hopkins Nonprofit Sector Series. Johns Hopkins University.

Anheier, H. and Salamon, L. 2001. "Volunteering in Cross-national Perspectives." Civil Society Working Paper 10. London: London School of Economics. www.lse.ac.uk/collections/CCS

Arther, L., Cato, M., Keenoy, T. and Smith, R. 2005. "Developing an Operational Definition of Social Economy." http://arnova.omnibooksonline.com

Bachrach, P. and Botwinick, A. 1992. *Power and Empowerment: A Radical Theory of Participatory Democracy.* Philadelphia: Temple University Press.

Barker, D. 1993. "Values and Volunteering." In Smith J. and Weismann N. eds., *Volunteering in Europe.* London: Volunteer Centre UK.

Bell, M. 1999. "Volunteering: Underpinning Social Action in Civil Society for the New Millennium." In CIVICUS, Civil Society at the Millennium. Kumarian.

Bellah, R. et al. 1996. *Habits of the Heart: Individualism and Commitment in American Life.* Berkeley: University of California Press.

Bornstein, D, 2004, *How to Change the World: Social Entrepreneurs and the Power of New Ideas.* Oxford: Oxford University Press.

Böorsch-Supan, A., Hank, K. and Jüurges, H. 2005. "A New Comprehensive and International View on Aging." Mannheim Research Institute for the Economics of Aging.

Brown, E. 1999. "Assessing the Value of Volunteer Activity." *Nonprofit and Voluntary Sector Quarterly*, 28(1), 3-17.

Brudney, J. 1990. *Fostering Volunteer Program in the Public Sector.* San Francisco: Jossey-Bass.

Brudney, J. 1995a. "Volunteer Programs in the Public Sector." In Halachmi, A. and Bouckaert, G. eds., *The Enduring Challenges in Public Management.* San Francisco: Jossey Bass.

Brudney, J. 1995b. "Preparing the Organization for Volunteers." In Connors, T. ed.,

The Volunteer Management Handbook. N.Y.: John Wiley & Sons.

Brudney, J. 1999. "The Effective Use of Volunteers: Best Practices for the Public Sector." *Law and Contemporary Problems*, 62(4), 219-232.

Brudney, J. and Kellough, E. 2000. "Volunteers in State Government: Involvement, Management, and Benefits." *Nonprofit and Voluntary Sector Quarterly*, 29(1).

Bussell, H. and Forbes, D. 2002. "Understanding the Volunteer Market." *International Journal of Nonprofit and Voluntary Sector Marketing*, 7(3), 244-257.

Butrica, B., Johnson, R. and Zedlewski, S. 2007. "Volunteer Transitions among Older Americans." Washington, D.C.: The Urban Institute.

CAF(Charity Aid Foundation). 2011. "World Giving 2011." www.cafonline.org

Campus Compact, 2002. *Annual Service Statistics 2001*. www.compact.org

Campus Compact, 2004. *Annual Service Statistics 2003*. www.compact.org

Campus Compact, 2010. "Annual Membership Survey Results." www.compact.org

Caro, Francis G., and Scott A. Bass. 1997. "Receptivity to Volunteering in the Immediate Postretirement Period." *Journal of Applied Gerontology* 16, 427-441.

Caro, F., Bruner-Canhoto, L., Burr, J. and Mutchler, J. 2005. "Motivation for Active Aging: Results of a Pilot Study." University of Massachusetts. www.mccormack.umb.edu/centers/gerontologyinstitute

Carroll, A. 1979. "A Three-dimensional Conceptual Model of Corporate Performance." *Academy of Management Review*, 4(4), 497-505.

CCC(Center for Corporate Citizenship), 2003. "Community Involvement Index 2003." www.bc.edu/centers/ccc

CECP(Committee Encouraging Corporate Philanthropy). 2012. "*Giving in Numbers 2012*." http://www.corporatephilanthropy.org

CEV, 2007. "Volunteering in the Netherlands." http://www.cev.be

CEV, 2009a. "An Enabling Volunteering Infrastructure in Europe." http://www.cev.be

CEV 2009b, "Developing Employee Volunteering -- a Joint Venture between Volunteer Organisations and Companies." http://www.cev.be

CEV, 2010. "Fact Sheets on Volunteering: Volunteering Role of EU Policy Areas."

http://community.cev.be

CEV, 2011. "The Future of Volunteering: Concepts, Trends, Visions." http://www.cev.be

CEV, 2012. "Volunteering of Young People in Europe." http://www.cev.be

CFV(Commission on th Future of Volunteering). 2007. *Volunteering Works: Volunteering and Social Policy.* http://www.valuenetwork.org.uk

CFV. 2008. *Results of the Public Consultation.*

Chappell, N. 1999. "Volunteering and Healthy Aging." Victoria: Volunteer Canada. www.coag.uvic.ca

Cihlar, C. 2004. "The State of Knowledge Surrounding Employee Volunteering in the United States." Points of Light Foundation. www.pointsoflight.org

Clary, E. G., Snyder, M., & Stukas, A. A. 1996. Volunteers Motivations: Findings from a National Survey. *Nonprofit and Voluntary Sector Quarterly*, 25, 485-505.

Clary, E. G. et al. 1998. "Understanding and Assessing the Motivations of Volunteers." *Journal of Personality and Social Psychology*, 74.

CLB(Communities and Local Government). 2010. "2009-2010 Citizenship Survey." http://www.communities.gov.uk

Cnaan, R. A., Handy, F. and Wadsworth, M. 1996. "Defining Who is a Volunteer." *Nonprofit and Voluntary Sector Quarterly*, 25(3), 364-383.

CNCS(Corporation for National and Community Service). 2006. "Volunteer Growth in America."

CNCS, 2006b. "College Students Helping America." http://www.nationalservice.gov

CNCS. 2007a. "Keeping Baby Boomers Volunteering." http://www.nationalservice.gov

CNCS. 2007b. "The Health Benefits of Volunteering." http://www.nationalservice.gov

CNCS, 2008a. "Capitalizing on Volunteers' Skills: Volunteering by Occupation in America." http://www.nationalservice.gov

CNCS, 2008b. "Community Service and Servie-Learning in America's Schools." http://www.nationalservice.gov

CNCS. 2010. "Volunteering in America: Issue Brief." http://www. volunteeringinamerica.gov

Cnaan, R. A., Handy, F. and Wadsworth, M. (1996), "Defining Who is a Volunteer: Conceptual and empirical considerations". *Nonprofit and Voluntary Sector Quarterly*, 25(3): 364-383.

Conference Board, 1993. *Corporate Volunteer Programs: Benefits to Business.* N.Y.

Conference Board, 1996. *Measuring Corporate Community Involvements.* N.Y

Conference Board, 1997. *Corporate Volunteerism.* N.Y

Connors, T. 1995. *The Volunteer Management Handbook*. N.Y.: John Wiley & Sons.

Connors, D. 2008. "Transforming 50+ Volunteering" Volunteer Canada.

Craig, G. 2004. "Citizenship, exclusion and older people." *Journal of Social Policy*, 33(1).

Crenson, M. and Ginsberg, B. 2002. *Downsizing Democracy: How America Sidelined Its Citizens and Privatized Its Public.* Baltimore: Johns Hopkins University Press.

Danoff, A. and Kopel, S. 1994. "What Are the Motivational Needs Behind Volunteer Work?" *Journal of Volunteer Administration*, 13, 13-18.

Davenport, K. 2000. "Corporate Citizenship: A Stakeholder Approach for Defining Corporate Social Performance and Identifying Measures for Assessing it." *Business and Society*, 39(2), 210-219.

Day, K. and Devlin, R. 1998. "The Payoff to Work without Pay: Volunteer Work as an Investment in Human Capital." *Canadian Journal of Economics.* 31(5). Defourny, J. and Nyssens, M. 2006. "Defining Social Enterprise." Nyssens ed., *Social Enterprise.* London: Routledge.

De Hart, J. and Dekker, P. 1999. "Civic Engagement and Volunteering." van Deth et al., eds., *Social Capital and European Democracy*. London: Routledge.

Dekker, P. 2002. "On the Prospects of Volunteering in Civil Society." *Voluntary Action* 4(3).

Dekker, P. 2004. "The Sphere of Voluntary Associations and the Ideals of Civil Society." *Korea Observer* 35(3), 391-415.

Dekker, P. 2007.

Dekker, P. and Halman, L. 2003. "Volunteering and Values; An Introduction." in

Dekker, and Halman eds. *The Values of Volunteering: Cross-Cultural Perspectives.* New York: Kluwer Academic.

Dingle, A. 2001. "Involving Older Volunteers. A Good Practice Guide" The Institute for Volunteering Research. http://www.ivr.org.uk

Drucker, P. 1993. *Post-Capitalist Society.* Oxford: Butterworth-Heinemann.

Duncan, B. 1999. "Modeling Charitable Contributions of Time and Money." *Journal of Public Economics* 72, 213-242.

Duncombe, S. 1986. "Volunteers in City Government: Getting More Than Your Money's Worth." *National Civic Review*, 75(3), 291-301.

EC(European Commission), 2000. "Concise Report of the Debates of the First Convention of Civil Society Organised at European Level." www.europa.eu.int

EC, 2011. "Communication on EU Policies and Volunteering." http://www.cev.be

Einolf, C. 2009. "Will the Baby Boomer Volunteer during Retirement?" *Nonprofit and Voluntary Sector Quarterly*, 38(2), 181-199.

Eisner, D., Grimm. R., Maynard, S. & Washburn, S. 2009. "The Volunteer Workforce." *Stanford Social Innovation Review*, Winter 2009, 32-37.

Ellis, A. 2003. *Barriers to participation for under-represented groups in school governance: Research report no.500* DfES: Nottingham

Ellis, A. 2005. *Generation V: Young People Speak Out on Volunteering*, London, Institute for Volunteering Research.

Erlinghagen, M. and Hank, K. 2005. "Participation of Older Europeans in Voluntary Work." Mannheim Research Institute for the Economics of Aging.

Etzioni, A. 2001. *Next: The Road to the Good Society.* New York: Basic Books.

Eurobarometer. 2012. "Special Eurobarometer 378: Active Ageing Report."

European Parliament(EP). 2008. "Report on the Role of Volunteering in Contributing to Economic and Social Cohesion." http://www.cev.be

European Union, 2009. "Council Decision on the European Year of Voluntary Activities Promoting Active Citizenship(2011)." http://www.cev.be

Evans, E. and Saxton, J. 2005. *The Twenty-First Century Volunteer nfpsnergy*: London.

Freeman, R. 1997. "Working for Nothing: the Supply of Volunteer Labor." *Journal of Labor Economics*, 15(1), 140-67.

Fukuyama, F. 1995. *Trust: The Social Virtues and the Creation of Prosperity*. London: Hamish Hamilton.

Fukuyama, F. 2000. "Social Capital and Civil Society." *IMF Working Paper* No.00/74. Gaskin, K. and Smith, J. 1997. *A New Civic Europe? A Study of the Extent and Role of Volunteering*. London: Volunteer Centre UK.

GHK, 2010. *Volunteering in the European Union.*

Hackl, F., Halla, M., Pruckner, G. 2009. "Volunteering and the State." Jonnanes Kepler University of Linz. http://www.economics.uni-linz.ac.at

Hadzi-Miceva, K. 2007. "A Comparative Analysis of European Legal Systems and Practices Regarding Volunteering" *International Journal of Not-for-Profit Law* 9(3), 37-48.

Hager, M. and Brudney, J. 2009. *Volunteer Management Practices and Retention of Volunteers*. The Urban Institute.

Handy, F., Cnaan, R. Brudney, J., Ascoli, U., Meijs, L., Ranade, S. 2000. "Public Perception of 'Who Is Volunteer': An Examination of a Net-Cost Approach from a Cross-Cultural Perspective." *Voluntas*, 11/1, 45-65.

Heinrich, V. and Fioramonti, L. eds., 2008. *CIVICUS Global Survey of the State of Civil Society*. Volume 2. Comparative Perspectives. New York: Kumarian.

Henriksen, L. 2008. "Local Volunteer Centers in Denmark." http://www.cev.be

Herzog, A. and Morgan, J. 1992. "Age and Gender Differences in the Value of Productive Activities." *Research on Aging*, 14(2), 169-198.

Herzog, R. and House, J. 1999. "Volunteering and Mortality among Older Adults." *Journal of Gerontology*, 54(3), S173-S180.

Hodgkinson, V. 2003. 'Volunteering in Global Perspective' in Dekker and L. Halman eds. *The Values of Volunteering: Cross-Cultural Perspectives*, New York, Kluwer Academic/Plenum.

Hodgkinson,V. et al. 1996. *Nonprofit Almanac, 1996-1997: Dimensions of the Independent*

Sector. San Francisco: Jossey-Bass.

Home Department. 1998. "Compact on Relations between Government and the Voluntary and Community Sector in England." www.thecompact.org.uk

Hong, S., Morrow-Howell, N., Tang, F., Hinterlong, J. 2009. "Engaging Older Adults in Volunteering." *Nonprofit and Voluntary Sector Quarterly*, 38(2), 200-219.

HRSD(Human Resources and Social Development Canada), 2009. "Volunteering Among Seniors."

Hustinx, L. 2001. "Individualisation and New Styles of Youth Volunteering." *Voluntary Action*, 3(2), 47-55.

IAVE. 2003. "The IAVE Universal Declaration on Volunteering." www.iave.org

ILO(International Labour Organization). 2008. "ILO Manual on the Measurement of Volunteer Work." http://www.ilo.org

ILO. 2011. "Manual on the Measurement of Volunteer Work." http://www.ilo.org Independent Sector. 2001. "America's Informal Volunteers." www.independentsector.org

James, E. 1989. *The Nonprofit Sector in International Perspective: Studies in Comparative Culture and Policy.* Oxford University Press, New York.

JFA(Japan Fundraising Association). 2011. "Giving Japan 2010." http://jfra.jp

Jones, K. 2006. "Giving and Volunteering as Distinct Forms of Civic Engagement." *Nonprofit and Voluntary Sector Quarterly* 35(2), 249-266.

Jonsson, C. 2007. "Organization, Institution and Process." ACUNS 20th Annual Meeting, New York.

Jung, J. 2011. "The Effects of Recognition on Volunteer Activities in Korea." *International Review of Public Administration*, 16(2), 33-47.

Kamlage, J. 2008. "The Awakening Giant: The Development of Civil Society Infrastructure in Germany." http://www.cev.be

Kaskie, B., Imhof, S., Cavanaugh, J. and Culp, K. 2008. "Civic Engagement as a Retirement Role for Aging Americans" *The Gerontologist*, 48(3), 368-77.

Kendall, J. 2003. *The Voluntary Sector.* London: Routledge.

Kendall, J. and Knapp, M. 1999. "Evaluation and Voluntary(Nonprofit) Sector: Emerging Issues." In Lewis, D. ed. *International Perspectives on Voluntary Action.* London: Earthscan.

Korosec, R. and Berman, E. 2006. "Municipal Support for Social Entrepreneurship." *Public Administration Review*, 66(3), 448-462.

Kupiec, T. 1993. *Rethinking Tradition: Integrating Service with Academic Study on College Campuses. Providence*: Campus Compact.

Kweit, M. and Kweit, R. 1981. *Implementing Citizen Participation in a Bureaucratic Society.* New York: Praeger.

Lee, Y. and Brudney, J. 2008. "The Impact of Volunteering on Successful Ageing." *Voluntary Action*, 9(1), 21-35.

Lie, M., Baines, S. and Wheelock, J. 2009. "Citizenship, Volunteering and Active Ageing." *Social Policy and Administration*, 43(7), 702-718.

Locke, M., Ellis, A. and Davis Smith, J. 2003. "Hold on to What You've Got: the Volunteer Retention Literature." *Voluntary Action*, 5(3), 81-100.

Lorentzen, H. and Dugvtad, L. 2008. "The History and Dilemmas of Volunteer Centers in Norway." http://www.cev.be

Lyons, M., Wijkstrom, P. and E. Clary. E. 1998. "Comparative Studies of Volunteering." *Voluntary Action*, 1(1), 45-54.

Maignan, I., Ferrell, O., and Hult, G. 1999. "Corporate Citizenship: Cultural Antecedents and Business Benefits." *Academy of Marketing Science*, 27(4).

McCurley, S. and Lynch, R. 1996. Volunteer Management. Heritage Arts Publishing.

McPherson, J. Miller, and Thomas Rotolo. 1996. "Diversity and Change in Voluntary Groups." *American Sociological Review*, 61, 179-202.

Meneghetti, M. 1995. "Motivating People to Volunteer Their Services." In Connors, T. ed., *The Volunteer Management Handbook*. N.Y.: John Wiley & Sons.

Mill, J.S. 1991. *On Liberty and Other Essays*. Oxford: Oxford University Press.

MSDE(Maryland State Department of Education), 1992. "Maryland's Service Learning Requirement." Maryland.

Mueller, M. W. 1975. "Economic Determinants of Volunteer Work by Women." Signs: *Journal of Women and Culture in Society*, 1, 325-338.

Moreno, A., Moragas, M. and Paniagus, R. 1999. "The Evolution of Volunteers at the Olympic Games." www.blues.uab.es

Musick, M., Herzog, A., and House, J. 1999. "Volunteering and Mortality among Older Adults." *Journal of Gerontology*, 54, 173-180.

Musick, M. and Wilson, J. 2003. "Volunteering and Depression: The Role of Psychological and Social Resources in Different Age Groups." *Social Science & Medicine*. 56(2), 259-269.

Musick, M. and Ruthford, J. 2006. "A Golden Opportunity: A Guide to Attracting and Retaining Older Volunteers." REACH, London.

Mutchler, J. Burr, J., Caro, F. 2003. "From Paid Worker to Volunteer." *Social Forces*, 81(4), 1267-1293.

Nakata, T. 1996. "Building Volunteerism." *Japan Quarterly*, 43(1), 22-27.

NCVO, 2011. "Pathways through Participation."

Ockenden, N. 2007. *Volunteering Works: Volunteering and Social Policy*. The Commission on the Future of Volunteering.

OECD, 1997. "Final Draft of the Ad Hoc Working Group on Participatory Development and Good Governance." www.oecd.org

OECD, 2009. *Society at a Glance*. Paris.

OECD, 2011. *Society at a Glance*. Paris.

Okun, Morris A., Alicia Barr, and A. Regula Herzog. 1998. "Motivation to Volunteer by Older Adults." *Psychology and Aging*, 13, 608-621.

PHB(Philips Brooks House), 1994. *PHB Handbook*. Cambridge: Harvard University.

Pidgeon, W. 1998. *The Universal Benefits of Volunteering*. N.Y.: John Wiley & Sons.

Points of Light Foundation(POLF). 1999. "Volunteer Center Survey." www.pointsoflight.org

POLF, 2002. "Volunteers Versus Paid Employees." www.pointsoflight.org

POLF, 2003. "Principles of Excellence for Workplace Volunteering." www.pointsoflight.org

POLF, 2004. "Critical Elements of Service-Learning." www.pointsoflight.org

Prime, D., Zimmeck, M. and Zurawan, A. 2002. 'Active Communities: Initial Findings from the 2001 Home Office Citizenship Survey', Home Office, London.

Prouteau, L. and Wolff, F. 2008. "On the Relational Motive for Voluntary Work." Journal of Economic Psychology, 29, 314-335.

Putnam, R. 1993. *Making Democracy Work: Civic Traditions in Modern Italy*. New Jersey: Princeton University Press.

Putnam, R. 2000. *Bowling Alone: The Collapse and Revival of American Community*. New York: Simon and Schuster.

Quarter, J. 1992. *Canada's Social Economy*. James Lorimer & Company.

Richards, D. and Smith, M. 2002. *Governance and Public Policy in the UK*. New York: Oxford University Press.

Rifkin, J. 1993. *The End of Work*. New York: Basic Books.

Rifkin, J. 1996. "A New Social Contract." *ANNALS of AAPSS*, No.544, 16-26.

Rochester, C. 2006. *Making Sense of Volunteering: A Literature Review*. Volunteering England: London.

Rosentraub, M. 1983. "Public/Private Relations and Service Delivery: The Coproduction of Personal Safety." *Policy Studies Journal*, 11, 445-58.

Rosentraub, M. and Sharp, E. 1981. "Consumers as Producers of Social Services: Coproduction and the Level of Social Services." *Southern Review of Public Administration*, 4, 502-39.

Roy, K. and Ziemek, S. 2002. "The Economics of Volunteering." ZEF Discussion Papers on Development Policy 26. ww.worldvolunteerweb.org

Salamon, L. M. 1994. *Partners in Public Service: Government-Nonprofit Relations in the Modern Welfare State*. Johns Hopkins University, Baltimore.

Salamon, L. and Sokolowski, W. 2001. "Volunteering in Cross-National Perspective: Evidence from 24 Countries," Working Papers of the Johns Hopkins Comparative Nonprofit Sector Project. http://www.jhu.edu/

Salamon, L. Sokolowski, S. and Associates, 2004. Global Civil Society: *Dimensions of Nonprofit Sector.* N.Y.: Kumarian.

Salamon, L. et al. 2007. "Measuring Civil Society and Volunteering." Working Paper No.23. Baltimore: Johns Hopkins Center for Civil Society Studies.

Salamon, L. and Spence, K. 2009. "Volunteers and the Economic Turndown." CNCS. http://www.volunteeringinamerica.gov

Schiff, J. 1990. *Charitable Giving and Government Policy. An economic analysis.* New York: Greenwood Press.

Schindler-Rainman, E. and Lippitt, R. 1971. *The Volunteer Community.* New York: NTL Learning Resources.

Skinner, R. and Chapman, C. 2000. "Service Learning and Community Service in K-12 Public Schools." Washington, D.C.: US Department of Education.

Skocpol, T. 1999. "Recent Transformation of Civic Life." Skocpol, T. and Fiorina, M. eds. *Civic Engagement in American Democracy.* Washington, D.C.: Brookings Institution.

Skocpol, T. 2003. *Diminished Democracies: From Membership to Management in American Civic Life.* Normal: University of Oklahoma Press.

Slight, A. 2005. "The Age of the Volunteer." *Voluntary Action*, 4(2), 49-62.

Smith, D. 1994. "Determinants of Voluntary Association Participation and Volunteering: A Literature Review." *Nonprofit and Voluntary Sector Quarterly*, 23, 243-63.

Smith, J. 1999. "Volunteering and Social Development." UNV.

Smith, J. 2000. "Active Participation Beyond Employment," Hirsh D. ed., *Life After 50: Issues for Policy and Research.* London: Joseph Rowntree Foundation.

Smith, D. and Gay, P. 2005. "Active Aging in Active Communities: Volunteering and the Transition to Retirement." Institute for Volunteering Research, Bristol: UK. http://www.jrf.org.uk

Smith, V., Kehoe, M. and Cremer, M. 1995. "The Private Provision of Public Goods: Altruism and Voluntary Giving," *Journal of Public Economics*, 58, 107-126.

Spear, R., and Bidet, E. 2003. "The Role of Social Enterprise in European Labor Markets." EMES European Research Network. http://www.emes.net

Spyker, C. and Peloza, J. 2009. "The Potential Impact of Canadian Federal and/or Provincial Tax Credit Incentives for Volunteer Participation." Volunteer Alberta. http://volunteer.ca

Statistics Canada, 2012. "Volunteering in Canada." http://www.statcan.gc.ca/pub/11-008-x/2012001/article/11638-eng.htm

Stebbins, R. 2004. "Introduction" in Stebbins, R. and M. Graham eds. *Volunteering as Leisure/Leisure as Volunteering*. Wallington, CABI.

Sundeen, R. 1988. "Explaining Participation in Coproduction: A Study of Volunteers." *Social Science Quarterly*, 69(3), 547-568.

Thoresen, D. and McMahon, K. 1992. "Volunteerism and Mortality among Community-Dwelling Elderly." *Journal of Sociology*, 97(6), 1612-1638.

Tocqueville, A. 2001. *Democracy in America*. Translated by R. Heffner. New York: Signet Classic.

Tschirhart, M. and Clair, L. 2003. "Corporate Community Service Programs." Syracuse: The Maxwell School of Syracuse University. www.maxwell.syr.edu

UK Cabinet Office(UKCO). 2008. *Helping Out: A National Survey of Volunteering and Charitable Giving*.

UN. 2003. "Handbook on Nonprofit Institutions in the System of National Accounts." http://unstats.un.org

UNDP, 1998. "Reconceptualising Governance." http://magnet.undp.org

UNDP. 2011. *Human Development Report 2011*. http://www.undp.org

UNV(United Nations Volunteers). 2010. *Laws and Policies Affecting Volunteerism since 2001*. http://www.unv.org

UNV. 2011a. *The State of the World's Volunteerism Report*. http://www.unv.org/

UNV. 2011b. "Broadening the Civic Space through Voluntary Action." http://www.unv.org

U.S. Bureau of Labor Statistics(USBLS). 2011. "Volunteering in the United States,

2010." http://www.bls.gov

van den Bos, C. 2008. "The Development of Volunteering Infrastructure in America, Denmark, England, Finland, Germany, Italy, the Netherlands and Norway." http://www.cev.be

Van Til, J. 1987. "The Three Sectors: Voluntarism in a Changing Political Economy," *Journal of Voluntary Action Research*, 16(1-2), 50-63.

Van Willigen, M. 2000. "Differential Benefits of Volunteering Across the Life Course." *Journal of Gerontology - Social Sciences*, 55B(5), S308-S318.

Volunteer Canada(VC). 2010 "Bridging the Gap" Report.

Volunteering England. 2011. "The Power of Volunteering." www.volunteering.org.uk

Warburton, J., Terry, D., Rosenman, L., Shapiro, M. 2001. "Differences between Older Volunteers and Nonvolunteers." *Research on Aging*, 23(5), 586-605.

Weisbrod, B. 1977. *The Voluntary Nonprofit Economy*. Lexington Books, Lexington, MA.

Weisbrod, B. 1988. *The Nonprofit Economy*. Cambridge: Harvard University Press.

Wheeler, J., Gorey, K. and Greenblatt, B. 1998. "The Beneficial Effects of Volunteering for Older Adults and the People They Serve: A Meta-Analysis." *International Journal of Aging and Human Development*, 47(1), 69-80.

Wilson, J. and Musick, M. 1997a. "Who Cares? Toward an Integrated Theory of Volunteering." *American Sociological Review*, 62, 694-713.

Wilson, J. and Musick, M. 1997b. "Work and Volunteering: The Long Arm of the Job." *Social Forces*, 76, 251-273.

Wilson, J. and Musick, M. 1998. "Who Cares? Toward an Integrated Theory of Volunteer Work." *American Sociological Review*, 62, 694-713.

Wilson, J. and Musick, M. 1999. "The Effects of Volunteering on the Volunteer." *Law and Contemporary Problems*, 62(4), 142-168.

Witmer, J. and Anderson, C. 1994. *How to Establish High School Service Learning Program*. Association for Supervision and Curriculum Development.

Zadek, S. 2000. *Doing Good and Doing Well: Making the Business Case for Corporate*

Citizenship. New York: Conference Board.

Zadek, S. et al. 2001a. "The New Economy of Corporate Citizenship." In Zadek et al. eds. *Perspectives on the New Economy of Corporate Citizenship*. Copenhagen: The Copenhagen Centre.

Zadek, S. 2001b. *The Civil Corporation: The New Economy of Corporate Citizenship*. London: Earthscan.

찾아보기

ㅇ

ㅈ

ㅊ

E

I

N

O

S

U